Dieser Band der FISCHER WELTGESCHICHTE *schildert die Geschichte Europas im Hochmittelalter. Der Verfasser, Prof. Jacques Le Goff (École Pratique des Hautes Études, Paris), beschränkt sich nicht auf eine isolierte Betrachtung der abendländischen Welt, sondern bezieht in seine Darstellung die byzantinische und islamische Geschichte ein, die für die europäische Entwicklung in dieser Epoche von Bedeutung gewesen sind. Der Leser erhält einen Überblick über die Entfaltung und den darauffolgenden Niedergang der Christenheit in den drei Jahrhunderten von der lateinisch-griechischen Kirchenspaltung des Jahres 1054 bis zur großen Krise des 14. Jahrhunderts, aus der die Neuzeit hervorgehen sollte. Die Polarität zwischen Kaiser und Papst, die Spannungen zwischen Sacrum Imperium und dem Ausbau der Territorial- und Nationalstaaten, die Kreuzzugsidee und ihre Konsequenzen werden deutlich. Eingehend werden die wirtschaftlichen und sozialen Bedingungen erklärt, unter denen der Mensch im Hochmittelalter lebte. Der Band informiert auch über die Philosophie, die Literatur, die Kunst und die religiösen Strömungen im damaligen Europa. Der Autor verbindet die traditionelle geschichtswissenschaftliche Methode mit modernen sozialgeschichtlichen Fragestellungen und gewinnt so neue Einsichten in das Wesen dieser Zeit. — Der Band ist in sich abgeschlossen und mit Abbildungen, Kartenskizzen und einem Literaturverzeichnis ausgestattet. Ein Personen- und Sachregister erleichtert dem Leser die rasche Orientierung.*

DER VERFASSER DIESES BANDES

Jacques Le Goff,
geb. 1924 in Toulon; studierte von 1945—50 an der École Normale
Supérieure in Paris; 1950 Agrégé d'Histoire in Paris; 1951/52 Bour-
sier des Lincoln College in Oxford; 1952/53 Mitglied der École Française in Rom; 1954—58 Professeur-Assistant an der Faculté des
Lettres der Universität Lille; 1958—60 Attaché de Recherches am
Centre National de la Recherche Scientifique in Paris; seit 1962 Di-
recteur d'Études an der École Pratique des Hautes Études in Paris.
Jacques Le Goff, dessen Forschungsgebiete die Geschichte und die
Soziologie des Abendlandes im Mittelalter sind, veröffentlichte fol-
gende größere Werke: ›Marchands et Banquiers du Moyen Age‹
(1. Aufl. 1956, 2. Aufl. 1962; spanische Ausgabe 1962), ›Les Intellectuels au Moyen Age‹ (1. Aufl. 1957, 2. Aufl. 1960; italienische
Ausgabe 1959), ›Le Moyen Age‹ (1962) und ›La Civilisation de l'Occident Médiéval‹ (1964).

Fischer Weltgeschichte

Band 11

Das Hochmittelalter

Herausgegeben und verfaßt von
Jacques Le Goff

Fischer Taschenbuch Verlag

Aus dem Französischen übersetzt von Dr. Sigrid Metken (Paris)
Umschlagentwurf: Wolf D. Zimmermann
unter Verwendung des Fotos ›Heiliger Jacob‹, Figur am Südportal von
Santa Marta in Tera bei Zamora/Spanien (Foto: Yan Dieuzaide, Toulouse)
Harald und Ruth Bukor zeichneten die Abb. 1, 7, 10, 12, 20, 21

Illustrierte Originalausgabe
mit 21 Abbildungen
Veröffentlicht im Fischer Taschenbuch Verlag GmbH,
Frankfurt am Main, Dezember 1965

115.–117. Tausend: März 1986

Wissenschaftliche Leitung: Jean Bollack, Paris

© Fischer Bücherei GmbH, Frankfurt am Main 1965
Druck und Bindung: Clausen & Bosse, Leck
Printed in Germany
1480-ISBN-3-596-60011-1

INHALTSVERZEICHNIS

Einleitung

Die Wende in der Mitte des 11. Jahrhunderts 9

1054: Der Westen entfernt sich von Byzanz 9 · Das zweite Feudalzeitalter 14

Erster Teil

Die Entfaltung der Christenheit (1060–1180)

1. *Die Grundlagen* 19

Die Barbaren des Westens 19 · Eine armselige Welt aus Lichtungen und verstreuten Siedlungen 21 · Ohnmacht vor der Natur: die unzulängliche Technik 24 · Plagen und Ängste 30 · Die Trümpfe des Westens 33

2. *Wirtschaftliche Aspekte und Strukturen* 37

Der Bevölkerungszuwachs: mehr Arme, Münder und Seelen 37 · Revolution in der Landwirtschaft 39 · Neubelebung des Handels 45 · Aufschwung der Städte und Arbeitsteilung 51 · Erhöhte Sicherheit: der Gottesfriede 54

3. *Soziale Folgen* 55

Wandernde, Reisende, Fahrende 55 · Die soziale Beweglichkeit und ihre Grenzen: Freiheit und Freiheiten 59 · Entwicklung der Feudalaristokratie: Adel, Ritter, Ministerialen 62 · Die Einrichtungen der klassischen Feudalität 66 · Verbesserung im Bauernstand 68 · Die Entstehung der Stadtgesellschaft 75

4. *Politische Auswirkungen* 84

Das politische Kräftespiel: christliche Einheit, feudale Aufsplitterung, monarchische Zusammenfassung 84 · Kaiser und Papst im Kampf um das dominium mundi 86 · Glück und Unglück Deutschlands 97 · Glanz und Elend in Italien 103 · Erfolge der Monarchie: Die Iberische Halbinsel 110 · Erfolge der Monarchie: Frankreich 111 · Erfolge der Monarchie: England 115 · Schwierige Staatenbildung im Osten: von Skandinavien bis Kroatien 119

5. *Die räumliche Ausdehnung der Christenheit* 125

Ein Volk von Eroberern: Normannen von der Nordsee bis zum Mittelmeer 125 · Der große Appetit: die deutsche Ostkolonisation 128 ·

Wiedereroberung verlorener Gebiete: die spanische Reconquista 130 · Das Alibi der Kreuzzüge: von der Pilgerfahrt zum Kreuzzug 132 · Der erste Kreuzzug 136 · Der zweite und dritte Kreuzzug 138 · Bilanz der Kreuzzüge 141 · Friedliche Expansion: die Fernkaufleute 145

6. Geistige Rückwirkungen 146

Reaktion auf das unzureichende opus Dei: die geistliche und monastische Erneuerung 146 · Herausforderung der Klosterkultur: der geistige Aufschwung der Städte 155 · Eine neue Kunst und Ästhetik: von der Romanik zur Gotik 163 · Die Romanik in voller Entfaltung 166 · Entstehung der Gotik 172 · Die Feudalität triumphiert in der Literatur: Heldenepen und höfische Dichtung 176 · Außenseiter und Ausgeschlossene: Goliarden, Juden, Häretiker 181

Zweiter Teil
Die Blütezeit (1180—1270)

7. Der Wohlstand 187

Landwirtschaftlicher Wohlstand und Rückgang der Hungersnot 187 · Bessere technische Ausrüstung 189 · Ein Beispiel: die Fortschritte im Textilgewerbe 191 · Die Entfaltung des Handels: Straßen, Verkehr, Messen, Geschäftsgebaren 194 · Auf dem Weg zur Geldwirtschaft: Silbergroschen und Rückkehr zum Gold 200

8. Das soziale Gleichgewicht 203

Eine strukturierte und ausgeglichene Gesellschaft 203 · Festigung und Veränderlichkeit des Grundadels 205 · Soziale Unterschiede im Bauernstand 212 · Schichtung der Stadtgesellschaft in Patrizier, Zünfte und Arme 215 · Der Druck der Anschauungen in der Ständegesellschaft 218

9. Der Glanz der Fürsten und der Staaten 220

Festigung der öffentlichen Gewalt: das Gemeinwohl und die Zentralisierung 220 · Fortschritte und Rückschläge der Monarchie in Skandinavien 223 · Polen, Ungarn, Böhmen — die unglücklichen Königreiche Osteuropas 225 · Wirren und Neuordnung in Italien 227 · Kaiserkrise und Aufstieg der Städte und Fürsten in Deutschland 230 · Die Geburtsstunde der Schweiz 233 · Die spanische Reconquista und die katholischen Königreiche 233 · England strebt zur gemäßigten Monarchie: Magna Charta und Entstehung des Parlaments 235 · Das große Jahrhundert der Kapetinger in Frankreich 237 · Philipp der Schöne und Bonifaz VIII.: die Unabhängigkeit der weltlichen Gewalt 239

10. Triumph der Kirche   240

Das Papsttum: Vorbild monarchistischer Erfolge 240 · Aktiva und Passiva der Kirchenreform 245 · Die besiegte Häresie: Albigenserkreuzzug und Inquisition 246 · Die neue Geistlichkeit und das veränderte Antlitz der Kirche: die Bettelorden 249 · Fortdauer der Unzufriedenheit: Spiritualen, Beginen, Mystiker 253

11. Ein Jahrhundert lichtvoller Geistigkeit   256

Licht des Glaubens und der Vernunft: Universität und Scholastik 256 · Eine Kunst des Lichtes: die Gotik 265 · Glanz der Literatur: von der Morgenfrühe des Minnesangs zur strahlenden Abendröte der Divina Commedia 272

Nachwort

Die Christenheit in der Krise (1270–1330)

12. 1300 oder die schlechte Zeit   277

Die technischen Grenzen 277 · Räumliche Grenzen: Das Ende des Vordringens 280 · Geistige Grenzen: die Verdammungen von 1277 282 · Die Wirtschaftskrise: Hungersnöte (1315–17), Geldmanipulationen, Umwandlung der Wirtschaftskarte 285 · Krise der Gesellschaft und Feudalität: Unruhen in Stadt und Land, Gegenmaßnahmen der Herren, Sündenböcke 288 · Die Einheit der Christenheit in Gefahr 290 · Verwirrung im Denken und Fühlen: das in Frage gestellte Gleichgewicht des 13. Jahrhunderts 291

Zeittafel   296

Anmerkungen und Literaturverzeichnis   299

Verzeichnis und Nachweis der Abbildungen   335

Register   337

Einleitung
Die Wende in der Mitte des 11. Jahrhunderts

1054: DER WESTEN ENTFERNT SICH VON BYZANZ

Wer sich mit dem westlichen Europa in der Mitte des 11. Jahrhunderts beschäftigt, kann nicht umhin, an ein Datum und an einen Text zu denken. Das Datum ist 1054. Es bezeichnet ein Ereignis, das sich in eine lange Kette von Zwischenfällen einfügte und den Zeitgenossen ohne Zweifel wie eine lokale Begebenheit erschien: die Entzweiung zwischen dem römischen Papst und dem Patriarchen von Konstantinopel. Der Anlaß scheint geringfügig — der Zwist hatte sich vor allem an liturgischen Meinungsverschiedenheiten zugespitzt: dem Gebrauch gesäuerten Brotes bei der Anfertigung der Hostien in der byzantinischen und von Oblaten in der römischen Kirche. In jenem Jahr 1054 legten die päpstlichen Legaten, angeführt von Humbert von Moyenmoutier, Kardinal von Silva Candida, eine Exkommunikationsbulle für Michael Kerullarios und seine hauptsächlichen kirchlichen Anhänger auf den Altar der Hagia Sophia in Konstantinopel, auf die der byzantinische Patriarch mit der Exkommunikation der römischen Gesandten antwortete. Diese Entzweiung war nicht neu. Hatte sich nicht das Schisma des Photios im 9. Jahrhundert über Jahre hingezogen? Aber diesmal sollte die Trennung nicht nur dauerhaft sein, sie war endgültig. So ist der Bruch zwischen zwei Welten besiegelt, die seit der großen Krise des römischen Reiches im 3. Jahrhundert und der Gründung Konstantinopels, des neuen Rom, zu Beginn des 4. Jahrhunderts nicht aufgehört haben, sich voneinander zu entfernen. Von nun an gibt es zwei Christenheiten, die Christenheit des Westens und die Christenheit des Ostens, mit ihren jeweiligen Überlieferungen, ihrem geographischen und kulturellen Bereich, getrennt durch eine Grenze, die durch Europa und das Mittelmeer geht und die Slawen voneinander scheidet; Russen, Bulgaren und Serben werden in den byzantinischen Umkreis einbezogen, während die anderen, Polen, Slowaken, Mährer, Tschechen, Slowenen und Kroaten — das Zwischenspiel von Kyrillos und Methodios hat es schon im 9. Jahrhundert erwiesen — der westlichen Anziehung nicht entgehen können. Von

---

Detaillierte bibliographische Hinweise auf die Werke, aus denen die Zitate im Text stammen, findet der Leser im Anschluß an das letzte Kapitel des Bandes. Titel der Sekundärliteratur, aus denen zitiert wird, sind im Text jeweils in Klammern genannt.

Abb. 1: Das Abendland in der Mitte des 11. Jahrhunderts

Byzanz abgeschnitten, dringt die westliche Christenheit darauf, sich in ihrer neuen Individualität zu behaupten. Es ist bezeichnend, daß der gleiche Kardinal Humbert, der in Konstantinopel den Bruch vollzogen hatte, an der römischen Kurie die Seele der Gruppe ist, die die gregorianische Reform vorbereitet. Sein Traktat *Adversus simoniacos* von 1057 oder 1058 greift, über die »Häresie der Simonie« hinaus, den Zugriff der Laien auf die Kirche an. Er regt die Politik Papst Nikolaus' II. an, der während des ersten Laterankonzils 1059 jenes Dekret erläßt, das die Papstwahl den Kardinälen vorbehält und so das Papsttum dem direkten Druck der Laien entzieht. Die sich anbahnende gregorianische Reform wird dieser armen, eingeengten, primitiven Christenheit des Westens — von armseliger Erscheinung gegenüber der glänzenden byzantinischen Christenheit — eine geistige Ausrichtung geben, die sich am Ende des Jahrhunderts durch die offen gegen die ungläubigen Moslems gerichteten Kreuzzüge kämpferisch durchsetzt. Kreuzzüge, die aber auch (der vierte wird es zu Beginn des 13. Jahrhunderts zeigen) die abtrünnigen Byzantiner bedrohen. 1063 gebärdet sich die christliche Reconquista in Spanien zum ersten Male als heiliger Krieg; das ist der erste Kreuzzug, unter der Führung Clunys und mit dem Segen Papst Alexanders II., der den christlichen Kämpfern Ablaß gewährt. Um die gleiche Zeit entsteht die älteste literarische Gattung des mittelalterlichen Westens, das Heldenepos *(Chanson de geste),* das die westliche Ritterschaft zum Kreuzzug anfeuern will. Wenig nach 1065 dürfte die ursprüngliche Fassung des *Rolandsliedes* niedergeschrieben worden sein.

Gewiß, lange Zeit — bis zum Ende, bis 1453, um nicht von noch späteren Auswirkungen und Wiederaufnahmen über das politische Verschwinden von Byzanz hinaus zu sprechen — geht der Dialog zwischen der östlichen Christenheit und ihrem westlichen Anhängsel, das sich praktisch 1054 losgelöst hat, weiter, wenn er auch öfter ein Konflikt als ein friedlicher Austausch ist.

Er geht natürlich in den Kontaktzonen weiter. Obwohl die Normannen der politischen und militärischen Anwesenheit von Byzanz im Westen durch die Einnahme von Bari 1071 ein Ende setzen und im 12. Jahrhundert die Hauptgegner der Byzantiner im westlichen Mittelmeer sind, bleiben sie doch für die aus Konstantinopel kommenden Einflüsse sehr empfänglich. Selbst wenn die normannischen Herrscher von Sizilien nicht — wie man lange Zeit behauptet hat — den byzantinischen *basileus* als ideales und tatsächliches Vorbild genommen haben, so hält doch das Königreich Sizilien, Apulien und Kalabrien (für das Roger II. den Königstitel vom Gegenpapst Anaklet II. 1130 und von Papst Innozenz II. 1138 erhält) der byzantinischen Kultur die Türe offen. Mosaiken und Bronzetore der Kirchen bezeugen, wie anziehend byzantinische Vorbilder bleiben — das berühmte Mosaik der Martorana in Palermo, auf dem man Roger II., als *basileus* gekleidet, von Christus die Krone empfangen sieht, ist ganz und gar byzantinisch. Das Griechische ist neben dem Lateinischen und Arabischen offizielle Kanzleisprache in Sizilien. Man darf aber dabei nicht übersehen, daß die Masse der Kleriker in der übrigen Christenheit es nicht kennt und daß einige es sogar verachten. So greift Robert von Melun, der Nachfolger Abaëlards, um 1137 in den Schulen von Sainte-Geneviève diejenigen seiner Zeitgenossen heftig an, die ihre Sprache mit griechischen Worten durchsetzen und ein gräzisiertes Latein sprechen oder schreiben, sozusagen das *franglais* dieser Zeit. Zwei der wichtigsten Übersetzer aus dem Griechischen ins Lateinische sind im 12. Jahrhundert hohe Beamte des Hofes in Palermo: Henricus Aristippos, Übersetzer von Aristoteles, Plato, Diogenes Laertius und Gregor von Nazianz, führt in Sizilien aus der Bibliothek von Manuel Komnenos in Konstantinopel entliehene Handschriften ein. (Solche Leihgaben sind manchmal einfach Diebstähle.) Nach seinem Exemplar des Almagest von Ptolemäus wird um 1160 dieses Werk zum ersten Male ins Lateinische übersetzt. Der andere, Eugen der Admiral, ist »ein im Griechischen und Arabischen sehr gelehrter Mann, der auch des Lateinischen nicht unkundig ist«. Christlichem Gebrauch getreu, daß man, nach den berühmten Worten des heiligen Augustinus, mit der heidnischen Kultur verfahren solle, wie es die Israeliten mit den Ägyptern getan hatten, deren Hinterlassenschaft sie verwendeten, sind die Normannen bei der Plünderung des byzantinischen Reichtums an erster Stelle und weisen so schon auf die Plünderung von 1204 voraus. Roger II. bringt während des zweiten Kreuzzugs 1147 aus Korinth, Athen und Theben Reliquien, Kunstwerke, Stoffe und kostbare Metalle mit, aber auch Spezialisten byzantinischer Techniken: Seidenweberinnen und Mosaizisten.

Bis 1204 nimmt Venedig eine doppeldeutige Stellung ein. Während es in völliger Unabhängigkeit handelt, akzeptiert es, daß es in den offiziellen Akten als Untertan von Byzanz geführt wird, um desto besser von der Großzügigkeit und Schwäche des *basileus* zu profitieren: Handelsvorteile, Einfuhr von Handschriften, kostbaren Materialien und Kunstwerken sind der Gewinn.

Ungarn ist ein anderes dieser Gebiete, wo sich Lateiner und Griechen begegnen. Ganz wie in Italien, wo sich noch in der Mitte des 11. Jahrhunderts sogar in Rom selbst Benediktiner und Mönche des heiligen Basilius mischen, besetzt König Andreas I. von Ungarn das Kloster von Tihany am Plattensee offenbar zugleich mit Benediktinern und Basilianern. Die Form der sogenannten Stephanskrone, die aber vermutlich erst König Géza I. (1074–1077) von Kaiser Michael VII. Dukas erhielt, zeigt, daß ein römisch-christlicher König, der sogar Vasall des Heiligen Stuhles ist, seine Vorbilder noch von Byzanz empfängt.

Weiter noch, bis an die westlichen Grenzen der lateinischen Christenheit, strahlt der griechisch-byzantinische Brennpunkt aus, und die »Renaissance des 12. Jahrhunderts« wird dem, was der Zisterzienser Wilhelm von Saint-Thierry (gestorben 1147) das Licht des Ostens genannt hat *(orientale lumen)*, einen großen Platz einräumen. Ohne Zweifel verstand er darunter vor allem die ägyptische Tradition der Anachoreten, aber mit ihr auch griechische Theologie und griechisches Denken. So wird die im 8. Jahrhundert von Johannes von Damaskus geschriebene theologische Enzyklopädie *De fide orthodoxa*, bei den Lateinern als *De Trinitate* besser bekannt, erst in der Mitte des 12. Jahrhunderts in Ungarn zunächst in Teilen, dann um 1153/54 von Burgundius von Pisa (verbessert um 1235–1240 von Robert Grosseteste) ganz übersetzt. Schon 1155–1160 benutzt und zitiert sie Petrus Lombardus in seiner *Summe der Sentenzen*, die das Handbuch der Theologiestudenten an den Universitäten des 13. Jahrhunderts sein wird. Diese gleichen Akademiker – die großen Meister Alexander von Hales, Albertus Magnus und Thomas von Aquin mit eingeschlossen – haben an der Universität Paris in der Mitte des 13. Jahrhunderts ein *Corpus* der Werke von Dionysios Areopagita zur Verfügung; darin werden zwischen 1150 und 1250 die lateinischen Übersetzungen des 9. Jahrhunderts von Johannes Eriugena und Anastasius Bibliothecarius um Kommentare, Glossen, Korrekturen und neue Fassungen bereichert. So sind die beiden großen griechischen Theologen für die großen lateinischen Doktoren des 13. Jahrhunderts Autoritäten ersten Ranges.

Einige Lateiner machen sogar aufrichtige Anstrengungen, um mit den griechischen Zeitgenossen fruchtbare Kontakte herzustellen. Bestimmte Perioden, in denen sich eine Rückkehr zur Einheit der Kirchen abzuzeichnen scheint, begünstigen solche Versuche. 1136 bemerkt der Prämonstratenser Anselm von Havelberg, der in Konstantinopel öffentlich über das *Filioque* mit Niketas diskutiert, die Anwesenheit dreier Gelehrter, die ebensogut Griechisch wie Lateinisch sprachen: Burgundius von Pisa, Jakob von Venedig und Moses von Bergamo.

Wenn sich einige, wie Robert von Melun oder Hugo von Fouilloy, in der Mitte des 12. Jahrhunderts weigern, »griechische oder barbarische und ungebräuchliche Ausdrücke, welche die Einfachen verwirren«, zu verwenden, und so dieses östliche Licht zurückweisen, so nehmen es andere im Westen demütig an.

»Man muß auf die Griechen zurückgreifen«, gesteht noch am
Ende des 12. Jahrhunderts Alanus ab Insulis, »denn die Latini-
tät ist dürftig« *(quia latinitas penuriosa est).*
Es ist wirklich ein Armenaufstand, der da in der Mitte des
11. Jahrhunderts den noch primitiven Westen vom byzantinischen Nährboden loslöst. Angesichts der griechischen Reichtümer empfindet der Lateiner Bewunderung, Neid, Zurück-
setzung, Haß. Ein Minderwertigkeitskomplex, den er 1204
abreagieren wird, schürt seine Aggressivität gegenüber den
Byzantinern.
Die Entzweiung von 1054 sollte endgültig sein, weil die lateinische Welt, obschon armselig gegenüber dem üppigen byzantinischen Kaiserreich, nun endlich über genügend materiellen und
moralischen Rückhalt verfügte, um entfernt von Byzanz leben
zu können, das für sie eine fremde Welt und bald eine Beute
wurde.

DAS ZWEITE FEUDALZEITALTER

Diese große innere Wende der westlichen Geschichte hat ein berühmter Text von Marc Bloch *(La Société Féodale. Bd. I)* gekennzeichnet: »Eine Reihe sehr tiefgehender und allgemeiner
Veränderungen, die ohne Zweifel durch das Aufhören der letzten Invasionen ausgelöst und möglich gemacht wurden, jedoch
insoweit, als sie das Ergebnis dieses wichtigen Ereignisses waren, um mehrere Generationen verspätet eintraten, lassen sich
um die Mitte des 11. Jahrhunderts beobachten. Kein Bruch, gewiß, aber ein Richtungswechsel, der trotz unvermeidlicher Ver-
schiebungen, den jeweiligen Ländern und Vorgängen gemäß,
nach und nach fast alle Bereiche der sozialen Aktivität erfaßt.
Mit einem Wort, es gab zwei aufeinanderfolgende Feudalzeitalter von sehr unterschiedlicher Tonart.« Die Grundlage dieser
»Wirtschaftsrevolution des zweiten Feudalzeitalters« ist für
Marc Bloch »die rege vorangetriebene Besiedlung, die ungefähr
zwischen 1050 und 1250 das Gesicht Europas an den Grenzen
der westlichen Welt veränderte: Kolonisierung der iberischen
Hochflächen und der großen Ebene östlich der Elbe; selbst im
Herzen des Kerngebietes dringt der Pflug ständig weiter in
Wälder und Ödland vor. In den Lichtungen, die in Forsten und
Buschwerk geschlagen werden, klammern sich ganz neue Dör-
fer an den urbar gemachten Boden. Anderswo, um alte Wohn-
siedlungen, weiten sich die Äcker unter dem unwiderstehlichen
Drang der Rodungsbauern.«
Auf einem begrenzten, aber bezeichnenden Gebiet hat kürzlich
Wilhelm Abel *(Geschichte der deutschen Landwirtschaft vom*

frühen Mittelalter bis zum 19. Jahrhundert) die Richtigkeit dieser Zeiteinteilung und des tatsächlichen Bestehens dieses »zweiten Feudalzeitalters« herausgehoben: »Zeitlich noch enger den letzten Jahrhunderten des großen mittelalterlichen Landesausbaus sind die Ortsnamen auf ›-hagen‹ verhaftet. Sie breiten sich von der Mittelweser, dem Lipper Lande und dem Leinetal nach allen Seiten, besonders nach Osten aus. Häufig mit einer besonderen Flurverfassung und einem besonderen Recht, dem Hägerrecht, verbunden, beginnen sie um 1100, vielleicht auch schon um 1050, und enden mit dem Abschluß der großen Rodeperiode.«

Die Gründungszeit dieser Dörfer zwischen 1050 und 1320—1330 fällt mit dieser zweiten Feudalepoche zusammen, in der sich der Aufstieg der Christenheit festigt und der Okzident Gestalt annimmt.

Von dieser gesteigerten Aktivität in der Mitte des 11. Jahrhunderts gibt ein anderes Gebiet beispielhaft Zeugnis, denn es gesellt dem materiellen Fortschritt die sozialen Veränderungen und die geistigen Umwälzungen hinzu: wir meinen die Kunstgeschichte und besonders die Architektur. Pierre Francastel hat in einer Untersuchung über den romanischen Humanismus *(L'Humanisme roman)* mit Hilfe der Theorien zur Kunst des 11. Jahrhunderts in Frankreich und der großen Bauwerke »die Existenz eines tiefen Einschnitts im ästhetischen Ideal um das Jahr 1050« entdeckt. Dieser Bruch erlaubt, »einen Anfangszeitpunkt für den romanischen Stil zu bestimmen«, und »betont darüber hinaus die historische Bedeutung eines Datums, das ohnehin schon als besonders bemerkenswert angesehen wird«. Pierre Francastel erkennt um die Mitte des 11. Jahrhunderts »einen neuen Willen zur Koordinierung der verschiedenen Teile des christlichen Bauwerks auf das Gewölbe hin«. Man kann das Streben nach Synthese, das die Ausbreitung der westlichen Welt auf allen Gebieten vorantreiben wird, nicht besser versinnbildlichen. Die drei Kirchen, die zwischen 1060 und 1080 nach Pierre Francastel diese neue Tendenz am besten bezeugen, sind Saint-Philibert in Tournus, Saint-Etienne in Nevers und Sainte-Foy in Conques; aber er stellt darüber hinaus eine — gedrängte — Liste der großen religiösen Bauten auf, die im wesentlichen in der zweiten Hälfte des 11. Jahrhunderts errichtet wurden: in Deutschland Hirsau, Speyer, die Kölner Gruppe; in England die normannischen Kirchen, die nach der Eroberung von 1066 entstanden; in Spanien San Isidoro in León, die Kathedrale von Jaca und die von Santiago de Compostela; in Frankreich außer den drei schon genannten Kirchen Cluny, Saint-Sernin in Toulouse, die Abteien Saint-Etienne und La Trinité in Caen, Lessay, Cérisy-la-Forêt, Saint-Benoît-sur-Loire, la Charité-sur-Loire,

Saint-Hilaire in Poitiers, Saint-Savin-sur-Gartempe; in Italien der Dom von Pisa, San Marco in Venedig, die Kathedrale von Modena. Er zieht daraus den Schluß, daß man »selten gleichzeitig so viele große Baustellen sehen konnte«.

Zwei Bemerkungen sind jedoch zu diesem »Einschnitt in der Mitte des 11. Jahrhunderts« nötig.

Das zweite Feudalzeitalter ist weder das Zurücktreten einer Agrarwirtschaft und einer Agrargesellschaft vor einer Handelswirtschaft und einer städtischen Gesellschaft noch der Übergang von der Naturalwirtschaft zur Geldwirtschaft. Die mittelalterliche Welt bleibt nach 1050 wie zuvor eine Welt des Grundbesitzes, der Quelle allen Reichtums und aller Macht ist. Der landwirtschaftliche Fortschritt ist sowohl quantitativ (Rodung, Kolonisierung) als auch qualitativ (Verbesserung der Methoden und Erträge) Quelle und Grundlage des allgemeinen Aufschwungs. Aber der Bevölkerungszuwachs, die Arbeitsteilung, die ständische Gliederung, die Entwicklung der Städte und die dadurch mögliche Wiederaufnahme eines bedeutenden Handels treten fast gleichzeitig auf, ebenso wie — mit der den intellektuellen, wissenschaftlichen und religiösen Dingen eigenen Verzögerung — die geistige Wiedergeburt, die einen Teil dieses übergreifenden und verzweigten Ganzen bildet, das wir den Aufschwung der Christenheit nennen. Die *usatges* Kataloniens, das älteste bekannte Feudalgesetzbuch, zwischen 1064 und 1069 niedergelegt, stammen aus derselben Zeit wie die ersten großen Kundgebungen der Macht und Ungeduld der neuen Stadtgesellschaft: 1045 Erhebung der Mailänder Bürger, der die politisch-religiöse Bewegung der Pataria folgt; Kommunalaufstand von Le Mans 1069; Erhebung der Bürger von Worms und Köln 1073 und 1074. Die Urkunde der Stadtfreiheit von Huy stammt aus dem Jahr der Schlacht von Hastings (1066). Während die Normannen den Feudalismus zwischen 1047 und 1091 in Süditalien und nach 1066 in England einführen, entsteht schon der früheste *colleganza*-Vertrag, ein vorkapitalistisches Seehandelsabkommen, 1072 in Venedig und bilden sich die ersten Gilden (die von Saint-Omer um 1080). So kann man in der zweiten Hälfte des 11. Jahrhunderts, während Cluny auf seinem Höhepunkt steht und die Heldenepen Gestalt annehmen, schon von der Geburt einer Stadtkultur sprechen.

Es genügt nicht, die Gleichzeitigkeit und Zusammengehörigkeit der Vorgänge und Strukturen zu erkennen, die man zu oft als aufeinanderfolgend und widersprechend beschrieben hat, so als ob einer den anderen verdränge, während sie sich tatsächlich im gleichen Ganzen bekämpfen und ihre Kräfte spielen lassen: Herren und Bürger, Städte und Ländereien, Kloster- und Stadtkultur. Man muß hervorheben, daß die Mitte des 11. Jahrhunderts eine Wende, aber keineswegs einen Anfang, eine Geburt oder eine Renaissance darstellt.

In der Geschichtsschreibung des Mittelalters folgen die Renaissancen aufeinander, so daß, wenn man die Historiker dieses Zwischenzeitalters liest, jedes Jahrhundert einen Anlauf nimmt, um zunächst die vergangene Herrlichkeit wiederzufinden, die Herrlichkeit der antiken, römisch-griechischen Welt, um sie dann mit Beginn der großen Renaissance des 15. und 16. Jahrhunderts zu übertreffen und auszustechen. Seit langem hat man eine geistige Renaissance im 12. Jahrhundert festgestellt, deren materielle Grundlagen man im 11., später im 10. Jahrhundert suchte; heute läßt man den Bevölkerungszuwachs und die bäuerliche Landnahme noch vor der karolingischen Renaissance des 9. Jahrhunderts beginnen, während Protorenaissancen im 8. Jahrhundert bereits die karolingische Blütezeit ankündigen.

Hinter diesen manchmal etwas schulmeisterlichen Versuchen zeichnet sich die Wirklichkeit eines kontinuierlichen Fortschritts ab, einer Wachstumskurve, die in der Mitte des 11. Jahrhunderts eher eine Beschleunigung als einen Neubeginn darstellt — einen neuen Auftrieb, wie man heute sagt. Mehr oder weniger also ein Wiederanziehen, ein *take off*.

In den beiden Gebieten, die für uns diese Wende bezeugen sollen, kann man die entscheidenden Augenblicke aber auch zu einem anderen Zeitpunkt ansetzen.

Im Bereich der Landnahme und des zunehmenden Anbaus ist für Georges Duby *(L'économie rurale et la vie des campagnes dans l'occident médiéval)* die Mitte des 12. Jahrhunderts ausschlaggebend: »Die Tatkraft der frühen Ansiedler, die während zweier Jahrhunderte zaghaft, ohne Zusammenhang und sehr verstreut geblieben war, wurde um 1150 mit einmal reger und aufeinander abgestimmter.« Um dieselbe Zeit sieht Bernard Slicher van Bath *(De agrarische Geschiedenis van West-Europa [500–1850])* den Übergang von einer Periode der *direct agricultural consumption* in eine neue Phase der *indirect agricultural consumption*. Auf der von M. K. Bennett aufgestellten Wachstumskurve für die Bevölkerungszunahme liegt der Höhepunkt auch nicht um 1050, sondern 100 Jahre später. Von 1000 bis 1050 soll die Bevölkerung Europas von 42 auf 46 Millionen angestiegen sein, von 1050 bis 1100 von 46 auf 48, von 1100 bis 1150 von 48 auf 50, von 1150 bis 1200 habe sie einen Sprung von 50 auf 61 Millionen gemacht und von 1200 bis 1250 sei sie nochmals um 8 Millionen angewachsen und von 61 auf 69 Millionen gestiegen.

Auf dem Gebiet der Baukunst, einem anderen Schlüsselbereich des mittelalterlichen *take off*, kann man den berühmten Satz des Chronisten Raoul Glaber nicht vergessen: »Als das dritte Jahr nach dem Jahr 1000 herankam, wurden fast überall, aber besonders in Italien und Gallien die Kirchen erneuert; obwohl die meisten sehr gut gebaut waren und eine Erneuerung nicht nötig gehabt hätten, trieb ein richtiger Wettstreit jede christliche Gemeinde dazu, eine noch prächtigere Kirche als die der Nachbarn zu haben. Man hätte sagen können, daß die Welt selbst sich schüttle, um ihre Baufälligkeit abzustreifen, und sich überall mit *einem weißen Mantel von Kirchen* bedecke. So wurden fast alle Bischofskirchen, die allen möglichen Heiligen geweihten Klosterkirchen und sogar die kleinen Dorfkapellen von den Gläubigen schöner wiederaufgebaut.« Hinsichtlich der technischen Neuerungen und der künstlerischen Ideen hat Henri Focillon *(Art d'Occident)* das ganze 11. Jahrhundert das Zeitalter der »großen Erprobungen« genannt.

Auf dem Gebiet der dem städtischen Aufschwung eng verbundenen Erneuerung des Handels endlich regt uns ein außergewöhnliches Dokument ebenfalls zu einer Zeiteinteilung an, die das 11. Jahrhundert umfaßt, anstatt es zu zerschneiden; der berühmte *tonlieu* von Arras, ein Marktzoll, ist uns in Form zweier Tarife erhalten, die zwei Stadien der Regelung und der Anpassung an einen vermehrten Warenaustausch entsprechen. Der erste stammt vom Anfang des 11., der zweite vom Beginn des 12. Jahrhunderts.

Die Wende von 1050 bezeichnet also weniger eine Umkehr der Ziele als einen Wechsel des Rhythmus innerhalb einer aufsteigenden Bewegung. Marc Bloch schreibt selbst: »In vielerlei Hinsicht bringt das zweite Feudalzeitalter weniger das Verschwinden der früheren Gegebenheiten als ihre Abschwächung.« Diese Ausgangsbasis der Christenheit mit ihren Einschränkungen und ihren Hoffnungen also ist es, die wir zunächst um die Mitte des 11. Jahrhunderts untersuchen müssen.

Erster Teil
Die Entfaltung der Christenheit (1060—1180)

1. Die Grundlagen

DIE BARBAREN DES WESTENS

Als die Byzantiner 1096 die westlichen Kreuzfahrer ankommen sahen, die um freien Durchzug zum Heiligen Land baten, empfanden sie bei ihrem Anblick und ihrem Betragen eine Bestürzung, die sich rasch in Verachtung und Empörung wandelte. Ob es sich um die von Peter von Amiens geführten Volkshorden handelte oder um die Rittertruppen der zweiten Welle, die sie zu allem Überfluß noch unangenehm an die aggressiven Normannen Italiens erinnerten: die Byzantiner sahen nichts als habgierige und großmäulige Barbaren — Wilde.

Vielleicht haben die Abenteurer, die zum größten Teil die Haufen des ersten Kreuzzugs bildeten, nicht das schmeichelhafteste Bild der westlichen Christenheit geboten. Die Führer dieser Christenheit jedenfalls sahen in ihnen die Blüte des Westens. Man muß sich also klarmachen, daß in der zweiten Hälfte des 11. Jahrhunderts der christliche Westen nichts anderes als der noch ungehobelte äußerste Vorposten der zivilisierten Welt ist, die sich vom Japanischen Meer bis zu den Säulen des Herkules erstreckt.

Zwar erleben die östlichen Zivilisationen in der gleichen Zeit politische Krisen und militärische Rückschläge, die tiefgreifende wirtschaftliche und soziale Mißstände erkennen lassen: in Japan Verfall der Fujiwara-Dynastie und eine Welle kollektiver Angst (man glaubt im Volk an den Zusammenbruch der buddhistischen Lehre im Jahr 1052); eine Krise innerhalb des östlichen Islam, wo das Protektorat der türkischen Seldschuken in Bagdad (1055) zwar die religiöse Rechtgläubigkeit und die Stellung des Kalifen wieder zu kräftigen scheint, gleichzeitig aber das Absinken der Mittelschicht in Stadt und Land beschleunigt; in Nordafrika hat der Einfall der arabischen Beni Hilal ab 1051 nicht wiedergutzumachende Verwüstungen zur Folge. Selbst an den Toren der Christenheit erleiden die beiden Brennpunkte der byzantinischen und arabisch-spanischen Zivilisation eine Verfinsterung. Die Schwierigkeiten der Byzantiner verraten sich nicht nur durch spektakuläre militärische Niederlagen — die Katastrophe von Mantzikert gegenüber den Sel-

19

dschuken (1071) leitet den Verlust Kleinasiens ein, so wie die Einnahme von Bari durch die Normannen Robert Guiscards im gleichen Jahr den Italiens und des westlichen Mittelmeers vollzieht — sondern auch durch innere Maßnahmen, die für den Historiker ebenso aufschlußreich sind: das Goldgeld, das *nomisma*, das für die wirtschaftliche Macht von Byzanz im Westen symbolisch geworden war (man nennt es dort *Besant*, das heißt ›Byzantiner‹, und Robert Lopez hat es den Dollar des Mittelalters getauft), erfährt unter Nikephoros Botaniates (1078 bis 1081) die erste Abwertung. Er muß danach zugunsten des Alexios Komnenos zurücktreten, dessen Regierungsantritt den Sieg der »feudalen« Aristokratie bestätigt, die den byzantinischen Niedergang beschleunigen wird. Im muselmanischen Spanien stirbt der letzte omajjadische Kalif von Cordoba, Hischam III., 1031, und in den 23 Kleinstaaten oder *Taifas*, in die sich das Land aufteilt, herrscht Anarchie.

Dennoch bleibt der Glanz dieser Zivilisation unvergleichlich genüber der Mittelmäßigkeit und Primitivität der westlichen Christenheit. Es sind urbane Kulturen, deren Faszination sich in den Heldenepen widerspiegelt, die der Westen eben zu verfassen beginnt. In der *Pilgerfahrt Karls des Großen*, die etwa gleichzeitig mit dem Rolandslied entsteht, also vor 1100, entdecken der Kaiser und seine Paladine staunend Byzanz. Im Zyklus der *Wilhelmsepen* ist es die Anziehungskraft, die islamische Städte auf die christlichen Ritter ausüben: Orange, Narbonne und darüber hinaus die unerreichbaren Städte Cordoba und — weiter noch — Bagdad. Diese Kulturen haben schon glanzvolle technische und künstlerische Meisterwerke hervorgebracht, als im Westen die ersten romanischen Architekten gerade versuchen, die neuen Kirchenschiffe einzuwölben. Vom Ende des 8. bis zum Beginn des 11. Jahrhunderts errichten die Künstler von Cordoba eine Moschee, die mit der Hagia Sophia in Konstantinopel wetteifern kann; gegenüber diesen beiden Wunderwerken hat der christliche Westen nur Anlagen von geringen Ausmaßen aufzuweisen. Er kennt übrigens seine Unterlegenheit. Das Wilhelmslied beschreibt die vom maurischen König Desramé versammelte Armee wie folgt: »Er hat mehr als hunderttausend Mann zu Cordoba in Spanien vereinigt und hält vor dem Aufbruch eine Hofversammlung ab, die vier Tage dauern soll. Er sitzt auf dem Elfenbeinthron auf einem weißen Seidenteppich, inmitten eines weiten Raums. Hinter ihm trägt man den Drachen, der ihm als Kriegszeichen dient . . . Er betrachtet mit Stolz die riesige Armee, die ihn umgibt. Es sind vierzig Völker, von vierzig Königen befehligt: Thiébaut führt die Estormarants, Sinagon die Armenier, Aérofle die Slawonier, Harfu die Hunnen, Malacra die Neger, Borel die Kuhhirten, der alte Tempesté die Assassinen, der Riese Haucebir die Ungarn. Ich kann sie euch nicht alle nennen, denn viele sind aus den Ländern jenseits des Westens gekommen, wohin noch nie ein Christ gelangte. Ihre Helme und Stahlspeere, die Mäntel, vergoldeten Sättel und Eisenlanzen flimmern zu Tausenden in der Sonne . . .«

EINE ARMSELIGE WELT AUS LICHTUNGEN UND VERSTREUTEN SIEDLUNGEN

Gegenüber dieser Welt erlesener Erzeugnisse: reicher Stoffe, bearbeiteter Leder, kostbarer Metalle, darunter vor allem Eisen, kennt die westliche Christenheit nur geringwertige Grundstoffe. Kaum daß man beim Bau der wichtigsten Gebäude, vor allem der Kirchen, das Holz durch Stein zu ersetzen beginnt. Auf Äbte und Bischöfe als Bauherrn des 11. Jahrhunderts wird — mit anderen Materialien — das Lob Suetons auf Augustus, er habe Rom in Ziegelsteinen vorgefunden und in Marmor zurückgelassen, angewandt. Einer der ersten weltlichen Städter, der sich ein Steinhaus bauen lassen kann und dies auch wagt, ist ein Bürger von Arras um 1215. Der Abt von Saint-Vaast hetzt die Bevölkerung gegen diesen Unverschämten auf, und das Haus wird in Brand gesteckt. Die steinernen Bergfriede sind nur wenig älter (der von Langeais, 994 errichtet, ist einer der frühesten), und ihr Plan verrät den Einfluß der vorhergehenden Holzkonstruktionen. Aber diese Neuerung steht noch in den Anfängen, und die westliche Christenheit bewohnt noch lange mehr Holz- als Steinhäuser. Nach seinem Sieg von Hastings (1066) läßt Wilhelm der Eroberer die Votivabtei der Schlacht (Battle Abbey) zwar in Stein erbauen, der in der Umgebung von Caen gebrochen und auf Kosten des königlichen Schatzes aus der Normandie nach England transportiert wird, aber das Schloß, das den Ort befestigen soll, wird noch in Holz aufgeführt. Man muß ein ganzes Jahrhundert warten, bis Heinrich II. 1171/72 den ›Turm von Hastings‹ in Stein neu bauen läßt. — In dieser Welt des Holzes, wo das Eisen so selten ist, daß die Schmiede immer noch von dem magischen Nimbus umgeben bleiben, den ihnen die germanischen Völker zuschrieben, nehmen die Dorfschmiede lange Zeit in der mittelalterlichen Bauerngesellschaft einen bevorzugten Platz ein. »In vieler Hinsicht«, schreibt Bartholomäus Anglicus um 1260, »ist das Eisen dem Menschen nützlicher als das Gold.«
Das Holz bleibt so wesentlich, daß der Architekt fast ebenso oft Zimmermannsmeister wie Maurermeister genannt wird und daß man von ihm in beiden Bereichen Sachkenntnisse verlangt. Überdies bewirkt das Fehlen des Steins in der nördlichen Chri-

21

stenheit, zu einer Zeit da Transporte schwierig und teuer sind,
daß Holz noch für lange Zeit sogar für Großbauten wie Kirchen in Gebrauch bleibt; anderswo benutzt man statt Steine
Ziegel. Man weiß, wie lange die Holzkirchen — *stavkirken* —
in den skandinavischen Ländern, vor allem in Norwegen, erbaut wurden, und kennt die aus den Niederlanden übernom-
mene Backsteinarchitektur, die den Hansestädten von Bremen bis
Riga ihr typisch monumentales Aussehen gegeben hat.
Man darf dabei nicht vergessen, daß selbst die Beschaffung des
Holzes für die mittelalterlichen Bauleute mit Problemen verbunden bleibt. Für jedes wichtige Gebälk, immer wenn für Balken,
Pfeiler und Masten Bohlen und zweckdienliche Baumstämme
gebraucht werden, ist die Holzsuche ein schwieriges Unterfan-
gen. Das Auffinden passender Bäume, die man auch schlagen
und transportieren kann, grenzt manchmal an ein Wunder. In
einem vielzitierten Text schildert Abt Suger von Saint-Denis das
Wunder, das ihm in der Mitte des 12. Jahrhunderts die nötigen
Balken zum Bau der berühmten Basilika verschaffte: »Als wir auf
der Suche nach Dachbalken unsere und die Pariser Zimmerleute
um Rat fragten, antworteten sie uns — nach ihrer Meinung
wahrheitsgetreu —, in diesen Gegenden könne man solche wegen des Mangels an Wäldern keineswegs finden, sondern müsse
sie aus dem Gau von Auxerre herbeiholen. Alle äußerten sich
im gleichen Sinne, und so waren wir sehr niedergeschlagen angesichts der großen Umstände und wegen des erheblichen Zeit-
verlustes. Eines Nachts aber besann ich mich nach der Rückkehr
von der Frühmette im Bette und beschloß, persönlich in alle
Teile unserer Wälder einzudringen und sie nach allen Richtungen zu durchstreifen, um Zeit und Arbeit zu ersparen, wenn
die Stämme hier gefunden werden könnten. Wir legten alle anderen Pflichten beiseite und eilten am frühen Morgen mit den
Zimmerleuten und Holzfällern in den Wald von Iveline. Als wir
durch unser Land im Chevreuse-Tal kamen, ließen wir unsere
Förster und Leute, die in den andern Wäldern Bescheid wußten, herbeirufen und fragten sie bei ihrem Eide, ob wir dort,
aller Mühe ungeachtet, Stämme der bestimmten Größe zu finden vermöchten. Sie lächelten verwundert und hätten am lieb-
sten laut über uns gelacht, wenn sie es gewagt hätten; ob wir
denn gar nicht wüßten, daß in der ganzen Gegend nichts der-
artiges zu finden sei, zumal Milo, unser Schloßherr auf Chevreuse, der mit einem andern die Hälfte des Waldes von uns zu
Lehen hatte, keinen solchen Baum unberührt und unversehrt
gelassen hätte, um Wehrtürme und Bollwerke anzulegen. Aber
wir achteten nicht ihrer Reden, sondern fingen an, kühn unserem
Glauben trauend, den Wald zu durchstreifen, und fanden gegen
die erste Stunde einen Stamm von ausreichendem Wuchs. Und

22

weiter? Bis zur neunten Stunde oder noch eher wählten wir inmitten des dunklen Gebüsches und Dornengestrüpps der Wälder zum Erstaunen aller, zumal der Einheimischen, zwölf
Stämme aus – soviel nämlich waren erforderlich. Als sie zur
heiligen Basilika gebracht worden waren, ließen wir damit unter
Jubel den neuen Bau eindecken, zum Lob und Ruhme unseres Herrn Jesu, der sie vor der Hand der Plünderer bewahrt und für sich selbst und die heiligen Märtyrer vorbehalten hatte.«

Wie bot sich nun das äußere Bild des Westens in der Mitte des
11. Jahrhunderts dar? Es war eine Art geographisches Negativ der muselmanischen Welt. Dort Steppen und Wüsten, von
Oasen und einigen Waldflecken, von denen der größte der
Maghreb ist, unterbrochen. Hier ein Waldmantel mit Lichtungen, in denen sich verstreute Gemeinschaften ansiedeln – auf-
keimende Städte, die nur mühsam von den sie unmittelbar umgebenden Äckern, Dörfern, Burgen und Klöstern ernährt werden und die, durch kaum gepflegte und oft abweichende Straßen schlecht untereinander verbunden, immer den Angriffen
aller Arten von Banditen, ritterlicher oder solcher der unteren
Volksschichten, ausgesetzt sind; dem Verkehr werden, wo
immer es möglich ist, vor allem die Wasserläufe, die den Wald-
teppich durchschneiden, nutzbar gemacht. Diese Allgegenwart
des Waldes findet sich auch in der Literatur. Ein Wildschwein, das
Wilhelm von Orange und seine Gefährten jagen, lockt sie von
Narbonne bis Tours »durch die Wälder«. Die Stadt ist von Forsten eingekreist: »Wie sie am Waldrand vor Tours ankommen,
befiehlt Wilhelm, daß man unter der Deckung der Bäume anhält . . . Am Abend werden die großen Tore der Stadt geschlossen. Als es völlig Nacht geworden ist, läßt Wilhelm vierhundert Ritter am Waldsaum zurück und nimmt zweihundert mit
sich . . . Er kommt zum Graben und ruft dem Wächter zu:
›Öffne das Tor, laß die Brücke nieder‹ . . .«

Übrigens bedeckte nicht immer Hochwald den Boden. Es gab
vor allem im Norden der Christenheit infolge des Klimas und
der Bodenbeschaffenheit weite Heide- und Sumpfgebiete; anderswo hatten die gleichen geographischen Faktoren oder un-
vollständige und vorübergehende Rodungen seit der jüngeren
Steinzeit den Wald durch Unterholz zurückgedrängt. Wir haben
gesehen, unter welchen Schwierigkeiten Suger zu einem Hochwald gelangte.

Aber selbst an der Schwelle jenes Zeitabschnitts, der für den
christlichen Westen eine Periode der Rodungen und der Urbarmachung sein wird, wobei mehr die Heidegebiete, Sümpfe und
Gehölze zurückgehen als die richtigen Wälder, muß man diese
mittelalterliche Herrschaft des Waldes betonen. Er bleibt der na-

türliche und psychologische Rahmen der westlichen Christenheit. Der Wald ist die Gefahrenzone, aus der wilde Tiere und Menschen kommen — Krieger und Banditen, schlimmer als Bestien — aber er bedeutet auch Zuflucht für Jäger, Liebende, Eremiten und Unterdrückte. Er stellt eine dem landwirtschaftlichen Aufblühen immer hinderliche Grenze dar, gegen welche die mühseligen Fortschritte des Anbaus ankämpfen; aber auch eine Quelle leicht zu erntenden Reichtums: Eicheln und Laub für die Nahrung und das Lager der Viehherden, Holz und Holzkohle, Honig und Wildbret. Der Chronist Gallus Anonymus, der zu Beginn des 12. Jahrhunderts Polen beschreibt, zeigt gut, wie dieses Land, das mit nur geringen Übertreibungen das äußere Bild der westlichen Christenheit widerspiegelt, zwischen der Bedrückung und der Wohltat des Waldes steht. »Dieses Land«, sagt er, »*obwohl reich bewaldet*, ist doch mit Gold und Silber versorgt, mit Brot und Fleisch, Fisch und Honig ...« Und er fügt hinzu: »Die Luft ist hier gesund, die Erde fruchtbar, der *Wald reich an Honig* ...« Freilich ist der wirtschaftliche Wert des Waldes in der gesamten Christenheit für die Rückständigkeit einer Wirtschaftsform bezeichnend, in der das Pflücken noch eine so große Rolle spielt. Trotzdem bleibt bestehen, daß viele Schrecken dem mittelalterlichen Menschen vom 11. bis zum 14. Jahrhundert durch den Wald und aus dem Wald kommen. Wie viele verirren sich darin oder finden sich dort wieder, wie *Berthe aux grands pieds* oder Tristan und Isolde, wieviel Angst und Zauber hat dort die Menschen erzittern lassen, in »*dem schônen walt*« der Minnesänger und Goliarden, der »*selva oscura*« Dantes ...

OHNMACHT VOR DER NATUR: DIE UNZULÄNGLICHE TECHNIK

Die größte Hilflosigkeit gegenüber der Natur erwächst den Menschen des 11. Jahrhunderts aber nicht durch ihre Abhängigkeit von den Waldgebieten, die sie mehr durchstreifen als erschließen, sondern durch ihr primitives Werkzeug; Hauptschlaginstrument ist das Dachsbeil, gegen Unterholz wirksamer als gegen dicke Zweige oder Strünke, denen es nur mit Mühe beikommt. Vor allem aber ist man unfähig, dem Boden eine quantitativ und qualitativ ausreichende Nahrung abzugewinnen.
Das Land ist tatsächlich die wesentliche Grundlage der mittelalterlichen Christenheit. In einer Wirtschaft, die vor allem eine Naturalwirtschaft ist, beherrscht von der einfachen Befriedigung der Lebensnotdurft, ist der Boden Ausgangspunkt und fast Gesamtinhalt der Ökonomie. Das lateinische Verb für arbeiten — laborare — bezeichnet seit karolingischer Zeit die Landarbeit,

24

vor allem das Umgraben. So ist der Landbesitz Grundlage des Reichtums, der Macht und sozialen Stellung. Die herrschende Schicht, eine Militäraristokratie, ist gleichzeitig Großgrundbesitzer. Aufgenommen wird man in diese Klasse, indem man entweder durch Erbe oder durch Verleihung eines Höhergestellten ein Geschenk erhält, ein beneficium, ein Lehen. Dies Lehen ist im wesentlichen ein Stück Land.

Aber dieses Land war undankbar. Das unzureichende Werkzeug erlaubte nicht, es tief und kräftig genug aufzubrechen, umzuwenden und zu lockern, damit es fruchtbarer wurde. Das primitivste Gerät, der antike Hakenpflug (lateinisch *aratrum*, französisch *araire*, flämisch *eergetouw*, dänisch *ard*, slawisch *oralo*, oberdeutsch *erling*) aus Holz, ohne Räder, der die Erde kaum richtig berührte, wurde noch lange benutzt, auch außerhalb des Mittelmeergebietes, wo er dem Relief und den lockeren Böden angepaßt war. Der Pflug (lateinisch *carruca*, französisch *charrue*; das deutsche Wort *Pflug*, dessen Herkunft ungeklärt ist, ging in die slawischen Sprachen ein, und der altslawische Wortschatz bezeugt den Gebrauch dieses Instruments vor dem 6. Jahrhundert), der sich vor allem nördlich der Mittelmeerzone ausbreitete, blieb unentwickelt, und die schwache Ochsenzugkraft, die allgemein verwendet wurde, erlaubte nicht, seine volle Wirkung auszunutzen. Man muß hier auch auf den Mangel an Dünger hinweisen, der alle möglichen Notbehelfe erforderlich machte; Abgaben, in Form von Mist von den Herren erhoben, wurden entweder als ›Mistkübel‹ eingezogen, oder man verpflichtete die Bauern dazu, ihre Viehherden eine bestimmte Zahl von Tagen auf die Ländereien des Grundherrn zu schicken, damit sie ihre Exkremente dort ließen. Notfalls nahm man zur Asche verbrannten Strauchwerks Zuflucht oder zu verbranntem Gras, zu faulem Laub, zu Stroh des Korns, dessen Halme der Bauer aus diesem Grund mit seiner Sichel in halber Höhe oder gleich unterhalb der Ähre abschnitt. Alles dies erklärt die außerordentlich geringen Erträge. In einem der seltenen Fälle, wo man sie vor dem 13. Jahrhundert errechnen kann, ergibt die Weizenaussaat auf den burgundischen Besitzungen Clunys für 1155 und 1156 den zwei- bis vierfachen Ertrag. Das Mittel scheint vor 1200 um 3,10 oder ein wenig unter 3 gelegen zu haben (zwischen 1750 und 1820 erreichte Nordwesteuropa einen Ertrag von 10,6).

Zudem erbrachte der Boden diese Ergebnisse nur dann, wenn man ihm Zeit gab, sich wieder aufzufrischen; selbst von den bearbeiteten Flächen blieb also ein großer Teil als Brachland unbebaut. Am häufigsten teilte man das Ackerland jedes Jahr in zwei ungefähr gleiche Hälften, von denen nur eine Frucht trug. Jedes Feld gab also nur jedes zweite Jahr einen Ertrag;

die Zweifelderwirtschaft war in der Mitte des 11. Jahrhunderts im Okzident die Regel.

Viele Äcker konnten nicht einmal diesen Produktionsrhythmus vertragen und mußten nach einigen Jahren aufgegeben werden. Neue wurden dem Anbau durch Rodung oder Brand gewonnen. Die Landwirtschaft war also raumverschlingend, extensiv und halb-nomadisch.

Daß unter diesen Bedingungen Wetterunbilden zu Katastrophen führten, versteht sich. Anhaltende Regenfälle, Hagel, Trokkenheit, Pflanzenkrankheiten oder Insekteneinfälle ließen die Ernten unter das Existenzminimum sinken. Der Hunger bedrohte die Menschen des 11. Jahrhunderts unaufhörlich; oft traten in der ganzen Christenheit gleichzeitig Hungersnöte auf. Wenn sie auf ein ganzes Gebiet beschränkt waren, fand die betroffene Bevölkerung nur schwer Abhilfe, denn die geringen Erträge verhinderten ausreichende Vorratslager, und die Einfuhr von Nahrungsmitteln aus verschonten Gebieten stieß auf den gleichen Mangel an Überschuß und dazu, abgesehen vom partikularistischen Egoismus der Verschonten, auf einen technischen Engpaß: den unzureichenden und teuren Transport. 1005/06, 1043 bis 1045 und 1090—1095 waren solche Jahre allgemeiner oder fast allgemeiner Hungersnot; die Wiederholung schlechter Ernten im Abstand von zwei oder drei Jahren wirkte sich katastrophal aus. Aber zwischen diesen allgemeinen Heimsuchungen vergeht fast kein Jahr, in dem nicht ein Chronist hier und dort eine örtliche oder regionale Hungersnot meldet.

Außerhalb der Landwirtschaft gibt es nur eine oberflächliche wirtschaftliche Aktivität, die geringwertige und begrenzte Warenmengen hervorbringt und nur einen beschränkten Kreis erfaßt. Neben der Nahrung befriedigt die Haus- oder Gutswirtschaft auch alle andern wesentlichen Bedürfnisse. Der Bauer selbst, die Frauen, seltener ein spezialisierter Handwerker wie der Dorfschmied, erbauen die Häuser, fertigen die Kleidung an und stellen die primitive Haushaltsausstattung und das Werkzeug her, wobei Holz, Erde und Lehm als wichtigste Materialien verwendet werden.

In den schwach bevölkerten Städten arbeiten auch wenige Handwerker; selbst die Kaufleute sind nicht zahlreich und handeln nur mit den allerwichtigsten Waren — zum Beispiel Eisen — oder mit Luxusgegenständen wie kostbaren Stoffen, Goldschmiedearbeiten, Elfenbein und Gewürzen. All dies erbringt nur wenig Geld. Die Christenheit prägt keine Goldmünzen mehr. Es handelt sich um reine Naturalwirtschaft, so gering ist der Anteil des Geldes.

Dieser primitiven Wirtschaftsform entspricht ein rückständiger sozialer Aufbau, der den ökonomischen Aufschwung im gleichen Maße lähmt, wie er selbst durch die unentwickelten technischen und wirtschaftlichen Verhältnisse bedingt ist.

Die Gesellschaft wird nach einem neuen Leitbild von den Klerikern ungefähr seit dem Jahre 1000 immer häufiger als dreigeteilt geschildert. »Das Haus Gottes«, schreibt um 1016 der Bischof Adalberon von Laon, der sich an König Robert den Frommen wendet, »ist dreigeteilt: die einen beten, die andern kämpfen, die dritten endlich arbeiten.« Dieses Schema, das in seiner lateinischen Form — oratores, bellatores, laboratores — gut zu behalten ist, unterscheidet also Klerus, Ritter und Bauern. Ein simplifiziertes Bild, gewiß, das aber doch grosso modo der Gesellschaftsstruktur entspricht. Der Klerus, bei dem man in der karolingischen Zeit gern zwei Arten unterschieden hat, Weltgeistliche und Mönche, wird sich immer stärker seiner Einheit gegenüber den Laien bewußt. Im Innern der feudalen Hierarchie ist die weltliche Aristokratie im Begriff, sich in einen nach Grundherren und Vasallen gegliederten Stand zu ordnen. Der militärische Charakter dieses Adels verrät sich in der Terminologie. Das Wort miles (Krieger, Ritter) »hat im 11. Jahrhundert besonderen Erfolg«. Die Masse der Arbeiter endlich, die vor allem aus Bauern besteht, erlebt ihrerseits eine durch die rechtlichen und sozialen Verhältnisse vorangetriebene Vereinheitlichung. Leibeigene und Freie beginnen sich in ihrer praktischen Lage als die Gruppe der von einer Herrschaft Abhängigen zu vermengen; es sind jene, die man ununterschieden die Dörper (vilains) oder Karsthänse zu nennen beginnt.

Theoretisch sind die drei Stände einig, leisten sich gegenseitig Hilfe und bilden ein harmonisches Ganzes. »Diese drei miteinander lebenden Schichten«, schreibt Adalberon von Laon, »können nicht getrennt werden. Die Dienste des einen sind die Bedingung für die Werke der beiden andern. Jeder trachtet danach, das Ganze zu unterstützen. So ist diese Verbindung zwar dreifach, aber doch eine Einheit . . .«

Diese ideale und idealistische Ansicht wird von der Wirklichkeit widerlegt. Adalberon selbst erkennt dies als erster: »Die zweite Schicht (der Laien) ist die der Unfreien; diese unglücklichen Leute besitzen nur, was sie sich mühselig erarbeitet haben. Wer könnte, das Rechenbrett in Händen, die Sorgen zählen, die die Leibeigenen während ihrer langen Wege und ihrer harten Arbeit bedrücken? Geld, Kleidung, Nahrung: die Leibeigenen liefern alles an jedermann; nicht ein Freier könnte ohne sie bestehen. Gilt es eine Arbeit zu verrichten? Will man etwas bieten? Wir sehen Könige und Prälaten sich zu Sklaven ihrer Leibeigenen machen. Der Herr, der vorgibt, den Leibeigenen zu ernähren, wird in Wahrheit von ihm ernährt. Und der Leibeigene sieht kein Ende seiner Tränen und Seufzer.«

Dieser sentimentale und moralisierende Erguß läßt erkennen, daß das soziale Gefüge gegen die Gerechtigkeit verstößt; gleichzeitig stellt es dem Fortschritt hartnäckige Hindernisse entgegen.

Die Aristokratie — und das gilt für die geistliche wie die weltliche — monopolisiert das Land und die Produktion. Zwar gibt es eine gewisse Zahl von Ländereien ohne Herren, sogenanntes Freiland. Aber diese Allodien hängen wirtschaftlich und sozial von Mächtigen ab, die das Wirtschafts- und Sozialleben unter Kontrolle haben. Diese Mächtigen beuten ihre Untergebenen in einer weitgehend unfruchtbaren und unproduktiv machenden Weise aus. Die Ländereien sind genau in zwei Teile zerlegt; der eine wird unmittelbar vom Herrn bebaut, vor allem mit Hilfe der Frondienstleistungen seiner Hintersassen; der andere wird in Form von Afterlehen an die Bauern — leibeigene oder freie — abgetreten, die ihrem Herrn für seinen Schutz und die Belehnung Entschädigungen schulden, die ersteren in Form von Arbeit, alle in Form von Naturalabgaben und Geld. Diese herrschaftlichen Erhebungen, die den *Lehenszins* bilden, lassen der Masse der Bauern kaum das Lebensminimum. Die größere Mehrheit verfügt nur über ein Lehen, das den Bedürfnissen einer Familie entspricht. (In der vorhergehenden Epoche war es die Hufe *(Manse)*, von Beda Venerabilis im 7. Jahrhundert als *terra unius familiae* definiert). Die Beschaffung eines Überschusses ist für sie praktisch unmöglich. Das Schlimmste ist, daß dieser Unfähigkeit der Bauern, Überschuß zu erzielen, die Verschwendungssucht der Herrenschicht gegenübersteht, die über sie verfügt.

Von den Gewinnen des Gutes investieren die Herren, wie man heute sagen würde, nachdem einmal das Saatgut beiseite gelegt ist, fast nichts. Sie verzehren und vergeuden. Lebensform und Mentalität verbinden sich in der Tat, um dieser Klasse unproduktive Ausgaben aufzudrängen. Um ihren Rang zu erweisen, müssen sie Ansehen mit Macht verbinden. Luxus der Wohnung, Kleidung und Nahrung zehrt die Einkünfte des Feudalzinses auf. Die Verachtung der Arbeit und das fehlende technische Verständnis lassen sie die Vorgänge und Produkte des Wirtschaftslebens nur als Beute ansehen. Über die Beute des Lehenszinses hinaus belegen sie den gesamten Handel in ihrer Reichweite mit außergewöhnlichen Abgaben: Zölle für Märkte und Messen, Wegegelder und Warensteuern. Die beiden Tarife des *tonlieu* von Arras (Anfang des 11. und Anfang des 12. Jahrhunderts), den der Abt von Saint-Vaast erhob, enthalten eine Taxe auf die ausgetauschten Waren, die vom Verkäufer wie vom Käufer zu entrichten ist, eine Standplatzgebühr, einen Wiege- und Meßzoll, der mit dem Zwang, die Gewichte und Maße der

Abtei zu benutzen, verbunden ist, und eine Transportsteuer. Bezahlt wurde zum Teil in Geld, zum Teil in solchen Naturalien, welche die Abtei nicht selbst erzeugte: Salz, Eisen und Eisenwaren (Sicheln, Schaufeln und Messer).

Dazu kommen noch die Zerstörungen, welche die »beruflichen« Betätigungen des Adels verursachen: der Krieg und die Jagd. Betrachtet man das für das Ende des 11. Jahrhunderts so außerordentliche Zeugnis der Stickerei von Bayeux, ›Tapisserie der Königin Mathilde‹ genannt — eine Bilderzählung der Eroberung Englands im Jahre 1066 durch die Normannen —, so sieht man, wie der Landung ein großes, vom Bischof gesegnetes Festmahl folgt, und wie der Feldzug durch das Anzünden eines Hauses eingeleitet wird. Der mittelalterliche Krieg zerstört in der Tat planmäßig, denn es geht noch mehr darum, die wirtschaftliche und soziale Macht des Gegners durch Brand und Vernichtung der Ernten, Bauwerke und Dörfer zu treffen, als ihn militärisch zu schlagen. Die »wirtschaftlichen Kosten der Gewalttätigkeit« sind im mittelalterlichen Westen beträchtlich.

Die lähmende Wirkung der Kirche auf diesem Gebiet, wenn sie auch im allgemeinen durch friedliche Mittel zustande kommt, ist nicht weniger bedrückend. Der Zehnte, den sie vor allem von den Feldfrüchten und vom Vieh, aber auch von allen Wirtschaftsprodukten erhebt, lastet mehr als jede andere Abgabe auf der Produktion. Die Verachtung des tätigen Lebens, der *vita activa*, die sie lehrt, ohne sie selbst immer zu praktizieren, verstärkt noch die wirtschaftsfremde Einstellung. Der Luxus, mit dem man Gott umgibt (Pracht der Festlichkeiten, Reichtum der Gebäude, der einen dem üblichen Lebensniveau unangemessenen Aufwand an Baumaterialien, Arbeitskräften und kostbaren Gegenständen fordert), beschneidet die bescheidenen Mittel der ärmlichen Christenheit schwer. Die großen Äbte des 11. Jahrhunderts werden gern von Chronisten und Hagiographen zu dem Interesse, das sie dem *opus aedificiale*, dem Bau und der Ausschmückung der Kirchen entgegenbringen, beglückwünscht. In ihren Viten des heiligen Odilo, Abt von Cluny (gestorben 1049), führen der gestrenge Petrus Damiani wie auch Jotsaldus unter den höchsten Ruhmes- und Frömmigkeitstiteln des Heiligen seinen »glorreichen Eifer« auf, »die Bauwerke der heiligen Stätten mit Hilfe aller möglichen Einkünfte erbaut, erneuert und ausgeschmückt zu haben«. Ebenso sind der heilige Hugo, zwischen 1049 und 1109 Abt von Cluny, und Desiderio, Abt von Monte Cassino von 1058 bis 1087, schon zu Lebzeiten als die Erbauer zweier Architekturwunder berühmt. Aber dieser Luxus ruft auch Reaktionen hervor. Die Häretiker von Arras bestreiten 1035, daß der Gottesdienst besonderer Gebäude bedürfe, und selbst innerhalb der Kirche wacht der heilige Bruno bereits 1084 darüber, daß das Kloster der Grande Chartreuse so nüchtern wie möglich wird.

Um die Konflikte dieser rückständigen Gesellschaft auszugleichen, hätte es eines starken Staates bedurft. Aber die Feudalität hatte den Staat aufgelöst und die öffentliche Macht durch Immunitäten und Usurpationen im wesentlichen in die Hände der Grundherrn gelegt.

Die Kirche, die selbst an dieser Unterdrückung der Masse teilhat, ist im übrigen noch in der Macht der Laien, das heißt der Feudalaristokratie, die Pfarrer, Äbte und Bischöfe ernennt und sie sowohl in ihre Ämter als auch in ihre Lehen einsetzt. Auch Kaiser und Könige sind auf der einen Seite mitschuldig, auf der andern machtlos. Mitschuldig, weil sie an der Spitze der feudalen Hierarchie stehen. Machtlos, weil sie, wollen sie ihren Willen durchsetzen, dazu weder das Geld noch genügend militärische Macht haben; im wesentlichen verfügen sie nur über ihre eigenen territorialen Einkünfte und die feudalen Heeresdienste der Kronvasallen. Eine Anekdote ist hier bezeichnend. Nach dem Chronisten Johann von Worcester hatte König Heinrich I. von England, als er 1130 in der Normandie weilte, einen Alptraum. Er sah sich nacheinander von den drei Ständen bedroht: zuerst von den Bauern mit ihren Geräten, dann von den Rittern mit ihren Waffen, endlich von den Bischöfen und Äbten mit ihren Krummstäben.

»Das also macht dem in Purpur gekleideten König Angst, dessen Wort, nach dem Ausspruch Salomos, wie das Brüllen des Löwen mit Schrecken erfüllen sollte.«

Tatsächlich gilt nach den Theorien der Zeit, die das Denken tief beeinflussen, dieser soziale Aufbau als geheiligt; er ist göttlicher Natur. Die drei Stände stellen eine gottgewollte Ordnung dar. Sich gegen diese Ordnung auflehnen heißt gegen Gott rebellieren.

PLAGEN UND ÄNGSTE

Vom Hunger bedroht, lebt die unterdrückte Masse der Christenheit im 11. Jahrhundert in einem physischen Elend, das in den untersten Schichten besonders beklagenswert ist. Hungersnöte und ständige Unterernährung begünstigen Krankheiten. Tuberkulose, Haut- und Mangelkrankheiten haben eine hohe Kindersterblichkeit im Gefolge und verbreiten Epidemien. Das Vieh ist davon nicht ausgenommen. Die Viehseuchen vergrößern die Nahrungsmittelknappheit und verschlimmern die Not, indem sie die Arbeitskraft der Tiere schwächen. Nach Raoul Glaber hoben die Menschen während der großen Hungersnot von 1032—1033,

»nachdem sie wilde Tiere und Vögel gegessen hatten, unter der Herrschaft eines verheerenden Hungers alles mögliche Aas und andere, kaum auszusprechende schreckliche Dinge auf, um sie zu essen. Einige nahmen, um dem Tod zu entgehen, ihre Zuflucht zum Wurzelwerk des Waldes und zum Grün der Blumen. Wütender Hunger ließ die Menschen selbst menschliches Fleisch verschlingen. Reisende wurden von Stärkeren verschleppt, ihre Glieder abgeschnitten, gekocht und verzehrt. Manche Leute, die aufgebrochen waren, um dem Hunger zu entfliehen, und unterwegs Gastfreundschaft fanden, wurden des nachts ermordet und dienten jenen als Nahrung, die sie aufgenommen hatten. Viele zeigten Kindern eine Frucht oder ein Ei, lockten sie damit an abgelegene Orte, brachten sie um und verschlangen sie. Anderswo wurden Tote ausgegraben, um den Hunger zu stillen. In der Gegend von Mâcon entnahmen einige Leute dem Boden eine weiße, dem Ton ähnliche Erde, mischten sie mit dem, was sie noch hatten, Mehl oder Kleie, und machten aus dieser Mischung Brot, wodurch sie hofften, nicht an Hunger zu sterben; dieses Verfahren brachte aber nur trügerische Hoffnung und Erleichterung. Man sah nur bleiche und abgezehrte Gesichter. Viele zeigten eine durch Aufblähungen gedehnte Haut; die menschliche Stimme wurde spitz, den kurzen Schreien sterbender Vögel vergleichbar«.

Die gleiche Litanei der Sterblichkeit findet sich bei allen Chronisten der Zeit. Von 1066–1072 regierte nach Adam von Bremen »der Hunger in Bremen, und man fand viele Arme tot auf den Plätzen der Stadt«. 1083 war in Sachsen »der Sommer sengend; viele Kinder und Greise starben an der Ruhr«. 1094 herrschte nach dem Chronisten Kosmas »vor allem in den germanischen Ländern eine große Sterblichkeit; die Bischöfe, die von einer Synode in Mainz über Amberg heimreisten, konnten nicht in die große Pfarrkirche gelangen, um dort die Messe zu zelebrieren, denn der Fußboden war überall mit Leichen bedeckt«.

Das Mutterkorn des Roggens (wie wahrscheinlich auch anderer Getreidesorten), das im 10. Jahrhundert im Westen auftaucht, setzt diese Verheerungen fort. Es entfesselt große Epidemien des Mutterkornbrands, auch »heiliges Feuer« oder »Antoniusfeuer« genannt, die 1042, 1076, 1089 und 1094 wüten. 1089 schreibt der Chronist Sigbert von Gembloux: »Viele verfaulten zu Fetzen, wie von einem heiligen Feuer verzehrt, das ihnen die Eingeweide auffraß; ihre Glieder, nach und nach zernagt, wurden schwarz wie Kohle. Sie starben schnell unter grauenhaften Qualen, oder sie setzten ohne Füße und Hände ein noch schrecklicheres Leben fort. Viele andere wanden sich in nervösen Krämpfen.«

31

Zu diesen physischen Schocks kamen noch seelische Erschütterungen und geistige Verwirrungen. Überall mehrten sich die Anzeichen des Unheils. 1033 trat nach Raoul Glaber »am dritten Tag vor den Kalenden des Juli, einem Freitag und 28. Mondtag, eine Finsternis oder Verdunklung der Sonne ein, die von der sechsten zur achten Stunde dieses Tages dauerte und wirklich schrecklich war. Die Sonne färbte sich saphirgrün und trug auf ihrem oberen Teil die Sichel des Mondviertels. Die Menschen, die sich betrachteten, sahen sich gegenseitig bleich wie Tote. Alles schien in einen safrangelben Dampf gehüllt zu sein. Da bemächtigte sich der Menschenherzen Schrecken und gewaltiges Entsetzen. Dieses Schauspiel verkündete, so begriffen sie, daß das menschliche Geschlecht vor schlimmen Heimsuchungen stehe...«

Der Winter 1076/77 war nach einem Chronisten in Gallien, Germanien und Italien so streng, daß »in vielen Gegenden die Bevölkerung in der gleichen Furcht zitterte, als ob die schreckliche Zeit wiederkehre, da Joseph von seinen Brüdern verkauft wurde, die dann Entbehrung und Hungersnot nach Ägypten fliehen ließ«.

Im 11. Jahrhundert, dem Zeitalter großer, gemeinsamer Ängste, nistete sich der Teufel im täglichen Leben der westlichen Christenheit ein. »Zu den Schicksalsschlägen aller Art«, sagt Raoul Glaber, »und den verschiedenen Katastrophen, die fast alle Sterblichen dieser Zeit betäubten, niederschlugen und verrohten, kamen noch die Übeltaten des bösen Geistes.« Raoul Glaber selbst ist der Teufel erschienen als ein »kleiner, schrecklich anzuschauender Mann ... mit dünnem Hals, abgezehrtem Gesicht, sehr schwarzen Augen, die Stirne runzlig und zusammengezogen, die Nüstern verkniffen, der Mund weit ausladend mit dicken Lippen, das Kinn fliehend und sehr gerade. Er hatte einen Bocksbart, behaarte und spitze Ohren, die Haare struppig aufgerichtet, Hundezähne, einen spitzen Schädel, die Brust angeschwollen, einen Buckel und bebende Hinterbacken«.

Die allgemeine Furcht im 11. Jahrhundert wird von den apokalyptischen Szenen gespeist, welche die entstehende romanische Kunst verbreitet.

In dieser Verrohung, um den Ausdruck Raoul Glabers zu gebrauchen, finden die Menschen nur im Übernatürlichen Zuflucht und Hoffnung. Die Sehnsucht nach Wundern steigert sich, der Reliquienkult wächst an, und die romanische Architektur kommt der Andacht der Gläubigen und einer Frömmigkeit, die unbedingt sehen und berühren will, mit zahlreichen Altären, Kapellen und Chorumgängen entgegen.

Die geistige Blüte der karolingischen Epoche — ehrgeizig trotz ihrer Grenzen —, deren letzter großer Zeuge Gerbert von Reims war, macht einer für den unmittelbaren Gebrauch gegen die Gefahren bestimmten Literatur Platz: liturgische Werke und Andachtsbücher, Chroniken voller Aberglauben. Angesichts so vieler deutlicher Gefahren und eindeutiger Zeichen wäre es doch Wahnsinn, weltliche Wissenschaften zu betreiben. Die Verachtung der Welt, *contemptus mundi,* macht sich bei Gerhard von Czanad (gest. 1046), Otloh von Sankt Emmeram (1010–1070) und vor allem Petrus Damiani (1007–1072) breit: »Plato erforscht Geheimnisse der rätselhaften Natur, weist dem Kreislauf der Planeten Grenzen an und berechnet den Lauf der Sterne: Ich weise ihn mit Verachtung zurück. Pythagoras teilt den Erdkreis in Breiten auf: Ich achte es gering... Euklid beschäftigt sich mit den vertracktesten Problemen seiner geometrischen Figuren: Ich entlasse auch ihn. Was die Rhetoriker angeht mit ihren Vernunftschlüssen und ihrem sophistischen Schwanken, so scheiden sie als unwürdig aus.« Die Klostergelehrsamkeit zieht sich auf mystische Probleme zurück. Die städtische Wissenschaft stammelt. Trotz Fulbert (gest. 1028) glänzt die Bischofsschule von Chartres noch nicht. Sogar in Norditalien, wo sich in Pavia und Mailand zweifellos die lebendigsten Schulen befinden (Adhémar von Chabannes erklärt überheblich: *»in Langobardia est fons sapientiae«* — »die Quelle der Wissenschaft befindet sich in der Lombardei«), ist die geistige Aktivität recht blaß. Von ihrem Hauptvertreter in der Mitte des 11. Jahrhunderts, Anselm dem Peripatetiker, Verfasser einer *Rhetorimachia,* konnte man sagen, daß er vollauf den Vorwurf der Albernheit rechtfertigte, der gegen ihn und seine Kollegen erhoben wurde.

Die westliche Christenheit zeigt in der Mitte des 11. Jahrhunderts auf allen Gebieten Schwächen im Aufbau und beträchtliche grundlegende Hindernisse: Rückständigkeit der Technik und Wirtschaft; die Gesellschaft wird von einer Minderheit von Ausbeutern und Verschwendern beherrscht; Hinfälligkeit des Leibes; Unbeständigkeit eines rauhen Empfindungsvermögens; Primitivität des geistigen Rüstzeugs; Herrschaft einer Lehre, die Welt- und Wissenschaftsverachtung predigt. Gewiß, diese Grundzüge bleiben für die ganze Periode, mit der wir uns beschäftigen, bestehen; sie ist aber dennoch eine Zeit des Erwachens, des Aufbaus und des Fortschritts.

DIE TRÜMPFE DES WESTENS

Für diese Entwicklung lassen sich gegen 1050–1060 die ersten Anzeichen entdecken und die Triebkräfte erkennen. Die mittelalterliche Christenheit verfügt neben Schwächen und Hemmnissen auch über Anregungen und Trümpfe.

Wir werden sie im ersten Teil dieses Buches untersuchen und wirken sehen. Es muß aber schon jetzt auf sie hingewiesen werden.
Die auffälligste Erscheinung ist die Bevölkerungszunahme. Aus vielen Anzeichen erkennt man, daß die Bevölkerung in der Mitte dieses 11. Jahrhunderts unaufhörlich anwächst. Die beständige Wachstumskurve erweist, daß die Volksvitalität fähig ist, die Verheerungen jener Massensterben durch physische Anfälligkeit, Hungersnöte und Epidemien zu überwinden. Die wichtigste und günstigste Tatsache aber ist, daß der wirtschaftliche Aufschwung diesen Bevölkerungszuwachs noch übertrifft. Die Produktion übersteigt den Verbrauch.
Grundlage dieses westlichen Aufschwungs ist ein Zusammentreffen verschiedener landwirtschaftlicher Verbesserungen, dem man, nicht ohne Übertreibung, den Namen einer »Agrarrevolution« gegeben hat. Die Verbesserung der Geräte (Räderpflug, Eisenwerkzeug), der Anbaumethoden (Dreifelderwirtschaft), sowie die gleichzeitige Zunahme der Anbauflächen (Rodungen) und die Vermehrung der tierischen Arbeitskraft (die Ochsen werden durch Pferde ersetzt; ein neues Spannsystem wird gefunden) führen zu reicheren Ernten und einer quantitativ wie qualitativ verbesserten Ernährung.
Ein handwerklicher und, wie man auf manchen Gebieten sogar sagen kann, industrieller Aufschwung begleitet diesen landwirtschaftlichen Fortschritt. Seit dem 11. Jahrhundert ist er auf einem Gebiet besonders auffallend: dem der Architektur. Der Bau des »weißen Mantels von Kirchen«, von dem Raoul Glaber spricht, bringt verbesserte Verfahren des Steinbruchs und der Beförderung mit sich, die Vervollkommnung der Werkzeuge, die Mobilisierung einer großen Zahl von Arbeitskräften, das Trachten nach wirksamen Finanzierungsmöglichkeiten, die Stimulierung des Unternehmungs-, Vervollkommnungs- und Erfindungsgeistes und schließlich, auf einigen großen Baustellen (Kirchen und Schlösser), die Ballung außergewöhnlicher technischer, wirtschaftlicher, menschlicher und geistiger Kräfte.
Dennoch sind die wesentlichsten Anziehungspunkte und die wichtigsten Antriebskräfte des Aufstiegs vielleicht anderswo zu suchen. Der Bevölkerungs- und Wirtschaftsaufschwung erlaubt die Gründung und das Wachstum von Verbrauchszentren: von Städten. Gewiß ist es der landwirtschaftliche Fortschritt, der den städtischen Aufschwung zuläßt und speist. Aber dieser schafft Baustellen, an denen sich entscheidende technische, soziale, künstlerische und geistige Erfahrungen ausbilden. Die Arbeitsteilung, die sich dort verwirklicht, fördert die Aufspaltung der sozialen Gruppen und gibt so dem ständischen Wettstreit neuen Impuls, der die westliche Christenheit zum Fortschritt

zwingt. Der landwirtschaftliche Überschuß und die Entwicklung von Verbrauchszentren vergrößern den Anteil des Geldes an der Wirtschaft. Dieser Fortschritt der Geldwirtschaft erschüttert seinerseits die Wirtschafts- und Sozialstrukturen. Er wird der Antrieb für die Entwicklung der feudalen Rentenwirtschaft sein. Nach einer langen Phase des Aufschwungs und der Angleichung der Feudalwelt an diese neuen Bedingungen wird am Ende des 13. und im 14. Jahrhundert eine Krise ausbrechen, aus der die moderne, vorkapitalistische Welt hervorgeht. Die Geschichte der Umwandlung der mittelalterlichen christlichen Gesellschaft vom Erwachen bis zur Krise ist Gegenstand dieses Buches.

Um 1060 kündigt sich das neue Gesicht des Westens wenigstens in zwei Gegenden der Christenheit an. Einmal im Nordwesten, in Nieder-Lothringen und Flandern, wo wir nur zwei der augenfälligsten Anzeichen berücksichtigen können: die Anfangserfolge der sozialen und politischen Stadtbewegungen mit dem Stadtrecht von Huy (1066) und die ersten Meisterwerke der Maaskunst. Man muß dabei hervorheben, daß diese Blüte ebensogut die alten Klosterzentren wie die im Anwachsen begriffenen Städte berührte. Neben der Bischofsschule von Lüttich, deren großer Mann Bischof Wazo (gest. 1048) ist, sind die Werkstätten von Huy und Dinant und die — oft städtischen — Abteien Lobbes, Waulsort, Stavelot, Saint-Hubert, Gembloux, Saint-Trond, Saint-Jacques und Saint-Laurent in Lüttich und, am Rande, Saint-Vanne in Verdun und Gorze auf dem Höhepunkt ihrer Ausstrahlung. Man muß aber sogleich betonen, daß es unfruchtbar und falsch wäre, die verschiedenen Seiten der Kultur zu scharf gegeneinander auszuspielen, wenn auch die einen eher der Tradition und Vergangenheit, die andern, soweit sie nicht überhaupt neu sind, der Zukunft angehören; denn sie werden im gleichen Aufschwung emporgetragen und stellen die beiden Seiten des Antlitzes dieser janusköpfigen Christenheit des Mittelalters dar.

Im Süden der Christenheit kristallisiert sich ein anderer Mittelpunkt in Norditalien heraus, wo die Wirren von Mailand zwischen 1045 und 1059 (Bürgerrevolte und Aufstand der Pataria) durch die Infragestellung des politischen Aufbaus und der religiösen Gebräuche hindurch das Reifen einer neuen Wirtschaft, Gesellschaft und Gesinnung erkennen lassen. Dieser Eindruck wird durch die ersten Erfolge der italienischen Küstenstädte Venedig, Genua, Pisa, Amalfi vervollständigt, wobei der Anteil des Seehandels an der Verwandlung des Okzidents hervorgehoben wird.

Die Gleichzeitigkeit der beiden Erscheinungen im Norden und Süden zeigt, daß, obwohl die nördlichen Ebenen zum Hauptschauplatz der Bevölkerungszunahme und des landwirtschaftlichen Fortschritts werden und damit eine besondere Rolle in der Christenheit spielen und die Verlagerung der Antriebszentren des Okzidents nach Norden markieren, dennoch die Mittelmeerwelt weit davon entfernt ist, ihre Bedeutung zu verlieren.

In der gesamten Christenheit endlich, von Asturien bis Skandinavien, von Groß-Polen bis Ungarn, gibt der Aufschwung des Westens bereits ein Zeichen seiner schöpferischen Kraft: die romanische Kunst.

2. Wirtschaftliche Aspekte und Strukturen

Das Aufblühen des Westens in der zweiten Hälfte des 11. und im 12. Jahrhundert erfolgt auf allen Gebieten, und es ist manchmal schwierig, unter den Formen, die es annimmt, Ursache und Wirkung zu unterscheiden. Wir wollen versuchen, die Strukturen zu erkennen.

DER BEVÖLKERUNGSZUWACHS: MEHR ARME, MÜNDER UND SEELEN

Die auffallendste Erscheinung ist der Bevölkerungszuwachs. — Da unmittelbare schriftliche Quellen und Statistiken fehlen, muß man ihn durch indirekte Anzeichen erfassen und mit Hilfe großzügiger Annäherungswerte erschließen.

Das wichtigste dieser Anzeichen ist die Vergrößerung der Anbauflächen. Die eineinhalb Jahrhunderte zwischen 1060 und 1200 sind das Zeitalter der großen mittelalterlichen Rodungen. Hierfür sind die Urkunden zahlreich. Da gibt es die Ansiedlerverträge, welche die Siedlungs- und Anbaubedingungen festlegen, die den Rodungsbauern vom Grundherrn gewährt werden; diese Pioniere werden im allgemeinen in den lateinischen Urkunden *hospites* oder *coloni*, ›Gäste‹ oder ›Kolonisten‹, genannt. Dazu kommt die Ortsnamenlehre für die Siedlungen dieses Zeitabschnitts: ›essarts‹, ›artigues‹, ›plans‹, ›mesnils‹ im Französischen, ›-rode‹, ›-rade‹, ›-ingerode‹ im Deutschen, ›-roth‹, ›-reuth‹ und ›-rieth‹ im Süddeutschen, wobei für die Endungen ›-holz‹, ›-wald‹, ›-forst‹, ›-hausen‹, ›-hain‹, ›-hagen‹, ›-bruch‹, ›-brand‹, ›-scheid‹, ›-schlag‹ die Chronologie nicht gesichert ist, ebenso wie für die englische Endung ›-ham‹ oder die dänische ›-rup‹. — Da haben wir das Zeugnis des Katasters, der für Rodungsgebiete die Dorf- und Flurpläne in Schachbrett- oder Fischgrätenform als *herring bones* (Haufen- oder Waldhufendörfer im Deutschen) ausweist. Es gibt die neuen, vom Klerus den frisch gewonnenen Anbauflächen auferlegten Neubruchzehnten (die *novalia*, auf die *gagnages* oder ›Gewannfluren‹ erhoben). 1060 bestätigt zum Beispiel der französische König Philipp I. die Schenkung eines Waldes in der Normandie an die Mönche von Marmoutier durch einen Laien, die ihnen, außer dem Zehnten für Honig und Pflückerträge, auch den Neubruchzehnten auf alle durch Rodungen gewonnenen Ernten im Wald gewährt. Zu Beginn des 13. Jahrhunderts erklärt der Vogt des Doms von Mantua, daß in weniger als einem Jahrhundert die Ländereien eines großen Kirchenguts »*runcatae et aratae et de nemoribus et paludibus tractae et ad usum panis reductae*« — »gerodet, bearbeitet und aus Wald und Sumpf in guten Kornboden verwandelt worden sind«.

Dieser Gewinn an Anbauflächen erfolgt auf sehr verschiedenem Gelände. Man denkt vor allem an den Wald. Wenn auch der Rückgang des Waldes sicher ist, muß man doch an die Privilegien und Interessen von Einzelpersonen und Gemeinschaften erinnern, durch die er geschützt wird. Als Jagdrevier, Pflückplatz und Weide für die Herden ist der Wald oft ebenso wertvoll wie das Ackerland, und die Hindernisse, die er den unzureichenden Werkzeugen entgegensetzt, verstärken noch seine Widerstandskraft. Vor allem die Außenränder des alten Kulturbodens, deren Grasnarbe schon einmal provisorisch abgebrannt wurde und deren Jungholz und Buschwerk weniger Widerstand bietet (das englische *outfield,* die provençalische *terre gaste*), stellen das günstigste Gelände für die Rodung dar; sie schlägt bei ihrem Vordringen eher schmale Lichtungen in den Rand des Waldes, als daß sie ihn auf breiter Front zurückdrängt. Daraus ergeben sich die für die mittelalterliche Landschaft typischen Mischränder, die Wolfram von Eschenbach in seinem Parzival so gut beschreibt:

»Nun lichtete sich der Wald; zwischen die Waldstrecken schoben sich zuweilen Felder, einige noch so schmal, daß kaum ein Zelt darauf hätte stehen können. Er erspähte bebautes Land ...«

Dem Anbau oder der Viehzucht werden auch die weniger fruchtbaren Gebiete, die »kalten« Böden oder *bad lands* gewonnen. Es handelt sich um Moore und Küstenstreifen. Deiche und Entwässerungskanäle machen Polder aus dem Marschland an der Nordsee. In Flandern, Holland, Friesland und dem alten East-Anglia werden im 11. und 12. Jahrhundert Deichdörfer errichtet — *dyke villages,* auf friesisch *Terpen* genannt. Eine berühmte Urkunde Erzbischof Friedrichs von Hamburg gibt im Jahre 1106 Holländern in der Nähe von Bremen Land zum Trockenlegen. Ein Schriftstück des 13. Jahrhunderts der Abtei von Bourbourg in Seeflandern erinnert an die Schenkung des Grafen von Flandern, Robert II., der ihr zwischen 1093 und 1111 das *schorre* (der niederländische Ausdruck für eben dem Meer abgewonnenes Land) und alles weitere Land, das sie dem Meer noch abgewinnt, überläßt (*»quicquid ibi accreverit per jactum maris«*). Ebenso eindrucksvoll sind die Arbeiten, die zur gleichen Zeit die Poebene und die Täler der Nebenflüsse entwässern und trockenlegen, wie auch die Rodungen am Nordhang des Apennins: zwischen 1077 und 1091 teilt Graf Bonifazio von Canossa seinen Besitz in 233 *mansi* (Hufe) auf, die er an ebensoviele

Bauernfamilien vergibt, mit der Auflage, sie zu roden und zu bebauen.

Mit Hilfe dieser Anzeichen, von denen die Ausbreitung der Anbauflächen das Auffallendste ist, hat man eine ganze Reihe von Berechnungen und Rückschlüssen angestellt und so das Anwachsen der europäischen Bevölkerung wie folgt veranschlagt: 46 Millionen um 1050, 48 Millionen um 1100, 50 um 1150, 61 um 1200 (und die Zahl wächst bis auf 73 Millionen um 1300 an).

Die Folgen dieses Wachstums sind klar: die Christenheit hat ungefähr ein Drittel mehr Münder zu ernähren, Körper zu kleiden, Familien unterzubringen und Seelen zu retten. Sie muß deshalb die landwirtschaftliche Produktion vergrößern, die Herstellung der wichtigsten Waren, besonders der Kleidung, vermehren und den Hausbau vorantreiben, vor allem aber die Stätten vervielfachen, wo sich das Heil der Seelen im wesentlichen vollzieht: die Kirchen. Diese grundlegenden Bedürfnisse stellen der Christenheit des 11. und 12. Jahrhunderts die dringendsten Aufgaben, die sie zuerst befriedigen muß: den landwirtschaftlichen Aufschwung, den Fortschritt der Textilherstellung, die Entwicklung des Bauwesens.

REVOLUTION IN DER LANDWIRTSCHAFT

Der landwirtschaftliche Aufschwung, der wahrscheinlich, wenigstens in einigen Gegenden Europas, vor allem im Nordwesten, auf die karolingische Epoche zurückgeht, ist wohl ebensogut Ursache wie Auswirkung des Bevölkerungszuwachses. Dieser Agrarfortschritt zeigt sich nicht nur in der Ausbreitung. Zur Vermehrung der Anbauflächen kommen die quantitative und qualitative Verbesserung der Erträge, die Vielfalt der Bebauung und Produkte, die Bereicherung der Nahrung. Was man »Agrarrevolution« dieser Zeit genannt hat, zeigt sich ebenso in technischen Neuerungen wie in der Ausweitung der Anbauflächen.

Die erste dieser technischen Verbesserungen ist die Verbreitung des Räderpflugs mit Streichbrett. Er gräbt die Erde tiefer um, lockert sie besser auf, bearbeitet schwere oder harte Böden, die der Hakenpflug nicht durchbrechen oder nur streifen konnte, er sichert der Saat besseren Stoffwechsel und Schutz und hat deshalb einen höheren Ertrag zur Folge.

Auch kann er durch die gesteigerte tierische Zugkraft wirksamer eingesetzt werden. Bisher hatte man die Tiere an der Brust angeschirrt, so daß sie eingezwängt waren, keuchten und an Kraft verloren; nunmehr verbreitet sich das »moderne Spann-

Abb. 2: Fortschritte im Ackerbau: Räderpflug und Egge

system« — das Kummet für Pferde, das Stirnjoch für Ochsen —, das eine größere Leistungsfähigkeit ermöglicht. Die Tiere ziehen vier- bis fünfmal so viel wie bisher, gleichzeitig wird ihr Schritt durch Hufeisen sicherer. So kann das Pferd, das mit dem alten Spannsystem zur Feldarbeit ungeeignet war, den Ochsen, der es besser ertrug, zwar nicht verdrängen, aber auf einer wachsenden Anzahl von Fluren ersetzen. Schneller als der Ochse, erbringt das Pferd eine höhere Leistung. Moderne Versuche haben erwiesen, daß ein Pferd die gleiche Arbeit wie ein Ochse in einem Tempo leistet, das seine Rentabilität um 50 Prozent erhöht. Ferner kann das ausdauerndere Pferd täglich ein oder zwei Stunden länger arbeiten. Diese Beschleunigung der Arbeit ist nicht nur ein quantitativer Fortschritt; sie ermöglicht auch das bessere Ausnutzen der zum Pflügen und Pflanzen günstigen Witterungsbedingungen. Und schließlich ist es dem Bauern durch das Pferd möglich, weiter entfernt von seinen Feldern zu wohnen, wodurch in einigen Gebieten große Dörfer anstelle kleiner

Siedlungen und verstreuter Weiler treten und ein Teil der Bauern Zugang zu einer halbstädtischen Lebensweise mit den dazugehörigen sozialen Vorteilen erhält.

Gleichzeitig erlaubt die durch das Hintereinanderspannen vermehrte Kraft der Zugtiere den Transport größerer Lasten. Seit der ersten Hälfte des 12. Jahrhunderts tritt die große, vierrädrige Karrete *(longa caretta)* neben die übliche Karre mit zwei Rädern. Das neue Schirrsystem und die Verwendung des Pferdes spielen beim Bau der großen Kirchen, wo der Transport schwerer Steinblöcke und großer Holzbohlen anfällt, eine entscheidende Rolle. Steinerne Bildwerke verherrlichen an den Turmspitzen der Kathedrale von Laon die Arbeit der Lastochsen, die dank der verbesserten Anspannung den Bau der Kathedralen gesichert haben.

Als entscheidender Fortschritt kommt seit dem 11. Jahrhundert der zunehmende Gebrauch von Eisen bei der Herstellung des Werkzeugs hinzu. Natürlich wird das Eisen meist nur für Geräteteile verwendet; die Stiele bleiben beispielsweise aus Holz. Daß aber, beginnend mit der Pflugschar, der schneidende oder quetschende Teil des Geräts häufiger benutzt werden kann, ist wesentlich für die Leistungssteigerung der mittelalterlichen Instrumente. Fügt man den Gebrauch von Werkzeugen wie der Egge hinzu, die erstmalig auf der Stickerei von Bayeux am Ende des 11. Jahrhunderts erscheint und vor die man zunächst die Pferde vorzugsweise spannt, so wird deutlich, daß die nun gründlicher bearbeitete Erde auch fruchtbarer ist. Im Jahr 1100 läßt sich auf dem Markt von Bourges ein Eisenhändler ausmachen: »*ferrarius qui vendit ferrum in foro*«. Um die Mitte des 12. Jahrhunderts scheint die Verwendung von Eisen bei der Gerätefabrikation allgemein zu sein. Verschiedene Abteien werden durch eine Reihe von Erlassen der Grafen der Champagne zum Erzabbau und zum Besitz einer Schmiede ermächtigt (La Crête 1156, Clairvaux 1157, Boulancourt und Igny 1158, Auberive 1160, abermals Clairvaux und Conguy 1168). Ein allerdings nicht der Landwirtschaft entnommenes Beispiel bezeugt die zunehmende Verwendung des Eisens in der Mitte des 12. Jahrhunderts. Ab 1039 ergibt sich aus einer Reihe seltsamer venezianischer Leihverträge, daß die Schiffsherrn bei der Ausfahrt zu sehr hohem Preis Eisenanker entliehen, die sie nach der Heimkehr wieder zurückgaben. Der letzte Leihvertrag datiert von 1161. Zu diesem Zeitpunkt dürfte jedes Schiff seinen eigenen Anker besessen haben.

Verschiedene Zeugnisse aus dem 13. Jahrhundert erweisen, daß die von uns behandelten technischen Fortschritte sich nun weit ausgebreitet haben. Der Gebrauch des Räderpflugs ist jetzt so allgemein, daß sich Jean Joinville beim Kreuzzug darüber verwundert, daß die ägyptischen Bauern noch räderlose Pflüge benutzen. Die großen vierrädrigen Karreten sind so geläufig, daß mit dem Sprichwort »Das fünfte Rad am Wagen sein« eine überflüssige Person bezeichnet wird. 1086 fehlen im *Domesday Book* noch die Ackerpferde, und Hinweise auf die Gewinnung und Verarbeitung des Eisens sind äußerst selten. Am Ende des 12. Jahrhunderts aber treten, zumindest in Mittel- und Ostengland, Pferde überall neben die Ochsen, und mehrere englische Abteien genießen die gleichen Privilegien für die Eisenverarbeitung wie die genannten Klöster der Champagne und Burgunds.

Ein weiterer Fortschritt hat in dieser Zeit einschneidende Folgen für die Landwirtschaft; es ist die Einführung der *Dreifelderwirtschaft*. Da nicht genügend Dünger zur raschen Wiederauffrischung der Äcker vorhanden war, ließ man bisher die Anbauflächen eine Zeitlang ausruhen. Sogar ein Streifen des urbar gemachten Geländes blieb immer als *Brachland* unbebaut. Der sich daraus ergebende Anbaurhythmus hatte normalerweise das Ausruhen der Hälfte des Bodens während eines Jahres zur Folge; danach erfolgte das Einsäen dieser brachgelegenen Hälfte für ein Jahr. Die *Zweifelderwirtschaft* bedingte demnach einen Produktionsverlust von rund 50 Prozent. Bei der Ablösung dieses Systems durch die Dreifelderwirtschaft ergeben sich deutliche Vorzüge. Zunächst einmal steigt die Erzeugung von der Hälfte auf zwei Drittel, weil die Anbaufläche in drei ungefähr gleiche Teile zerlegt wird, von denen nur einer das Jahr über brachliegt; der Erntezuwachs beträgt also ein Sechstel im Verhältnis zur gesamten Anbaufläche, und ein Drittel im Verhältnis zum Ertrag der Zweifelderwirtschaft. Aber der Fortschritt ist auch qualitativer Natur. Die beiden Feldstücke werden verschieden bewirtschaftet. Die einen erhalten Herbstsaat und erbringen Wintergetreide (Weizen, Roggen); die anderen werden im Frühjahr mit Hafer, Gerste und Gemüsen (Erbsen, Bohnen, Linsen, bald auch Kohl) bestellt, während das dritte Stück brachliegt. Im folgenden Jahr erhält das erste Feld den Sommeranbau, das zweite ruht aus, und auf dem dritten baut man Wintergetreide an. So wird eine Abwechslung in der Lebensmittelerzeugung möglich, deren Vorzüge dreifach sind. Man kann durch die Verbreitung des Hafers Mensch und Vieh zugleich ernähren, kann eine schlechte Frühjahrsernte durch eine bessere Sommerernte ausgleichen (oder umgekehrt, je nach den Wettervoraussetzungen) und so gegen Hungersnöte ankämpfen, kann endlich die Speisenfolge abwechslungsreicher gestalten und der Nahrung kräftigende Stoffe zufügen, namentlich Proteine, an denen die im Frühjahr gesäten Gemüse reich sind. Die Kombination Getreide — Gemüse wird so selbstverständlich, daß der Chronist Orde-

42

ricus Vitalis von der Trockenheit, die 1094 die Normandie und Frankreich heimsucht, sagt, sie zerstöre »*segetes et legumina*«, Kornernten und Gemüse. Der Volksmund nimmt diese neuen Anbaumethoden, die zu einem der Symbole des Landlebens werden, in seinen Wortschatz auf.

In einem alten englischen Lied heißt es:

> *Do you, do I, does anyone know,*
> *How oats, peas, beans and barley grow?*

und ein altes französisches Chanson fragt:

> *Savez-vous planter les choux?*

Damals kommt wohl auch in einigen Gegenden der Brauch auf, zu Epiphanie in den Dreikönigsfladen eine Bohne *(faba)*, Symbol der Fruchtbarkeit, einzubacken.

Die höheren Erträge, die durch die Verbreitung der Dreifelderwirtschaft erzielt werden, erlauben auch, den Anteil der Kornfelder zugunsten gewisser Spezialitäten wie Färbereipflanzen (Krapp und Färberwaid) und vor allem Wein zu verkleinern. Im Falle des oben erwähnten Grafen Bonifazio von Canossa begünstigen die Ansiedlerverträge der *mansionarii* vor allem den Weinbau. In Frankreich bilden sich vom 11. Jahrhundert an *complant*-Verträge heraus, durch die die Ansiedler vom Besitzer das Recht erhalten, den unbestellten oder, viel seltener, sogar den pflügbaren Boden unter folgenden Bedingungen mit Wein zu bepflanzen: »Ein Bauer ging zum Besitzer eines verwilderten, seltener eines bestellbaren oder mit überalterten Reben bebauten Stück Landes und bat ihn um seine Überlassung, wobei er sich verpflichtete, dort Rebstöcke zu setzen. Der Besitzer, dem diese Bitte entgegenkam, machte ihn für fünf Jahre zum unumschränkten Herrn des Landes. Diese Zeit wurde zur Ausführung der verschiedenen langwierigen, kostspieligen und schwierigen Arbeitsgänge (tiefes Umgraben, Pflügen, Düngen, Pflanzen, Pfropfen, verschiedene Bearbeitungen), ohne die ein Weinberg nicht angelegt und voll ausgenutzt werden kann, für nötig erachtet. Nach Ablauf dieser Frist wurde der Weinberg in zwei gleiche Stücke geteilt, von denen eines in den vollen Besitz des Grundherrn zurückkehrte, während das andere dem Konzessionär unter verschiedenen juristischen Bedingungen verblieb, die je nach Fall, Zeit und Land vom vollen Besitz des Bodens bis zur bloßen lebenslänglichen Nutznießung gingen; von seltenen Ausnahmen abgesehen, war dieser Besitz mit jährlichen Abgaben verbunden, die manchmal in Geld, öfter in einem Anteil der Ernte bestanden.« In verschiedenen französischen Orts- und Wachstumsnamen finden sich Bezeichnungen wie *Les Plantes, Le Plantay* oder *Le Plantey, Le Plantier, Les Plan-*

tiers, die noch an solche durch *complant*-Verträge entstandene Weinfelder erinnern; in Le Quart ist die Erinnerung an die Höhe des Zinses bewahrt. Das Wachstum *Quart de Chaumes* (Anjou, Layon-Tal) hat sowohl den Zins als auch das mittelalterliche Brachland, auf dem der Weinberg angelegt wurde, in seinem Namen erhalten.

Man darf dabei nicht vergessen, daß die Verbreitung und zeitliche Abfolge dieser landwirtschaftlichen Verbesserungen, die mit dem Bevölkerungszuwachs verbunden sind, von Ort zu Ort variieren. Die geographischen, demographischen und sozialen Bedingungen sowie die landwirtschaftlichen Gewohnheiten erklären diese Verschiedenheit. So dringt die Dreifelderwirtschaft nur in gute und — vor allem von geistlichen Grundherrn — besonders gepflegte Böden ein und faßt in südlichen Zonen praktisch überhaupt nicht Fuß, weil dort die pedologischen und klimatischen Bedingungen die Zweifelderwirtschaft begünstigen oder sogar verlangen. In Nord- und Mitteleuropa, dem bevorzugten Gebiet des Anbaus auf abgebrannten Grasflächen sowie der gemischten Feldwaldwirtschaft anstelle der Feldgraswirtschaft, mindert die ständig drohende natürliche Aufforstung des Brachlandes zugleich die Fortschritte der Zwei- und Dreifelderwirtschaft. In diesen Gebieten, besonders in Skandinavien, hat sich das System der Einfeld- oder Dauerwirtschaft erhalten. In Zentral- und Osteuropa, wo der Bevölkerungszuwachs mit einer gewissen Verzögerung einsetzt, verbreitet sich die Dreifelderwirtschaft erst im 12. und vor allem im 13. Jahrhundert (Polen, Böhmen, Ungarn). Wo immer man glaubt, sie ins frühe Hochmittelalter oder sogar in die römische bezw. vorslawische Zeit datieren zu können, dürfte wohl eine schlechte Interpretation der Zeugnisse (geschriebener wie archäologischer) vorliegen, oder man hat einen Einzelfall mit der Verbreitung der Methode, die allein den Historiker interessiert, verwechselt. Übrigens scheint die Dreifelderwirtschaft, die für die Ernährung des Viehs günstiger ist, in Ungarn, wo die Viehzucht schon früh eine große Bedeutung gewinnt, meist direkt die Dauerwirtschaft zu ersetzen, so daß die Zweifelderwirtschaft nur begrenzt in Gebrauch ist. Umgekehrt hat in Böhmen, wo im Mittelalter der Getreideanbau immer die Viehzucht übertraf, die Dreifelderwirtschaft (die zum erstenmal mit Sicherheit in einer Urkunde aus der Zeit zwischen 1125 und 1140 erscheint) nur einen begrenzten Platz neben der Zweifelderwirtschaft oder gar dem Wechsel von vier oder fünf Böden (*čtyřpolní*-System, System *pětipolí*).

Auch die unterschiedliche Nutzung der Getreidesorten ist groß. In den Küstengebieten Norddeutschlands, in Skandinavien und England bleibt die Gerste während des ganzen Mittelalters das wichtigste Brotgetreide; sie nimmt den größten Platz im *infield* ein, dem der Dünger der Viehherden zugute kommt, während Roggen und Hafer ohne Mist im *outfield* angebaut werden. In Polen beobachtet man zwischen dem 10. und 13. Jahrhundert, zugleich mit dem Wechsel vom Anbau auf abgebranntem Wald zum Ackerbau mit Pflug und Tierkraft, den Übergang vom Hirsebau zum Anbau von Brotgetreiden, unter denen der Roggen zunächst als Unkraut im Weizen erscheint, bald aber den Hauptplatz einnimmt, während Hafer als Pferdefutter die Gerste verdrängt.

Es bleibt noch zu erwähnen, daß die Anreicherung der Nahrungsmittel, die sich aus diesen Agrarfortschritten ergibt, den Genuß des Brotes, das mit dem Brei um den ersten Platz in der bäuerlichen Ernährung gestritten hatte, verallgemeinert und die Kraft der europäischen Bevölkerung, vor allem der Bauern und Arbeiter, erhöht. Man konnte *cum grano salis* behaupten, daß die Verbreitung der Dreifelderwirtschaft und der Fortschritt im Anbau des an Proteinen reichen Gemüses die Ausbreitung der Christenheit, die Rodungen, den Bau der Städte und Kathedralen und die Kreuzzüge ermöglicht haben. Jedenfalls ist der Eindruck einer widerstandskräftigeren Bevölkerung mit Beginn des 11. Jahrhunderts unleugbar.

In dieser »Agrarrevolution« spielt noch ein Faktor eine große Rolle: die Verbreitung der Wasser- und später der Windmühle. Aber da die Ausnutzung der Wasserkraft nicht nur die Landwirtschaft, sondern auch das städtische Handwerk verändert, werden wir ihr weiter unten eine Gesamtdarstellung widmen.

NEUBELEBUNG DES HANDELS

Anläßlich der Nennung eines Eisenhändlers haben wir bereits die Märkte im Zusammenhang mit dem Fortschritt und den Erfordernissen der Landwirtschaft erwähnt. Auch Dörfer und Güter empfinden die Notwendigkeit engerer Beziehungen mit den Märkten, weil die größere Produktion Überschüsse erzeugt, die man verkaufen will. Mit dem Gelderlös können Waren oder Gegenstände erworben werden, die man nicht am Ort anfertigt. In der ersten Hälfte des 13. Jahrhunderts erhalten zum Beispiel die Bewohner des Dorfes Prissé bei Mâcon von König Ludwig VIII. (1223–1226) das Recht, einen regelmäßigen Markt abzuhalten. »Als der König von Frankreich, Ludwig seligen Angedenkens, auf dem Wege nach Avignon durch Prissé kam, gestand er dessen Bewohnern an jedem Montag einen Wochenmarkt zu. Das Korn, das am Markttag oder einem andern

Tag gemessen wird, ist, wo immer man es verkauft, zins-
pflichtig ...«

So sind landwirtschaftlicher Aufschwung und Fortschritt des
Handels eng verbunden. Während wir aber für das Mittelalter
die Erde als Grundlage und die »Agrarrevolution« als Basis der
allgemeinen Entwicklung ansehen, stellt für einige Historiker in
der Nachfolge von Henri Pirenne das Aufblühen des Handels die
Antriebskraft für den Aufstieg der Christenheit dar.

Die Wiederaufnahme des Handels, welches immer ihre Ursachen
sein mögen, setzt noch vor der Mitte des 11. Jahrhunderts ein.
Einige ihrer wichtigsten Voraussetzungen sind um 1060 bereits vorhanden, werden sich aber bis zum Ende des 12. Jahrhunderts verdeutlichen und weiterentwickeln.

Zunächst haben wir es mit einem Handel von weitem Aktions-
radius zu tun. Er verläuft längs der Achsen, welche die Extrem-
punkte der Christenheit miteinander verbinden; von York nach
Rom durch das Rhonetal oder längs des Rheins und über die
Alpenpässe; von Norditalien oder Flandern nach Santiago de
Compostela; von Flandern nach Bergen, Gotland und Nowgorod; oder die Straßen erreichen, den christlichen Westen durch-
querend, die großen muselmanischen und byzantinischen Zentren: die Straße von Cordoba nach Kiew über das Rhonetal,
Verdun, Mainz, Regensburg, Prag, Krakau, Przemysl; die
Donaustraße von Regensburg nach Konstantinopel; die Mittel-
meerrouten von den Häfen Barcelona, Narbonne, Genua, Pisa,
Amalfi, Venedig nach Konstantinopel, Tunis, Alexandrien
und Tyrus.

Diese Straßen benutzen weiterhin, wie im frühen Mittelalter,
die großen Flußläufe; sie lassen aber auch als Folge des aufblühenden Land- und Seetransports die Erneuerung der Über-
landstraßen und Seewege erkennen. (Die großen Karreten kon-
kurrieren mit den Traglasten, die vor allem von Mulis befördert werden; Kompaß und Steuerrad am Achtersteven treten um
1200 auf, während der Laderaum mit dem Aufkommen der italienischen Galeeren und der Hansekoggen zunimmt.) Die Kreuzfahrer benutzen ab 1095 die vom Handel gezogenen Straßen und
bauen keine neuen.

Die großen Handelszentren befinden sich noch immer an den
beiden Endpunkten der Achse, welche die Nordsee mit Italien
verbindet. Im Süden bauen neben Amalfi und Venedig, das im
wesentlichen nach Byzanz ausgerichtet bleibt und daraus große
Vorteile zieht (1082 befreit eine Goldbulle des Alexios Komnenos die venezianischen Kaufleute im gesamten byzantinischen
Reich von jeder Art Handelssteuer), Pisa und Genua ihre Tätigkeit ständig aus. 1087 verständigen sich Pisa und Genua, die
sonst häufig miteinander rivalisieren, um Mahdia zu plündern,

wo sie reiche Beute machen. 1114 raubt Pisa Ibiza und Mallorca aus und läßt sich auf Sardinien und Korsika nieder. In der ersten Hälfte des 12. Jahrhunderts wird es zur größten Macht im westlichen Mittelmeer und eröffnet dank der Erträge aus Plünderungen und Handel die früheste städtische Großbaustelle der Christenheit; der Dom wird ab 1063 erbaut, das Baptisterium ab 1153, der Campanile ab 1174. Genua versucht, Pisa im Laufe des 12. Jahrhunderts noch zu übertreffen. Durch eine Reihe glücklicher Unternehmungen erhalten die Genuesen zwischen 1101 und 1110 Stapelplätze in Tortosa, Akkon, Gibelet, Tripolis, Sidon, Beirut und Mamistra. Bald führt Genua seine Beutezüge im westlichen Mittelmeer allein, ohne Pisa, aus. (Bougie 1136, Almeria 1146, Tortosa 1148.) 1155 erlangt es endlich, nach Venedig und Pisa, eine Niederlassung in Konstantinopel.

Im Norden sind nicht mehr Friesen und Normannen tonangebend; sie werden von den Flamen und Deutschen abgelöst und übertroffen. Brügge blüht rasch auf, als man im 11. Jahrhundert einen Kanal baut, der die Stadt mit der Zwijn-Mündung verbindet. Es stützt sich auf das Maasland, wo die oben erwähnten großen Straßen sternförmig zusammenlaufen. Weiter im Osten entwickeln sich die deutschen Städte. »Kaufleute aus der ganzen Welt treffen sich in Bremen«, schreibt um 1075, nicht ohne Übertreibung, Adam von Bremen. Die beiden entscheidenden Ereignisse nach der Zerstörung Schleswigs im Jahr 1156 (das Haithabu abgelöst hatte) sind die endgültige Gründung Lübecks in den Jahren 1158/59 und 1161 die Einrichtung der »Gemeinschaft der Kaufleute des Römischen Reiches, die Gotland besuchen« (»universi mercatores imperii Romani Gotlandiam frequentantes«); diese Keimzelle der Hanse entsteht unter dem Schutz Heinrichs des Löwen. Rasch etabliert sich in Wisby eine Kaufmannskolonie, und die neue Gemeinschaft beherrscht bald den großen russischen Markt von Nowgorod; 1189 gewährt Fürst Jaroslaw von Kiew den Deutschen und Gotländern in einem Handelsvertrag unerhörte Vorteile.

Auch bezüglich der Waren stützt sich der Handel des 11. und 12. Jahrhunderts auf die ältere Tradition. Luxuswaren nehmen einen vorherrschenden Platz ein: Gewürze und Pelze. Vor allem nimmt der Handel mit teuren Stoffen — Seidenimporte und Tuchexporte — ständig zu. Seit dem 12. Jahrhundert führt nicht nur Flandern, sondern ganz Nordwesteuropa (England, Nord- und Nordostfrankreich von der Normandie bis zur Champagne, die Niederlande, das Maas- und Niederrheingebiet) »schöne Tuche« oder »gefärbte Tuche« (panni pulchri, panni colorati) in die Mittelmeerländer, nach Deutschland, Skandinavien, Rußland und die Donauländer aus. Aber schon steigt der Anteil der Gebrauchsgüter am Handel: vordringliche Produkte wie Salz oder Alaun (von Genua aus Phokaia eingeführt und als Beize in der Tuchfärberei benutzt), Holz, Eisen, Waffen und sogar gelegentlich, während Hungersnöten, Getreide (dieser Fall ist für Flandern zu Beginn des 12. Jahrhunderts durch Gualbert von Brügge bezeugt). Endlich bereichert auch der Sklavenhandel — in beiden Richtungen —, wenn er auch nicht der lukrativste Austausch ist, jüdische und christliche Händler in Prag oder Venedig. Die Anziehungskraft des Handels ist derart, daß er manchmal zur landwirtschaftlichen Spezialisierung bestimmter Gegenden führt, vor allem jener, die in ihrer Nähe Fluß- oder Seewege haben. Dies ist der Fall für Färberwaid in Katalonien und Aragonien, in Mitteldeutschland und vor allem in der Picardie; es gilt besonders für den Wein. Ganze Exportweinberge entstehen im Mosel- und Rheintal und in Westfrankreich, von wo England und die Nordsee über Bordeaux und La Rochelle beliefert werden. Ein Seehandelsrecht wird aufgestellt. Am Ende des 12. Jahrhunderts sind »Urteile« für Weinschiffe in Oléron, einer Etappe des Weinhandels, schriftlich niedergelegt worden. Diese »Register von Oléron« werden in Damme, einem Vorhafen Brügges, früh ins Flämische übersetzt, von wo sie sich in England und im Ostseeraum unter dem Namen »Wisbysches Seerecht« verbreiten.

Neben den großen Export- und Importhäfen spielen einige große zeitweilige Märkte eine wachsende Rolle: die Messen. Die wichtigsten werden in der Kontaktzone zwischen dem mittelmeerischen und dem nördlichen Handel abgehalten: in Flandern und der Champagne. Mehr noch als die flämischen erlangen vom Ende des 12. Jahrhunderts an die Messen der Champagne internationale Bedeutung. Mit Privilegien der Grafen von Champagne ausgestattet, die den Schutz der Händler, Waren und Geschäfte sichern, finden sie nacheinander ein- oder zweimal im Jahr an vier Stellen statt: in Bar-sur-Aube, Troyes, Lagny und Provins. In Wirklichkeit stellen sie einen immerwährenden Markt dar, auf dem nicht nur die Produkte des Fernhandels verkauft und ausgetauscht werden — Tuche und Gewürze vor allem; man erledigt dort auch eine ganze Reihe von Wechsel- und Kreditgeschäften.

Die letzte Seite des Handelsaufschwungs ist die Entwicklung der Geldwirtschaft sowie der Wechsel- und Kreditgeschäfte. Aber hier zeigt sich eher der noch archaische und begrenzte Charakter des Fernhandels als ein wirklicher Fortschritt. Zwar nehmen Prägung und Umlauf des Geldes zu. Aber die Aufsplitterung der Prägungen, die verschiedenen Geldtypen und die Begrenzung ihres Verbreitungsgebietes zeigen, daß man am Ende des 12. Jahrhunderts noch nicht von »Weltwirtschaft« sprechen kann. Die kleinen Geldstücke, die fast jede Stadt, jeder Grundherr prägt —

48

anmaßenderweise oder mit kaiserlicher, bezw. königlicher Bewilligung — haben weder das gleiche Aussehen noch den gleichen Wert. Freilich besitzen gewisse Münzen ein größeres Verbreitungsgebiet und einen besseren Ruf als andere: zum Beispiel die von Tournai, Paris, Provins und Köln oder die Münze, die Konrad III. (1138—1152) 1139 den Pisanern gewährt und die in ganz Italien gültig ist. Aber die geldliche Aufsplitterung bleibt beträchtlich.

So ist das wichtigste Geldgeschäft das direkte Wechseln. Es wird in einigen Städten und Messen auf Bänken vorgenommen und die darin spezialisierten Händler nehmen den Namen Bankier an (ganz wie die *trapezitai* des griechischen Altertums). Ab 1180 verbreitet sich in Genua, das einer der ersten großen Bankplätze ist, die Bezeichnung *bancherius*.

Die Kreditgeschäfte bleiben begrenzt und einfach. Sie werden weniger durch kirchliche Verbote behindert — (offiziell sieht die Kirche in fast allen Kreditgeschäften eine Art verzinstes Darlehen und damit Wucher, aber es ist einfach, diese Verbote zu umgehen, und die kirchlichen Autoritäten schließen meist die Augen um so eher, da sie selbst als erste die Verbote übertreten) — als durch den geringen Umfang der Geldgeschäfte und die unvollständigen Methoden des Kreditwesens.

Das herkömmliche Verbrauchsdarlehen ist vor allen Dingen eine Angelegenheit der Juden und der Klöster, die mit ihren Schätzen an Geld und Goldschmiedearbeiten am ehesten fähig sind, rasch große Summen aufzubringen. 1096 verschaffen die Kirchen der Diözese Lüttich dem Bischof Otbert das für den Kauf der Schlösser von Bouillon und Couvin erforderliche Geld. Zahlreiche Texte zeigen uns, wie die Klöster und Kirchen in Zeiten der Hungersnot ihre Schätze versetzen oder einschmelzen lassen, um Lebensmittel für die Mönche, die *familia* des Klosters und die Armen, die es speist, zu kaufen. 1197 trifft ein deutscher Mönch einen andern, der in großer Eile dahingeht: »Nachdem ich ihn gefragt hatte, wohin er eile, antwortete er mir: ›Wechseln. Vor der Ernte waren wir gezwungen, zur Speisung der Armen unser Vieh zu töten und unsere Kelche und Bücher zu versetzen. Und nun hat uns der Herr einen Mann geschickt, der uns eine Menge Gold gab, das beide Bedürfnisse deckt. So will ich es in Geld umwechseln, um unsere Pfänder zurückzukaufen und unsere Herden zu ergänzen.‹« (Bericht des Caesarius von Heisterbach.) Am häufigsten liehen die kirchlichen Niederlassungen das benötigte Geld gegen Verpfändung eines Stückes Land aus, von dem sie so lange die Einkünfte bezogen, bis sie alles Geld zurückerhalten hatten. Dies hieß: auf Pfand leihen. Solches Pfandleihen, das nicht eigentlich einen Zins einbrachte und somit auch kein Wucher war, wurde dennoch von der Kirche verboten, was aber nicht hinderte, daß man sich seiner weiterhin bediente, bis es durch neue Kreditformen verdrängt wurde.

In den Mittelmeerhäfen verbreitet sich im 12. Jahrhundert die *commenda*, die in Venedig *colleganza* und in Genua *societas maris* genannt wird. Es ist dies ein Vertrag zwischen einem Kommanditär mit seinem Kapital und einem Partner, Kaufmann oder Schiffskapitän, der seine Arbeitskraft zur Verfügung stellt und das geliehene Kapital im Auslandshandel fruchtbar machen will. Die beiden Vertragspartner teilen den etwaigen Gewinn, im allgemeinen drei Viertel für den Kommanditär und ein Viertel für den Kreditnehmer. Die Anteile können variieren, und bei andern Vertragsarten (*compagnia* oder *societas terrae* für den Landhandel) können sich ein Geldgeber und ein Mitarbeiter oder Gesellschafter mit ungleichen Kapitaleinlagen zusammentun. So wurde beispielsweise am 29. September 1163 in Genua folgender Kontrakt geschlossen:

»Zeugen: Simone Bucuccio, Ogerio, Peloso, Ribaldo di Sauro und Genoardo Tosca. Stabile und Ansaldo Gerraton haben eine *societas* gebildet, in die, wie sie erklären, Stabile einen Beitrag von 88 und Ansaldo einen von 44 Lire eingebracht hat. Ansaldo nimmt dieses Kapital zur Anlage nach Tunis mit, oder wohin immer das von ihm benutzte Schiff Baldizzone Grassos und Girardos fährt. Bei seiner Rückkehr übergibt er den Gewinn Stabile oder seinem Vertreter zur Teilung. Nach Abzug des Kapitals teilen sie den Gewinn zur Hälfte. Gegeben im Kapitelhaus am 29. September 1163. Darüber hinaus ermächtigt Stabile den Ansaldo, das Geld mit dem Schiff seiner Wahl nach Genua zu schicken.«

In Genua praktiziert man zu Beginn des 12. Jahrhunderts weitere Geschäftsarten. Gläubigergruppen, die *compere*, lassen sich von der Gemeinde für einen vorausgenommenen Verkauf die Erhebung gewisser Steuern übertragen, woraus sie Gewinn ziehen, ohne die Kirchengesetze zu verletzen. Eine neue Art der Seehandelsbeleihung enthält Klauseln über das Schiffahrtsrisiko — die älteste Form der Versicherung — und setzt manchmal die Rückzahlung an einem anderen Ort und in anderer Währung fest, was Kreditgeschäfte und Geldüberweisungen ermöglicht und die Urform des Wechselbriefes darstellt.

Dies sind am Ende des 12. Jahrhunderts die raffiniertesten Handelsmethoden, die die auf diesem Gebiet fortschrittlichste Stadt ausgearbeitet hat.

AUFSCHWUNG DER STÄDTE UND ARBEITSTEILUNG

Das auffallendste Beispiel für die Bevölkerungszunahme stellen neben den Rodungsgebieten die Städte dar. Zwar setzt auch die städtische Erneuerung bereits vor der Mitte des 11. Jahrhunderts ein, aber sie wird nach 1050 unaufhaltbar. Sie zeigt sich ebensogut in Neugründungen wie in Erweiterungen bestehender Stadtkerne. Im Fall der »Neustädte« ist es übrigens oft schwierig, große Dörfer und Märkte von Städten im eigentlichen Sinn zu unterscheiden. Die Namen, die sie häufig tragen (*villeneuve, villefranche, sauveté* in Frankreich, Freistadt oder Neustadt in Deutschland, *Villafranca* oder *Villanova* in Italien, *wola* oder *lgota, nowe miasto* in Polen, *ujezd, lhota* oder *nové město* in Böhmen, erinnern teils an ihre Neuheit, teils an die Privilegien, deren sich die Bewohner erfreuen. Hierin gibt sich, juristisch wie sozial, die Verbindung zwischen Anbau und Besitzergreifung des Bodens, zwischen Rodung und Besiedlung zu erkennen, und der städtische Aufstieg wird so in die allgemeinere Bewegung der Bevölkerungszunahme einbezogen.

In diesen neuen Städten und neuen Vierteln bekundet sich auch ein neuer städtischer Geist. Die regelmäßige, ring- oder häufiger noch schachbrettförmige Anlage zeigt eine Reifeperiode des städtischen Denkens, einen Willen zur Rationalisierung, der die geistigen Veränderungen, die wir weiter unten untersuchen werden, erahnen läßt.

Der Bau neuer Mauern verkörpert in der ganzen Christenheit das Anwachsen der älteren Städte. In Köln umschließt 1106 eine neue Mauer die neuen Viertel Niederich, Oversburg und Sankt Aposteln, und ab 1180 schützt »die große Mauer« eine Stadt, die sich rasch ausgedehnt hat. Zwischen 1100 und 1230 etwa erlebt Wien den Bau vier aufeinanderfolgender Mauern, die eine ständig sich vergrößernde Fläche einschließen.

Basel dehnt sich im 11. Jahrhundert mit neuen Umfassungsmauern um den Kern des Münsterhügels aus und umschließt bis 1180 Barfüßerplatz und Freie Straße. Pisa erbaut ab 1155 seine neue Mauer, und ab 1162 bezieht es auch die Vorstädte Chinzica und Oltrarno ein. Um die gleiche Zeit (1155/56) — die Furcht vor Friedrich I. Barbarossa ist in beiden Fällen der Antrieb zum Bau — vergrößert auch Genua seine Stadtmauer von 952, um den neu angelegten *burgus* und das Meeresufer bis zur Porta dei Vacca einzubeziehen. Der Chronist Wilhelm der Bretone schildert den Bau einer neuen Pariser Mauer unter Philipp II. August im Jahr 1212 wie folgt: »Im gleichen Jahr umgab der hochherzige König Philipp ganz Paris von der südlichen Seite bis zum Seinefluß auf beiden Ufern mit einer Mauer; er umschloß so eine sehr große Bodenfläche und drängte die Besit-

51

zer von Feldern und Weinbergen, dieses Land und diese Wein-
berge an Einwohner zu verpachten, damit diese darauf Häuser
errichteten, oder daß sie selbst diese neuen Wohnungen bauten,
damit die ganze Stadt bis zu den Mauern mit Wohnhäusern ausgefüllt erscheine.«

Diese enge Anlage der mittelalterlichen Städte, dieses Ausfül-
len der Stadtfläche, das die Bauwerke wie durch den Druck der
sie dicht umgebenden Häuser emporschießen läßt — Türme,
Kirchen, Paläste —, wird noch von den künstlerischen Darstellungen auf Siegeln und Malereien betont. Ein Drang nach oben beherrscht die meisten mittelalterlichen Städte und läßt sie, gleich
den Burgen, das »Flachland« im wörtlichen und übertragenen
Sinne beherrschen.

Als der arabische Geograph al Idrisi im 12. Jahrhundert polnische Städte beschreibt, hebt auch er das enge Zusammenste-
hen der Gebäude hervor: »Es ist ein Land mit großen Städten.
Sie heißen: (I)kraku (Krakau), G(i)nazna (Gnesen), R(a)t(i)-
slaba (Breslau), S(i)rad(i)a (Sieradz?), N(u)grea (?), Sitnu
(Stettin?). Ihre Gebäude stehen sehr eng beieinander, und sie
besitzen großen natürlichen Reichtum. Sie ähneln sich in der
Größe; ihre Anlage und ihr Aussehen sind gleichartig.« Man
könnte die Einheitlichkeit dieses Stadtbildes, das sich in der ganzen Christenheit des 12. Jahrhunderts findet, nicht besser ausdrücken.

Diese wirklichen Städte regen zu stilisierten und idealisierten
Darstellungen an. Die Stadtsiegel, deren politische Bedeutung
wir noch betrachten werden, gehören zu den ersten Zeugen des
neuen Stadtgeistes. Das Siegel von Trier von 1221, dessen Bild
auf das Jahr 1113 zurückgeht, zeigt bereits diese Definition der
Stadt durch Mauer und Tor. Die Mauer, die die Schätze der Stadt,
diesen Ort der Anhäufung, der Goldhortung, diesen Stapelplatz
beschützt — und das Tor, das, mehr als Öffnung oder Durch-
gang, »der Berührungspunkt zweier Welten ist«, des Äußeren
und Inneren, der Stadt und des Landes.

Man kann in der Tat diese beiden Welten, deren Wachstum parallel läuft, nicht trennen: die »Stadtrevolution« wirkt ihrerseits
auf die ländliche Umgebung zurück. Welches auch immer der
Anteil des neuen Fernhandels an der städtischen Renaissance
ist: in ihrer wirtschaftlichen Funktion, die die mittelalterliche
Stadt grundlegend erklärt, bleibt das wesentliche Ereignis das
Anwachsen der Bevölkerung, der städtischen wie der ländlichen,
die das Entstehen und die Entwicklung von Verteilungs-, Ver-
brauchs- und handwerklichen Produktionszentren möglich und
notwendig macht. Die Arbeitsteilung ist Grundlage der Stadt.
Auch hier verändert der technische Fortschritt, der sie begleitet
und begünstigt, wo nicht gar hervorbringt, zugleich die Land-

und die Stadtwirtschaft. Die Wassermühle ermöglicht nämlich technische Entwicklungen, die sowohl auf dem Land als auch in der Stadt tiefgreifende Folgen haben. »Die Wassermühle«, hat Marc Bloch *(Avènement et conquête du moulin à eau)* gesagt, »ist durch die Zeit ihrer tatsächlichen Ausbreitung mittelalterlich.« Zwischen dem 11. und dem 14. Jahrhundert hört sie auf, eine Seltenheit zu sein, und wird im Westen zum Hauptinstrument der Energiegewinnung. Schon 1086 gibt es nach dem *Domesday Book* in England 5624 Wassermühlen. Die Kornmühle ist die erste und wichtigste Nutzanwendung der hydraulischen Mühle. Aber auch der Gebrauch der Wasserkraft zu handwerklichen und industriellen Zwecken gewinnt im 12. Jahrhundert immer mehr Bedeutung. Dabei ist die Stadt der bevorzugte Platz für diese »Industrie«-Mühlen; zugleich ist dort die Ballung von Kornmühlen, die Mehl für den Bürger mahlen, besonders auffallend. Die »Erfindung«, welche die Wasserkraft auch anderen Maschinen nutzbar macht und die sich zugleich mit der Wassermühle verbreitet, ist die *Nockenwelle,* die die ständige Kreisbewegung des Antriebsrades in Auf- und Abbewegungen umwandelt und ein an einem Stiel oder einer Stange befestigtes Werkzeug (Hammer, Schlegel, oder Stößel) in Bewegung setzt. Die erste *Walkmühle,* die das Gewebe mechanisch schlägt und das Walken mit den Füßen ersetzt, erscheint in einer Urkunde der Abtei Saint-Wandrille von 1086/87. In Frankreich haben die Texte bisher für die Zeit zwischen 1086 und 1220 in 35 Städten oder Dörfern wenigstens eine Walkmühle festgestellt. Allerdings stammt die erste englische Walkmühle erst aus dem Jahr 1185, die erste italienische vom Ende des 12. Jahrhunderts, die erste polnische von 1212 und die erste deutsche von 1223 in Speyer. Vielleicht meint die *walkemølla,* die in einem auf Schonen bezüglichen königlichen Schriftstück von 1161 erwähnt ist, eine Walkmühle.

Die älteste *Gerbermühle* taucht 1138 bei Chelles in einer Neustadt auf und wird vom Kapitel von Notre-Dame in Paris und dem Grafen der Champagne gemeinsam eingerichtet. Zwei hydraulische *Biermühlen* soll es schon 1042 in Montreuil-sur-Mer gegeben haben. 1088 existiert jedenfalls eine in Evreux. Die älteste bekannte *Eisenmühle* soll die von Cardedeu in Katalonien sein (1104). Für 1151 stellt man in den katalanischen Pyrenäen 14 Schmieden fest, die mit Mühlen ausgerüstet sind; die Abtei Soroë in Schweden richtet 1197 eine solche ein.

Endlich kommt am Ende des 12. Jahrhunderts zur Wasser-, die Windmühle hinzu. Sie erscheint zunächst auf sehr begrenztem Gebiet: in England, in der Gegend von Ponthieu, in der nördlichen Normandie und in der Bretagne. Die älteste bekannte Windmühle wurde von der Abtei Saint-Mary of Swineshead in

Lincolnshire 1181 errichtet, es sei denn, daß die in einem Text
über die normannische Abtei Saint-Sauveur-le-Vicomte erwähnte Mühle noch etwas älter ist. Vielleicht hat auch die Iberische
Halbinsel gleichzeitig oder schon früher Windmühlen gekannt.
Diese technische Ausrüstung erlaubt den mittelalterlichen Städten, ihre Aufgabe als Baustelle, die ihre Handelsfunktion verstärkt und über sie hinausgeht, besser zu erfüllen. Die Städte
werden zu Austauschzentren und Motoren der Produktion. Sie
schaffen Waren, Techniken und Ideen und setzen sie in Umlauf.
Sie treten an die Stelle der Klöster des frühen Mittelalters. Sie
verwirklichen die Teilung und Spezialisierung der Arbeit.

ERHÖHTE SICHERHEIT: DER GOTTESFRIEDE

Dieser ganze wirtschaftliche Aufschwung erfordert ein Minimum
an Sicherheit. Das Ende der großen Invasionen trägt zu diesem
Aufblühen bei. Aber man braucht auch im Innern Ruhe. So entwickeln sich die Friedenseinrichtungen, die am Ende des 10.
Jahrhunderts auftreten. In den Urkunden, die diesen Frieden
herstellen sollen, wird der Schutz der wirtschaftlichen Betäti-
gung ausdrücklich erwähnt. Während Papst Urban II. 1095 in
Clermont zum ersten Kreuzzug predigt, stellt er »die Ochsen
und Pferde der Feldarbeit, die Wagenführer und Egger, sowie die
Pferde, mit denen sie eggen«, unter den Schutz des *Gottes-
friedens*. Im Kampf der gregorianischen Reform gegen die
kriegerischen Laien gibt es eine ganze Schutzpolitik für die neuen
Wirtschaftsformen und die Menschen, die sie betreiben. Gregor VII. ersucht 1074 den französischen König Philipp I., italienischen Händlern, die in sein Königreich gekommen sind,
die von ihm beschlagnahmten Waren zurückzugeben. Dies ist der
»Anfang einer langen Reihe gleichartiger Dokumente«. Der 22.
Kanon des dritten Laterankonzils von 1179, der den Gottesfrieden regelt, fordert Sicherheit für »Priester, Mönche und
Kleriker, für Klöster, Pilger, Kaufleute, Bauern und Lasttiere«.
Die Friedenseinrichtungen wollen mehr die Menschen als die
Wirtschaft und ihre Produkte schützen. So hat der wirtschaft-
liche Aufschwung tiefe soziale Veränderungen im Gefolge.
Eine neue christliche Gesellschaft entsteht.

3. Soziale Folgen

WANDERNDE, REISENDE, FAHRENDE

Nach der Mitte des 11. Jahrhunderts begnügt sich das christliche Volk nicht damit, am Ort zu bleiben. Es regt sich. Trotz des starken Drucks, der die mittelalterlichen Menschen seßhaft machen will — Zwang der Feudalherrn, die eine unentbehrliche Arbeitskraft zurückhalten wollen, religiöse Traditionen, die dem Umherirren, der Zerstreuung und jeder irdischen Ortsveränderung, die den Menschen davon ablenken, seine wahre Heimat im Himmel zu suchen, feindlich gesinnt sind — treibt die einfache demographische Ausdehnung eine wachsende Menge Einzelpersonen und Gruppen aus ihrem Heimatland und ihren Lebensbedingungen. Die beiden Jahrhunderte von der Mitte des 11. bis zur Mitte des 13. Jahrhunderts sind für den Okzident eine Epoche großer Beweglichkeit.

Gewiß hatte der Westen immer Unruhige und Reisende gekannt. Aber dabei handelte es sich im allgemeinen um eine privilegierte Minorität, Krieger, Mönche oder Einzelgänger. Und sicher hatte auch die Bewegung schon vor der Mitte des 11. Jahrhunderts eine gewisse Ausbreitung erlangt. Raoul Glaber beschwört zum Beispiel schon wenig nach dem Jahr 1000 in einem ungewissen Afrika »einen kleinen Kerl, Bürger von Marseille, einen jener Leute, die unaufhörlich die Länder durchstreifen, ohne jemals zu ermüden, neue Orte zu sehen und kennenzulernen«. Aber nach 1050 gewinnt dieser Vorgang quantitativ und qualitativ ein neues Aussehen.

Ehe wir den tiefen Einfluß dieser Beweglichkeit auf die soziale Veränderung der Stände und die zahlenmäßig stärksten und spektakulärsten Fälle dieser christlichen Wanderschaften in und außerhalb der Christenheit untersuchen, müssen wir von der Allgemeinheit und der Vielfältigkeit dieses Umherziehens Kenntnis nehmen.

Man weiß, daß neben den normannischen Zügen und der deutschen Kolonisation die französische Auswanderung besonders bedeutsam war — jene vor allem, die vom Nordosten kam, aus der weiten Gegend zwischen der Bretagne und der Elbe, und die die stärksten Anteile an der christlichen Ausbreitung gestellt hat, vermutlich weil sie vom Bevölkerungszuwachs besonders betroffen war. Es ist zwar bekannt, daß diese Franzosen sehr zahlreich in den Südwesten, in die Länder des Languedoc und vor allem über die Pyrenäen nach Spanien gezogen sind, daß sie sich nicht nur sehr zahlreich an den Kreuzzügen ins Heilige

Land beteiligten, sondern auch an der Besiedlung der lateinischen Reiche im Nahen Osten; aber weiß man auch, daß sie in Mengen nach Norditalien und in das christliche Südosteuropa ausgewandert sind? In Modena besteht zum Beispiel zu Beginn des 12. Jahrhunderts eine französische oder normannische Kolonie, die als juristische Sondergruppe »unter dem salischen Recht lebt«, während die übrige Bevölkerung »unter dem römischen Recht lebt«. Wahrscheinlich hat diese Gruppe, von der man weiß, daß sie aus Frankreich kommende, zugleich neugierig und empört aufgenommene neue Moden in Norditalien einführt, auch die Artussagen tradiert, aus denen gegen 1125 bis 1130 der Bildhauer des Pescheria-Portals am Dom schöpft, sowie die Beliebtheit der Helden des Rolandsliedes, die zwischen 1169 und 1179 auf Marmorreliefs am Ghirlandina-Turm dargestellt werden. Ebenfalls bereits im 12. Jahrhundert trifft man in Böhmen, Mähren und vor allem in Ungarn und Schlesien die ersten Kolonien der *Gallici, Romani, Latini* an, die hauptsächlich aus Wallonen bestehen; die *gallica loca* (die später in Ungarn auf Grund einer Verwechslung zwischen dem Französischen und dem Italienischen *Olaszfalu* — »italienisches Dorf« — heißen) entsprechen den spanischen *barrios de Francos.*

Fast in jeder sozialen Schicht wird das Umherstreifen, das Wandern zu einer Notwendigkeit, einer Gewohnheit, einem Ideal. Auf den Straßen sucht man Auskommen, Glück und Abhilfe der Trübsal. Wilhelm der Marschall, 1164 zum Ritter geschlagen, führt anschließend fünfundzwanzig Jahre lang ein »Abenteuer-« und »Heldenleben«. Der Dichter, der es beschreibt, erklärt:

> Niemand der an Wert will steigen
> Möchte lange seßhaft bleiben . . .
> Geht vielmehr in manche Länder
> Lohn und Abenteuer suchen
> Und kommt oftmals reich zurück . . .
> Führt darauf ein schönes Leben
> So daß viele ihn beneiden
> Im Turnier und auch im Kriege
> Und durchirrt der Länder viele . . .

In England, wo er sich mehr als ein Jahr mit seinen Kameraden aufhält

> War die Langeweile sauer
> Denn das Wandern ist viel schöner
> Als an einem Ort zu bleiben . . .

Fast jeder Epenheld muß in seiner »Jugend« auf *aventure* ziehen. Zu Beginn des Epos *Girart de Vienne* verlassen die vier

Söhne Garins Schloß Monglane; Mile geht nach Italien, Ernaut in die Stadt Beaulande, Girart und Renier an den Hof des Kaisers nach Reims.

> Und Parzival bittet Artus
> Schlagt zum Ritter mich
> Herr König, denn ich will davonziehn.

So beginnt die Suche nach dem Gral.

Auch die neuen Mönche wandern: Einsiedler ziehen von einer »Einöde« zur andern, Wanderprediger lehren und bezeugen auf den Straßen das »wahre apostolische Leben«.

So zieht sich in Westfrankreich Robert d'Arbrissel, der 1099 den Orden von Fontevrault gründet, 1091 in den Wald von Craon (Bas-Maine) zurück und tritt dann mehrere Predigtreisen in die Bretagne, ins Périgord und Languedoc und in die Umgebung von Chartres an. Mit seinen Gefährten und Schülern streift er umher, langbärtig, den Stab in der Hand, barfuß, mit Lumpen bedeckt. Als Nachahmung dieser reisenden Mönche treten in der Kunst Eremiten mit schütterem Bart, Stab und in Tierfelle gekleidet auf — der Hl. Antonius, Johannes der Täufer. Mehr als Wüstenheilige werden sie Heilige der Straßen. *Iter optatum* — der ersehnte Weg — sagt einer von ihnen beim Aufbruch.

Straßen des Exils und des Herumirrens: sie sind auch das Los der Schüler und Studenten, die die Stadtschulen bevölkern. Johannes von Salisbury zählt unter die »Schlüssel der Weisheit« nach Bernhard von Chartres, dem berühmten Lehrer der Mitte des 12. Jahrhunderts, auch die *terra aliena*, den Aufenthalt im Ausland, als Voraussetzung für das Studium. Eine ganze Schicht von Klerikern, die von Schule zu Schule, von einem Bischofs- oder Fürstenhof zum nächsten nach Abenteuer und Auskommen unterwegs ist, bringt im 12. Jahrhundert eine eigene Lyrikform hervor, die Dichtung der Goliarden oder Vaganten *(Carmina burana, Vagantenlieder)*.

> Vagant, du irrst durch die Welt...

»Wie ein Bettler und zu nichts nutz, streifst du über Land und Meer«, sagt ein Gedicht um 1200 von den Goliarden.

Natürlich ist auch der Kaufmann in dieser Zeit des aufblühenden Fernhandels zu Lande und zu Wasser ständig unterwegs. In England heißen die speziell für ihn eingerichteten Gerichtshöfe *courts of piepowders*, denn die Füße der Kaufleute sind mit Straßenstaub bedeckt, wie es ein Text aus der ersten Hälfte des 12. Jahrhunderts erläutert: »Der fremde Kaufmann oder jener, der ohne festen Wohnsitz durch das Königreich zieht, heißt *Piepowdrous*.« Gualbert von Brügge läßt die Brügger sich

1128 über den Grafen Wilhelm Cliton wie folgt beklagen: »Er hat uns in dieses Flandern eingesperrt, um uns am Handeltreiben zu hindern.« Handel und Reisen sind identisch.

Die Erscheinung aber, die im höchsten Grad die Beweglichkeit der Gesellschaft jener Zeit spiegelt, die alle Stände auf die Straßen treibt und sie mit Abenteuergeist und dem tiefsten religiösen Verlangen erfüllt, ist die Pilgerfahrt. Mit der militärischen Unternehmung *(Reconquista)* und der Auswanderung auf neues Siedlungsland *(poblaciones)* verknüpft, erlebt die Wallfahrt zum heiligen Jakob in Compostela vom Beginn der zweiten Hälfte des 11. Jahrhunderts an einen solchen Aufschwung, daß um 1139 eigens ein *Pilgerführer (Guide du Pèlerin)* zusammengestellt wird. Wie es Emile Mâle vortrefflich ausgedrückt hat, fanden die Pilger dieser Zeit hinter der harten und oft schmutzigen Wirklichkeit der Straßen die tiefere Bedeutung ihres Glaubens wieder: »Die Menschen des 12. Jahrhunderts haben diese großen Reisen leidenschaftlich geliebt. Das Leben des Pilgers schien ihnen das christliche Leben schlechthin zu sein. Denn was ist der Christ anders als ein ewig Wandernder, der nirgends zu Hause ist, ein Vorübergehender auf dem Weg zum Neuen Jerusalem.«

Freilich ist das Pilgerdasein oft hart. Die *Legenda aurea* berichtet die traurige Geschichte eines Jakobspilgers: »Ein Mann von Frankreich ging um das Jahr 1100 auf die Fahrt gen Sanct Jakob, mitsamt seiner Frau und seinen Kindern; denn er wollte ein großes Sterben fliehen, das zu der Zeit in Frankreich war, und wollte auch Sanct Jakob besuchen. Als er kam zu der Stadt Pampelona, starb ihm sein Weib, und der Wirt nahm ihm all sein Geld und das Lasttier, darauf er seine Kinder führte. Also mußte der arme Pilger traurig fürbaß ziehen, und etliche Kinder trug er auf seinen Schultern, etliche führte er an seiner Hand. Also begegnete ihm ein Mann mit einem Esel, der hatte Mitleid mit ihm und lieh ihm den Esel, daß er die Kinder darauf führe. Da er nun zu Sanct Jakob gekommen war und im Gebet wachte, erschien ihm der Apostel und sprach ›Kennst du mich nicht?‹ Der Pilger antwortete, er wüßte nicht, wer er wäre. Da sprach der Heilige ›Ich bin der Apostel Jakobus und habe dir meinen Esel geliehen und leihe ihn dir abermals, damit du heimkehren magst.‹«

Wohl zu keiner anderen Zeit haben die Menschen der Christenheit die Bezeichnung *homo viator* und das Wort Christi, der sich als Weg hinstellt, besser verstanden: *Ego sum Via.*

DIE SOZIALE BEWEGLICHKEIT UND IHRE GRENZEN:
FREIHEIT UND FREIHEITEN

Diese Umherziehenden stoßen sich weniger an geographischen oder politischen Grenzen als an sozialen Schranken. Denn noch wichtiger als die physische ist die soziale Beweglichkeit, welche die Strukturen der christlichen Gesellschaft erschüttert. Dieser Vorgang fällt zwar durch seine Ausdehnung in die Augen, läßt sich aber im einzelnen nur schwer bestimmen. Die unerschlossene Ausgangssituation, das ungenaue und veränderliche Vokabular, die oft schwierige Unterscheidung zwischen juristischer und sozialer Stellung, die unterschiedliche Entwicklung in den einzelnen Räumen und das zeitliche Auseinanderklaffen dieser Veränderungen im Ganzen der Christenheit (um nicht noch von der Theorien-Vielfalt moderner Historiker zu sprechen, die das Problem oft verunklärt anstatt erhellt haben): dies alles macht eine Darstellung dieser Entwicklung in großen Zügen recht schwierig; dennoch muß sie versucht werden.

Der Verlauf dieser Veränderung kann zunächst widersprüchlich erscheinen. So ist einer ihrer wichtigsten und auffälligsten Züge die Erlangung der Freiheit durch breite Gesellschaftsschichten, während sich die weltliche Gesellschaft des Frühmittelalters noch grundsätzlich in Freie und Unfreie teilte. Am Ende des 11. Jahrhunderts ist die Anziehungskraft der Freiheit offenbar so stark geworden, daß die gregorianische Reform in ihrem Bestreben, die kirchliche Hierarchie dem weltlichen Zugriff zu entziehen, das Schlagwort von der *libertas Ecclesiae,* der Freiheit der Kirche, benutzt. Die Urkunden, mit denen Bauern und Städter den Herren jene Vorrechte abtrotzen, die ihnen eine mehr oder weniger große Unabhängigkeit sichern, haben von den französischen Mediävisten die Sammelbezeichnung *Freiheitsurkunden* erhalten *(chartes de franchises, chartae franchisiae, chartae libertatis);* in der deutschen Geschichtsschreibung gibt es diese Bezeichnung nicht, unter anderem deswegen nicht, weil, zumindest was die Bauern betrifft, nur sehr wenige solcher Urkunden in Deutschland abgefaßt worden sind. Wortbildungen mit »Freiheit« finden sich in den italienischen *villa franca* und, seit dem 14. Jahrhundert, im Sonderfall der deutschen Reichsstädte, die sich *Freistädte* nennen. Aber ein einfaches Problem der Schreibung sollte Mißverständnisse ausschalten. Obwohl die Historiker bei *charte de franchise(s)* zwischen Einzahl und Mehrzahl geschwankt haben und das Wort *libertas* auch im Singular vorkommt, ist es klar, daß der Plural der Wirklichkeit sehr viel mehr entspricht. Diese Freiheiten sind in Wirklichkeit Privilegien. Obschon sie eine juristische, soziale und psychologische Entwicklung durchmachen, die auf die Freiheit im modernen Sinn zustrebt, gehören sie doch in einen entschieden anderen Zusammenhang. Die gemeinten Privilegien beinhalten selten jene vollständige Unabhängigkeit, die wir mit dem Wort Freiheit meinen. Gleichzeitig, und als normale Reaktion, verliert der Begriff des Freiseins mit der Ausbreitung von seinem früheren Prestige. So verzichtet die Oberschicht, die sich vorher gern als *liberi*, *ingenui* (Freie) bezeichnete, um so eher auf diese Definition, als die Voraussetzungen ihrer wirtschaftlichen und juristischen Unabhängigkeit seit der Mitte des 11. Jahrhunderts verschwinden. Das Freiland *(Allod)*, dessen Besitz häufig mit Adel verbunden war, ist von nun an im allgemeinen von einem Herrn abhängig und hat sich in ein Lehen verwandelt. Die Unabhängigkeit des Grundadels gegenüber einer höheren, das heißt öffentlichen Gewalt, seine *Immunität*, welche die eigene Gerichtsbarkeit und das Recht auf Steuererhebung einschließt, weicht ebenfalls bei den weniger Mächtigen unter ihnen der Befehls- und Gerichtsgewalt der höheren Herren und des Fürsten. Die Vasallen-Verpflichtungen, die mit der Bildung der eigentlichen Feudalgesellschaft auf allen Angehörigen der Oberschicht lasten, schränken die Freiheit ein.

Desgleichen sind die Bauern, die auf einem Herrenhof leben, zwar nicht mehr Sklaven und immer seltener Leibeigene (in den meisten französischen Provinzen fallen die Worte *servus* und *francus* zusammen in der zweiten Hälfte des 11. Jahrhunderts in Vergessenheit), aber sie sind einem vollständigeren System von Verpflichtungen unterworfen. Der Grundherr übt auf seinen Ländereien eine ausgedehnte Herrschaftsgewalt aus, den Bann. Man konnte sagen, daß sich die Grundherrschaft nach 1050 in eine Bannherrschaft umwandelt. »Während die Grundherrschaft einen wirtschaftlichen Interessenbund zwischen dem Grundbesitzer und dem Bebauer darstellt, ist die neue Herrschaftsform eine Friedensgemeinschaft; der Herr verteidigt seine Bauern gegen Angriffe von außen und hält im Innern die Ordnung aufrecht; die Leistungen, die er dafür fordert, sind der Preis für die Sicherheit, die er garantiert; die Geschützten schulden sie ihm« (G. DUBY, *La société au XIe et XIIe siècle dans la région mâconnaise; L'économie rurale et la vie des Campagnes dans l'Occident médiéval*). Hier zum Beispiel der Bann der Abtei Corvey im Dorfe Haversford, der 1176 von Abt Konrad formuliert wurde: »Das ganze Dorf Haversford mit allen seinen Besitzungen, seinen Nebengütern, seinen Grenzen und mit allem, was ihm verbunden ist, das heißt die Häuser und andere Gebäude, die Äcker, Wiesen, Wälder, Felder, Wasser, bebautes und unbestelltes Land, steht unter der Herrschaft des Verwalters (Beauftragter der Abtei): ihm kommen alle Einkünfte des Dorfes zu, die Rentabgaben des Dorfes, des Hofes, der Hufbauern, die Erbfallgebühren bei Todesfällen, der Geldzins für die Liten, das Hochzeitsgeld der Mädchen, das man volkstümlich *beddemunt* nennt. Auch die Einkünfte des angrenzenden Forstes, gemeinhin *sundere* genannt, als zum Dorfe gehörig stehen dem Verwalter zu, obschon wir einige Male unsere Schweine im Dorf gemästet haben, dank dem Entgegenkommen des Verwalters. Der Verwalter hält auch, wann immer es nötig ist, mit seinen Schöffen Gericht über die Dorfangelegenheiten ...«

Neben den auf ihre Erzeugnisse oder bei familiären Ereignissen (Hochzeit, Tod und Erbfall) erhobenen Natural- oder Geldabgaben, neben den Dienstleistungen, die gewisse Bauern auf den direkt vom Herrn bewirtschafteten Ländereien *(Herrenhof)* verrichten müssen, und neben den Gerichtsgebühren erlangen seit dem ausgehenden 11. Jahrhundert Verpflichtungen — oder ihre geldliche Ablösung —, die mit der Entwicklung des Wirtschaftslebens verknüpft sind und von der jeweiligen Bann-Macht des Herrn abhängen, immer größere Bedeutung. Es handelt sich um Herrschaftsmonopole in Verbindung mit der wirtschaftlichen Ausstattung des Gutes: die Verpflichtung, das Korn in der herrschaftlichen Mühle zu mahlen, das Brot im gemeinsamen Ofen zu backen, ausschließlich das gemeinsame Gasthaus zu besuchen, und nur den vom Herrn erzeugten oder verkauften Wein zu trinken — oder sich von diesen Verpflichtungen durch Sonderabgaben freizukaufen. Die Templer widmen den aus ihren Mühlen gewonnenen Einkünften eine der sieben Spalten der 1185 vorgenommenen Gesamtaufstellung ihrer Einnahmen aus den englischen Gütern. In einer Urkunde, welche die Herrenhöfe der Abtei von Ramsey betrifft, heißt es: »Alle Pächter müssen ihr Korn zur Mühle bringen ... Wenn ein Pächter dieser Verpflichtung nachweislich nicht nachkommt, zahlt er sechs Heller, um nicht vor Gericht zu kommen; wird er vor Gericht gestellt, zahlt er zwölf Heller.« Beim Ablösen solcher Verpflichtungen wird die Freikaufgebühr oft *libertas* — Freiheit — genannt. Dies Wort ist gleichzeitig für die bedrückenden Abgaben wie für die Bedeutung des Wortes Freiheit kennzeichnend. So erhalten etwa die Nonnen des Ordens von Fontevrault im Priorat Jourcey (Loire) nach einer Urkunde aus den Jahren 1135 bis 1150 von ihren Pächtern eine als *libertas in vineis* (Weinberg-Freiheit) bezeichnete Steuer, durch die sich die Bauern vom Weinlesezwang befreien, das heißt von der Auflage, erst dann mit der Weinlese zu beginnen, wenn die Lese des Herrenhofes beendet ist. In den Kämpfen der Bauern gegen das Wirtschaftspotential der Herren hat die Feindseligkeit gegen die Mühle oft eine Hauptrolle gespielt; in neuerer Zeit hat sich davon der schlechte Ruf des Müllers in der bäuerlichen Gesellschaft erhalten.

ENTWICKLUNG DER FEUDALARISTOKRATIE: ADEL,
RITTER, MINISTERIALEN

Im eigentlichen Feudalsystem, das die Gesamtheit der Herren
und Vasallen umfaßt, wobei jeder Herr wiederum Vasall eines
andern Herrn ist (der König allein hat, wie wir sehen werden,
eine besondere Stellung), erscheint in der oberen Klasse eine gewisse soziale Schichtung, die die Möglichkeit eines Aufstiegs
nicht ausschließt.

Freilich wird die oberste Schicht dieser Militär- und Grundaristokratie durch den Geburtsadel gebildet, der wohl meist aus
dem karolingischen Adel hervorgegangen ist und eine »hohe«
Herrschaft innehat, welche die *Hochgerichtsbarkeit,* das heißt
die Rechtsprechung bei schweren Verbrechen, einschließt. Dieser
Hochadel ist Emporkömmlingen unzugänglich.

Darunter aber entsteht die Klasse der *milites,* der Ritter, deren
Beschäftigung, wie der Name andeutet, kriegerischer Art ist,
aber deren Herkunft im wesentlichen wirtschaftlich bestimmt
ist. Im Raum um Mâcon sind die *milites* im 11. Jahrhundert
»die Erben der reichsten Grundbesitzer«. Im 11. Jahrhundert
kommt nämlich eine Entwicklung zum Abschluß, die, ein ge-
wisses Vermögen voraussetzend, zur Bildung einer kleinen
Kriegerelite führt: der Ritterschaft, die sich mit dem Adel
gleichzusetzen sucht, aber dennoch juristisch wie sozial von ihm
verschieden ist. Der berühmte »Wandteppich von Bayeux« aus
dem letzten Drittel des 11. Jahrhunderts zeigt den fertigen Typus
des Ritters: er ist ein Reiter auf einem Schlachtroß oder
destrier (dexterius), das sich vom Paradepferd oder *palefroi
(palefredus),* sowie selbstverständlich vom Zugtier, *roncin
(roncinus)* und vom Lastpferd oder *sommier* unterscheidet; er
sitzt auf schwerem Sattel, gerade in den Steigbügeln (hat man
nicht die Feudalität aus dem Steigbügel entstehen lassen?), Sporen an den Stiefeln. Die Verteidigungsrüstung besteht aus dem
Panzer oder langem *Kettenhemd,* aus Eisenmaschen gewebt, dem
kegel- oder pyramidenförmigen Helm, dem großen, spitzzu-
laufenden *Schild.* Solcherart im Kampf durch Kettenhemd, Helm
und Schild geschützt, scheint der Ritter am Ende des 11. Jahrhunderts die Stärke zu entdecken, die das feste, durch Steigbügel
und Schlachtroß gesicherte Im-Sattel-Sitzen ihm gewährt. Auf
dem Teppich von Bayeux ziehen die Ritter noch mit Schwert
und Speer in den Kampf. Doch wird dieser letztere, da zu unge-
nau, zu leicht und zu zerbrechlich, nunmehr durch eine schwerere
und kräftigere Lanze als gefürchtete Angriffs- und Stoßwaffe
abgelöst. Auf den alten »Schwerterkampf« folgt das neue
»Lanzenstechen«, wie es auf einem anderen berühmten Kunst-
werk erscheint, dem Fries der Kathedrale von Angoulême, wo

Abb. 3: Fortschritte in der Kriegstechnik: Ritter im Kampf.
Wandteppich der Königin Mathilde in Bayeux (Calvados, Frankreich)

vier Ritter in Zweiergruppen gegeneinander kämpfen.
Diese Ausrüstung ist teuer. In Mittelfrankreich wird im 11. Jahrhundert das Reitpferd mit 25 bis 50 Sous gehandelt, während der Ochse 6 bis 10 Sous wert ist. Ein Panzer kostet im Durchschnitt 100 Sous, was dem Wert einer Hufe, das heißt eines mittleren Bauernpachthofes, entspricht. Eine Herrschaft muß mindestens 150 Hektar groß sein, um den Bedürfnissen eines Ritters genügen zu können. Daher sind die feudalen Kriegsheere zahlenmäßig schwach. Eine mittelgroße Grafschaft mit 200 bis 250 Gemeinden stellt weniger als einen Ritter pro Landgemeinde: nämlich 150 bis 200 Mann.
Die ritterliche Kriegskunst erforderte Kraft und Geschicklichkeit. Nach der Inschrift des Wandteppichs von Bayeux mußte der Ritter *viriliter* und *sapienter* kämpfen, das heißt, mutig und geschickt. Dies alles verlangte eine zeitraubende Ausbildung — die Jugend der heranwachsenden Helden in den Epen ist eine militärische Lehrzeit — und formte am gesellschaftlichen Erscheinungsbild des Adels mit. Die Kriegsausbildung konnte nur am Hof eines mächtigen Herrn erworben werden. Die Stoß- und Verteidigungskraft des Ritters zielte nicht auf den Einzel-

kampf, das Duell, wie man zu oft fälschlich behauptet hat, sondern auf den Kampf in kleinen Gruppen und Einheiten, *échelles* oder *batailles* genannt. Das gemeinsame Kämpfen verstärkte also die Neigung dieses Adels, sich eng in großen Familiengruppen – die Sippen kämpften zusammen – um einen Anführer zu scharen, die Vasallen um ihren Herrn, die Ritter um einen mächtigeren Adligen.

Als Klasse, in die man zu Beginn durch das Vermögen Aufnahme fand, war die Ritterschaft also mehr oder weniger offen, und erfolgreiche Abenteurer, welche sich die erforderlichen Mittel zu verschaffen wußten, und sich während der Ausbildung oder im Kampf auszeichneten, konnten in den Ritterstand eindringen. Andererseits hat sich die Ritterschaft rasch gestuft. Neben den reichsten, den *maiores milites*, gab es die ärmsten Ritter, die *minores milites*, wie es zum Beispiel in der Chronik des elsässischen Klosters Ebersheim aus dem 12. Jahrhundert festgehalten ist. Vor allem um die notwendige wirtschaftliche und soziale Grundlage für die Erhaltung der Ritterfamilie zu sichern, suchten die Ritter das ausschließliche Erstgeburtsrecht anzuwenden. Dadurch wurde die Beweglichkeit eines Teils dieser Klasse vergrößert: während einige der adligen Nachgeborenen in der Kirche Aufnahme fanden oder die Klöster bevölkerten, vermehrten andere die Gruppe der fahrenden Ritter, der jungen adligen Vaganten, die, allein oder in Haufen, nach Möglichkeit ihr Glück, auf jeden Fall aber Abenteuer, auf den Straßen der Christenheit und bei den christlichen Ausfahrten suchten. Dennoch neigte die Ritterschaft dazu, sich abzuschließen und in eine Erbklasse umzuwandeln. Sie gelangte aber nie ganz dahin, und der Grad der Abgeschlossenheit wie auch die zeitliche Abfolge dieser Entwicklung änderte sich mit den Gegenden und Ländern. Der Ritterschlag war eine Initiationszeremonie, die rein weltlichen und militärischen Ursprungs zu sein scheint, die aber die Kirche im Rahmen ihres Versuchs, aus dem Ritter einen Ritter Christi, Mitglied einer *militia Christi* im Dienst der Kirche und der Religion zu machen, verchristlichte und begünstigte; wenn diese Zeremonie auch dazu beitrug, den Ritterstand in eine geschlossene Klasse zu verwandeln, so gelang es doch nicht, ihn völlig abzuschließen. Nicht alle Ritter empfingen die Schwertleite und nicht alle zum Ritter Geschlagenen waren ritterbürtig. Wenn Parzival zum König geht –

> Zum König, der zum Ritter schlägt,

denkt der Sohn der »edlen Witwe« nicht daran, von Artus die seiner Geburt gebührenden Weihen zu begehren, sondern der »wilde Knecht« verlangt nur die Anerkennung seines Wertes.

Und es genügt ihm, zu versprechen, daß er durch einen Pfeil ins Auge den Ritter mit der roten Rüstung töten werde, um ihm diese abzunehmen, damit der kluge Gurnemanz von Graharz ihn in den »Bund der Ritter« aufnehme,

> Den Gott gemacht hat und befohlen ...

In dieser aristokratischen Schicht muß man noch eine weitere Klasse unterscheiden, nämlich die *Ministerialen* oder *Dienstmannen*, die einen Dienstadel darstellen *(ex officio)*. Viele dieser Ministerialen sind Emporkömmlinge niederen Ursprungs, oft Unfreie, und gerade in ihren Reihen zeigt sich die soziale Wandelbarkeit jener Zeit am besten. Diese Art des sozialen Aufstiegs hat je nach den Gegenden mehr oder weniger früh eingesetzt und mehr oder weniger lange bestanden. Schon in der Mitte des 11. Jahrhunderts sehen wir zum Beispiel nach der ›Vita Garniers, des Propstes von Saint-Etienne in Dijon‹, wie ein Ministeriale dieses Propstes, dessen Nachkommen Ritter werden sollten, seinen unfreien Stand, der ihn zu einer besonderen Abgabe, der Kopfsteuer *(census capitis)*, verpflichtete, zu verbergen suchte. Hier die Beschreibung dieser aufschlußreichen Szene: »Am Tage nach der Christgeburt, an dem das ehrwürdige Fest des heiligen Stephanus gefeiert wird, ist es Brauch, daß sich die Zinspflichtigen vor dem Altar versammeln und dort ihre Schuld in Gegenwart des Vertreters der Abtei bezahlen. Dabei legte ein gewisser Vogt des Vizegrafen von Dijon, dessen Namen wir hier weglassen, um seinen Erben, die sich des vollen Ritterglanzes erfreuen, nicht zu schaden, wie auch aus menschlichem Respekt, ehe sich die Verwalter der Abtei versammelt hatten, in Abwesenheit aller Zeugen die Kopfsteuer auf den Altar. Danach, zur Zeit der Prozession, fragte der berühmte Propst Garnier seine Vertreter um ihn, ob die Steuern von allen bezahlt worden seien; jene antworteten, daß alle bezahlt hätten, mit Ausnahme der oben erwähnten Person. Daraufhin nötigte ihn Herr Garnier vor allen, nochmals wohl oder übel seinen Zins zum Altar zu tragen, vor der ganzen Versammlung, die vor der Prozession herumstand und in Anwesenheit der Menge ...«

Ein satirischer Text Reinmar von Zweters, eines Minnesängers der Nachfolge Walthers von der Vogelweide, der im Rheinland geboren, in Österreich erzogen war und am böhmischen Hof lebte, beschreibt in der ersten Hälfte des 13. Jahrhunderts die Vielfalt aristokratischer Stände:

> Ein herre von geburte frî
> dasz der ein dienestman, ein ritter
> und ein knecht doch sî
> darzuo ein eigenman, wie daz ge-

schehe, des wunder man noch wîp.
Ein frî geburt nicht geirren kan,
ein herre, der ensi doch wol der êren dienestman
ein ritter sîner tât, der milte ein
knecht, der zühte ein eigen lîp.
Ein herre, der sus undersnitten woere,
der diuhte mich ein hofscher wunderoere:
hie frî, da dienestman, dort eigen,
uf diz ein ritter, uf daz ein knecht.
Woere er zu disen fünfen recht,
ein künigin solt im ir houbet neigen.

DIE EINRICHTUNGEN DER KLASSISCHEN FEUDALITÄT

Gleichwohl ist die Gesamtheit dieser Aristokratie zwischen der
Mitte des 11. und dem 12. Jahrhundert im größten Teil der
Christenheit in das System der Feudalität eingespannt. Der wichtigste Zug in der Entwicklung dieser als »klassisch« bezeichneten
Feudalität ist die enge Verknüpfung der persönlichen Bande mit
den Sachwerten, der *Vasallität* mit dem *Lehen*, wobei dieses sogar noch im Vordergrund steht. Der *Lehensvertrag* bindet einen
Herrn und einen Vasallen aneinander. Durch die *Huldigung*, bei
der der Vasall seine gefalteten Hände in die des Herrn legt *(immixtio manuum)*, wird er, während er eine entsprechende Formel ausspricht, Gefolgsmann des Herrn. Diese Huldigung ist
manchmal von einem Kuß begleitet. Darauf folgt der Lehenseid,
die Verpflichtung zur *Treue* oder später auch *Hulde,* wie es
unter anderem in dem berühmten Lehensgesetzbuch vom Beginn des 13. Jahrhunderts, dem *Sachsenspiegel* (um 1225), heißt.
Nach Gualbert von Brügge verfuhren 1127 die Vasallen des Grafen von Flandern ihrem neuen Herrn, Wilhelm von der Normandie, gegenüber wie folgt: »Zuerst huldigten sie auf diese
Weise: Der Graf fragte den künftigen Vasallen, ob er ohne Vorbehalt sein Gefolgsmann werden wolle, und der antwortete: ›Ich
will es‹; darauf verbündeten sie sich mit einem Kuß, während
die Hände des Vasallen in denen des Grafen lagen. Darauf ge-
lobte der Vasall seine Treue dem Wortführer des Grafen mit diesen Worten: ›Ich verspreche auf meinen Glauben von diesem
Augenblick an, dem Grafen Wilhelm treu zu sein und ihm gegen alle und ganz und gar meinen Eid zu halten, in gutem
Glauben und ohne Falsch.‹ Zum dritten schwört er dasselbe
auf die Reliquien der Heiligen.« Durch den Lehensvertrag verpflichtet sich der Vasall, seinem Herrn Hilfe und Rat zu geben
(auxilium und *consilium).* Die Hilfe war meistens Militärhilfe
(servitium, service militaire), aber in England verlangten die Kö-

nige von ihren Vasallen seit der zweiten Hälfte des 12. Jahrhunderts eine finanzielle Abgabe, den *scutagium*, anstelle des persönlichen Dienstes. Der Herr seinerseits schuldete seinem Vasallen Schutz und Unterhalt. Dieser Unterhalt nahm bald die feste Form einer Lehensverleihung an. Das Lehen war am häufigsten ein Land, was in einer Gesellschaft, in der das Land die Quelle des Lebensunterhalts, des Reichtums, der sozialen Stellung und Macht ist, nicht weiter erstaunt. Die Verleihung des Lehens fand während einer Zeremonie statt, der *Investitur* oder *Belehnung*, während der der Herr seinem Vasallen ein *Gegenstandssymbol* reichte, das der Vasall behielt: Palmzweig, Erdscholle, Rasenstück, Lanze, Standarte oder Wappen (die kaiserlichen Bischöfe erhielten den Krummstab, woraus der Investiturstreit entstand) oder ein *Handlungssymbol*, mit dem der Herr den Vasallen berührte oder das er ihm einen Augenblick übergab, dann aber zurücknahm: Szepter, Rute, Goldring, Messer, Handschuh usw.

Manchmal bestätigte ein Schriftstück die Belehnung. Die älteste Belehnungsurkunde, die uns erhalten ist, betrifft Wilhelm den Eroberer und einen Ritter, seinen Vasallen; sie entstand in England zwischen 1066 und 1087. Der wesentliche Punkt dabei ist, daß in dieser Zeit der »klassischen« Feudalität das Lehen *erblich* wurde. Mehr noch: nicht nur im Falle des Ungehorsams oder des Verrats hatte der Herr mehr und mehr Schwierigkeiten, den Rebellen und Verräter durch den Einzug seines Lehens zu strafen; der Vasall besaß auch ein eigentumsähnliches Recht auf sein Lehen, so daß er darüber verfügen, es veräußern und verkaufen konnte, ohne daß der Herr sich widersetzen durfte. Noch da, wo für den Herrn im Falle des Lehensverkaufs ein Vorkaufsrecht vorgesehen war, wurde er oft durch das Vorrecht der Verwandten des Vasallen ausgeschlossen, denn die Familie war neben dem Land die zwingendste Realität der Feudalgesellschaft.

Ehe wir uns von der Feudalaristokratie abwenden, bleibt noch ein letzter Zug ihrer Entwicklung zu erwähnen. In dem Unterscheidungsprozeß, der durch Reichtum und Macht mehrere Schichten schafft, drängt eine Klasse vom Beginn des 11. Jahrhunderts an auf Vorherrschaft: die der Burgbesitzer. Der wirtschaftliche und technische Fortschritt und die soziale Entwicklung begünstigen die Errichtung dieser Steinfestungen, die mit den Kirchen gleichzeitig erbaut werden. Militärischer Stützpunkt und wirtschaftlicher Mittelpunkt des Verbrauchs und der Vorräte, ist die Burg auch das soziale Zentrum, wo sich um den Herrn seine Familie schart und die jungen Söhne der Vasallen, die dort zugleich als Geiseln leben, ihre militärische Lehrzeit verbringen; dazu kommen noch die *milites castri*, die in den Texten des

11. und 12. Jahrhunderts so zahlreich sind und bei denen es sich vielleicht um *Ministerialen* handelt, die dabei sind, *Ritter* zu werden. Die Burg ist auch, wie wir noch sehen werden, ein kulturelles Zentrum, denn Gaukler, Spielleute und Minnesänger vervollständigen die Burggesellschaft. Die *Burgvogteien* werden übrigens häufig die Verwaltungszellen der Feudalwelt. In der Gegend von Mâcon zum Beispiel teilen sich im 11. Jahrhundert die Burgvogteien den von den Immunitäten freigelassenen Raum, und sowohl die Grafschaften als auch die kleinen Burgvogteien sind, nach dem Vorbild der großen, Bannherrschaften, wobei der Bann von der Burg ausgeht. Endlich vollzieht sich, oder zeigt sich zumindest, der Aufstieg von Rittern und Ministerialen durch die Errichtung befestigter Häuser oder richtiger Burgen, bzw. durch die Zueignung von Herrschaftsburgen, die ihrer Bewachung anvertraut werden. In Deutschland folgt 1081 bis 1152 unter Heinrich V. (1106—1125), Lothar (1125—1137) und Konrad III. (1138—1152) eine Anzahl kaiserlicher Ministerialen einer schon vom Hochadel angenommenen Mode und legt sich den Namen ihrer Burg zu. Zu Beginn des 12. Jahrhunderts erbaut Friedrich der Einäugige, Herzog von Schwaben, eine Reihe Burgen von Basel bis Mainz, zu denen die Ministerialen von der anderen Seite des Schwarzwalds herbeiströmen. Es sind die Namen von Burgen (Waiblingen und Staufen, vom Vater Friedrichs des Einäugigen errichtet), mit denen sich eine der berühmtesten politischen Mächte des Heiligen Römischen Reiches im 12. und 13. Jahrhundert verbindet.

VERBESSERUNGEN IM BAUERNSTAND

Auch im Bauernstand sind die Möglichkeiten der geographischen und sozialen Veränderung erstaunlich. Es ist äußerst schwierig, die Zahl der Leibeigenen oder der Bauern von ähnlich abhängiger Stellung zu berechnen und ihre zahlenmäßige Abnahme, die zweifellos zwischen dem 11. und dem 13. Jahrhundert stattgefunden hat, zu schätzen. Denn es gibt sehr verschiedene Arten von Bauern, die sich wegen der veränderlichen Terminologie nur schwer definieren lassen; auch ist der Abstand zwischen juristischer und sozialer Stellung oft beträchtlich, und endlich verläuft die Entwicklung regional verschieden. Beispielsweise wird in der Gegend von Mâcon das Wort *servus* 1105 zum letzten Male in einer Urkunde erwähnt. Es vermindern sich auch die Erhebungen, die besonders auf den Leibeigenen lasteten, ohne zwangsläufig zu sein, manchmal auf einen bescheidenen Beitrag. Diese Erhebungen waren: Grundsteuer nach Ermessen, Kopfsteuer, Hochzeitsgeld, Erbfallgebühr; der Herr konnte also jederzeit vom Leibeigenen eine *Hilfe* oder *Steuer* in beliebiger Höhe einfordern, zum Beispiel eine Jahrestaxe pro Kopf *(caput)* oder Person, eine Hochzeitsgebühr, wenn außerhalb der Herrschaft geheiratet wurde, eine Erbsteuer. Die Erbsteuer kann die Form des *Besthaupts* annehmen; im Augenblick der Nachfolge fällt dem Herrn ein Stück Vieh (im allgemeinen das beste), ein Kleidungs- oder ein Möbelstück zu; in Deutschland kann er auch das *Buteil* einbehalten, das heißt ein Drittel oder die Hälfte der Möbel.

Auf der anderen Seite muß man festhalten, daß überall da, wo die Leibeigenen im eigentlichen Sinn *(homines de corpore, de capite, homines proprii)* weniger wurden, die durch sie verstärkte Bauernschicht der *homines de postetate* (den deutschen Hörigen ähnlich, die fast leibeigen gewesen zu sein scheinen) sich nur einer wenig besseren Situation als die Leibeigenen selbst erfreute.

Die Masse der Bauern, ununterschieden als *villani* (*vilains,* Dörper), *manentes* (*manants,* Landleute) oder einfach als *rustici* (Bauern) bezeichnet, sahen so eine Last auf sich ruhen, die für jene, die in dieser neuen Gruppe aufgingen, bald eine Erleichterung, bald eine Verschlechterung ihrer vorherigen Stellung bedeutete. So fielen die *censuales* in Deutschland — im allgemeinen Leibeigene, die die »Freiheit« durch eine Kopfsteuer zwischen dem 10. und 11. Jahrhundert erlangt hatten — in eine der Leibeigenschaft ähnliche Stellung zurück, als mit Beginn des 12. Jahrhunderts die Kopfsteuer das Zeichen persönlicher und erblicher Unterwerfung geworden war.

Freilich, der wachsende Anteil des Geldes an der Wirtschaft begünstigte ein Ablösen der Dienstleistungen durch Natural- oder Geldabgaben: die Frondienste gingen gegenüber den Zinszahlungen zurück und die Zahl der Lohnarbeiter, der Taglöhner, nahm auf den Herrenhöfen zu. Da aber der Herr einen Teil seines Landes dem eigenen Anbau vorbehielt (Salland), konnte je nach der Wirtschaftslage, der Ausdehnung des zurückbehaltenen Landes und der Wichtigkeit der dort nötigen Dienstleistungen die Arbeit ebensogut zu- wie abnehmen. Freilich wird die Arbeit auf dem Salland immer weniger von Bauern als Scharwerk (*boonworks* oder *weekworks* im Englischen) geleistet, sondern mehr und mehr von Knechten *(famuli, bouviers, bovarii)* ausgeführt, zu denen man die Ministerialen des unteren Ranges zählen kann. Zu den Knechten gehören auch die *convers* oder Laienbrüder, die auf Kirchengütern (zunächst bei den neuen Orden des 11. und 12. Jahrhunderts, vor allem bei den Zisterziensern, dann auch bei den Benediktinern der alten Regel) die materiellen und wirtschaftlichen Aufgaben erledigen, die niederen Weihen empfangen, aber abgesondert leben, von jeder Belehrung ferngehalten werden und so nur auf sehr beschränkte Weise am *opus Dei* teilhaben. Diese Knechte bleiben in einer den Leibeigenen, ja sogar den ehemaligen Sklaven recht nahen Stellung, und selbst wenn ihnen der Herr Land übergibt, das sie vor allem an das Gut fesseln soll, bindet dieses Zugeständnis den Nutznießer in erblicher Hörigkeit: *Luft macht eigen.*

Dennoch zielt alles, trotz der Rückschläge und des regional verschieden raschen Fortschritts, deutlich auf eine Verbesserung der bäuerlichen Lebensbedingungen ab. Die Zinslehen, wie zum Beispiel die Erbpachtlehen in der Provence und das *livellum* im Italien des 12. Jahrhunderts, bedeuten einen Fortschritt gegenüber den Frondiensten. So gibt 1103 das Kloster Santa Maria di Montepiano, »um sie zu haben, halten, bearbeiten, um Nutzen daraus zu ziehen und sie zu verbessern«, Ländereien und Besitzungen in Casi und anderen Orten an einen gewissen Rainier, Sohn Bonands, und an seine Erben, gegen einfachen Lehenszins, zahlbar im Kloster jedes Jahr in der Weihnachtsoktav: »vier Münzen guten und glänzenden Geldes von Lucca, eine Schulter, zwei Pfauen und nichts weiter.«

In einigen Gegenden, in England vor allem, bleiben die Frondienste schwer. 1185 schulden auf einem Gut der Grafschaft Gloucester, das den Templern gehört, die Bauernlehen zwei Tagwerke in der Woche während der toten Saison von Sankt Martin bis zur Heumahd; vier während der Heuernte, zwei von der Heuernte bis zum ersten August, sechs während der Kornernte: zwei am Montag und Mittwoch, eins am Dienstag und Donnerstag; zwischen der Ernte und dem Martinstag am 11. November wurden vier Tagwerke verlangt. Anderswo nahmen die Frondienstleistungen beträchtlich ab, so daß zum Beispiel in Deutschland im 12. Jahrhundert die *homines quotidiani*, die, wie ihr Name sagt, ursprünglich die ganze Woche mit Ausnahme des Sonntags für ihren Herrn arbeiten mußten, nun weniger als sechs Arbeitstage in der Woche, und manchmal nur noch einen, schuldeten.

Die Entwicklung zur Bannherrschaft hat andererseits die Zahl der *servientes*, der Vögte des Grundherrn, vermehrt, die darüber wachen mußten, daß die Gutsordnung, der Friede und die Zahlung der Bannrechte eingehalten wurden. Förster, Bürgermeister, Pröpste, Schultheißen, Intendanten *(villici)* zogen aus ihren Ämtern materiellen Gewinn und besonderes Ansehen. Sie kauften Allodien (Freiland), bereicherten sich, bezahlten Angestellte, Vögte, die ihre Ämter an ihrer Stelle ausübten. Sie wurden die wirklichen Herren der Bauerngesellschaft, der sie verhaßt waren. Die Herren sahen sich seit dem 12. Jahrhundert genötigt, gelegentlich durch Urkunden, ihren Mißbräuchen und Forderungen Grenzen zu setzen. Aber die Karrieren dieser Emporkömmlinge zeigen die Aufstiegsmöglichkeiten an, die in der Bauernschaft bestanden. Die geschicktesten und glücklichsten unter diesen Ministerialen stiegen bis zur Ritterschaft, ja bis zum Adel auf. 1176 enthob der Abt von Corvey den Schultheißen von Haversford, der seit zwei Generationen die Ritterwürde erlangt hatte, eines großen Teiles seiner Macht und Ämter. Er traf Vorkehrungen, um »zu verhindern, daß dieser Hof noch einmal durch Ritter verwaltet werde, denn diese Leute sind selten zufrieden mit dem, was sie haben, und haben die Angewohnheit, sich mehr anzueignen, als ihnen anvertraut ist«.

Die Verbesserung der bäuerlichen Existenz beginnt sich schließlich auch durch das Freiwerden ganzer Gemeinwesen zu äußern. 1185 befreit der Abt von Ferrières-en-Gâtinais »für immer und von jeder Dienstbarkeit alle Leibeigenen, Männer wie Frauen, die jetzt in der Pfarrei Sankt Eligius und in der Bannmeile von Ferrières leben; die Dienstmannen der Kirche ebenso wie die anderen; deren Frauen, Söhne und Töchter, die bereits geboren sind oder noch von ihnen geboren werden. Sie ... haben Freiheit, überall hinzugehen, wo und wann es ihnen gefällt, und über ihren Besitz zu verfügen wie Freie ... Alle, die innerhalb der besagten Bannmeile wohnen oder dort wohnen werden, befreit die Kirche von jeder Abgabe und Steuer. Zum Dank für diese Befreiung schuldet jede Herdstätte der Kirche jährlich fünf Sous Lehenszins«. Der Abt bewilligt ihnen auch »für die anderen Gewohnheitsrechte und Bußgelder« die *coutume de Lorris*, Freiheiten also, von denen noch die Rede sein wird. Die Bewohner von Ferrières müssen auch jeden Dienstag den Marktzoll sowie stets das Weingeld bezahlen; die Metzger haben eine Benutzungsgebühr für die Schlachtbank zu entrichten. Bei den Ministerialen besteht der soziale Aufstieg für die untere Schicht in der Erlangung der Freiheit; (die Verpflichtungen ihrer *Dienstmannenlehen* werden getilgt und durch einen Zins ersetzt). Die obere Schicht kann in den Ritterstand aufsteigen: »Das Lehen des Kammerherrn und des Bürgermeisters von Ferrières wird durch Handhuldigung und mit der Auflage, berittenen Kriegsdienst zu leisten, vergeben.«

Die wesentliche Form der bäuerlichen Beweglichkeit und der Erringung von Freiheiten, wenn nicht der Freiheit, entwickelt sich aber in dieser Zeit nicht am Ort, sondern fern vom Herrenhof: durch Flucht, Abwanderung in die Stadt oder durch Ansiedlung in neuen Dörfern und Städten, in Rodungs- und Kolonisationsgebieten.

Die einfachste Art des Entkommens vom Herrenhof ist die Flucht. Sie führt den Ausbrechenden manchmal auf ein anderes Gut, das als freier bekannt ist oder, weil es gerade Arbeitskräfte sucht, dem Auswanderer günstigere Bedingungen verspricht, als er bisher hatte. Aber meistens verständigen sich die Grundherren untereinander, um die Bauern zu jagen, wenigstens jene, die sie mit mehr oder weniger Recht für sich beanspruchen können, vor allem die Leibeigenen. Durch diese manchmal schriftlich bekräftigten Übereinkommen sichern sich die Grundherrn gegenseitig die Rückgabe der Flüchtigen zu. In anderen Fällen lassen sich die Herren diese Rückerstattung samt einer Entschädigung von der öffentlichen Macht verbürgen. Um 1160 erlangen der Abt und die Mönche von Colchester von König Heinrich II. (1154–1189) ein Schriftstück, wonach ihnen, »überall wo man sie findet«, ihre Flüchtlinge und der Besitz, den diese mit sich genommen haben, zurückgegeben werden müssen, unter Androhung einer Strafe von zehn Pfund — einer beträchtlichen Summe.

Dennoch begünstigt die Gewohnheit und bald auch der geregelte Brauch eher die Flucht des Leibeigenen. Bald begrenzt der Brauch die Zeit, während welcher der Herr den Entflohenen zurücknehmen darf, auf vier Tage; danach war ein Urteil und oft sogar ein Schriftstück nötig, um den Flüchtigen wiederzubekommen. Nach Jahr und Tag erfreute sich der in die Stadt entflohene Bauer im allgemeinen der Stadtfreiheit und des Schutzes, den diese mit sich brachte. So war die Stadt oft das Ziel des flüchtigen Bauern, und bekannt ist das Sprichwort »Stadtluft macht frei« — »nach Jahr und Tag«, wie die Texte oder Bräuche meistens hinzusetzen. Aber ehe wir im Rahmen der Stadtentwicklung den wichtigen Vorgang der bäuerlichen Abwanderung in die Stadt betrachten, muß noch hervorgehoben werden, daß der Bauer die Freiheit oder besser die Freiheiten auch auf den Neuländern fand. »Roden macht frei«, hat man mit Recht geschrieben. Übrigens ist oft schwer zu sagen, ob die Ortschaften in den Rodungsgebieten, die bereits erwähnten Neustädte, Dörfer oder Städte sind. Es ist bezeichnend, daß die landwirtschaftliche Expansion den auf Neuland siedelnden Bauern oder »Gästen« erlaubte, aus den juristischen und sozialen Errungenschaften der Städte Nutzen zu ziehen. Die Freiheitsurkunde, die Philipp II. August 1187 den Leuten von Lorris-en-Gâtinais gewährte (indem er die 1155 von seinem Vater bewilligten Privilegien erneuerte), und die in zahlreichen Siedlungen der Königsdomäne nachgeahmt wurde, bezeichnet den Ort zwar als Stadt, spricht aber von Korn- und Weinernten der Bewohner. Diese sind von der Verkaufsgebühr auf ihre Erzeugnisse, vom Militärdienst, von Steuern und Fronleistungen befreit; eine Ausnahme bildet der Transport des königlichen Weins nach Orléans, der einmal im Jahr gegen Entschädigung bewerkstelligt werden muß. »Jedermann kann seinen Besitz, wenn er will, verkaufen und nach Entrichtung der Verkaufsgebühr die Stadt verlassen, frei und ohne belästigt zu werden. Er bleibt auch in Zukunft frei und unbelästigt.«

Es ist begreiflich, daß die Bauern von diesen Freiheiten besonders in den Neuländern profitierten, die sich in Osteuropa und in Spanien der Kolonisation erschlossen, wo die Reconquista den durch die Kriege und durch das Zurückweichen der Araber entvölkerten Boden in die Hände der Christen legte. In einer Urkunde von 1150 erklärt der Bischof von Meissen: »Ich habe an einem unbebauten und fast menschenleeren Ort tatkräftige Leute aus der Provinz Flandern versammelt und angesiedelt und habe ihnen und ihren Nachkommen das Kühren genannte Dorf zu festem, ewigem und erblichem Besitz übergeben ... Ich habe diesen Flamen zum Gedächtnis und Zeichen des vollen Besitzes vier Mark gegeben, dazu das Dorf und achtzehn Hufe mit allen Gewohnheitsrechten, die jetzt bestehen und die sich in Zukunft bilden können, auf den Feldern und in den Wäldern, den Wiesen und Weiden, den Gewässern, Mühlen wie an den Orten der Jagd und des Fischfangs ... Sie können untereinander Brot, Bier und Fleisch verkaufen, dürfen aber keinen öffentlichen Markt abhalten. Darüber hinaus befreien wir sie von jeder Belastung durch den Bischof, den Administrator, Bürgermeister oder jeden andern Menschen.«

In Spanien sind die *cartas de poblacion*, die den Kolonisten gewährt werden, um so liberaler, als Spanien keine eigentliche Feudalität besitzt. Die Königsmacht, die Notwendigkeit des Kampfes gegen die Moslems, vor allem der Überfluß an Land verhindern die Lehensbildung.

So gibt es ein Volksrittertum *(caballeria popular)*, in das man durch die einfache Gewährung einiger Privilegien eintritt, namentlich der Steuerfreiheit oder der Befreiung von militärischen Belastungen. Der Akt der Landnahme und Bebauung *(presura)* bringt manchmal ein richtiges Besitzrecht mit sich. In vielen Gegenden der Iberischen Halbinsel, vor allem in Kastilien, leben die Bauern auf Gutshöfen *(behetrias*, aus den frühmittelalterlichen *benefactorias* abgeleitet), wo sie sich großzügiger Freiheiten erfreuen, darunter jener, ihren Herrn selbst zu wählen. 1017 erklärt der *fuero* von León, daß, wer zu dieser Gruppe gehöre, »gehen könne, wohin er wolle«.

Wenn auch die Flucht und die Möglichkeit, sich auf Neuland anzusiedeln oder in die Stadt zu gehen, den Bauern zahlreiche Gelegenheiten zum Freiwerden und zum sozialen Aufstieg boten und wenn ihnen die wirtschaftliche Entwicklung an Ort und Stelle selbst beachtliche Verbesserungen ihres Loses bescherte, so blieb dies doch häufig wenig beneidenswert, und die Verbesserungen mußten oft mit Gewalt erlangt werden.

Gottfried von Troyes schreibt im 12. Jahrhundert: »Die Bauern, die für alle arbeiten, die sich jederzeit abplacken und das ganze Jahr über die von ihren Herrn verachteten Dienstleistungen ausführen, werden unaufhörlich belästigt, und zwar, um den anderen Leben, Kleidung und Vergnügen zu ermöglichen. Man verfolgt sie mit Brand, Plünderung und Schwert; man wirft sie in Gefängnisse und Eisen und zwingt sie dann, sich loszukaufen, oder man tötet sie gewalttätig durch Hunger und liefert sie allen möglichen Arten der Folter aus ... Die Armen schreien, die Witwen weinen, die Waisen seufzen, die Gefolterten vergießen ihr Blut!«

Neben der Flucht sind zweifellos Trägheit, Passivität und Böswilligkeit die Hauptformen des Kampfes der Bauern gegen ihre Herren. 1117 ersetzt der Abt von Maursmünster (Marmoutier)

Abb. 4: Der Kampf der Stände im Zeitalter des Feudalismus: Ritter und Bauern. Bauer im Kampf gegen einen Ritter. Ausschnitt vom Nordportal des Domes von Modena

im Elsaß das Scharwerk, also den kostenlosen Frondienst von drei Wochentagen, der auf die karolingische Zeit zurückgeht, durch einen Geldzins. Er erklärt, daß er diese Entscheidung treffen muß wegen der »Saumseligkeit, Nutzlosigkeit, Trägheit und Faulheit derer, die dienen«.

Aber obwohl es zwischen der Mitte des 11. und dem Beginn des 14. Jahrhunderts keine großen Bauernaufstände gibt, wie sie zum Beispiel das ausgehende 10. Jahrhundert in der Normandie gekannt hat und wie sie vom 14. bis zum 16. Jahrhundert in Europa herrschen werden, so tritt doch auch hier und da Gewaltsamkeit in den Forderungen der Bauern hervor. Heinrich I. von England (1100—1135) sieht zu Beginn des 12. Jahrhunderts in seinem Alptraum zuerst die Bauern ihre Werkzeuge wie Waffen gegen ihn erheben.

Als Heinrich I. im Traum den Aufstand der sozialen Klassen gegen Staat und Königtum erblickt, hat er es mit drei Schichten der dreigeteilten Gesellschaft zu tun: mit Bauern, Adel und Geistlichkeit. Wie groß auch immer innerhalb dieser Stände die soziale Beweglichkeit im 12. Jahrhundert sein mag, das wirklich Neue erscheint anderswo. In den Städten kündigen soziale Gruppen eine neue Gesellschaft an, welche die alte, gottgewollte Ordnung sprengt und in der Aufstieg oder Absinken die Hauptsünden sind.

DIE ENTSTEHUNG DER STADTGESELLSCHAFT

In den Städten kam nämlich der Augenblick, wo die Handel und Gewerbe betreibenden Gruppen oder Einzelpersonen bemerkten, daß ihre berufliche Tätigkeit nicht nur die Anerkennung von Freiheiten und wirtschaftlichen Privilegien durch die traditionell herrschenden Klassen voraussetzte, sondern auch, als Folge davon und zur Sicherheit, juristische Freiheiten und politische Macht. In die gleiche Richtung zielte die Ansicht, daß wachsende wirtschaftliche Macht durch die Verleihung politischer Verantwortlichkeit und das Erlangen sozialen Ansehens bestätigt werden müsse.

Diesen Forderungen gegenüber waren sich die bisherigen Stände nicht einig. Zunächst erlaubten es den Städtern die unterschiedlichen Interessen und Ziele von Adel und Geistlichkeit, die sich seit der gregorianischen Reform immer weiter auseinanderlebten, inmitten solcher Rivalitäten die eigenen Zwecke zu verfolgen. Kirche (und Kloster) waren nicht nur Zufluchtsorte für die von den weltlichen Herrenhöfen entflohenen Leibeigenen und Bauern; die neuen Stadtgruppen wußten auch mit viel Einfühlungsvermögen die von der Kirche seit dem Ende des 10. Jahrhunderts propagierten Friedensideale und -einrichtungen auszunutzen. Die Urkunden, die den Stadtbewohnern Freiheiten gewährten, stellten oft Friedenspakte dar. Dieser Fall war häufig, zum Beispiel in den Städten Unterfrankens. In diesem Sinn wird auch das von Friedrich I. Barbarossa 1156 an Worms verliehene Privileg gedeutet, das vielleicht unecht ist, aber einen späteren Zustand legitimiert. Die Charta, durch die der Erzbischof von Arles zwischen 1142 und 1155 der Stadt Arles das Selbstverwaltungsrecht durch zwölf Konsuln zuerkennt, verbreitet sich über den »Frieden«, den diese Einrichtung gewähren soll: »Dieses Konsulat verkörpert den Frieden, die Wiederherstellung der guten alten Zeit und die Reform der Gesellschaft. Die Kirchen, Klöster und alle heiligen, gottgeweihten Orte, die Straßen und öffentlichen Wege, die Gewässer und das Land, alles wird von diesem Frieden beherrscht sein. Der Friede wird für eine Dauer von fünfzig Jahren geschworen, und alle fünf Jahre schwören Fremde und Neuankömmlinge, ihn einzuhalten. Auf diese Weise wird das Konsulat erneuert und bewahrt; und die ganze Gemeinde, die so für den Dienst an Gott und das öffentliche Wohl intakt erhalten ist, wird in ihrem Fortbestand gewährleistet, dank der Vermittlung des Erzbischofs... Wenn irgendwelche Zwietracht in der Stadt entsteht, darf kein Schleuderer oder Bogenschütze, mit Stein oder Bogen bewaffnet, einen anderen innerhalb der Stadt oder Ansiedlung angreifen. Und kein Fremder wird in die Gemeinde aufgenommen ohne Wunsch und Zustimmung des Bischofs und aller Konsuln.«

In Frankreich schlossen sich die Städter, die um die Erlangung von Privilegien kämpften, zu Gemeinschaften zusammen, die sie *communia pro pace* — Friedensgemeinschaften — nannten. Auch die *compagnia communis*, welche die Einwohner Genuas vereinigte und mit der der Bischof 1099 einen Vertrag abschloß, war eine Friedensvereinigung.

Umgekehrt verbündete sich in Städten, in denen der Bischof die politische Macht innehatte, wie dies häufig in den ehemals karolingischen Gebieten der Fall war, der Adel, wenigstens der niedere Adel der Umgebung, mit den neuen Städtern, um dem Bischof Zugeständnisse zu entreißen. So erheben sich in einer der ersten Stadtrevolten in Mailand und der Lombardei 1036 gleichzeitig der niedere Adel der *valvassores* und die einfachen Ritter gegen ihre Herrn und das kleine Stadtvolk gegen die ihren, vor allem gegen Erzbischof Aribert. In Deutschland und Italien begünstigte der Kampf zwischen *Sacerdotium* und *Imperium* die städtische Unabhängigkeit sehr.

Manchmal erkannten auch die Herren, vor allem die Könige, den Nutzen, den sie aus der Begünstigung der neuen Stadtgruppen ziehen konnten, sei es, um bei ihnen Bundesgenossen gegen ihre Gegner zu finden, sei es, um durch die Erhebung von Gebühren und Steuern beträchtliche Gewinne aus der städtischen Wirtschaft zu erhalten.

So erteilen vor allem die Herrscher seit der zweiten Hälfte des 11. Jahrhunderts von England bis Spanien und Italien, von Frankreich bis zu den slawischen Grenzmarken Privilegien und Freiheiten. Heinrich I. von England bewilligte den Bürgern von Newcastle-upon-Tyne eine Reihe von Freiheiten, darunter das Recht auf freien Handel und das Handelsmonopol innerhalb der Stadt; außerdem durften sie entflohene Bauern binnen Jahr und Tag als Bürger in der Stadt aufnehmen und brauchten keine Gebühr für Fremdheirat, Erbfall oder ähnliches zu bezahlen (*merchet, heriot, bloodwite, Stengesdint*). In einem Rechtsstreit kann der Bürger nicht aufgefordert werden, sich physisch im Kampf zu verteidigen, sondern sein Schwur genügt; der in seinem Haus lebende Sohn erfreut sich der gleichen Freiheit wie er. Der 1076 von Alfons VI. von Kastilien (1072—1109) Sepulveda gewährte *fuero* zeigt, wie wenigstens in gewissen Grenzgebieten (Extremadura oder Sierra) die Städte nicht nur den einfach der Unterdrückung Entflohenen, sondern auch Mördern, Dieben und allen Arten von Übeltätern als Zufluchtsort gedient haben. Wer immer in Sepulveda mit einer Konkubine — verheiratet oder nicht — oder mit gestohlenem Gut ankam, erfreute sich des Schutzes der Gemeinde gegenüber seinen Verfolgern. Nach der Ermordung eines Kastiliers genügte es, den Duero zu erreichen, um gesetzlich vor jeder Verfolgung geschützt zu sein.

Die Geschichte der Gründung Lübecks im 12. Jahrhundert, wie Helmold sie in seiner *Chronica Slavorum* (Slawenchronik) um 1171 erzählt, zeigt gut, was die Stadtbewegung zusammen mit dem Bevölkerungszuwachs und dem wirtschaftlichen Aufschwung bedeutete: »Adolf, Graf von Holstein, begann das Schloß von Segeberg wiederaufzubauen und umgab es mit einer Mauer. Aber, da das Land menschenleer war, schickte er in alle Länder Boten, nach Flandern, Holland, Utrecht, Westfalen, Friesland und lud alle, die kein Land besaßen, ein, mit ihren Familien zu kommen: sie würden gutes, ausgedehntes und fruchtbares Land erhalten, das Fleisch und Fische im Überfluß hervorbringe und ausgezeichnete Weiden besäße... Auf diesen Aufruf hin machte sich eine zahllose Menschenmenge der verschiedenen Völker mit ihren Familien und ihrem Besitz auf den Weg und kam ins Land der Wagrier... Darauf gelangte Graf Adolf an einen Bucu genannten Ort und fand dort die Mauern einer verlassenen Burg, die ehemals Cruto, der Feind Gottes, erbaut hatte und eine sehr große, von zwei Flüssen eingefaßte Insel: auf einer Seite fließt die Trave, auf der anderen die Wakenitz, die beide sumpfige und schwer zugängliche

77

Ufer haben. Auf der Landseite befindet sich jedoch ein ziemlich schmaler Hügel vor der Mauer. Nachdem er klarsichtig erkannt hatte, wie zweckmäßig die Lage war und wie ausgezeichnet der Hafen, begann der Graf mit dem Bau einer Stadt, die er Lübeck nannte, weil sie nicht weit von dem alten Port und der Stadt gleichen Namens entfernt lag, die einst der (slawische) Prinz Heinrich errichtet hatte.

Schon Heinrich der Löwe (geb. 1129, gest. 1195) sucht sich vergeblich mit Adolf II. von Holstein (1130—1164) zu verständigen und trifft Vorkehrungen, um seine Stadt Bardowiek zu verteidigen, die »unter einer schweren Entvölkerung wegen des Marktes von Lübeck leidet, denn alle Händler etablieren sich dort«.

1157 wurde »die Stadt Lübeck« durch einen Brand vernichtet. Die Kaufleute und anderen Bewohner schickten dem Herzog Abgesandte, die ihm erklärten: »Schon seit langem haben wir auf Eure Anordnungen hin keinen Markt in Lübeck. Bis jetzt sind wir in der Stadt geblieben mit der Hoffnung, durch Eure Gnade und Huld das Marktrecht wieder zu erlangen; auch konnten wir uns nicht entschließen, die mit großen Ausgaben errichteten Häuser aufzugeben. Aber jetzt, da unsere Häuser abgebrannt sind, wäre es sinnlos, sie an einem Ort, wo man keinen Markt halten darf, wiederaufzubauen. Bezeichnet uns doch nach Eurem Gefallen einen Ort, um eine Stadt zu gründen.«

Nachdem die Neugründung ein Mißerfolg war, gelang es Heinrich dem Löwen endlich, von Adolf von Holstein den Platz von Lübeck zu erhalten. »Sofort kehrten auf Anordnung des Herzogs die Kaufleute mit Freuden dorthin zurück, verließen die unbequeme neue Stadt und begannen, Kirche und Stadtmauern wieder aufzurichten. Der Herzog schickte Boten in die Städte und Staaten des Nordens, nach Dänemark, Schweden, Norwegen und Rußland, bot ihnen Frieden, freien Zugang und Durchzug durch seine Stadt Lübeck. Er gründete dort eine Münze und einen Zoll und bewilligte der Stadt die wichtigsten Privilegien. Seitdem nahm die Geschäftigkeit der Stadt immer mehr zu und die Einwohnerzahl erhöhte sich in großem Maße.«

Wenn die Bürger, vor allem in den neuen Städten, relativ leicht Freiheiten seitens der Herren erlangten, so war das in den meisten alten Städten nicht in gleicher Weise der Fall, so daß dort die neue Stadtschicht ihre Freiheiten mit Gewalt an sich riß. Daher spielte die zu Beginn eher heimliche militärische Organisation dieser gewaltsam ihre Forderungen durchsetzenden Gruppen eine große Rolle. Im Gegensatz zu den Bauern, die im allgemeinen ohne Waffen (ihre armseligen Werkzeuge dienten ihnen gelegentlich als solche) und unfähig waren, sich militärisch zu organisieren, konnten die Städter oft die herrschaftliche Streitmacht zwar nicht direkt besiegen, aber die Herren doch genügend beunruhigen, um ihnen Zugeständnisse zu entreißen. Die Bedeutung dieser städtischen Militärmacht wurde der bestürzten Feudalwelt offenbar, als die lombardische Kommunalmiliz das Ritterheer Friedrich Barbarossas 1176 in Legnano vernichtete.

Der Widerstand der alten sozialen und politischen Mächte war um so aktiver, als sich zu der Interessenverteidigung noch Unverständnis, Verachtung, Zorn und Furcht gesellten angesichts dieser vom Militär- und Grundadel durch ihren Beruf, ihre Lebensart und Denkweise so verschiedenen Menschen. Fast alle geistlichen Chronisten werfen auf dieses gefährliche Natterngezücht den Bannfluch.

Communia autem novum ac pessimum nomen!« — »Kommune, ein neues, ein hassenswertes Wort!«, ruft zu Beginn des 12. Jahrhunderts Guibert von Nogent aus, und er läßt den Erzbischof von Reims in einer Predigt während einer Sühnezeremonie, die für die Verunreinigung einer Kirche durch aufständische Bürger gehalten wurde, von »diesen verabscheuungswürdigen Kommunen« sprechen, »in denen sich wider alles Recht und göttliche Gesetz die Leibeigenen der Gewalt ihrer Herren entziehen.«

Um zu erkennen, bis zu welchem Maß an Gewalttätigkeit und Haß der Zusammenprall zwischen den neuen Stadtschichten und der alten Macht führte, muß man Berichte lesen wie den in den *Annales* Lamberts von Hersfeld über die Volksrevolte in Köln gegen den Erzbischof, der 1074 das Schiff eines Kaufmanns entladen lassen will, um es seinem Freund, dem Bischof von Münster, zur Verfügung zu stellen. Guibert von Nogent berichtet von dem Aufruhr der Bewohner von Laon 1115 gegen ihren Bischof; dieser wird aus dem Faß, in dem er sich versteckt hat, gezogen und niedergemetzelt. Dem Leichnam schneidet man den Finger mit dem Bischofsring ab. Die Bewohner von Santiago de Compostela versuchen, ihren ersten Erzbischof Diego Gelmirez (seit 1120, nachdem er 1100 Bischof der Stadt geworden war) während eines Aufstands in einem Turm, an den sie Feuer legen, zu verbrennen (Bericht in der *Historia Compostellana*).

Die Stadtbewegung in der gesamten Christenheit hat jedoch keineswegs allen Aufständischen den gleichen Grad an Unabhängigkeit gebracht. Oft müssen sie sich mit bestimmten Privilegien, vor allem mit wirtschaftlichen Freiheiten, die ihren Anführern wichtig sind, zufriedengeben. Bestenfalls gelangen sie dahin, sich der Stadtgewalt zu bemächtigen und die Anerkennung ihrer Kommune durchzusetzen; sie wird durch ihre Vertreter regiert, die im allgemeinen im Norden Schöffen (*échevins* bzw. *scabini*) und im Süden Konsuln *(consules)* heißen, ohne daß man bei letzteren den Zusammenhang zwischen diesem Stadtmagistrat und den Würdenträgern, die in römischer oder karolingischer Zeit den gleichen Namen tragen, genau kennt.

Neben dem Schloß, der Kathedrale und dem Bischofspalais, wo sich die ehemaligen Herren verschanzen, die ihre Macht niedergelegt oder, häufiger, geteilt haben, erscheinen von nun an neue Gebäude, welche die junge und zunehmende Macht der Bürger bekunden: die Halle, in der die Stadtbeamten die Waren kontrollieren, das Zollgebäude, in dem sie die eingeführten Produkte schätzen, das Zunfthaus, in dem sich die reichsten der neuen Herren versammeln, das Rathaus, in dem die Stadtschöffen oder Konsuln amtieren. Neben den Kirchenglocken erklingen nun manchmal die weltlichen Gemeindeglocken der Belfriede, die die Ereignisse einer anderen, weltlichen Ordnung verkünden: Versammlung eines Stadtrats oder der Bürgerschaft im Fall der Not oder einer Gefahr.

In alledem erkennt man das enge Ineinandergreifen der Wirtschafts- und besonders der Handelsinteressen und der politischen Gewalten. Wer in der Markthalle befiehlt, sitzt auch im Rat. Mit diesen neuen politischen Organen gleichlaufend und manchmal mehr oder weniger vermischt, vereinigen Berufsverbände die Hauptvertreter dieser neuen Schicht: die Gilden oder Korporationen. In bestimmten Fällen deckt sich eine religiöse Bindung in etwa mit einer Berufs- und Gesellschaftsgruppe. Dann ist es eine Bruderschaft, welche einflußreiche Bürger zusammenschließt. Manchmal vereinigen sich die Mitglieder dieser am internationalen Handel beteiligten Gilden oder Korporationen von einer Stadt zur andern; diese Bündnisse, die man vor allem im Norden antrifft, heißen im allgemeinen *Hansen.* Sie können auch die wichtigsten Kaufleute einer Stadt oder Gegend, die mit einer anderen Stadt oder einem bestimmten Land Handel treiben, zusammenfassen. So vereinigte die Hanse von London in Flandern, die wahrscheinlich erst zu Beginn des 13. Jahrhunderts entstanden ist, flämische Kaufleute, die mit England handelten. Die bedeutendste dieser Kaufmannsvereinigungen wurde jene, die seit 1161 unter der Herrschaft Heinrichs des Löwen »Die Gemeinschaft der Kaufleute des Römischen Reiches, die Gotland besuchen« *(universi mercatores imperii Romani Gotlandiam frequentantes)* vereinigte und aus der eine der großen wirtschaftlichen und politischen Mächte des Mittelalters hervorgehen sollte: die eigentliche *Hanse.*

In diesen Genossenschaften saßen, wie in den Stadträten und Konsulaten, nicht die Vertreter der ganzen Stadtbevölkerung, nicht einmal all jene, die die volle Ausübung aller städtischen Privilegien erlangt hatten — die Bürger —, sondern nur die reichsten und mächtigsten unter ihnen oder ihre Vertreter. Wenn auch die Zunahme der Stadtbevölkerung durch den Zuzug von Auswanderern — vor allem von Bauern — bedeutend blieb, so machte sich doch schon am Ende des 12. Jahrhunderts an verschiedenen Orten die Tendenz, diese Emigration und den Eintritt in die Bourgeoisie zu regeln, bemerkbar; vor allem blieb die tatsächliche wirtschaftliche und diplomatische Macht einer kleinen Gruppe von Familien vorbehalten: dem *Patriziat*, das die Schöffen und Konsuln stellte und aus den wichtigsten Kaufleuten, besonders den Fernkaufleuten und den Vorsitzenden der Hauptkorporationen bestand. Das Vermögen dieser Familien gründete sich übrigens mehr und mehr ebensosehr auf den Handels- und Industriegewinn wie auf den Besitz von Ländereien und Stadthäusern. In Köln zum Beispiel festigte sich dieses aufblühende Patriziat, das die Revolte von 1074 gegen den Erzbischof angeführt hatte, indem es 1106 eine durch mündlichen Schwur verbundene und 1112 vom Erzbischof anerkannte Gemeinschaft bildete. Von nun an regierte diese Genossenschaft durch eine aus ihr entstandene Gruppe von Reichen, die *Richerzeche*, und besaß ein Siegel und ein Rathaus. Der *Rat* erschien erst 1216. Eine Definition dieses Patriziats gibt 1165 ein Text aus Soest, der von »*meliores ... quorum auctoritate pretaxata villa tunc pollebat et in quibus summa iuris et rerum consistebat*« spricht, von »der Gruppe der Besten, auf deren Autorität das Gedeihen der Stadt beruhte und die in ihren Händen Hauptmacht und -vermögen vereinigte«.

Es ist nicht allein diese soziale Auffächerung der Stadtbewohner, die verhindert, daß sich städtische und ländliche Bevölkerung scharf entgegentreten; jedenfalls nicht mehr als Bauern und Ritter. Wir haben gesehen, daß sich die Ministerialen von der Leibeigenschaft bis zum Rittertum erheben konnten. Andere blieben Bauern, konnten aber einem spezialisierten Handwerk nachgehen. In Mittel- und Osteuropa, vor allem in Polen und Böhmen, findet man im 11. und 12. Jahrhundert sogar ganze Dörfer mit einer Anzahl von Ministerialen, die sich auf diese oder jene wirtschaftliche Aufgabe spezialisiert haben: Küfer, Teppichweber, Honiglieferanten, Schmelzer, Sattler, Falkner, Schildmacher, Wagner usw. ... deren Namen man heute noch in polnischen Dörfern wiederfindet: *bednary, kobierniki, miodary, rudniki, siodlary, sokolniki, szczytniki, wozniki* usw. Manchmal erhielten diese ländlichen Handwerker, obgleich sie unfreien Standes waren, für ihren Lebensunterhalt ein Stück Land zu Lehen und leisteten, ganz wie ein Vasall, die Lehenshuldigung, eine Dienstmannenhuldigung. Auf einem Herrenhof in der Gegend von Toulouse zum Beispiel, der dem Malteserorden gehörte, schwor 1197 ein Leibeigener auf die Bibel, aufrecht und treu zu sein und nicht zu fliehen. In Spanien haben wir eine nichtadlige Ritterschaft kennengelernt.

Auf der anderen Seite treten die Städte mit ihren Siegeln häufig wie Herrschaften auf, und sie üben auf ihre ländliche Umgebung, ihre Bannmeile, ganz wie ein Herr auf seinem Hof alle Bannmacht aus. Man darf übrigens nicht glauben, daß sich Adel und Bürgerschaft ohne feine Unterschiede gegenüberstehen, aber auch nicht, daß sie sich überall durch ihre Lebensweise, die für die einen städtisch, für die anderen ritterlich und ländlich ist, unterscheiden. Das Konsulat von Arles zum Beispiel, das zwischen 1142 und 1155 entsteht, umfaßt 12 Konsuln; davon sind vier Ritter, von den restlichen acht vertreten vier den Ort (das sind Bürger im eigentlichen Sinne), zwei den Markt und zwei die Vorstadt Borriano. In Italien haben die Adligen schon früh Stadthäuser und viele, besonders die aus ländlichen Ministerialen hervorgegangenen, beteiligen sich aktiv an Handel und Geschäften. Als Otto von Freising mit seinem Neffen Friedrich Barbarossa in der Mitte des 12. Jahrhunderts nach Italien zieht, ist er erstaunt und entrüstet, daß in den lombardischen Städten Adlige unter der Stadtherrschaft leben, daß junge Männer von niederer Herkunft und sogar Handwerker bis zur Ritterschaft aufsteigen können und daß diese Städte ihre Umgebung (comitatus, contado) beherrschen. Umgekehrt wundert sich in der ersten Hälfte des 13. Jahrhunderts der italienische Franziskaner Fra Salimbene von Parma, daß in Frankreich »nur Bürger in der Stadt wohnen, Ritter und Adel aber auf ihren Burgen und Ländereien bleiben«.

Wie immer es aber um die sozialen Unterschiede der Regionen, um die Beweglichkeit der verschiedenen Stände, um die Neigung des Stadtbürgertums zum Sich-Abschließen nach außen bestellt sein mag: am Ende des 12. Jahrhunderts überrascht gegenüber der ländlichen, von einem Herrn regierten und im eigentlichen Sinn feudalen Gesellschaft eine neue, andersartig gegliederte Gesellschaft, die sich durch ihre Aktivität, ihren sozialen und politischen Aufbau und ihre Mentalität der überkommenen Ordnung entgegenstellt. Es ist eine Gesellschaft von Gleichen, die ein Eid bindet, gegenüber einem auf der Treue begründeten, hierarchischen Stufenbau. In der Ritterepik jener Zeit erstaunt sie oft oder ruft Aufsehen hervor. Der Ritter, der eine Stadt betritt, wird gleich Chrétien de Troyes' Perceval von Staunen erfaßt. Denn die Stadt ist:

> ansehnlicher Leute voll,
> und die Tische der Geldwechsler
> sind ganz mit Münzen bedeckt.
> Er sah die Plätze und Straßen

voll von guten Arbeitern,
die verschiedene Handwerke ausübten:
jene polierten die Schwerter,
die einen walkten Tuche, andere webten,
jene hechelten, diese schoren sie,
andere schmolzen Gold und Silber
und machten gute und schöne Werke davon,
machten Pokale und Schalen
und emailliertes Geschmeide
Ringe, Gürtel und Schließen.
Man hätte glauben und sagen können,
daß in der Stadt immerzu Markt sei,
so sehr war sie des Reichtums voll
an Wachs, an Pfeffer, Scharlachröte,
an kleinen grauen Pelzen
und aller Art von Waren.

Aber die Bewunderung des Ritters schlägt leicht in Haß und Begehrlichkeit um. Sobald er sich von der Stadt entfernt, wird der Bürger Beute und Zielscheibe des Adligen:

Ah! uns zu Hunderten und Tausenden zusammenschließen,
daß man noch nach uns davon singen wird!
Hörner, Trommeln, Fahnen und Paniere,
Wappen und Pferde, weiße und schwarze,
werden bald versammelt sein, das wird ein schönes Leben werden!

Man wird ihr Gut den Wucherern nehmen,
und auf dem Wege ziehen keine Wagenzüge mehr
an ruhigen Tagen, noch unbelästigte Bürger,
noch Händler, die nach Frankreich kommen;
aber der wird reich sein, der frohen Herzens plündert!

Dies singt der Troubadour Bertran de Born, der ein Gefährte Richard Löwenherz' (1189—1199) war, ehe er Zisterziensermönch wurde.
So sieht eine Gesellschaft, welche die Gefahr liebt und sucht, voller Haß, wie sich eine andere entwickelt, die Sicherheit und Ruhe für ihre Geschäfte und ihr Glück anstrebt und die auf den großen Straßen nur dem Risiko des Handels begegnen will. Das bürgerliche Friedensideal ist eine Herausforderung an das Ritterideal der Heldentat.

4. Politische Auswirkungen

DAS POLITISCHE KRÄFTESPIEL: CHRISTLICHE EINHEIT,
FEUDALE AUFSPLITTERUNG, MONARCHISCHE ZUSAMMENFASSUNG

Die politischen Kräfte, denen der Bevölkerungszuwachs, der
wirtschaftliche Aufschwung und die Unterstützung herrschen-
der oder aufsteigender sozialer Gruppen zugute kommen, streben nicht alle in die gleiche Richtung. Die Zeit von der Mitte des
11. bis zum Ende des 12. Jahrhunderts stellt sich auf politischer
Ebene vor allem als ein Feld gegeneinander streitender Kräfte
dar, deren Zukunftsaussichten nicht klar ersichtlich sind.
Der allgemeine Aufschwung, der die westliche Christenheit belebt, scheint die Einheit zu begünstigen, und die beiden Haupt-
mächte, welche diese Einheit symbolisieren, nehmen tatsächlich
den Vordergrund der politischen Szene ein: Kaiser und Papst.
Gemeinsame militärische Unternehmungen, die Kreuzzüge,
vom Papsttum angeregt, scheinen alle Stände, alle christlichen
Fürsten zu erfassen. Sogar die Wikinger verwandeln sich in
Kreuzfahrer. So wendet sich der norwegische König Sigurd zwischen 1107 und 1111 von der traditionellen englischen Zielscheibe ab und zieht ins Heilige Land, wo er sich an der Belagerung Sidons beteiligt; vorher unternimmt er eine richtige
Rundreise durch die Christenheit nach England, wo ihn Heinrich I. gut empfängt, nach Frankreich und auf die Iberische
Halbinsel, wo er den Mauren Lissabon abnimmt; über die Insel
Formentera gelangt er nach Sizilien und empfindet für den Normannen Roger II. eine solche Hochachtung, daß er ihn, nach der
Saga, vom Jarl zum König macht. Aber nicht nur, daß diese geistige oder gelegentlich militärische Gemeinschaft zu keiner politischen Einigung führt; die beiden Mächte, Kaiser- und Papsttum,
die dieses Vorhaben gemeinsam verwirklichen könnten, strei-
ten sich vielmehr die ganze Zeit hindurch um die Führung und
kämpfen um das *dominium mundi*, die Weltherrschaft. Dieser
Konflikt zwischen Sacerdotium und Imperium, bei dem sich
Geistliches und Zeitliches eng vermischen, ist auch ein politischer Kampf. In der ganzen Christenheit ist die Einheit vom anwachsenden Konflikt zwischen Laien und Klerikern, dem Stand
der *bellatores* (der Militärschicht) und dem der *oratores* (dem
geistlichen Stand) bedroht, deren gemeinsame und gegensätzliche Interessen miteinander in Widerstreit liegen. Die unter
zwei Häuptern vereinigte Christenheit, die im Jahr 1000 mit
Otto III. (983–1002) und Silvester II. (999–1003) in Aussicht
stand, und die vielleicht noch in der Zeit Kaiser Heinrichs III.

(1039—1056) zu verwirklichen war, wird bald ein reiner Traum, den Dante am Ende des 13. Jahrhunderts aufnimmt.

Es kann sogar, ganz im Gegenteil, so aussehen, als ob das ungeordnete Wachstum, das sich überall zeigt, seinen politischen Rahmen in kleinsten lokalen und regionalen Gemeinschaften finden wird. Diese politische Zersplitterung des westlichen Aufstiegs scheint sich um zwei, in ihren wirtschaftlichen Interessen, ihrem sozialen Aufbau und ihrer Mentalität häufig gegensätzliche Brennpunkte zu vollziehen: Feudalwelt und Städte. Wer wird den Sieg davontragen? Oder wird es eine mehr oder weniger geographische Aufteilung der politischen Macht zwischen diesen beiden Organisationsformen geben: im Süden der schon von Otto von Freising in Norditalien festgestellte Sieg der Städte, wo »das Land ganz und gar zwischen den Städten aufgeteilt ist, die die Bewohner ihrer Provinzen dazu gebracht haben, unter ihren Gesetzen zu leben«, im Norden der Erfolg von Feudalherrn wie Heinrich dem Löwen, der um die gleiche Zeit die Leute von Lübeck zwingt, sich ihm zu unterwerfen, um ihren Handel fortsetzen und weiterentwickeln zu können?

Man kann jedoch — und der moderne Historiker, der die Geschichte überblickt, hat natürlich kein Verdienst, das festzustellen — zwischen der politischen Einheit und der gänzlichen Aufsplitterung eine Zwischenebene erkennen, wo Anführer einer anderen Art langsam an Einfluß gewinnen, ohne daß sie am Ende des 12. Jahrhunderts schon gesiegt hätten: die Könige in ihren Reichen.

Ihre Autorität ist zwiefacher Natur: es handelt sich einerseits um eine religiöse, vom Christentum mit seiner Salbung versehene Macht, die aus dem doppelten Erbe der alten Stammesherrschaften und der orientalischen Monarchien (jene der Bibel mit eingeschlossen) hervorgeht; und andererseits um eine höhere politische Macht, die der *res publica*, des Staates, der öffentlichen Gewalt in der griechisch-römischen Tradition. Im Gegensatz zu den kaiserlich-päpstlichen Herrschaftszeichen (seit dem 11. Jahrhundert trägt der Papst die *Tiara* als Gegenstück zur Kaiserkrone anstelle der alten Mütze, des *phrygiums*; dazu kommen Kreuz, Weltkugel und Schwert, welche die Weltmacht darstellen) symbolisieren die Insignien der Königsmacht diesen Doppelcharakter (Krone und Zepter), der sich während der Weihe bekräftigt.

Auf diese Weise ideologisch ausgerüstet, haben die Könige vor ihren zahlreichen Gegnern voraus, daß sie die einen gegen die andern ausspielen können, weil sie der feudalen Hierarchie angehören und ihr gleichzeitig überlegen sind. Sie sind die Beschützer der Kirche und von ihr gesalbt, aber auch die Herrn des Klerus in ihrem Reich kraft ihrer öffentlichen Macht. Die französischen Könige haben zum Beispiel immer sorgfältig vermieden, für die Lehen, die sie besitzen, eine Huldigung zu leisten: Ludwig VI. (1108—1137) läßt das zu Anfang des 12. Jahrhunderts von seiner Kanzlei festhalten, als er in Saint-Denis das Banner Oriflamme holen kommt, das er von der Abtei für sein Lehen, das Vexin, innehat, und es in seiner Kirche deponiert. Sie können zwischen den verschiedenen sozialen Ständen die Rolle des Schiedsrichters spielen und versäumen nicht, den Bürgern ihrer Städte und den Bauern ihrer Ländereien Freiheiten zu gewähren, die aus diesen einen Anziehungspunkt und einen Modellfall für den übrigen Staat machen. Endlich sind sie die politischen Anführer von Gebieten, deren Ausdehnung sich ändern kann, deren Grenzen Geographie und Geschichte gezogen haben und die im Frühmittelalter noch keineswegs festliegen, die aber im allgemeinen einem wirtschaftlichen Optimalareal entsprechen; hier sind die Könige durch die ideologische Natur ihrer Macht, selbst noch ehe sie eine tatsächliche materielle Gewalt, die zudem noch oft schwankt, erreicht haben, am ehesten in der Lage, jenen *Frieden* aufrechtzuerhalten, dessen tiefe Bedeutung für die wirtschaftliche Blüte und die Entwicklung der aufsteigenden Sozialklassen im 11. und 12. Jahrhundert wir gesehen haben.

KAISER UND PAPST IM KAMPF UM DAS DOMINIUM MUNDI

Der Kampf zwischen Sacerdotium und Imperium erscheint heute wie ein Illusionstheater, wie ein großsprecherisches Spektakel der Vorbühne, das die ernsthaften Dinge im Hintergrund verdeckt. Aber er hat tiefe und vielfältige Kräfte auf den Plan gerufen, deren Dasein man nicht vergessen darf. Das Sacerdotium ist die äußerlichste Erscheinung der Kirche und des Papsttums, das extremste Maß ihrer Anteilnahme an Zeit und weltlichen Angelegenheiten. Aber diese Oberfläche bildet nicht nur mit einer vielschichtigen, tief eingewurzelten, weitläufigen Kirche ein Ganzes, sondern auch mit der Gesamtheit der mehr oder minder mit den obersten Einrichtungen der herrschenden Religion einverstandenen Christen. Wie soll man das Sacerdotium von der Kirche und die Kirche vom religiösen Leben trennen? Die gregorianische Reform, deren politische Auswirkung der Kampf zwischen Kaiser und Papst ist, reicht weit über diesen Zusammenprall hinaus und geht selbst in einer größeren Bewegung auf, einem religiösen Gärungsprozeß, dessen verschiedene Aspekte die Erneuerung der Einsiedlertradition, die kanonische Reform, das Auftauchen neuer Orden und sogar die Blüte von Häresien sind, von denen wir weiter unten sprechen werden.

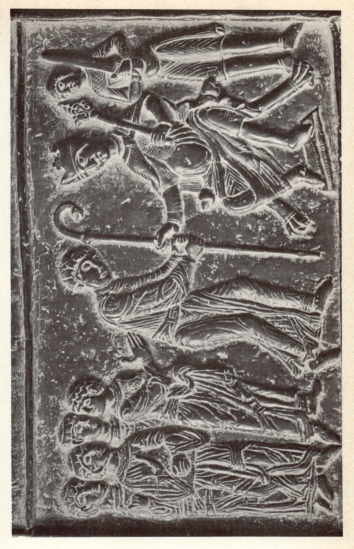

Abb. 5: Sacerdotium und Imperium. Kaiser Otto II. verleiht dem heiligen Adalbert die Investitur. Ausschnitt der Bronzetüren der Kathedrale von Gnesen (Polen)

Der Kampf, der die ganze Christenheit erfaßt, hat vor allem Deutschland und Italien zum Schauplatz, und diese beiden Länder sind nicht nur Kulissen oder Einsatz im Spiel; sie haben großen Einfluß auf den Streit und werden von ihm tiefgreifend umgewandelt.

Die Schilderung des Einzelkampfes, den sich Papst und Kaiser liefern, aus diesem Zusammenhang zu lösen, ist eine Abstrahierung; einzig die Klarheit der Darstellung erheischt solche Trennungen, die man aber jeweils im Gedächtnis in die Vielfalt der konkreten Situationen eingliedern soll.

Während Byzanz das Problem durch die Vereinigung der geistlichen und weltlichen Macht in der Person des Kaisers löste und den Patriarchen dem *basileus* unterstellte, was man den Caesaropapismus genannt hat, hatte der Westen die Beziehungen zwischen diesen beiden Herrschaftsbereichen, Mächten und Persönlichkeiten nicht klar festgelegt. Die zunehmende Spannung mit Byzanz, die sich nach 1054 verschärfte, zwang die westliche Christenheit, das Problem entschieden anzugehen. Aber von Anfang an waren die Gegebenheiten im Westen von denen des Ostens völlig verschieden. Die Kaiser waren — trotz Otto III. — nur noch dem Namen nach römisch. Ihr eigenes Herrschaftsgebiet, Germanien, war von dem der Päpste geographisch unterschieden, die sich seit dem 8. Jahrhundert in und um Rom einen direkt ihrer weltlichen Macht unterstellten Landbesitz gesichert hatten: Das *Patrimonium Petri*.

In Wirklichkeit jüngeren Ursprungs, ließen die Kaiser ihrer Autorität einen ganzen, in praktisch unabhängige Königreiche zerstückelten Teil der westlichen Christenheit entschlüpfen. Zwar hatten sich die Ottonen das Papsttum unterstellt, und die Salier schienen unter Heinrich III. (1039—1056) die Kirche um so besser zu beherrschen, als dieser Kaiser die kirchliche Reformbewegung unterstützte und so seine Autorität über Kirche und Papsttum ausdehnte, indem er die Reformparteien begünstigte. Während er den deutschen Bischöfen nicht nur die Investitur mit dem Stab, sondern auch mit dem Ring bewilligte und ihnen so außer der zeitlichen auch die mystische Autorität übertrug, richtete er das in Mißkredit gebrachte Papsttum wieder auf, setzte drei rivalisierende Päpste ab und ersetzte sie nacheinander durch deutsche Päpste, Clemens II. (1046/47), Leo IX. (1049 bis 1054) vor allem, endlich Viktor II. (1055—1057). Aber diese Politik konnte sich einem grundsätzlichen inneren Widerspruch nicht entziehen.

Obschon die Reformpartei in der Kirche zunächst zwei unmittelbare Hauptziele verfolgte: die Abschaffung der Simonie (das heißt des Ämterkaufs durch Priester und Bischöfe, so wie Simon der Magier von Petrus die Gabe, Wunder zu wirken, kaufen

wollte) und den Zölibat der Priester, so führte dieses Vorhaben
— wissentlich oder nicht — zu einem viel radikaleren Ziel: die
kirchliche Ordnung zu einer unabhängigen Ordnung zu machen, wenigstens die geistliche Seite der Kirche der Einmischung
der Laien zu entziehen, den weltlichen Herrn die Ernennung
der Bischöfe, Äbte und Pfarrer zu entreißen und die Laieninvestitur auf die Gewährung der weltlichen Dinge zu beschränken. Und welcher Laie mischte sich mehr in die Angelegenheiten der Kirche ein als der Kaiser? Da er sich mehr als jeder
andere Souverän in seinem Reich auf den Klerus stützte, überwachte er ihn auch mehr als jeder andere, und in Rom verfügte
er über die Ernennung des Papstes. Notgedrungen richteten sich
die Unabhängigkeitsbestrebungen der Kirche gegen ihn. Er ist
der erklärte Gegner der gregorianischen Reform.
Der neue Kaiser Heinrich IV. (1056—1106) ist 1056 sechs Jahre
alt. Die Gelegenheit ist günstig. Zwei Strömungen zeichnen sich
in der Kirche ab. Die gemäßigten Reformer wollen sich mit Lösungen ähnlich denen Heinrichs III. zufriedengeben; ihr be-
deutendster Vertreter, Petrus Damiani, verkörpert als Kardinal
und als Apostel des eremitischen Lebens die beiden Aspekte der
Reform. Die radikalen Reformer werden von den Kardinälen
Hildebrand und Humbert von Moyenmoutier angeführt (dessen Traktat gegen die Simonisten aus dem Jahr 1058 stammt).
Papst Nikolaus II. entscheidet sich für den Radikalismus. Er öffnet der Reform den Weg, indem er die kanonischen Bestimmungen des römischen Konzils von 1059 publiziert, das die Prie-
sterehe verdammt, allen Klerikern untersagt, aus den Händen
von Laien ein kirchliches Beneficium entgegenzunehmen, und den
Kardinälen allein die Papstwahl vorbehält. Diese Reform sollte
die gregorianische werden, denn 1073 wurde Hildebrand Papst
Gregor VII. (1073—1085). Sofort versuchte er, die Reform zu
verwirklichen, setzte simonistische Kleriker ab, enthob un-
enthaltsame Priester ihres Amtes und schickte Legaten nach
Frankreich und vor allem nach Deutschland, um seine Entscheidungen zur Anwendung zu bringen. 1075 veröffentlichte er ein
Dekret, das die Laieninvestitur verdammte. Um dieses Problem
zentrierte sich jahrzehntelang der Kampf zwischen Papsttum
und weltlichem Herrn, vor allem dem Kaiser, so daß dieser erste
Abschnitt des Streites zwischen Sacerdotium und Imperium von
den Historikern traditionsgemäß der *Investiturstreit* genannt
wird. Gregor ließ für seinen persönlichen Gebrauch ein Memo-
randum redigieren, *Dictatus Papae* genannt, das die Grundsätze
der päpstlichen Herrschaft festlegte (1075).

Dictatus Papae

I. Die römische Kirche wurde allein durch den Herrn gegründet.

II. Nur der römische Bischof wird zu Recht universal genannt.

III. Nur er kann die Bischöfe absetzen oder lossprechen.

IV. Sein Bevollmächtigter steht in einem Konzil über allen Bischöfen, selbst wenn er ihnen durch seine Weihe unterlegen ist, und er kann gegen sie eine Absetzungsformel aussprechen.

V. Der Papst kann Abwesende absetzen.

VI. Mit denen, die er exkommuniziert, kann man unter anderem nicht mehr unter dem gleichen Dach leben.

VII. Er allein kann je nach der Notwendigkeit neue Gesetze erlassen, neue Völker vereinigen, eine Kollegiatskirche zur Abtei erheben, ein reiches Bistum teilen und arme Diözesen zusammenlegen.

VIII. Er allein kann sich kaiserlicher Insignien bedienen.

IX. Der Papst ist der einzige Mensch, dem alle Fürsten die Füße küssen.

X. Er ist der einzige, dessen Name in allen Kirchen ausgesprochen wird.

XI. Sein Name ist einzig in der Welt.

XII. Er kann Kaiser absetzen.

XIII. Er darf Bischöfe von einem Stuhl auf einen andern versetzen, je nach Notwendigkeit.

XIV. Er hat das Recht, einen Priester in jeder beliebigen Kirche, wo immer er will, zu weihen.

XV. Wer von ihm geweiht ist, kann der Kirche eines anderen Vorschriften machen, aber nicht Krieg führen; er darf von keinem anderen Bischof einen höheren Rang erhalten.

XVI. Keine allgemeine Synode kann ohne seine Zustimmung einberufen werden.

XVII. Kein Text oder Buch kann kanonischen Wert erhalten außerhalb seiner Autorität.

XVIII. Sein Urteil darf von niemandem verändert werden, und nur er kann die Urteile aller abändern.

XIX. Er darf von niemand gerichtet werden.

XX. Niemand kann den verurteilen, der an den Apostolischen Stuhl appelliert.

XXI. Alle *causae maiores* jeder Kirche müssen ihm vorgetragen werden.

XXII. Der römische Bischof, kanonisch eingesetzt, wird unzweifelhaft durch die Verdienste des gottseligen Petrus geheiligt ...

XXIV. Auf Befehl und mit Zustimmung des Papstes ist es den Untergebenen erlaubt, eine Anklage vorzutragen.

XXV. Er kann auch außerhalb einer Bischofsversammlung Bischöfe absetzen und lossprechen.

XXVI. Wer nicht mit der römischen Kirche ist, darf nicht als katholisch angesehen werden.
XXVII. Der Papst kann die Gläubigen von dem, einem Ungerechten gemachten, Treueid entbinden.

Diese Prinzipien werden von einer ganzen Reihe von kirchlichen Schriftstellern aufgenommen und weiterentwickelt, deren eifrigster Manegold von Lautenbach ist, der mit Kraft und Klarheit den gregorianischen Standpunkt in seinem Brief an Gebhard von Salzburg um 1085 darlegt. Darauf antwortet eine antigregorianische Gruppe mit mehreren Schriften. Die einen versichern lediglich, daß der König seine Autorität von Gott allein erhält (so der Anonymus von York 1102, denn der Streit breitet sich auch auf andere Länder als Deutschland aus, wo er allerdings seinen zugespitztesten Ausdruck findet) oder daß der Kaiser auch Oberhaupt der Kirche sei und daß ihm der Papst unterstellt sein müsse (dieser Caesaropapismus wird 1112 von Gregor von Farfa in *Orthodoxa defensio imperialis* vertreten). Andere kritisieren die gregorianische Lehre bis in ihre Grundlagen hinein und kehren zu einer römischen Kaiserauffassung zurück wie Benzo, Bischof von Alba, in seinem *Buch an Heinrich* (1085/86), worin er Heinrich IV. bittet, die Politik Ottos III. wieder aufzunehmen und nicht nur »Gottes Christus und Stellvertreter des Schöpfers zu sein« sondern auch »Caesar Augustus, römischer Kaiser«, oder Petrus Crassus, ein Jurist aus Ravenna, der in seiner *Verteidigung König Heinrichs* (zwischen 1081 und 1084) die vollständige Trennung geistlicher und weltlicher Angelegenheiten verlangt, wobei der Kaiser den Vorrang über den Papst hat. Der Streit hat so die erste große Auseinandersetzung politischer Theorien in der westlichen Christenheit heraufbeschworen.
Auf die Entscheidung Gregors VII. antwortet Heinrich IV., indem er auf der Synode von Worms im Januar 1076 den Papst von vierundzwanzig deutschen und zwei italienischen Bischöfen absetzen läßt. Daraufhin exkommuniziert der Papst den Kaiser, spricht ihm jeden Herrschaftsanspruch in Deutschland und Italien ab und gebietet allen Christen, ihm den Gehorsam zu verweigern. Das war die erste Exkommunikation eines Kaisers seit jener des Theodosius durch den heiligen Ambrosius 394 — die übrigens nur eine Buße war und den Herrscher von den Sakramenten ausschloß.
Heinrich IV. narrt Gregor VII., indem er sich vor ihm im Schnee von Canossa demütigt (Januar 1077). Er widersetzt sich seinem Gegenspieler, Rudolf von Schwaben, der 1077 zum römischen König gewählt wird, und einer zweiten Exkommunizierung durch Gregor VII. im Jahr 1080 und stellt seinem Feind den Gegenpapst Clemens III. entgegen. Gregor VII. ist gezwungen,

die Normannen Süditaliens zu Hilfe zu rufen, die ihn beschützen, indem sie Rom in Blut und Asche legen. Aber 1084 bemächtigt sich Heinrich IV. der Stadt und läßt sich von Clemens III. krönen. Gregor VII., der in der Engelsburg gefangen sitzt, wird von den Normannen befreit und stirbt am 25. Mai 1085 in Salerno, indem er, nach seinen Parteigängern, mit der Bibel sagt: »Ich habe die Gerechtigkeit geliebt und die Ungerechtigkeit gehaßt: deshalb sterbe ich in der Verbannung.«

Verfeinert setzt der Kampf unter dem Pontifikat des Cluniazensers Urban II. (1088—1099) wieder ein. Dieser unterstützt die Reformprälaten, wie die Erzbischöfe von Canterbury Lanfranc und dann Anselm; die Feinde Heinrichs IV. wie die bayrischen Welfen und Konrad, den ältesten Sohn des Kaisers selbst, und kehrt 1094 nach Rom zurück. Im folgenden Jahr ruft der Papst nach einer Propagandareise von Vercelli bis Clermont am 27. November den ersten Kreuzzug aus und erscheint so als der Anführer der Christenheit, die er zu einem gemeinsamen Unternehmen auffordert, von dem der exkommunizierte Kaiser ausgeschlossen ist, ebenso wie der französische König Philipp I. (1060—1108), der als Bigamist und Ehebrecher das gleiche Los erleidet; der englische König Wilhelm II. der Rote (1087—1100) ist mit der Rückgewinnung der Normandie von seinem Bruder Robert Kurzhose voll in Anspruch genommen.

Der Konflikt geht unter Paschalis II. (1099—1118), einem anderen Cluniazenser, weiter, der jedoch ganz anders als Urban II. ist. Er interessiert sich nur für die Unabhängigkeit des Klerus, und zwar in dem Maße, daß er im Plan des Konkordats von Sutri (1111) vorschlägt, die Bischöfe sollen auf alle ihre zeitlichen Güter, *regalia,* verzichten; dies hätte die Ursache des Investiturstreits beseitigt. Diese Rückkehr zur biblischen Armut (einer relativen Armut, weil der Klerus den Zehnten und die Gaben der Gläubigen behalten hätte) befriedigt niemand, weder die kirchliche Hierarchie, die in ihrer großen Mehrheit nicht bereit ist, sich enteignen zu lassen, noch den Kaiser, der auf dieses Truggebilde aber eingeht, weil er sicher ist, daß das Konkordat undurchführbar ist und daß sich der Papst nach dieser vergeblichen Demonstration zugänglicher zeigen müsse. Dieser Kaiser ist Heinrich V. (1106—1125), der seinerseits nach dem Tode seines älteren Bruders Konrad gegen seinen Vater Heinrich IV. (1106 gestorben) rebellierte. Er weigert sich, das Konkordat von Sutri anzuwenden, läßt Paschalis II. gefangennehmen und zwingt ihn, die Laieninvestitur der Bischöfe anzuerkennen. Dieses erzwungene Zugeständnis wird mit Zustimmung des Papstes durch das Konzil von Rom 1112 annulliert. Heinrich V. weist Übereinkünfte wie jene, die Philipp I. von Frankreich 1106 und Heinrich I. von England 1107 angenommen haben, zurück.

Wie es der Kirchenrechtslehrer Bischof Ivo von Chartres ausgedrückt hat, verzichten diese Könige auf die Investitur und geben sich damit zufrieden, nach der frei erfolgten Wahl den Bischöfen die zeitlichen Güter zu »bewilligen«: »Gott soll in seiner Kirche haben, was ihm gehört. Die Könige haben danach, was ihnen durch Gott gewährt ist.« Heinrich V. widersteht lange Zeit all jenen, die ihn zu einem ähnlichen Kompromiß zu überreden trachten, wie Wilhelm von Champeaux, Bischof von Châlons-sur-Marne und berühmter Gegner Abaëlards im theologischen Universalienstreit, der ihm 1119 sagt: »Herr, wenn Ihr einen wahrhaften Frieden haben wollt, müßt Ihr auf die Investitur der Bischöfe und Äbte verzichten. Um Euch zu versichern, daß Eure königliche Autorität keine Minderung dadurch erfährt, sage ich Euch, daß ich, als ich zum französischen Bischof gewählt wurde, nichts vom König empfangen habe, weder vor noch nach meiner Weihe, und dennoch diene ich ihm durch die Steuern, den Militärdienst und die anderen Rechte, die dem Staat gehören, ebenso treu als Euch Eure Bischöfe dienen kraft der Investitur, die sie von Euch empfangen und die den Bann auf Euch gezogen hat.«
Endlich gibt Heinrich V. nach und am 23. September 1122 wird im Freien an den Ufern des Rheins das Wormser Konkordat bekanntgegeben. In Deutschland verzichtet der Kaiser auf die Investitur mit Ring und Stab, aber er behält sein Mitspracherecht bei der Wahl und gewährt die Investitur für die zeitlichen Güter, die Regalien, durch das Zepter, zwischen Wahl und Weihe. In Italien und Burgund sind die Bischofswahlen ganz frei, und der Bischof muß nur innerhalb sechs Monaten nach der Weihe die Regalien vom Kaiser empfangen und ihm den Eid leisten.
Freilich läßt das Wormser Konkordat die Möglichkeit widersprechender Auslegungen zu, und es wird oft durch die Kaiser vergewaltigt. Aber es wird über ein Jahrhundert lang nicht wirklich in Frage gestellt; nach den Übereinkünften mit den Königen von Frankreich und England stellt es einen entscheidenden Einschnitt dar. Es ist die erste konkrete Anerkennung einer Trennung der Herrschaftsbereiche von Kirche und Staat im Okzident seit dem *Gottesstaat* des heiligen Augustinus, der so oft, aber auch so falsch, von den Menschen des Mittelalters angeführt wird. Damit ist die unbestimmte Aufteilung der Gewalten bei Karolingern und Ottonen aufgehoben, die ebenso einen Caesaropapismus, der die geistliche und weltliche Macht in den Händen des Kaisers vereinigt, möglich macht, wie einen Klerikalismus, eine Theokratie, die beide Gewalten der Kirche anvertraut.
Gewiß flammt auch nach dem Wormser Konkordat der Streit zwischen Sacerdotium und Imperium wenigstens bis in die

Mitte des 14. Jahrhunderts periodisch wieder auf, wobei Kaiser und Päpste die beiden Gewalten jeweils für sich beanspruchen. In der Praxis hat der Totalitätsanspruch in Worms jedoch einen entscheidenden Schlag erlitten — vor Luther und der Reformation. Dennoch vertreten gewisse Kreise die päpstliche Theokratie, wie sie von Gregor VII. in seinem Kampf gegen die weltliche und kaiserliche Macht entworfen wurde, und andere den kaiserlichen Primat, den zumindest Heinrich IV. und Heinrich V. beansprucht haben.

1130 behauptet der Polyhistor Honorius von Autun in seiner *Summa gloria de Apostolico et Augusto*, daß der Kaiser mit der sogenannten Konstantinischen Schenkung dem Papst nicht nur die Kaiserkrone gegeben habe (Paschalis II. ist 1099 der erste bei der Inthronisation gekrönte Papst), sondern auch das Recht, dem Kaiser Schwert und Krone zu verleihen und über das *dominium mundi* zu verfügen. In der karolingischen Tradition ist die kaiserliche und königliche Funktion auf die Rolle einer Polizei im Dienst der Kirche beschränkt — als weltlicher Arm: »die Könige sind einzig dazu da, die Bösen zu strafen«. Papst Innozenz II. (1130—1143) läßt im Lateranspalast ein Fresko malen, das Kaiser Lothar von Supplinburg (1125—1137) darstellt, der zu seinen Füßen ausgestreckt liegt und die Kaiserkrone aus seinen Händen empfängt. Der heilige Bernhard spricht in *De consideratione*, das zwischen 1149 und 1152 für Papst Eugen III. (1145—1153) abgefaßt wird, dem Papst die beiden Schwerter, das zeitliche und das ewige zu, sowie den Primat in beiden Bereichen.

Auf kaiserlicher Seite bildet sich eine Theorie von der Kontinuität der römischen Macht bei den deutschen Kaisern heraus. So erzählt um 1150 der Autor der bayrischen *Kaiserchronik* die Kaisergeschichte von Augustus bis Konrad III. (1138—1152), indem er darauf hinweist, daß die Römer selbst zu einem gewissen Zeitpunkt ihre Kaiser von außen geholt haben. Seit 1139 nennt sich der schwache Konrad III. — ohne die Kaiserkrone in Rom empfangen zu haben — *Augustus*, dann, 1142, »römischer Kaiser«. Das ist der Anspruch auf ein Universalreich.

Zur gleichen Zeit erhält der Kaiser eine geheiligte, eschatologische Gloriole. Er weist auf den apokalyptischen Kaiser vom Ende der Zeiten voraus, der über den Antichrist triumphieren wird. Schon Benzo von Alba hatte von Heinrich IV. vorausgesagt: »Byzas (legendärer Gründer von Byzanz) wird sehen, wie in seiner eigenen Stadt der Kaiser gekrönt wird ... dieser wird sich dann nach Jerusalem begeben, wo er das heilige Grab und die anderen heiligen Stätten besucht und die Krone zum Lobe und zur Ehre dessen, der in Ewigkeit lebt und dessen Grab von Ruhm erglänzen wird, empfängt.« Dieser Kaiser vom Ende der

Zeiten wurde im *Spiel vom Antichrist (Ludus de Antichristo)*, das um 1160—1162 im bayrischen Kloster Tegernsee entstand, auf die Bühne gestellt.

Alle diese Überlieferungen wurden von Friedrich I. Barbarossa (1152—1190) aufgenommen, bereichert und ausgewertet. Zu allem Überfluß versuchte er auch, sie wenigstens teilweise zu realisieren, und geriet so von neuem mit dem Papsttum in Konflikt.

Friedrich Barbarossa benutzte die römisch kaiserliche Tradition. Indem er den Kaisertitel vor seiner Krönung (1155) schon annahm, betonte er immer wieder, daß er das Imperium von Gott allein und nicht vom Papst erhalten habe. Sein Onkel, Bischof Otto von Freising, stellte in seiner *Weltchronik*, die unter der Regierungszeit Konrads III. entstanden war, aber seinem Nachfolger gewidmet wurde, stark heraus, daß das Heilige Römische Reich Deutscher Nation die direkte Fortsetzung des römischen Reiches sei.

Dieser Überlieferung fügt Barbarossa eine Erneuerung der fränkischen Tradition hinzu. In diesem Sinn erlangt er die Heiligsprechung Karls des Großen am 29. Dezember 1165 und läßt den großen Leuchter des Doms zu Aachen in Form einer Lichtkrone anfertigen, der nach einer Inschrift das himmlische Jerusalem darstellen soll, und umgibt so den Kaiserkult mit eschatologischen Zügen.

Endlich bedient er sich des römischen Rechts, dieses ausgesprochen kaiserlichen Rechts, und begünstigt die Schule von Bologna, die dessen Studienzentrum ist. Er läßt in das *Corpus Iuris* das Privileg *Authentica Habita* einschieben, das er 1154 durch kaiserlichen Erlaß den Lehrern und Studenten von Bologna bewilligt und das die Privilegiencharta der mittelalterlichen Universitäten werden sollte.

Diese Politik mußte um so mehr mit dem Papsttum in Konflikt geraten, als von 1159 bis 1181 Papst Alexander III. auf dem Stuhle Petri saß, ein gewiegter Kirchenrechtslehrer von heftigem Temperament. Als er noch Kardinal Roland Bandinelli war, hatte er schon der kaiserlichen Umgebung und dem Kaiser sehr mißfallen, denn er verlas 1157 auf dem Reichstag zu Besançon einen Brief Papst Hadrians IV. (1154—1159), in dem dieser daran erinnerte, daß Friedrich die Kaiserkrone aus seinen Händen empfangen habe und daß er bereit sei, ihm noch andere *beneficia* zu gewähren. Der Kanzler Rainald von Dassel übersetzt dieses Wort mit *Lehen*, was vermuten ließ, daß der Papst das Reich als ein dem Kaiser abgetretenes Lehen betrachtete.

Friedrich unterstützte gegen Alexander III. den Gegenpapst Viktor IV. 1160 exkommuniziert, vertrieb der Rotbart Alexander III. 1167 aus Rom, wo er Viktor IV. einsetzte, mußte sich aber als Folge der Malariaepidemie, die seine Armee verheerte, zurückziehen. Alexander III. brachte gegen ihn den Bund der lombardischen Städte zusammen, die am Po eine ihm zu Ehren Alessandria genannte Festung errichteten, und am 20. Mai 1176 floh die kaiserliche Reiterei in Legnano vor der Infantrie der lombardischen Städte. So zwang Alexander III. den Kaiser, sich zu beugen, wie auch Heinrich II. (1154–1189) von England 1172 nach der Ermordung Thomas Beckets (1170) nachgeben mußte. Aber der Frieden von Venedig (1177), durch den Barbarossa, der Alexander III. nun anerkannte, vom Bann losgesprochen wurde, war für den Papst ein Canossa-Sieg. Friedrich mischte sich bald wieder in die kirchlichen Angelegenheiten in Deutschland ein und geriet erneut in Konflikt mit Papst Lucius III. (1181–1185) im Jahr 1183 und drei Jahre später mit Urban III. (1185–1187).

Aber im Verlauf des Kampfes hatte das Papsttum die geistlichen Waffen immer mehr mißbraucht, weil es sie in den Dienst rein politischer Angelegenheiten stellte. So bedrohte Alexander III. im März 1170 durch die Bulle *Non est dubium* alle jene, die den Zusammenhalt der lombardischen Liga stören würden, mit kirchlicher Zensur und Exkommunikation.

Vor dem dritten Kreuzzug näherte eine kurze Aussöhnung Friedrich Barbarossa und das Papsttum einander an. Der Konflikt brach aber zwischen Heinrich VI. (1190–1197) und Papst Cölestin III. (1191–1197) bald wieder aus.

Heinrich VI. deutete die Prophezeiungen des Tausendjährigen Reiches auf sich. Seine Parteigänger stellten ihn als den Kaiser hin, der unter seiner Herrschaft Griechen und Römer vereinigen, die Ungläubigen taufen, Gog und Magog vernichten und nach 122 Jahren in Jerusalem das Imperium wieder in Gottes Hände zurücklegen werde. So sollte der Kreuzzug, den er seit 1195 vorbereitete, der Beginn dieses großen Unternehmens sein. Jedoch geriet er um so mehr an den Papst, als er dessen Staaten direkt bedrohte, indem er das Königreich Sizilien dem Reich anfügte, für das er sich weigerte, dem Papst zu huldigen; dieser hatte es den normannischen Herren zu Lehen gegeben, von denen Heinrich es erbte.

Da Heinrich VI. offen den Plan eines Universalreiches verfolgte, mußte er zwangsläufig mit dem Papst zusammenstoßen. Ein scharfer Konflikt wurde nur durch den unvermuteten Tod des Kaisers 1197 vermieden. Er brach aus zwischen Heinrichs Sohn, dem künftigen Friedrich II. (1215–1250), und dem Nachfolger Cölestins, Innozenz III. (1198–1216).

So stand am Ende des 12. Jahrhunderts, obwohl das Wormser Konkordat Zukunftslösungen vorgezeichnet hatte und der In-

vestiturstreit praktisch beendet war, der Kampf zwischen Sacerdotium und Imperium um die Herrschaft über die Christenheit
auf dem Höhepunkt.

GLÜCK UND UNGLÜCK DEUTSCHLANDS

Er war das politische Unglück der beiden Länder, auf deren Ter-
ritorium er sich abspielte: Deutschland und Italien. Er begünstigte die zentrifugalen Kräfte und trug sehr dazu bei, diese
beiden Länder in einem Zustand der Zersplitterung zu erhalten, der bis ins 19. Jahrhundert währte und bis heute dauerhafte Spuren hinterlassen hat.
In Deutschland stärkte der Streit die Landesfürsten, die im allgemeinen Rivalen und Gegner des Kaisers waren, und zwang
sie, die oft nach Italien gerufen wurden, lange Zeit hindurch die
deutschen Angelegenheiten zu vernachlässigen. Die gregorianische Partei, die der Kirchenreform nahestand, suchte das Reich
— oft mit Erfolg — zu schwächen, indem sie das Wahlprinzip
anstelle der Erblichkeit durchsetzte. Weit davon entfernt, sich
als treue Stützen des Reiches zu zeigen, wie die Kaiser seit den
Ottonen erhofft hatten, nahmen die Kirchenfürsten am Spiel
der Landesherrn teil, zu denen sie gehörten, obschon sie weiterhin hohe kaiserliche Beamte stellten — Adalbert von Bremen,
Erzbischof von Hamburg-Bremen, beim jungen Heinrich IV.,
Rainald von Dassel, dann Philipp von Heinsberg bei Friedrich
Barbarossa — und zögerten nicht, sich notfalls ins Lager der Kai-
sergegner zu schlagen. Der Fall Philipps von Heinsberg ist dafür typisch: er diente Barbarossa treu bis zu dem Tag, an dem er
die Herzogsrechte in Westfalen erhielt; von da an versuchte er,
sich der angrenzenden Grafschaften zu bemächtigen, und bedrohte so die Königsgebiete am Niederrhein. 1186 zum päpstlichen Legaten in Deutschland ernannt, erkühnte er sich, ein
Jahr später offen gegen den Kaiser zu rebellieren, dem er sich
jedoch im März 1188 auf dem Hoftag in Mainz unterwerfen
mußte.
Angesichts dieser Bedrohungen suchten die Kaiser andere Bundesgenossen, die ihnen aber mehr Enttäuschung als Befriedigung bescherten. Heinrich IV. zum Beispiel warb um den Rückhalt der Städte und Volksklassen, indem er versuchte, in Deutschland den Gottesfrieden einzuführen, den er 1085 für das gesamte Reich erließ. Aber die Volksklassen waren zu schwach,
und der Kaiser blieb trotz allem zu sehr an die Feudalordnung
gebunden, als daß er von ihrer Seite eine wirksame Unterstützung hätte finden können. Und die Bürger hatten Gründe, der
kaiserlichen Politik nicht voll zu trauen, weil die Kaiser die

Städter häufig nur begünstigten, um sie desto besser auszubeuten. So wollte Heinrich IV. 1084 die deutschen Städte einer allgemeinen Steuer unterwerfen.

Das Fehlen eines bedeutenden Königslandes war eine große Schwäche der kaiserlichen Macht in Deutschland. Noch Heinrich IV. versuchte, wie sein Vater, das von den Ottonen ererbte sächsische Gebiet der Salier zu vergrößern. Aber diese Versuche blieben nicht nur ohne Zukunft, die dynastischen Veränderungen behinderten auch den Fortbestand der kaiserlichen Hausmacht selbst.

Der Bedarf an finanziellen Einnahmequellen war ohne Zweifel einer der wichtigsten Gründe für das Interesse der Kaiser an Italien, wo sie hofften, durch die Einziehung der Königsrechte oder Regalien von dem unvergleichlichen wirtschaftlichen Aufschwung des Landes zu profitieren. Auf dem Reichstag zu Roncaglia im November 1158 ließ Friedrich Barbarossa eine genaue Liste dieser Regalien aufstellen und ernannte eine Kommission, die sie in ganz Italien eintreiben sollte. Aber Italien zeigte sich widerspenstig, den Kaisern die finanziellen Mittel für ihre deutsche Politik zu beschaffen.

Endlich fehlte den Kaisern die soziale und verwaltungsmäßige Grundlage. Sie suchten vor allem bei den Ministerialen Rückhalt, deren sozialen Aufstieg sie für die ihnen geleisteten Dienste förderten. Aber dieser »Dienstadel«, auf den sich Salier und Staufer ständig stützten, indem sie ihm Verwaltungsposten und Burgvogteien anvertrauten, bot der kaiserlichen Macht nur eine enttäuschende Hilfe, sei es, weil er von Italien aufgesogen wurde, wo ihn die Kaiser ohne großen Erfolg zur Bändigung der italienischen Untertanen eingesetzt hatten, sei es, weil er, zum Adel aufgestiegen, nun selbst dessen im allgemeinen der Kaisermacht feindlich gesinntes Spiel übernahm.

Durch Italien und die Bildung oder Erneuerung einer deutschen Königsdomäne im Westen und Süden in Anspruch genommen, wo sie seit alters über Besitzungen verfügten, wandten sich die Kaiser vom Norden und Osten ab; nur Lothar III. (1125–1137) nahm die ottonische Tradition der Ostkolonisation wieder auf, wo die Deutschen seit dem 12. Jahrhundert ihre bemerkenswertesten Erfolge erzielten. Diese waren das Werk von Fürsten, die häufig als die gefährlichsten Gegner der Kaisermacht auftraten: Albrecht der Bär und Heinrich der Löwe, ein Enkel Lothars III.

1066 von der Vormundschaft Adalberts von Bremen befreit, der sich vor allem mit der eigennützigen Schaffung eines Großpatriarchats in Skandinavien und eines großen geistlichen Fürstentums in Sachsen befaßt hatte, mußte Heinrich IV. 1073 bis 1075 einen Sachsenaufstand niederschlagen und anschließend gegen die Fürsten kämpfen, die sich den Streit zwischen Kaiser und Papst und die Demütigung von Canossa (1077) zunutze gemacht und einen Gegenkönig, Rudolf von Schwaben, aufgestellt hatten, der 1080 getötet wurde. Nach verschiedenen eigenen Erhebungen hatten die Fürsten die Revolte der Söhne Heinrichs IV. gegen ihren Vater unterstützt, nämlich die Konrads von 1093 bis 1101, später die Heinrichs, des künftigen Heinrichs V., von 1104 bis zu dem im August 1106 zu Lüttich erfolgten Tode seines Vaters, den er gefangengesetzt hatte, der ihm aber entkommen war.

Notgedrungen die väterliche Politik fortsetzend, wandte sich Heinrich V. gegen Papst Paschalis II., der ihn vorher gegen den Vater unterstützt hatte. Der Kaiser ließ seinen im Stand der Exkommunikation verstorbenen Vater feierlich im Dom zu Speyer beisetzen und wiegelte die Fürsten gegen den Papst auf. Gleichzeitig suchte er seine Hausmacht in Sachsen, Thüringen und am Rhein zu vergrößern und unterstützte Ministerialen und Städter. Letzteren gewährte er zum Beispiel in Speyer und Worms 1111 und 1114 Privilegien. Durch den Aufstand der Fürsten, an deren Spitze der neue Sachsenherzog Lothar von Supplinburg (seit 1106) und sein früherer Kanzler Erzbischof Adalbert von Mainz standen, sah sich Heinrich (neben andern Gründen) genötigt, mit dem Papst das Verständigungskonkordat von Worms (1122) abzuschließen.

Nach dem Tod des kinderlosen Heinrich V. (1125) wählten die von Adalbert von Mainz angeführten Fürsten den Sachsenherzog Lothar von Supplinburg zum Kaiser, obschon ihnen Heinrich V. auf dem Totenbett seinen Neffen Friedrich den Einäugigen zum Nachfolger bestimmt hatte, dem er seine Frau Mathilde anvertraute. Damit siegte das Wahlprinzip über die Erbfolge.

Lothar III. (1125–1137) kämpfte von 1126 bis 1135 gegen die Staufer und trieb mit Hilfe des Sachsenhauses die deutsche Nordostexpansion voran, indem er Albrecht dem Bären 1134 die Nordmark zusprach, die nach dessen Eroberungen zwischen Elbe und Oder 1150 zur Mark Brandenburg wurde.

Lothar hatte die Königsinsignien bereits seinem Schwiegersohn, dem mächtigen Bayernherzog Heinrich dem Stolzen übergeben, der auch Graf von Toskana und Verona und durch seinen Schwiegervater künftiger Herzog von Sachsen war. An seiner Stelle wählten die erbfolgefeindlichen Fürsten jedoch den Staufer Konrad zum König.

Konrad III. (1138–1152) mußte zunächst gegen die Welfen kämpfen. Da er Heinrich dem Stolzen das Herzogtum Sachsen vorenthalten hatte, verweigerte ihm dieser die Huldigung und wurde in die Königsacht getan. Sachsen fiel an Albrecht den Bären und Bayern erhielt ein Babenberger, der Markgraf von

Österreich und Halbbruder Konrads III. Heinrich der Stolze starb 1139. Durch ein provisorisches Abkommen zwischen Welfen und Staufern wurde Sachsen 1142 dem damals 13jährigen Sohn Heinrichs des Stolzen, dem späteren Heinrich dem Löwen, zugesprochen. Dem Aufruf Bernhards von Clairvaux folgend, der Weihnachten 1146 im Dom zu Speyer gepredigt hatte, ließ sich Konrad III. dann auf unglückselige Kreuzzugsunternehmungen ein. Zwar half ein Teil der deutschen Kreuzfahrer dem König von Portugal bei der Rückgewinnung Lissabons von den Mohammedanern. Ein zweites Heer aber, das im Kampf gegen die Pommern bis Stettin gelangte, erregte lediglich bei den gerade missionierten Wenden Feindschaft gegen die Deutschen. Dem ab 1147 von Konrad selbst angeführten Zuge ins Heilige Land waren fast nur Mißerfolge beschieden. Konrad mußte 1149 nach einem verheerenden Rückzug die Heimfahrt antreten und starb 1152, ohne die Kaiserkrone erhalten zu haben. Er schloß selbst den Sohn Friedrich von Rothenburg von der Nachfolge aus und bestimmte seinen Neffen Friedrich, einen Sohn Friedrichs des Einäugigen, zum Nachfolger. Vom Vater her Staufer, mütterlicherseits mit den Welfen verwandt und Vetter Heinrichs des Löwen, wurde dieser von den Fürsten ohne Schwierigkeiten akzeptiert.

Die lange Herrschaft Friedrichs I. Barbarossa (1152—1190) war der Höhepunkt des deutschen Kaisertums. Doch konnte auch Barbarossa trotz glänzender Erfolge, die mit empfindlichen Niederlagen abwechselten, die Kaiser- und Königsgewalt in Deutschland ebensowenig entscheidend festigen wie seine Vorgänger und Nachfolger. Trotz großer militärischer und politischer Qualitäten zerrieb er sich am grundsätzlichen Widerstand gegen eine Zentralgewalt in Deutschland, und als vollendeter Ritter stützte er sich zu sehr auf die Ritterschaft, die eine solche Festigung seiner Macht gerade am wenigsten wünschte.

Um in Deutschland Frieden zu haben, mußte er Heinrich dem Löwen den Besitz der beiden Herzogtümer Sachsen und Bayern zuerkennen und für die Babenberger als Entschädigung das Herzogtum Österreich schaffen, das mit ungewöhnlichen Privilegien ausgestattet und in männlicher wie weiblicher Linie für erblich erklärt wurde.

Trotz seiner ritterlichen Denkungsart nahm Friedrich I. die große, von Heinrich IV. entworfene Kaisertradition wieder auf. Bereits 1152 erließ er eine Friedensverfassung, die erstmals alle ihre Übertreter, gleich welchen Standes, mit denselben Strafen belegte. Er wandte den Begriff des öffentlichen Delikts auch auf Wirtschaftsvergehen, wie zum Beispiel die Erhebung neuer Wegesteuern, an. Dieser letztere Akt, der 1155 durch eine allgemeine Revision der Wegzölle vervollständigt wurde, mußte

Abb. 6: Die kaiserliche Gewalt. Friedrich I. Barbarossa und seine Söhne. Aus der Weingartner Welfenchronik

die Kaufleute und die Bürger überhaupt begünstigen. Als der Erzbischof von Mainz 1154/55 den Frieden gebrochen und eine Privatfehde gegen andere Herren geführt hatte, mußten sich alle Schuldigen, einschließlich des Kirchenfürsten, der gleichen schimpflichen Strafe unterziehen und barfuß im Winter, einen Hund auf den Schultern, eine bestimmte Strecke laufend zurücklegen.

Nach einem ersten Zug in den Jahren 1154/55, der ihm im Juni 1155 zu Rom die Krönung durch Hadrian IV. eingebracht hatte, widmete sich Friedrich Barbarossa zwischen 1158 und 1177 hauptsächlich Italien. Nach dem Friedensschluß von Venedig, der ihm 1177 die Gewalt über die deutsche Kirche bestätigte, zugleich aber das Ende des Herrschaftsversuchs über Italien bedeutete, kehrte er nach Deutschland zurück, wo er mit dem wachsenden Einfluß Heinrichs des Löwen zusammenstieß. Dieser hatte seiner Hausmacht nach Bayern und Sachsen auch die den Wenden abgewonnenen Gebiete an der Ostsee hinzugefügt, welche er außerhalb jeder kaiserlichen Kontrolle regierte. Er erteilte namentlich den Bischöfen der neugeschaffenen Diözesen Oldenburg, Ratzeburg und Schwerin die Investitur und förderte den wirtschaftlichen Aufstieg dieser Gebiete, für den Lübeck das glänzendste Beispiel war.

Eine obskure Streitigkeit um das Bistum Halberstadt versetzte Barbarossa in die Lage, Heinrich den Löwen durch ein Landgericht 1179 öffentlich in die Reichsacht zu tun und ihn 1180 durch einen lehensrechtlichen Prozeß seiner Lehen und Allodien verlustig zu erklären.

Mit dem Herzogtum Sachsen wurde Bernhard von Anhalt, der jüngste Sohn Albrechts des Bären, belehnt. Die herzoglichen Ansprüche in Westfalen wurden dem Erzbischof von Köln übertragen. Die Fürsten der wendischen Gebiete wurden direkte Vasallen des Kaisers und Lübeck kaiserliche Stadt. Das Herzogtum Bayern, von dem man das Herzogtum Steiermark abgetrennt hatte, erhielt Pfalzgraf Otto von Wittelsbach zum Lehen. Heinrich der Löwe unterwarf sich und ging nach England in die Verbannung. Der Hoftag zu Mainz im März 1188, auf dem sich der rebellierende Kölner Erzbischof Philipp von Heinsberg demütigte, zeigte Friedrich Barbarossa auf dem Höhepunkt seiner Macht. Hier nahm er auch das Kreuz, verließ 1189 an der Spitze des Kreuzfahrerheeres Regensburg und ertrank am 10. Juni 1190 in den Fluten des kleinasiatischen Flusses Saleph.

Sein Sohn Heinrich VI., der als Regent in Deutschland zurückgeblieben war, wurde sein Nachfolger. Schon im November 1189 hatte er den Kampf gegen Heinrich den Löwen aufnehmen müssen, der nach Sachsen zurückgekehrt war und sich bald des

Herzogtums bemächtigt hatte. 1192 griff der Aufstand auf Nordwestdeutschland, später auf den Süden über. Die rebellierenden Fürsten wurden von dem englischen König Richard Löwenherz unterstützt. Als dieser auf der Rückkehr vom Heiligen Land durch einen Sturm an die adriatische Küste geworfen wurde und Deutschland verkleidet zu durchqueren versuchte, wurde er im Dezember 1192 bei Wien erkannt und seinem Todfeinde, dem Herzog Leopold von Österreich, ausgeliefert, den er bei der Belagerung von Akkon schwer beleidigt hatte. Leopold übergab Richard dem Kaiser, der ihn gefangen hielt und ihm mit der Auslieferung an den König von Frankreich drohte, bis sich Löwenherz seinen Bedingungen unterwarf: Zahlung eines riesigen Lösegelds und Vermittlungstätigkeit bei der Aussöhnung von Welfen und aufständischen Fürsten mit dem Kaiser. Nachdem Heinrich VI. die Ordnung in Deutschland wiederhergestellt hatte, wandte er sich Süditalien zu. Er eroberte das Königreich Sizilien, das ihm durch seine Frau Konstanze, die Tante und Erbin Wilhelms II., zugefallen war, versuchte vergeblich, von Papst und Fürsten die Anerkennung des Erbtitels *rex Romanorum* (römischer König) zu erreichen, was seinen Nachkommen die deutsche und italienische Krone gesichert hätte, und bereitete einen Kreuzzug vor, mit welchem die Universalmonarchie beginnen sollte, die das byzantinische Reich und das Heilige Land einschloß; die Krone dieses Reiches wäre ihm in Jerusalem aufgesetzt worden. Doch starb Heinrich VI. am 26. September 1197 in Messina, wo er sich einschiffen wollte. Er ließ als Erben ein Kind zurück, den zwei Jahre und neun Monate alten Friedrich-Roger. Ihn, den die deutschen Fürsten zunächst von der Thronfolge ausschlossen, sollte die sizilianische Krone noch tiefer in das italienische Wespennest hineinziehen. Es war der künftige Friedrich II. (1215—1250).

GLANZ UND ELEND IN ITALIEN

In Italien hatte der Streit zwischen Kaiser und Papst noch tiefergreifende Folgen, weil er zwei Zersplitterungstendenzen Vorschub leistete, nämlich dem Fehlen einer wenigstens nominalen politischen Einheit und dem politischen Aufstieg der Städte.
Mitte des 11. Jahrhunderts teilten sich drei Mächte die Herrschaft über Italien. Im Norden war es der deutsche Kaiser in seiner Eigenschaft als König von Italien. Verwaltungshauptstadt dieses Königreichs war Pavia, religiöser Mittelpunkt Monza, wo sich die Könige von Italien die eiserne Krone der Langobardenkönige aufsetzten. In Mittelitalien übte der Papst auf Grund der

gefälschten Konstantinischen Schenkung seit dem 8. Jahrhundert die zeitliche Gewalt aus. Im Süden und nordöstlich von Venedig bestanden die Reste des byzantinischen Italiens fort, das im 6. Jahrhundert unter Justinian zurückerobert worden war, aber bald von den Langobarden (in Kampanien), den Arabern (in Sizilien) und seit dem 11. Jahrhundert von den Normannen zerstückelt wurde.

Nur im Süden wurde die politische Lage durch die Bildung eines normannischen Königreichs radikal verändert. 1059 erkannte Papst Nikolaus II. Robert Guiscard als Herzog von Apulien und Kalabrien an und belehnte Richard von Aversa mit dem Fürstentum Capua. 1071 fiel Bari als letzte byzantinische Festung den Normannen in die Hände. Zwischen 1060 und 1091 nahmen sie Sizilien den Arabern. 1127 vereinigte Roger II. ganz Süditalien und Sizilien unter seiner Herrschaft und wurde 1130 vom Gegenpapst Anaklet II. und 1139 von Papst Innozenz II. als König anerkannt.

Als eigenwillige politische Schöpfung sicherte das normannische Königreich Sizilien das harmonische Zusammenleben einer aus lateinischer, griechischer und arabischer Kultur und Überlieferung gespeisten Mischbevölkerung. Die Hauptstadt Palermo mit ihrer Rassenmischung, dem Kompositstil ihrer Bauwerke und der dreisprachigen königlichen Kanzlei war das Symbol dieser ungewöhnlichen normannischen Leistung. Die neue Monarchie, deren Herrscher im Geist und in den Formen von Byzanz regierten, stützte sich zudem auf eine eingeführte Feudalgesellschaft, welche den Rückgang der Städte in ihren Gebieten beschleunigte. Häfen wie Amalfi, die einst an der Spitze des westeuropäischen Handelsaufschwungs gestanden hatten, traten nun zurück und überließen den Städten Norditaliens die führende Stellung in der Wirtschaftsexpansion.

Eine Stadt hatte sich allerdings den Niedergang des byzantinischen Einflusses in Italien großartig zunutze gemacht: Venedig. Als theoretischer Untertan von Byzanz baute Venedig seit dem 9. und vor allem dem Ende des 10. Jahrhunderts geduldig eine beherrschende Position am Adriatischen Meer auf und suchte sich den Seeweg nach Konstantinopel offenzuhalten. Daher reagierte die Stadt heftig auf die Gefährdung durch die Normannen, die von Apulien aus 1081 mit der Eroberung von Epirus begannen und die Adria zu überwachen und notfalls zu sperren drohten. Venedig festigte sofort seine Beziehungen mit Byzanz und erlangte 1082 vom Basileus Alexios Komnenos freien Durchzug im gesamten Reich, außer im Schwarzen Meer, ferner volle Steuer- und Zollfreiheit und drei Stapelplätze am Goldenen Horn. Im Juli 1085 trug Venedig einen entscheidenden Sieg über die Normannen davon; während Byzanz Durazzo wieder zurückgewann, behielt die Stadt ihre Manöverfreiheit und konnte jene außerordentlichen Zugeständnisse von 1082 nutzen, die Grundlage ihres Reichtums werden sollten. Trotz dringlicher Aufforderungen Gregors VII. weigerte sich Venedig, im Streit zwischen Kaiser und Papst Partei zu ergreifen, und erwirkte 1095 von Heinrich IV. eine Bestätigung, daß seine Kaufleute völlig frei über die Etsch mit dem Brenner und über den Po mit Pavia Handel treiben konnten.

Venedig nahm vorsichtig an den ersten Kreuzzügen teil und erhielt Privilegien und Niederlassungen im Heiligen Land. Es dehnte, trotz ständiger Erhebungen namentlich in den beiden Haupthäfen Zara (Zadar) und Ragusa (Dubrovnik), seine Herrschaft auf Dalmatien aus. Es erweiterte konsequent seine Wirtschaftsvormacht im byzantinischen Reich. Zwar mußten die 1082 erlangten Privilegien zeitweilig mit Pisa und Genua geteilt werden; dafür wurden 1148 neue Vorteile erwirkt, namentlich die Handelsfreiheit auf Zypern, Rhodos und anderen Inseln des Ägäischen Meeres. 1171 verlor Venedig seine Privilegien, erhielt sie 1189 wieder und dehnte sie 1198/99 auf weitere byzantinische Städte aus.

Während Venedig im Investiturstreit neutral geblieben war, fühlte es sich durch die Unternehmungen Friedrich Barbarossas in Italien bedroht. 1159 ging er ins Lager des Papstes Alexander III. über und unterstützte die lombardischen Städte, blieb dabei aber so vorsichtig, daß man es 1177 als Ort des Friedensschlusses zwischen Kaiser und Papst wählte. Seine Handelsprivilegien in Italien wurden erneuert, und während großartiger Feierlichkeiten warf der Doge einen Ring in die Lagune und vermählte sich so feierlich mit dem Meer *(sposalizio del mare)* — als Symbol des Ansehens und der internationalen Macht Venedigs.

Seit dem Ende des 11. Jahrhunderts hatte die Stadt die beiden Mittelpunkte ihres Ruhms errichtet: den 1094 geweihten Markusdom und 1099 den Rialtomarkt. Im Laufe des 12. Jahrhunderts gab sie sich die ersten Institutionen, die ihre lange politische Stabilität sichern sollten; die Volksversammlung machte den *Räten* Platz (vor allem dem Rat der vierzig Weisen), die von der Kaufmannsoligarchie beherrscht wurden, die Macht des Dogen wurde eingeschränkt, sein Amt der Wahl unterstellt, was jede Gefahr der Erblichkeit ausschaltete und den Dogen dem Staat, also der allmächtigen aristokratischen Kommune, unterordnete.

Im mittelalterlichen Patrimonium Petri, das von Bologna bis Terracina reichte und in dem die Agrarwirtschaft weiterhin überwog, standen die zahlreichen Feudalfamilien unaufhörlich im Konflikt mit den lebendigsten Städten, die, ohne eine Macht ersten Ranges zu erreichen, doch eine Kommunalorganisation zustande brachten: Bologna 1123, Ancona zu Beginn des 12. Jahrhunderts, Perugia seit dem 11. Jahrhundert. Orvieto erreichte die Anerkennung seiner Kommune durch Hadrian IV. (1154 bis 1159), Viterbo 1095. Diese Städte erlebten im Lauf des Kampfes zwischen Päpsten und Kaisern zahlreiche Umschwünge. So widerstand Ancona erfolgreich den Kaisern Lothar III. (1134) und Friedrich Barbarossa (1167 und 1174); Viterbo fiel, nachdem es Eugen III. 1145/46 als Zuflucht gedient hatte, 1164 in die Hände Barbarossas, der dort den Gegenpapst Paschalis III. einsetzte und es 1167 zur kaiserlichen Stadt machte. Aber die spektakulärsten Schicksalsschläge erlebte Rom, um das sich vier Parteien stritten: der Papst, der oft den Schutz der leoninischen Stadt um den Vatikan aufgeben und im Kirchenstaat oder anderswo in der Christenheit Schutz suchen mußte, entweder in der Nähe, wie Gregor VII., der 1085 bei den Normannen in Salerno starb, oder in der Ferne, in Frankreich, wie 1107 Paschalis II.; der Kaiser, für den Rom die Krönungsstadt war; die Feudalfamilien Latiums, die dort ein befestigtes Haus hatten, wie die Corsi, die durch Paschalis II. von ihrem Schloß auf dem Kapitol, das sich in den Ruinen des römischen Staatsarchivs *(tabularium)* befand, verjagt worden waren; endlich die neugebildete Kommune, welche die dramatischste und bezeichnendste Episode der römischen Geschichte im 12. Jahrhundert hervorgerufen hat.

1143 erhebt sich die Kommune von Rom gegen die Papstherrschaft (Eugen III. muß 1145 nach Viterbo fliehen) und gibt sich eine Regierung, die von der weltlichen Oligarchie beherrscht wird. Sie tagt auf dem Kapitol als Sitz des Marktes und der Kommunalversammlung, das damit zum neuen wirtschaftlichen und politischen Zentrum Roms wird. Ab 1145 nimmt die römische Kommune unter dem Einfluß Arnolds von Brescia eine radikalere Wendung. Dieser Revolutionär ist ein Asket (»Ein Mann, der nicht ißt und trinkt«, sagt sein großer Feind, der heilige Bernhard), der aus seiner Heimatstadt Brescia, wo er eine Bürgererhebung gegen den Bischof angeführt hat, fliehen mußte und der mit anderen armen Studenten die Vorlesungen Abaëlards in den Schulen der Montagne Sainte-Geneviève gehört hat. Der heilige Bernhard läßt ihn zusammen mit seinem Lehrer 1140 auf dem Konzil von Sens verurteilen und aus Zürich, wohin er sich wendet, vertreiben. Daraufhin begibt er sich nach Rom, tritt an die Spitze der Kommunalbewegung gegen das Papsttum und intensiviert den Kampf gegen die Kurie — »diese Wechselstube und Mördergrube« — und gegen den Klerus, den er seiner Reichtümer entblößen will (»Priester, die Güter haben, Bischöfe mit Lehen und Mönche mit Eigentum werden verdammt«). Eugen III. kehrt 1148 nach Rom zurück, aber er läßt Arnold in Frieden. Erst unter dem Pontifikat des Engländers Hadrian IV.

(Nikolaus Breakspear) wird der Senat unterworfen und aufgelöst, und Arnold muß in die Campagna fliehen (1155). Friedrich Barbarossa läßt ihn gefangennehmen und dem Präfekten von Rom ausliefern. Im Juni 1155 wird Arnold von Brescia zum Tode verurteilt, gehängt, sein Leib verbrannt und die Asche in den Tiber gestreut.

Norditalien, das mit dem deutschen Kaiserreich verbundene »Königreich Italien«, erlebt im 12. Jahrhundert das Aufblühen der Städte.

Die großen Herrschaften, die dort am Ende des 11. Jahrhunderts überwogen: die Mark (oder Grafschaft) Toskana unter der Gräfin Mathilde (1052—1115), die Mark von Verona, von Ivrea usw. verschwinden zugunsten der Städte, die um sich herum das wirtschaftliche und politische Leben neu ordnen. Sie nehmen die Familien des Landadels in ihren Mauern auf (oder ziehen sie manchmal mit Gewalt an sich), um sie besser bewachen zu können. Sie unterwerfen sich ein mehr oder weniger großes Gebiet, das *contado,* als Menschenreservoir und wirtschaftliches Hinterland. 1154 gewährt beispielsweise der kaiserliche Legat der Kommune Florenz die zivile und strafrechtliche Rechtsprechung im *contado.*

Unter diesen Städten zeichnen sich die Seestädte Pisa und Genua aus. Pisa beherrscht am Ende des 12. Jahrhunderts Sardinien, besitzt in Konstantinopel eine sehr aktive Kolonie, genießt in Syrien, Tyrus und Akkon eine hervorragende Stellung. Seine Regierung liegt in den Händen des Adels und vor allem der Reeder, welche die Konsuln und Senatsmitglieder stellen. Es zeigt seine Macht und seinen Reichtum durch eine außergewöhnliche Gruppe von Bauwerken: den Dom, der nach 1063 begonnen und 1118 noch unvollendet von Gelasius II. (1118/19) geweiht wird (die Fassade ist erst am Ende des 12. Jahrhunderts fertig); das 1153 angefangene Baptisterium; den 1174 in Angriff genommenen Campanile (dieser Turm beginnt sich so stark zu neigen, daß schon 1190 die Fundamente gesichert werden müssen). Es schickt sich an, auf dem Friedhof den Campo Santo anzulegen, für den der päpstliche Legat, Erzbischof Ubaldo, vom dritten Kreuzzug 1190 ein Schiff mit heiliger Erde aus Jerusalem mitbringt.

Zur gleichen Zeit wird Genua, obgleich ständig von Kämpfen zwischen einzelnen und Parteien zerrissen, dank seiner wirtschaftlichen Blüte zur Großmacht. Es läßt sich 1191 von Kaiser Heinrich VI. die Herrschaft über die ganze Küste von Porto Venere bis Monaco bestätigen, es kontrolliert den größten Teil Korsikas, hat im normannischen Königreich Sizilien Sonderprivilegien und in Konstantinopel sowie mehreren Städten des Heiligen Landes Stapelplätze und Sonderrechte. Es ist der

Hauptimporteur von orientalischen Luxuserzeugnissen, vor allem Gewürzen, in den Westen und der wichtigste Erbauer und Eigentümer der Schiffe, welche die Kreuzfahrer und Pilger ins Heilige Land bringen.

Die Entwicklung der Städte im Binnenland erscheint nicht so außergewöhnlich. Einige erleben sogar einen gewissen Niedergang. So kann Lucca, das als Hauptstadt der Grafschaft Toskana im 11. Jahrhundert die *via francigena,* den Landweg von Mittelitalien nach Norden, kontrolliert und das Monopol der Münzprägung in der Toskana besitzt, nicht zum Meer gelangen. — Andere Städte steigen nur langsam in die erste Reihe auf. So wird die florentinische Kommune formell erst 1183 durch den Kaiser anerkannt und erscheint erst 1197, als sie beim Tode Heinrichs VI. an die Spitze der toskanischen Liga gegen den Kaiser tritt, als die beherrschende Macht in der Toskana. Florenz hat zwar in diesem Augenblick, zwischen 1172 und 1175, eine neue Mauer errichtet, die auf 65 Hektar eine Ansiedlung mit 25000 Einwohnern umschließt und den Arno überschreitet, um die geschäftige Vorstadt Oltrarno auf dem linken Ufer einzubeziehen; zwar haben sich die Großkaufleute 1182 in einer korporativen Organisation, der *Arte de' Mercanti,* zusammengeschlossen; doch besitzt die Stadt bisher nur zwei bemerkenswerte Bauwerke: das 1014-1050 auf dem Hügel von San Miniato erbaute Kloster und das Baptisterium San Giovanni, für das die Ortschaften des *contado* am 24. Juni Kerzen stiften müssen und das jenen Ochsenwagen *(caroccio)* aufbewahrt, mit dem die Insignien der Gemeinde zum Schlachtfeld gebracht werden. Der Unterhalt dieser beiden Gebäude wird übrigens in der zweiten Hälfte des 12. Jahrhunderts der Kaufmannsgilde anvertraut.

Alle Städte des Königreichs Italien werden zwischen 1061 und 1197 in die schismatischen Streitigkeiten der Päpste und vor allem in den Kampf zwischen Kaiser und Papst hineingezogen. Wenn sie auch schwere materielle, finanzielle, moralische und menschliche Einbußen zu erleiden haben, so ergeben sich für sie doch auch Vorteile. Einige zögern nicht, den Kaiser zu unterstützen, um über die Rivalenstädte zu triumphieren. So stellt sich Pisa auf die Seite Friedrich Barbarossas, entsendet 1158 Truppen zur Belagerung von Mailand und macht sich seine Unterstützung gegenüber Genua, Lucca und den Normannen zunutze. So hält auch Cremona gegen seine großen Rivalen Crema und vor allem Mailand zum Kaiser. Mit Hilfe der von ihm erlangten Privilegien breitet es sich aus, bereichert sich und schmückt sich mit Bauwerken: der Dom ab 1107, das Baptisterium ab 1167.

Einige »ghibellinische« Städte Nord- und Mittelitaliens nehmen also im allgemeinen die Partei des Kaisers; ihnen gegenüber gehören die meisten anderen Städte aber der »guelfischen« Ge-

genpartei an, deren Hauptstütze sie sogar meist mit Hilfe der Päpste sind. Die Kaiser behindern nämlich die Interessen dieser Städte, weil sie durch ihre Regalienansprüche soviel Geld wie möglich aus ihnen zu ziehen suchen und ihnen deutsche Ministerialen als Herrn oder Gouverneure *(podestates)* aufzwingen, deren Ungeschicklichkeit und Brutalität sie noch feindlicher werden läßt. Dieser staatlichen und zentralistischen Macht der Kaiser setzen die guelfischen Städte, im Bewußtsein ihrer Eigenart, ihrer Privilegien und ihrer individuellen Freiheiten, das Ideal der Autonomie entgegen. Der Zusammenstoß dieser beiden Mächte, Interessen und Anschauungen ist besonders hart unter Friedrich Barbarossa, dessen Onkel, Bischof Otto von Freising, die Aufteilung des Gebietes in Städte als Skandal ansieht; dort wechseln die Konsuln »fast jedes Jahr«, und die Macht ist in den Händen von Kaufleuten und Handwerkern, die den *contado* der Herrschaft der Herren entziehen und der ihren unterstellen. Mailand ist das Zentrum des Widerstands gegen Barbarossa. 1158 unterworfen, erhebt sich die Stadt erneut und wird nach der Einnahme im Jahr 1162 vollständig zerstört. Im November 1158 hatte sich der Kaiser auf dem Reichstag von Roncaglia das Regalienrecht bestätigen lassen und eine Verwaltungsbehörde mit ihrer Erhebung und Einziehung beauftragt. Doch schon 1164 schließen sich die Städte der Mark Verona auf Anregung Venedigs gegen die kaiserlichen Übergriffe zusammen. Als Friedrich 1166 auf dem Reichstag zu Lodi ablehnt, den Forderungen der norditalienischen Städte zu entsprechen, bilden sieben Städte im März 1167 mit Mailand als Zentrum die lombardische Liga, die sich mit Papst Alexander III. (1159 bis 1181) verbündet. 1168 ist der größte Teil Nord- und Mittelitaliens für den Kaiser verloren, der erst 1174 einen Zug gegen die Aufständischen unternehmen kann und im Mai 1176 bei Legnano von der Armee der lombardischen Liga vernichtend geschlagen wird. Der 1177 in Venedig abgeschlossene Waffenstillstand und der 1183 in Konstanz unterzeichnete Friedensvertrag erkennen dem Kaiser bei seinen Aufenthalten in Italien die oberste Autorität und die Regalien zu, doch wird den Städten erlaubt, Mauern zu bauen, sich durch Konsuln zu regieren, einen Bund zu bilden und »für immer« die Rechte und Gebräuche zu bewahren, deren sie sich »seit den ältesten Zeiten« erfreuen. Barbarossa lehnt das »Naturrecht« der Städte ab, erkennt aber ihre Freiheiten und Privilegien an. Diese Billigung eines »gemäßigten Guelfismus« stellt für Italien das Gleichgewicht zwischen Kaiser- und Bürgergewalt her, vergleichbar mit dem Ausgleich, den 1122 das Wormser Konkordat zwischen kaiserlicher und päpstlicher Gewalt in den drei Königreichen des Imperiums — Deutschland, Italien, Burgund — bewirkt hatte.

ERFOLGE DER MONARCHIE: DIE IBERISCHE HALBINSEL

Im westlichen Teil der Christenheit ist das im Rhythmus verschiedene, trotz aller Rückschläge aber konstante Anwachsen der monarchischen Gewalt der hervorstechendste Zug. Während jedoch in England und Frankreich die Könige der Mittelpunkt und oft die Urheber der territorialen Einigung sind, scheint auf der Iberischen Halbinsel die politische Aufsplitterung zu obsiegen.

Zwar begünstigte in Spanien die westgotische Tradition einer geheiligten Monarchie das Streben nach einem einzigen Herrscher, das sich zu verwirklichen schien, als mehrere auf Einigung bedachte Könige den Kaisertitel annahmen. Diese Richtung, deren Wiege im Königreich León stand, wurde im 11. und 12. Jahrhundert vor allem von einigen kastilischen Herrschern vertreten. Aber, wie schon vorher bei den Merowingern und Karolingern, wurde der Drang nach Einheit auch bei den spanischen Königen aufgewogen durch den ursprünglich germanischen Brauch, das Reich unter die Erben des gestorbenen Herrschers aufzuteilen.

Alfons VI. (1065–1109), Herr über León und Asturien, seit 1072 über Galicien, Portugal, ganz Kastilien und halb Navarra, nannte sich ab 1077 »Kaiser von Gottes Gnaden über ganz Spanien« und »über alle Nationen Spaniens gesetzter Kaiser«; dieser Titel beinhaltete die Herrschaft über Christen und Moslems. Letztere wurden in seinem Reich immer zahlreicher, da Alfons VI., von den Cluniazensern und seiner Frau Konstanze von Burgund, die diese unterstützte, zur Reconquista getrieben, einen richtigen Kreuzzug gegen die Mauren führte. Er zeitigte 1085 die Einnahme von Toledo, stieß aber dann auf die neue muselmanische Dynastie der Almoraviden, die von gleichem religiösem Fanatismus beseelt war.

Auch das Königreich Aragonien, von Sancho dem Großen von Navarra bei seinem Tode (1035) geschaffen, schien sich einem großen Spanien einzugliedern, als König Alfons I. von Aragonien, der ›Schlachtenkämpfer‹ genannt (1104–1134), die Königin Urraca, eine Tochter Alfons' VI. heiratete, die ihm den kastilischen Staat zubrachte, mit Ausnahme Galiciens, das dem jungen Alfons VII. (1126–1157), einem Sohn aus der ersten Ehe Urracas mit Graf Raymond von Burgund, zugefallen war. Nach Urracas Scheidung nötigte Alfons VII. den Schlachtenkämpfer jedoch 1127, Kastilien und León abzutreten und ihm den Kaisertitel zu überlassen. Alfons VII. machte sich zum Lehnsherrn der Grafen von Barcelona, der Provence und Gascogne, der Könige Ramiro II. von Aragonien und Garcia Ramirez von Navarra und ließ sich 1125 in León zum »Kaiser von ganz Spanien« krönen. Doch mußte er 1139 Alfonso Henriquez (1139—1185) als unabhängigen König von Portugal anerkennen und teilte das Reich 1157 bei seinem Tode unter die Söhne auf: Sancho III. erhielt Kastilien, Ferdinand II. León. Alfons VII., der in zweiter Ehe mit einer Kusine Friedrich Barbarossas verheiratet war, hatte eine Tochter mit dem König von Navarra, eine andere mit dem französischen König Ludwig VII. verheiratet. »Auf den Spuren Karls des Großen wandelnd«, wie die gereimte Kaiserchronik sagt, trug er im Süden bedeutende Erfolge davon; seine Herrschaft bedeutete den Kulminationspunkt des ephemeren »spanischen Reiches« im Mittelalter. Nach ihm teilten sich die *cinco reinos,* die fünf Königreiche Kastilien, León, Navarra, Aragonien und Portugal, die nur eine ideelle Einheit verband, die Iberische Halbinsel. In Aragonien unterstellte die Heirat von Ramiros II. Tochter Petronilla mit dem Grafen Raymond Berengar IV. von Barcelona die Länder Aragonien und Katalonien dem Hause Barcelona, und zwar seit der Regierung von beider Sohn Alfons II. (1162—1196). Katalonien war wirtschaftlich und kulturell im Königreich führend. Das Katalanische war in Aragonien die Hofsprache und Barcelona, das ein nur aus reichen Kaufleuten gebildeter Hunderterrat regierte, die wohlhabendste Stadt. Doch richteten die Könige von Aragonien ihre Blicke am Ende des 12. Jahrhunderts weniger zum Mittelmeer, wie die katalonische Bürgerschaft, sondern über die Pyrenäen nach Frankreich, wo Alfons das Roussillon und die Provence geerbt hatte. Am Ende des 12. Jahrhunderts schwankte die Iberische Halbinsel zwischen Norden und Süden zwischen der territorialen Ausdehnung und der Anziehungskraft des Mittelmeers.

ERFOLGE DER MONARCHIE: FRANKREICH

Die deutlichsten Fortschritte verzeichnet die Einrichtung der Monarchie im Westen der Christenheit, in England und Frankreich. In England setzt sich die Königsgewalt rascher durch, bleibt aber schweren Krisen unterworfen. In Frankreich geht diese Entwicklung langsamer und hindernisreicher vor sich; dafür weicht sie Fehlern geschickter aus und bleibt früher vor ernsthaften Rückschlägen bewahrt.

Im 11. Jahrhundert scheint das Königtum der Kapetinger nur sein Dasein zu fristen; aber obwohl »faul und zum Krieg ungeeignet«, »von seiner Fleischmasse beschwert und mehr um Essen und Schlafen als um Kämpfen bekümmert«, hat selbst Philipp I. während seiner langen Regierung (1060—1108) das Prestige der Monarchie nicht nur erhalten, sondern die Königsgewalt sogar gefestigt. Als Robert von Jerusalem, Graf von Flandern, 1103 in Dover mit dem englischen König Heinrich I. einen Bündnisvertrag gegen seinen Lehnsherrn, den französischen König, eingeht, schränkt er, »wegen seiner Treue zum französischen König Philipp«, die Unterstützung des Briten wie folgt ein: »Wenn König Philipp England erobern will, wird ihn Graf Robert, falls möglich, davon abhalten. Mit allen Mitteln, mit Rat, Gebeten und seinem Glauben, aber ohne böse Absicht, und ohne Geldgeschenke wird er versuchen, ihn zum Bleiben zu bewegen. Wenn König Philipp dennoch nach England geht und den Grafen Robert mitnimmt, wird dieser nur ein möglichst kleines Kontingent Soldaten stellen, um seine Lehnstreue gegenüber dem König von Frankreich nicht zu brechen.« Unter Philipp I. wurde auch, wie wir sahen, die Investiturfrage für Frankreich praktisch geregelt, und das gute Einvernehmen, das trotz einiger durch das Privatleben der Herrscher hervorgerufener Krisen seit dieser Zeit zwischen den Kapetingern und dem Papst sowie der hohen Geistlichkeit herrschte, hat dem Königtum eine unschätzbare Unterstützung eingebracht. Philipp, dieser angeblich »träge« König, war schließlich ein »Sammler von Grundbesitz«, fügte er doch der Königsdomäne die Landschaften Gâtinais und Vexin sowie die Vizegrafschaft Bourges hinzu.

Es war ein Glücksfall für die Kapetinger, daß sie während dieser ganzen Zeit direkte männliche Nachkommen besaßen; so war die dynastische Kontinuität gesichert und jeglicher Erbfolgestreit vermieden. Geschickt schirmten sich die Könige gegen jedes Risiko dieser Art ab, indem sie ihre Nachfolger noch zu Lebzeiten krönen ließen. Philipp I. trat 1101 sogar einen Teil seiner tatsächlichen Befugnisse an seinen Sohn Ludwig VI. ab.

Mit diesem König machte die Dynastie weitere Fortschritte. »Schlicht«, aber im Unterschied zu seinem Vater streitbar und mutig, verwandte Ludwig VI. (1108–1137) einen großen Teil seiner Zeit darauf, die Königsdomäne von jenen tyrannischen Raubrittern zu säubern, die dort Unfrieden stifteten. So wurden noch zu Lebzeiten Philipps I. Bouchard de Montmorency, Léon de Meung, Gui Trousseau und Milon zu Montetéry, ferner Anseau de Garlande von La Ferté-Beaudoin, Gui de la Roche-Guyon und die beiden berüchtigtsten, Hugues du Puiset und Thomas de Marle, besiegt und ihre Burgen geschleift oder vom König und seinen Getreuen in Besitz genommen. Auf diese Weise blieb die wirtschaftliche Prosperität erhalten und das Ansehen wie die Macht des Königs festigten sich und wurden vom Klerus, den Kaufleuten und den Bauern, denen es um »Frieden« zu tun war, anerkannt. Ludwig befahl, daß man »jene Tyrannen und ihre Spießgesellen, denen es Vergnügen bereitet, ständig zu plündern, die Armen zu erschrecken, die Kirchen zu verbrennen, an den Galgen hänge und sie den Raubvögeln, den Weihen, Raben und Geiern zum Fraß gebe, zum Zeichen dafür, was Männer erwartet, die nicht davor zurückschrecken, Hand an den Gesalbten des Herrn zu legen.«

Als gesalbter und geweihter König betonte Ludwig VI. auch die übernatürliche Herkunft seiner Königsmacht. Schon sein Vater hatte solche Heilkraft unter Beweis gestellt, sie aber durch ein wüstes Privatleben und die sich daraus ergebenden Exkommunikationen eingebüßt. Der Chronist Guibert von Nogent schrieb: »Wir haben erlebt, wie unser Herr König Ludwig ein herkömmliches Wunder wirkte. Mit meinen eigenen Augen sah ich Kranke, mit Skrofeln am Hals oder anderen Teilen des Körpers, in Massen herbeieilen, um sich von ihm berühren zu lassen — wozu er das Kreuzeszeichen schlug.«

Ludwig verstärkte die Bindung zur Kirche, namentlich zur Abtei Saint-Denis, die er mit Geschenken und Wohltaten überhäufte und die aus Erkenntlichkeit dafür die Königsideologie formulierte und verbreitete.

Dank solcher Rückhalte behauptete er sich erfolgreich gegen das Ausland. Dem König von England zeigte er, nach Suger, »daß es weder erlaubt noch natürlich ist, wenn Franzosen den Engländern unterstellt werden — ebensowenig wie Engländer den Franzosen.« 1124 lädt er ganz Frankreich ein, mit ihm gegen Heinrich V. zu ziehen, der sich anschickt, Frankreich zu erobern, und zwingt den Kaiser zum Rückzug. Nicht ohne Übertreibung kommentiert Abt Suger die Erfolge Ludwigs VI.: »Ob man die Gegenwart betrachtet oder weit in die Vergangenheit zurückblickt — niemals vollbrachte Frankreich eine strahlendere Heldentat und zeigte unter Zusammenfassung aller Kräfte seine Macht ruhmreicher, als in dem Augenblick, da es, obwohl anderweitig beschäftigt, auf einmal über den römischen Kaiser und den englischen König triumphierte. Als der Stolz der Gegner gebrochen war, erlegte Frankreichs Anwesenheit der Erde Schweigen auf . . .«

Suger war die beherrschende Figur der Regierungszeit Ludwigs VII. (1137—1180). Bis zu seinem Tod (1151) war er der Hauptberater des Königs, und als Ludwig VII. 1146 zum zweiten Kreuzzug aufbrach, übertrug er Suger »die Verwaltung des Königreichs«.

Ludwig VII. hat die Königsdomänen wenig erweitert, ihre Einkünfte aber durch eine gute Verwaltung erhöht. Die Rodungen nehmen zu, vor allem im Gâtinais; hier gehen die Wälder von Orléans und Othe beträchtlich zurück, und Ludwig gewährt zahlreichen Ortschaften und Neustädten jene Freiheiten, mit denen sein Vater die Bewohner von Lorris beschenkt hatte. Er geht aber noch weiter und spricht verschiedentlich die Leibeigenen kollektiv los. Hier und da hebt er »schlechte Gewohnheitsrechte« auf, etwa das Einlagerecht, die Kopfsteuer und das Recht auf Zaumzeug. Er begünstigt Handel und Gewerbe durch die Schaffung oder Neuordnung von Märkten und Messen, deren Steuern er Kirchen oder Gemeinschaften überträgt, welche sie wirksamer als er schützen können. In den größten Städten der Domäne, Orléans, Bourges, vor allem Paris, unterstützt er den wirtschaftlichen Aufschwung. In Paris untersagt er 1141 oder 1142 den Häuserbau auf der Place de Grève, um die Entladung der auf der Seine beförderten Waren zu gewährleisten, und richtet den Geldwechsel auf der großen Brücke ein. Er erweitert die Allerheiligen-Messe im Stadtteil Saint-Lazare und die Ostermesse in Saint-Germain-des-Prés. Er gewährt den Bäkkern und, zum ersten Male in Frankreich, den Metzgern Privilegien und Satzungen. Vor allem spricht er 1170 den »Wasserkaufleuten«, welche alle Einfuhren auf dem Flußweg bewerkstelligen, das Schiffahrtsmonopol auf der Seine vor Paris und stromabwärts bis Mantes zu. Er fordert gemäß den tiefgreifenden Veränderungen sozialer und wirtschaftlicher Natur, die sich aus der Adelserhebung, dem Notars- und Geldwesen ergeben, neue Abgaben. Er erhöht die Zahl der mit der Verwaltung der Königsdomäne betrauten Beamten oder Vögte.

Außerhalb dieses Gebietes begünstigt er die wirtschaftliche Expansion der Städte, ohne die politischen Forderungen der neuen Bürgerspitzen immer zu unterstützen; einmal tritt er für das Stadtregiment ein, anderswo bekämpft er es. 1155 erläßt er einen zehnjährigen »Frieden« im Königreich, den auch viele Kirchenfürsten und große Herren beschwören müssen. Er nutzt das Feudalsystem für sich aus, indem er auf dem realen, nicht nur auf dem persönlichen Charakter des Lehenseides besteht. Nicht der Vasall allein ist an ihn gebunden, sondern auch das Lehen, das bei Nichteinhaltung von Vasallenpflichten eingezogen werden kann. So bindet er viele Untervasallen direkt an sich. Ferner erweitert er die juristischen Befugnisse seiner *curia regis*, des königlichen Hofgerichts, das sich aus Kronbeamten, Prälaten und kleinen Vasallen zusammensetzt.

Kurz vor seinem Tod läßt er am 1. Oktober 1179 seinen 14jährigen Sohn Philipp in Gegenwart der mächtigsten geistlichen und weltlichen Fürsten: der Erzbischöfe von Sens, Bourges und Tours, der Grafen von Blois und Chartres und von Flandern sowie des Herzogs der Normandie zum König krönen.

Bereits 1181 ersetzt Philipp II. den herkömmlichen Titel *König der Franken* durch *König von Frankreich*. In seiner Regierungszeit streben Monarchie und Nationalidee steil aufwärts.

Ludwig VII. hatte jedoch auch schwere territoriale Einbußen erlitten. 1180 erkannte die alte spanische Grenzmark, die bis dahin theoretisch zum Königreich gehört hatte, die französische Lehenshoheit nicht mehr an und fiel definitiv an Aragonien. Vor allem aber konnte der König von Frankreich seinen großen Rivalen, den König von England, nicht daran hindern, beiderseits des Ärmelkanals das Großreich der Plantagenets zu errichten.

ERFOLGE DER MONARCHIE: ENGLAND

Als sich Wilhelm der Bastard, Herzog der Normandie, 1066 in der Schlacht von Hastings seines Gegners Harold entledigte und auf Grund verwandtschaftlicher Beziehungen in Westminster zum rechtmäßigen Nachfolger Eduards des Bekenners krönen ließ, kamen ihm drei Glücksfälle zugute.
Der erste war die angelsächsische Erbschaft. Während ihn nämlich sein Sieg rasch vom angelsächsischen *ealdormen*-Adel befreite, übernahm er die Tradition des *fyrd*, eines ausgehobenen Nationalheeres, und kam in den Genuß einer öffentlichen Steuer *(danegeld)* sowie einer ausgezeichneten Finanzverwaltung durch die *sheriffs*, welche in den Grafschaften *(shires)* die Steuern einzogen und die Grundeinkünfte verpachteten. Schließlich war ihm die lokale Justiz — Grafschaftsgerichte und Gerichte der Hundert — ergeben.
Der zweite Glücksfall war die normannische Überlieferung. Wilhelm der Eroberer (1066—1087) konnte in England ein Feudalsystem einführen, das von ihm die Einrichtungen erhielt und das er in seinen Dienst stellte. Er schuf sich eine Ritterschaft von Gefolgsleuten, im allgemeinen Normannen, denen er ein Militärlehen überließ und die vierzig Tage im Jahr Heeresdienste tun mußten.
Und drittens konnte er seine Königsmacht kraft der Eroberung auf feste Grundlagen stellen. Die eine war sozialer Natur. Er machte alle seine Untertanen zu Lehensleuten und verpflichtete alle freien Lehenshalter 1086 in Salisbury auf den Treueid. Die andere Basis war materieller Art. Wilhelm behielt einen großen Teil des beschlagnahmten Grundbesitzes für sich und schuf so eine Domäne, die über das ganze Königreich verstreut war. Weiterhin sicherte er sich Einkünfte verschiedenster Art: Grundrenten, Feudalsteuern, *danegeld*.
1086 ließ er als ersten staatlichen Kataster ein Verzeichnis aller königlichen Einkünfte anfertigen, das *Domesday Book* (von: Gerichtstag). Eine Abteilung der *curia regis* wurde mit der Überprüfung der Abrechnungen der *sheriffs* beauftragt. Man nannte dies Gericht *Exchequer*, da es die Kontrolle mittels Marken, die auf einen schachbrettartig aufgeteilten Teppich gewor-

fen wurden, durchführte und seine Berechnungen auf eine Pergamentrolle übertrug, deren ältestes Exemplar sich für das Jahr 1129/30 erhalten hat. Sie hieß später *Pipe Roll*.

Doch gelang es der anglo-normannischen Monarchie auf die Dauer nicht, die zu Hörigen gewordenen Bauernmassen, die Herren, darunter die mächtigen Barone, und die Kirche, deren Anführer, Lanfranc und vor allem Anselm, Erzbischöfe von Canterbury, sich den königlichen Forderungen erfolgreich widersetzten, in Gehorsam zu halten. 1130 sah sich Heinrich I. nach dem Chronisten Johann von Worcester während eines Alptraums nacheinander von aufständischen Bauern, Herren und Prälaten bedroht. Zudem wurde die anglo-normannische Monarchie nach dem Tod Wilhelms des Eroberers (1087) durch dynastische Streitigkeiten geschwächt. Sie ergaben sich aus dem Doppelcharakter des Reiches, dessen festländischer Teil die Inselherrscher jahrhundertelang zu kostspieligen Heereszügen verleitete.

Während Robert Kurzhose als ältester Sohn Wilhelms 1087 dessen Nachfolge als Herzog der Normandie antrat, ließ sich sein jüngerer Bruder Wilhelm der Rote (1087—1100) zum König von England krönen und unternahm eine Reihe von Überfällen in die Normandie. 1100 wurde er ermordet.

Sein jüngster Bruder Heinrich I. Beauclerc (1100—1135) versuchte in Abwesenheit des zum Kreuzzug aufgebrochenen Robert Kurzhose die königliche Autorität wiederherzustellen. 1106 besiegte er Robert in Tinchebray und gewann die Normandie zurück. Er widerstand Anselm von Canterbury, dem er erklärte: »Solange ich lebe, sollen Würde und Rechte des Königreichs England nicht geschmälert werden; und wenn ich jemals, was Gott verhüte, einer solchen Demütigung zustimme, so werden mich meine Barone und mein Volk daran zu hindern wissen.« 1107 bereinigte er den Investiturstreit in England durch das sogenannte Konkordat von Westminster, das jenes von Worms vorausnahm. Er schuf Reisegerichte und setzte das Königsrecht durch, was ihm die Bezeichnung »Löwe der Gerechtigkeit« eintrug. Er erneuerte für den Adel das Verbot, Privatfehden auszutragen und Schlösser ohne königliche Genehmigung zu erbauen. Er übte sein Rücknahmerecht auf die Lehen direkter Kronvasallen, *tenants in chief*, aus.

1120 verlor er jedoch beim Schiffbruch der *Blanche-Nef* seinen einzigen legitimen Sohn Wilhelm Aetheling und ließ als Erbin seine Tochter, die *empress* Mathilde (Witwe von Kaiser Heinrich V.), anerkennen, die sich mit dem Grafen von Anjou, Geoffrey, wiederverheiratet hatte. Als sie 1135 starb, ließ sich ihr Neffe Stephan von Blois (1135—1154) krönen, und es begann ein fast zwanzigjähriger Bürgerkrieg.

Barone und Kirche nutzten ihn, um beiden Parteien, namentlich dem schwachen Stephan, immer neue Zugeständnisse abzutrotzen. In England herrschte Anarchie, als 1154 Heinrich II. Plantagenet (1154–1189), ein Sohn Mathildes und Geoffreys, Stephans Erbe antrat.

Er erwies sich sogleich als würdiger Nachfolger Heinrichs I. und als Restaurator der englischen Monarchie. Peter von Blois schildert ihn wie folgt: »Von morgens bis abends ist er mit den Angelegenheiten des Reiches beschäftigt. Er setzt sich niemals, außer wenn er sein Pferd besteigt oder das Mahl einnimmt... Während andere Könige sich in ihren Palästen ausruhen, überrascht und verwirrt er seine Feinde und überwacht alles, wobei er vor allem jene prüft, die er zu Richtern über andere gesetzt hat. Wenn er nicht das Schwert oder den Bogen führt, hält er Beratung ab oder liest. Niemand ist einfallsreicher und beredter als er, und wenn er sich von seinen Sorgen lösen kann, diskutiert er gern mit den Gelehrten. Er ist ein großer Bauherr... Er verabscheut Blutvergießen und hält den Frieden für das begehrteste Gut, das ein König seinem Volk schenken kann. Zu seiner Sicherung nimmt er eine enorme Arbeitslast auf sich, für ihn sammelt er riesige Reichtümer und gibt sie aus, denn er gewinnt ihn lieber durch das Geld als durch Waffen.«

Auch er heilte die Skrofeln: »Ich muß gestehen, daß es heilig ist, dem Herrn König beizustehen, denn er ist heilig und des Herrn Christ, und nicht umsonst hat er das Sakrament der königlichen Salbung empfangen, dessen Kraft, sollte sie übersehen oder in Zweifel gezogen werden, bewiesen wird durch das Verschwinden der Pest in der Weiche (wahrscheinlich eine einfache Drüsenentzündung der Leiste) und durch die Heilung der Skrofeln.«

Er ersetzte die der Adelsschicht angehörenden Feudalsheriffs durch »gelehrige und gut überwachte Beamte der Mittelklasse«, erhöhte die Zahl der königlichen Reisegerichte, erweiterte seine Kanzlei und verstärkte die Steuerkontrolle, die der Schatzmeister Richard Fils-Néel am Ende seiner Regierungszeit in *Dialogue de l'Exchiquier* beschrieb. Die Königsgerichte oder *Bancs du Roi* erhielten größere Befugnisse. Heinrich regierte mittels Assisen. Auf der *Assise von Clarendon* (1166) erließ er eine Polizeiverordnung gegen die Räuber. 1181 wurde durch die *Wehrordnung* das *fyrd*-Heer neugebildet. Die *Waldordnung* (1184) präzisierte die Exklusivrechte des Königs in großen Jagdgebieten, welche Wälder, Heiden und Weiden, aber auch Äcker und Dörfer umfassen. Die große Assise von 1179 schränkte die Rechte der Barone beträchtlich ein. Der König erhob größere Abgaben, namentlich auf die Dienstmannenlehen, welche den Heeresdienst ablösten.

Doch hatte Heinrich auch mit großen Schwierigkeiten zu kämpfen, die ihm vor allem durch die Kirche erwuchsen. Durch die *Konstitution von Clarendon* (1164) suchte er die Übergriffe von Kirche und Papsttum auf die königlichen Befugnisse zu unterbinden. Dabei stieß er auf den erbitterten Widerstand des Erzbischofs von Canterbury, Thomas Becket, der die kirchlichen Privilegien fanatisch verteidigte. Vom königlichen Hofgericht als Verräter und Meineidiger verurteilt, mußte Becket nach Frankreich in die Verbannung gehen. Nach England zurückgekehrt, wurde er am 29. Dezember 1170 in der Kathedrale von Canterbury durch vier Ritter aus dem Gefolge des Königs ermordet. Heinrich II., dem 1172 in Avranches eine demütigende Buße auferlegt worden war, verlor durch diese Angelegenheit außerordentlich viel Prestige, da Papst und Kirche in der gesamten Christenheit eine zündende Propaganda für den Kult des zum Märtyrer erklärten und heiliggesprochenen Becket entfesselten.

Trotz der Strenge, mit der er in England die Königsgewalt neu ordnete, verwandte Heinrich II. einen großen Teil seiner Zeit und Arbeitskraft auf außerenglische Angelegenheiten. Er las Lateinisch, verstand Provençalisch und Italienisch und sprach Französisch, war aber des Englischen nicht mächtig und lebte wenig in England.

Seine 1152 eingegangene Ehe mit der leichtfertigen, von Ludwig VII. von Frankreich geschiedenen Eleonore von Aquitanien stellte ihn an die Spitze eines großen Gebietes in Frankreich, das Aquitanien, Anjou und die Normandie umfaßte. Als Schwiegervater der Könige von Kastilien und Sizilien, als Bundesgenosse des Königs von Aragonien suchte er sich die Grafschaft Toulouse anzueignen und einem seiner Söhne Savoyen zu verschaffen. Der Kontinent, Frankreich, das Mittelmeer, sogar die Kaiserpolitik lockten diesen unermüdlichen, ständig umherziehenden Herrscher mehr als England, wo er sich vor allem die finanziellen, militärischen und politischen Mittel für seine Unternehmungen auf dem Festland zu beschaffen suchte.

Die Ambitionen seiner Söhne machten ihm jedoch viel zu schaffen. Heinrich der Junge, den er 1170 auf dem Höhepunkt des Kampfes gegen Thomas Becket krönen ließ, hatte nichts Eiligeres zu tun als sich sofort mit der Kirche und dem Papst gegen den Vater zu verbünden. Nach seinem frühen Tod leiteten die drei anderen Söhne Heinrichs II., unterstützt von der Mutter Eleonore, 1173 bis 1174 einen großen Adelsaufstand gegen ihren Vater.

So ließ dieser äußerlich so mächtige und reiche König 1189 bei seinem Tode ein durch Militär- und Verwaltungsausgaben erschöpftes Reich zurück, das nur noch durch Sondersteuern weiterexistierte. Verläßliche Schätzungen haben ergeben, daß er am Ende über weniger Geld verfügte als sein 1180 verstorbener kapetingischer Rivale Ludwig VII., dessen Gebiet und Autorität doch sehr viel bescheidener waren.

Diese Erschöpfung nahm noch zu unter der Herrschaft seines Nachfolgers und zweiten Sohnes Richard I. Löwenherz (1189 bis 1199). Zwar setzte er das väterliche Werk in England fort und suchte die königlichen Einnahmen noch durch die Schaffung einer neuen Grundsteuer (*charruage* oder *hidage*) zu erhöhen. Zudem brachte ihm sein ritterlicher Ruhm, der im Gegensatz zu dem friedliebenden Temperament des Vaters stand, in England großes Ansehen ein. Doch lebte dieser Fürst fast nie in England, zeichnete sich auf den Kreuzzügen aus, war als treuer Sohn Eleonores vor allem Aquitaine, dazu für die occitanische Kultur passioniert, selbst Troubadour und das Inbild eines Ritters, den der Traum vom Mittelmeer und vom Orient begeisterte. Er war mehr ein Paladin der Christenheit als ein englischer König. Nachdem er den Gefahren des Heiligen Landes und den Kerkern des Herzogs von Österreich entkommen war, fiel er schließlich 1199 auf einem jener Ritterzüge, in denen er ganz aufging, vor den Mauern von Schloß Chalis im Poitou.

Völlig auf dem Festland beschäftigt, war es den Königen aus dem Haus Plantagenet auch nicht gelungen, die Nachbarn Englands zu unterwerfen, die gegen Ende des 12. Jahrhunderts weiterhin am Rand der Christenheit lebten. Mit Unterstützung des englischen Papstes Hadrian IV., der dem irischen Klerus und seiner traditionellen, jahrhundertealten Unabhängigkeit sehr mißtraute, hatte Heinrich II. vergeblich versucht, das ihm vom Papst zum Lehen gegebene Irland zu erobern. Ebenso theoretisch war seine Lehnshoheit über Walliser und Schotten. Diese drei Länder, von denen nur Schottland der Monarchie eine gewisse Autorität zugestand, wurden noch für einige Zeit von Clans regiert, welche die rauhen Bergbewohner, die aber vorzügliche Krieger waren, gruppenweise recht und schlecht zu beherrschen suchten.

SCHWIERIGE STAATENBILDUNG IM OSTEN:
VON SKANDINAVIEN BIS KROATIEN

Am Ostrand der Christenheit scheint dagegen, von Skandinavien bis Kroatien, Ungewißheit bezüglich der nationalen Zugehörigkeit vorzuherrschen. Auch wenn ihre Eigenständigkeit durchdringt, gehören die einzelnen Gebiete nacheinander verschiedenen politischen Gruppierungen an. Die Königsgewalt setzt sich nur langsam durch und erleidet verschiedentlich schwere

Rückschläge, wenn sie nicht ganz ausgeschaltet wird. Zudem sind die Beziehungen der meisten zwischen Ostsee und Adria gelegenen Staaten mit dem deutschen Reich fluktuierend, so daß sie von einer nationalen Stabilität noch weiter entfernt sind als die übrige Christenheit.

In Skandinavien scheint die Auflösung des von Knut dem Großen (gest. 1035) gebildeten Reiches besiegelt zu sein. Dänemark ist das fortgeschrittenste der drei Königreiche. Svend Estridsøn (1047–1074) macht Roskilde zu seiner Hauptstadt, prägt regelmäßig Geld und ersetzt in seiner Umgebung die englischen immer mehr durch dänische Kleriker und Beamte. Er lockert auch die Abhängigkeit der dänischen Kirche vom Metropoliten Adalbert von Bremen, mit dem er jedoch gute Beziehungen unterhält, ist er doch die Hauptinformationsquelle Adams von Bremen für dessen *Gesta Hammaburgensis ecclesiae pontificum*. Die Eroberung Englands durch Wilhelm von der Normandie setzt den dänischen Wunschträumen ein Ende. 1074 und 1085 wird zum letzten Male der Plan einer dänischen Landung in Großbritannien erwogen. Übrigens sind es die englischen Mönche der Sankt Albanskirche in Odense, welche der dänischen Monarchie einen großen Dienst leisten. Am Karfreitag 1101 wird König Knut, dieser gewalttätige Despot, den aufständische Bauern 1086 in ihrer Kirche ermordet hatten, heiliggesprochen. Aegelnoth, ein in Odense lebender Mönch aus Canterbury, verfaßt zu Beginn des 12. Jahrhunderts die *Historia Sancti Canuti Regis* als erstes in lateinischer Sprache auf dänischem Boden entstandenes Werk. Am Anfang der Regierungszeit von Niels (1104–1134) wird Asser, Bischof von Lund, zum Metropolitanbischof ernannt. Mit der Erringung der kirchlichen Unabhängigkeit hat Dänemark nun volles Stimmrecht in der Christenheit erlangt. Allerdings vollzieht sich unter Niels auch ein Vorstoß des Adels, der die Königsmacht zurückdrängt. 1134 erscheint die schwer bewaffnete Ritterschaft auf dem Schlachtfeld von Fotevik; die Königsgarde *(hirdh)* verschwindet; große Herren mit lokaler Befehlsgewalt und neuen Titeln tauchen auf.

Niels' Neffe Knut Lavard ist der erste Dänenherzog. Mit seiner Ermordung (1131) durch den Vetter und Rivalen Magnus setzt ein langer Bürgerkrieg ein, in dem mehrere Mitglieder der Königsfamilie umkommen. Die Deutschen machen sich diese Anarchie zunutze und reißen das Geschehen an sich. 1133 verliert der Erzbischof von Lund seine Metropolitenwürde an den Erzbischof von Bremen. Mit der Begründung, die Dänen hätten deutsche Kaufleute schlecht behandelt, zwingt Kaiser Lothar III. Magnus 1134, ihm in Halberstadt den Lehnseid zu leisten. Die Herrschaft Waldemars des Großen (1157–1182) scheint dann das Ansehen Dänemarks und seines Königshauses wiederherzustellen und zu festigen. 1139 erwirkt Bischof Eskil vom Papst die Rückverlegung des Metropolitansitzes nach Lund. Mit der Zustimmung Waldemars unternimmt er eine Reform der dänischen Kirche im Sinne der gregorianischen Reform. Nach einem heftigen Konflikt mit dem König, der Friedrich Barbarossa und Viktor IV. gegen Papst Alexander III. unterstützt hat, söhnt sich Eskil, der zwischenzeitlich nach Clairvaux geflohen war, mit Waldemar aus und läßt dessen Vater Knut Lavard 1169 von Alexander III. kanonisieren. Der Herrscher zieht Nutzen aus seinen Erfolgen gegen die Wenden, die er einmal mit Zustimmung Heinrichs des Löwen und der Deutschen, ein andermal gegen sie errungen hat. 1169 nehmen die Dänen Rügen und gründen zwischen 1170 und 1174 die Zisterzienserklöster Doberan, Dargun und Kolberg. Doch muß Waldemar die wachsende Macht der großen Adelshäuser und die Bedrohung seiner dänischen Politik durch die Erzbischöfe zulassen, vor allem seit Absalon 1178 in Lund den Stuhl Eskils eingenommen hat, aber das Bistum Roskilde weiterhin behält. Der Zusammenhalt des Landes wird durch die Großen und die Bewohner Schonens bedroht, als Waldemar der Große 1182 stirbt und in Ringsted mit zwei Bleitafeln beigesetzt wird, die von ihm verkünden: »Besieger der Slawen... Befreier des Vaterlands... Er hat die Bewohner von Rügen besiegt... den Danewerk neu erbaut und das Schloß Sprogo errichtet« — mitten im Großen Belt und damit die dänische Herrschaft über diese Meerenge gesichert.

Noch weniger entscheidend sind die Fortschritte der Monarchie in Norwegen, wo sie erst am Anfang steht. Harald der Strenge, der im Jahr der Schlacht von Hastings (1066) auf einem Zug nach England getötet wird, ist noch ein Wikinger. Nach ihm faßt die Tradition der vereinigten Königtümer Fuß. Magnus Barfod (»Barfuß«, weil er den traditionellen *Kilt* der Kelten trägt) wird 1103 in Irland getötet. Sein Sohn Sigurd Jorsalafaziz (»der Jerusalemfahrer«) sucht das Abenteuer wie die übrigen christlichen Fürsten und Herren auf dem Kreuzzug. Nach seinem Tod (1130) bricht der Bürgerkrieg aus. Die Anhänger der drei Kinderkönige, die ab 1139 regieren, teilen sich die Macht. Gleichzeitig führen die in die Wälder geflüchteten und zu Räubern gewordenen Bauern aus sozialen Motiven einen wütenden Krieg gegen ihre Herren. Sverrir, ein Kleriker aus Färöer, der sich als Bastardsohn eines der Könige bezeichnet und 1179 den geistlichen Stand aufgibt, setzt sich an die Spitze dieser »Birkebeiner« und reißt 1180 die Macht an sich. Doch leistet ihm die geistliche Hierarchie Widerstand, die 1164 auf einer Landessynode versucht hatte, sich zum Vormund des Königshauses zu machen. Erst wenige Monate vor seinem Tod (1202) trägt Sverrir endgültig den Sieg über die Bischöfe und ihre Parteigänger davon. Er hat Königsbeamte eingesetzt: *sysselmaend, armaend, lagmaend,* und den Dichtern der Königssagas eine entscheidende Rolle bei der Verbreitung des Königsgedankens und der Nationalidee zugewiesen.

Noch langsamer tritt Schweden in den Kreis der Christenheit ein. Adam von Bremen schildert es am Ende des 11. Jahrhunderts als ein reiches, bevölkertes, aber fast unbekanntes Land, wo die Polygamie üblich ist und der Tempel von Uppsala Mittelpunkt eines sehr regen heidnischen Kults bleibt. Runeninschriften finden sich reichlich bis zur Mitte des 12. Jahrhunderts. Die quer durch Rußland gepflogenen Beziehungen zur arabischen Welt lockern sich als Folge des türkischen Vordringens, der Entfaltung der russischen Fürstentümer und des Eindringens des Christentums in Schweden. Kurz nach 1066 wird König Ingo der Alte durch einen heidnischen Aufstand verjagt. Im 12. Jahrhundert wechseln zwei Dynastien auf dem Thron ab, während die großen Familien das *Thing* beherrschen, jene Versammlung, die praktisch den König lenkt, und die *lagmän* in den Provinzen fast als unabhängige Herrscher residieren. 1153 legt der päpstliche Legat Nikolaus Breakspear, der künftige Hadrian IV., auf der Synode von Linköping das Fundament für eine den westlichen Kirchen nahestehende schwedische Kirche. 1160 wird König Erik Jedvardsson in der Kirche zu Uppsala ermordet. Rasch als Heiliger angesehen, wird er zum Symbol der schwedischen Unabhängigkeit, deren kirchliche Grundlage 1164 die Erhebung der Diözese Uppsala zum Erzbistum durch Papst Alexander III. ist. Der erste Erzbischof, ein Zisterziensermönch aus Alvastra, empfing übrigens die Weihen in Sens (Frankreich). Knut Eriksson (1173—1196) gibt einen besseren Herrscher ab, doch muß er die Anfänge der deutschen Handelsexpansion zulassen und Heinrich dem Löwen sowie den Lübeckern bedeutsame Privilegien zugestehen.

Noch größer sind die Schwierigkeiten der katholischen Slawenfürsten, denn sie müssen sich gleichzeitig gegen die heidnischen Völker, gegen die Deutschen und gegen Widersacher im eigenen Land zur Wehr setzen. Es kommt zu Konflikten zwischen Polen und Tschechen; zentrifugale Bestrebungen machen sich bemerkbar, die vor allem von den großen Adelsfamilien, einigen Kirchenfürsten und Partikularisten auf regionaler Ebene begünstigt werden. Das Königtum selbst geht mehrfach ganz unter.

Umgeben von Wenden, Preußen, heidnischen Litauern, Deutschen und Russen, scheint das polnische Piasten-Haus beim Tod Kasimirs I. des Erneuerers (1058) die Rückschläge der Zeit

Mieszkos II. überwunden zu haben. Boleslaw II. der Tapfere (1058–1079) wird zu Weihnachten 1076 in Gnesen vom dortigen Erzbischof zum König gekrönt, entzweit sich aber mit Gregor VII., der ihn bis dahin gegen Kaiser Heinrich IV. unterstützt hatte. Er wird exkommuniziert, vom Papst abgesetzt und muß nach Ungarn fliehen. Boleslaw III. Schiefmund (1102–1138), der sich, wie die Staufer in Deutschland, auf den kleinen und mittleren Adel und die Ministerialen stützt, kann Polen gegenüber dem 1109 siegreich zurückgeschlagenen Kaiser Heinrich V., den Tschechen und dem Hochadel eine Periode der Unabhängigkeit und Einheit sichern. In seinem Testament versucht er, den dynastischen Streitigkeiten und partikularistischen Bestrebungen zu steuern, indem er das Königreich unter die Söhne des verstorbenen Herrschers aufteilt, die jüngeren aber der moralischen Autorität des Ältesten unterstellt. Dies System wird aber immer mehr zur Fassade, hinter der der polnische Staat in mehrere praktisch unabhängige Herzogtümer zerfällt: Großpolen, Schlesien, Masowien, Kujawien, Sandomir und Kleinpolen, in dem Krakowien nur noch theoretisch die Vormacht innehat. In Pommern nimmt der deutsche Druck zu. Friedrich Barbarossa zwingt Boleslaw Krauskopf (1120–1173) zum Lehnseid. Die Macht der großen weltlichen und kirchlichen Fürsten wächst stetig an. 1136 besitzt der Erzbischof von Gnesen bereits über 1000 Herdstellen und etwa 5000 Leibeigene. Nach dem Tod Kasimirs II. (1194), der die Herzogtümer Sandomir, Großpolen, Masowien und Kujawien eine Zeitlang zusammengeschlossen hatte, geht der Zerfall des polnischen Staates erneut weiter.

Bei den Tschechen wird die äußerliche Stärkung des Przemysliden-Hauses mit einer immer stärkeren Einbeziehung Böhmens in das deutsche Reich und mit der politischen Trennung Böhmens von Mähren erkauft. Heinrich IV. erhebt Wratislaw II. (1085 bis 1092) im Jahr 1085 in die Königswürde und Friedrich Barbarossa tut 1158 das gleiche mit Wladislaw II. (1158–1173). Die Herzöge oder Könige von Böhmen sitzen in den deutschen Reichstagen, nehmen an der Wahl des römischen Königs teil und haben seit 1114 die Erbwürde des kaiserlichen Mundschenks inne. Böhmen und Mähren sind aber seit 1182 praktisch, und seit 1197 offiziell, getrennt. Doch verfaßt Cosmas (1045–1125), Domdechant von Prag, als »tschechischer Herodot« mit seiner böhmischen Chronik seine erste Nationalgeschichte.

Noch weniger Glück ist den Kroaten beschieden, die nur eine kurze Zeit der Unabhängigkeit erleben. 1076 gelingt es Demetrios Zwonimir, die byzantinische Lehnshoheit abzuschütteln und mit der des Papstes zu vertauschen. Der Legat Gregors VII. krönt ihn in Split, das als kirchlicher Mittelpunkt des Königreichs Kroatien bald hinter dem 1094 in Zagreb gegründeten neuen

Bistum zurücktritt. Der letzte autochthone Kroatenkönig, Peter, wird 1097 geboren; 1102 wird der ungarische König Kolomann I. zum König von Kroatien und Dalmatien gekrönt. Obwohl rechtlich ein autonomes Königreich, bleibt Kroatien für acht Jahrhunderte der Stephanskrone unterstellt.

Das Königreich Ungarn muß im 11. Jahrhundert mit zwei heidnischen Aufständen (1046 und 1061), dynastischen Kämpfen und der Einmischung der deutschen Kaiser fertig werden. Die Heiligsprechung König Stephans 1073 wird zum Ausgangspunkt einer nationalen Erneuerung. Géza I. (1074–1077) und Ladislaus I. (1077–1095) unterstützen Gregor VII. im Investiturstreit, unterstellen Ungarn der Lehnshoheit des Heiligen Stuhls und entziehen sich so dem deutschen Einfluß. Im 12. Jahrhundert betreiben die Ungarnkönige mit Erfolg eine geschickte Schaukelpolitik zwischen Kaiser, Papst und Byzanz und können ihren Einfluß auf Kroatien, Transsylvanien und sogar auf Serbien ausweiten; allerdings gehen die dynastischen Zwiste im Innern weiter, und die Macht des Großadels nimmt auf Kosten der Monarchie zu.

Als Papst Innozenz III. 1198 den Stuhl Petri besteigt, scheint die Einheit der Christenheit, die sein Vorgänger Urban II. ein Jahrhundert früher in Clermont als Ziel genannt hatte, ferner denn je zu sein. Doch wird der neue Papst, dem der vorzeitige Tod Kaiser Heinrichs VI. freie Hand läßt, ein letztes Mal versuchen, die geteilte Christenheit unter der Leitung des Papsttums zu vereinigen.

5. Die räumliche Ausdehnung der Christenheit

Bis um das Jahr 1000 war der christliche Westen ein Raubgut für Eindringlinge gewesen, die Land oder Beute suchten: Normannen, Araber, Ungarn waren den germanischen Eroberern gefolgt. Am Ende des 11. Jahrhunderts wechselt die Richtung der Einfälle. Nunmehr sind die Christen an der Reihe, Vermögen und Abenteuer an den Grenzen des Westens und außerhalb zu suchen. Durch die Fortschritte im Ackerbau und die erhöhte Sicherheit hat sich die Bevölkerung vermehrt, aber die Christenheit ist noch nicht in der Lage, den Menschenüberschuß aufzunehmen: Weder das bebaute Land noch die Städte bieten ausreichende Arbeits- und Lebensmöglichkeiten. Dafür gibt es bei den Heiden und Ungläubigen gutes Land und reiche Städte zu erobern oder zu bevölkern. Als Urban II. 1095 und der Heilige Bernhard von Clairvaux 1146 den Kreuzzug predigen, lassen sie den doppelten Köder der ewigen und der zeitlichen Güter, die zu gewinnen sind, durchscheinen. Himmlisches und irdisches Jerusalem mischen sich zu einem Doppelbild, dessen Spiegelung Ritter und Bauern anzieht, die nach Land, Schätzen und ewigem Heil dürsten. Was am wenigsten zu diesen Abenteuern verlockt, sind auf jeden Fall Handelsgewinne — einmal, weil zu dieser Zeit die kaufmännische Tätigkeit der Christen noch viel zu schwach ist, um Ursache einer Massenbewegung zu sein, dann auch, weil die Kaufleute durch gewinnbringende Übereinkünfte mit fremdländischen Partnern ihren Nutzen suchen: durch Privilegien, die sie von Byzantinern und Arabern erlangen, und durch friedlichen Handel mit den Eingeborenen. Die Eroberung und Besiedlung einerseits und das Eindringen des Handels andererseits gehen oft auf den gleichen Wegen vor sich, aber sie vermischen sich nicht.

EIN VOLK VON EROBERERN: NORMANNEN VON DER
NORDSEE BIS ZUM MITTELMEER

Diese christliche Ausbreitung setzt manchmal nur in einem größeren Zusammenhang vorhergehende Bestrebungen fort.
So zum Beispiel die Normannenzüge. Sie hören an ihrem skandinavischen Ausgangspunkt fast ganz auf, heben aber von ihren neuen westlichen Stützpunkten aus, der Normandie und den beiden Sizilien, wieder an. Die Nachkommen der Wikinger sind

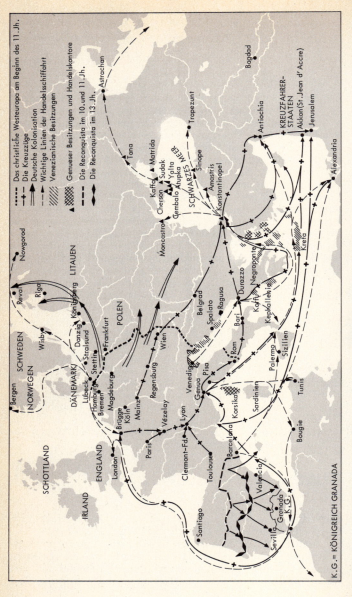

nach dem Wort Ottos von Freising in der Mitte des 12. Jahrhunderts immer noch »das recht unruhige Volk der Normannen«.

Beim Tod Eduards des Bekenners (1066) landet Wilhelm der Bastard, Herzog der Normandie, in England, um die Krone, die ihm der angelsächsische Monarch versprochen hat und die der angelsächsische Rat der Herren, der *witanagemot*, dem Mächtigsten unter ihnen, Harold, Grafen von Wessex gegeben hat, für sich zu fordern. Am 14. Oktober 1066 wird Harold in Hastings geschlagen und getötet. Am Weihnachtstag läßt sich Wilhelm, der den ihm lange feindlich gesinnten Erzbischof von Canterbury, Stigand, ausgeschaltet hat, vom Erzbischof von York, Ealsdred, in Westminster krönen. Ein Aufstand in Northumbrien wird unbarmherzig unterdrückt, und der schottische König Malcolm, der die Aufständischen unterstützt hat, muß Wilhelm 1072 huldigen. Eine letzte angelsächsische Revolte 1075 führt zum Verschwinden aller angelsächsischen *earls*, die von Normannen ersetzt werden. 1070 setzt eine Synode unter dem Druck des Eroberers den Erzbischof Stigand von Canterbury ab und ersetzt ihn durch Abt Lanfranc von Saint-Etienne in Caen, einen Freund und Berater Wilhelms. 1086 versammelt der König in Salisbury »alle Grundbesitzer von einiger Bedeutung im Königreich, welchem Herrn immer sie unterstellt waren, und alle huldigten ihm, wurden seine Mannen, schworen ihm Treue und versprachen ihm gegen jedermann Hilfe«. Danach läßt er eine große Zählung der Menschen, Länder und Einkünfte seines Königreichs aufstellen: das Buch des Jüngsten Gerichts, das *Domesday Book*.

Die Eroberung Englands durch Wilhelm den Bastard war von einer bedeutenden normannischen Einwanderung vorbereitet worden, die um die Mitte des 11. Jahrhunderts zugenommen hatte und Teil einer viel größeren normannischen Diaspora war, die sich vorwiegend nach Süden, zum Mittelmeer gewandt hatte. Man findet diese Normannen in den Truppen der Reconquista und bei den Ansiedlern in Spanien wieder — und bei den Kreuzzügen.

Sie setzen sich auch in Süditalien und Sizilien fest und greifen von da auf das mittlere und östliche Mittelmeer aus. Die Eroberung Süditaliens und Siziliens, sowie die päpstliche Zuerkennung des Herzogstitels für Robert Guiscard (1059) und des Königstitels für Roger II. (1130), der unter seiner Herrschaft die normannischen Gebiete beider Sizilien vereinigt, führen zu einem Königreich, dessen Originalität schon hervorgehoben

◄ Abb. 7: Die Ausbreitung des Abendlandes vom 11. bis zum 14. Jahrhundert

wurde, dessen Dynamik und Angriffslust aber hier dargestellt werden sollen. Schon Robert Guiscard hat zwischen 1081 und 1083 Epirus und Illyrien besetzt und ist bis Skopje am oberen Wardar und bis nach Larissa in Thessalien vorgedrungen. Die Byzantiner haben venezianischer Hilfe bedurft, um die Kontrolle der Adria durch die Normannen zu verhindern. Aber die Normannen geben nicht auf. 1147 bemächtigen sie sich Korfus, unternehmen Piratenzüge nach Epirus und in den Peloponnes, plündern Theben und Korinth; 1149 stoßen ihre Schiffe bis Konstantinopel vor. Der Gegenschlag des Kaisers Manuel Komnenos ist heftig: er nimmt Korfu zurück und verwüstet Apulien. Die Adria wird nicht normannisch, aber auch nicht byzantinisch, sondern venezianisch. Die Normannen spielen in der im Lauf des 12. Jahrhunderts wachsenden Feindseligkeit zwischen Lateinern und Byzantinern eine wichtige Rolle: sie gipfelt in der Einnahme Konstantinopels (1204) während des vierten Kreuzzugs. Nach dem Tod Manuel Komnenos' (1080) unternimmt Wilhelm II. von neuem einen Angriff gegen das byzantinische Kaiserreich, und man weiß, daß sich Kaiser Heinrich VI., der Nachfolger der Normannen in Sizilien, 1197 anschickt, die Eroberung der Welt durch die Einnahme Konstantinopels zu eröffnen.

Unterdessen betreiben die Normannen auch in Nordafrika eine Eroberungs- und Ausbreitungspolitik, die, diesmal gegen die Moslems gerichtet, ebenfalls beabsichtigt, ihnen die Herrschaft im mittleren und östlichen Mittelmeer zu sichern. 1118 faßt Roger II. in Tunesien Fuß. Aber die normannischen Erfolge sind unbeständig und die Besetzungen von geringer Dauer: die Insel Dscherba, dann Tripolis (1146), Gabès (1147), Mahdia, Sus, Sfax (1148), Bône (1154) bleiben nicht lange in normannischen Händen. Die Eroberung Maltas (1091) ist dauerhafter. Aber die dreimal (1174, 1175 und 1177) wiederholten Versuche Wilhelms II., sich der Nilmündung zu bemächtigen, bleiben erfolglos.

Diesen regen Unternehmungen der Normannen im Mittelmeer muß man noch den wichtigen Anteil, den sie an den Kreuzzügen haben, hinzufügen. Bohemund, der Sohn Robert Guiscards, nimmt 1098 Antiochien ein und gründet dort ein normannisches Fürstentum, das sein Neffe Tankred erbt.

DER GROSSE APPETIT: DIE DEUTSCHE OSTKOLONISATION

An einer anderen Grenze der Christenheit, im Osten, setzt die germanische Ausbreitung gleichfalls eine ältere Tradition fort. Ohne bis zu den Karolingern zurückzugehen, genügt es, an die von Heinrich I. (919—936), dem Vogler, anfangs des 10. Jahrhunderts begonnenen Anstrengungen zu erinnern, um die Slawen, die bis über die Elbe und Saale vorgedrungen waren, wieder in den Osten zurückzuwerfen. Man darf auch nicht vergessen, daß die »germanische« Expansion Bevölkerungen einschließt, die im Nordwesten des Imperiums oder an seinen Grenzen sitzen — Holländer, Flamen, Lotharingier oder Lothringer und Franzosen —, die also zu jener Zone gehören, in der die Bevölkerungszunahme sehr früh und stark eingesetzt hat. Die berühmte Charta Bischof Friedrichs von Hamburg (1106) ist Holländern gewährt: »Dieser Vertrag, den die Leute von jenseits des Rheins, Holländer genannt, mit uns eingegangen sind«, erklärt der Bischof, »soll von allen gekannt sein; diese Menschen suchten unsere Herrlichkeit auf und baten inständig um die Überlassung eines Landes innerhalb unseres Bistums, das bisher unbebaut und sumpfig war und den Bewohnern des Landes ohne Nutzen, um es zu kultivieren.«

Der deutsche Zug zum Osten ist vielgestaltig: bald handelt es sich um friedlichen Anbau unbestellten Landes, bald um Kaufmannsniederlassungen oder Kolonisierungen auf Grund von Privilegien, bald um gewaltsame Eroberungen, die sich manchmal unter religiösen Vorwänden verbergen. Die Mönchsorden nehmen einen entscheidenden Anteil daran.

So sind in der 1156 zugunsten der Babenberger zum Herzogtum erhobenen Mark Österreich die Klöster Melk (1089) und Klosterneuburg (1114), die Zisterzienserabteien Heiligenkreuz (1135) und Zwettl (1137) Zentren des Anbaus und geistige wie religiöse Mittelpunkte. Die Hauptinitiative zwischen Elbe und Saale liegt bei den Markgrafen von Meißen, vor allem bei Markgraf Konrad aus dem Hause Wettin (1126), der seinen Ländern die Mark Lausitz hinzufügt, die mit der Mark Meißen zusammen die Ostmark bildet.

Die beiden deutschen Fürsten, die in der Mitte des 12. Jahrhunderts den wichtigsten Beitrag zur Ostkolonisation leisten, sind Albrecht der Bär und Heinrich der Löwe. Diese beiden Rivalen stoßen auf den gleichen Feind: die slawische Bevölkerung der Wenden. Die Deutschen führen einen mitleidlosen Vernichtungskampf gegen die Wenden und erlangen vom Papst, ungeachtet der in diesen Gegenden gerade stattfindenden Missionierung, eine Tarnung ihres Unternehmens als »Kreuzzug«. Der Kreuzzug von 1147, der eine allgemeine Erhebung der Wenden beantwortet, endet als jämmerlicher Mißerfolg. Aber 1150 läßt sich Albrecht der Bär von Herzog Pribislaw Brandenburg abtreten, das zur Mark wird. Unterdessen besiegt der Sachsenherzog Heinrich der Löwe die Obotriten 1147 ein erstes Mal, dann zwischen 1160 und 1164 endgültig. Er gründet die Bistümer Oldenburg, Mecklenburg und Ratzeburg.

Am Ende seiner Slawenchronik kann Helmold 1171 schreiben, daß das gesamte Gebiet zwischen Elbe und Meer, von der Eider bis Schwerin, eine »Kolonie der Sachsen« geworden ist.

Solche Kriege und Greueltaten verhindern aber weder geistige noch wirtschaftliche Regsamkeit. Eine mit der Wendenmissionierung und dem Kreuzzug von 1147 besonders eng verknüpfte Persönlichkeit, der Prämonstratenser Anselm, Bischof von Havelberg, skizziert in seinen *Dialogi* (1145) eine Theorie der geschichtlichen und religiösen Entwicklung, die das Entstehen neuer Orden und das Auftauchen neuer Formen religiösen Lebens als Antwort auf neue Bedürfnisse rechtfertigt.

Die Bodenbestellung und die Entwicklung der Märkte, die oft frühere slawische Märkte fortsetzen oder ablösen, werden durch juristische Privilegien begünstigt, unter denen die der Stadt Magdeburg eine besonders vorteilhafte Entwicklung nehmen (man wird sie bald die »Magdeburger Stadtrechte« nennen). Albrecht der Bär gewährt sie zum Beispiel vor 1170 der Stadt Stendal.

Endlich zeigt das berühmte Beispiel Lübecks, wie die Ausbreitung des Fernhandels mit der deutschen Ostkolonisierung des 12. Jahrhunderts zusammengeht. Wir kommen darauf zurück.

WIEDEREROBERUNG VERLORENER GEBIETE:
DIE SPANISCHE RECONQUISTA

Es gibt in der zweiten Hälfte des 11. und im 12. Jahrhundert eine weitere Ausbreitung der Christenheit, die, wenn auch mehrere Jahrhunderte alt, durch Intensivierung und veränderten Charakter gleichfalls eine neue Wendung nimmt: die spanische Reconquista.

Bis zum 11. Jahrhundert waren die kleinen christlichen Staaten Nordspaniens und die karolingischen Herrscher und Herren jenseits der Pyrenäen nur langsam nach Süden vorgestoßen, während sie gleichzeitig ihre — rasch abgewiesenen — Streifzüge nach Norden weiter ausdehnten. Um das Jahr 1000 scheinen die siegreichen Unternehmungen Al-Mansurs dieses Vordringen aufgehalten zu haben.

Wenn auch das Ende des Kalifats von Cordoba (1031) und die Anarchie, die in den kleinen mohammedanischen Königreichen, den *Taifas*, herrscht, eine günstige Gelegenheit für die christliche Rückeroberung bieten, so sind sie doch keineswegs deren Ursache. Den christlichen Königreichen Spaniens kommt der allgemeine Aufstieg der Christenheit zugute, namentlich, neben ihrem eigenen Elan, die starke Unterstützung durch Einwanderer von jenseits der Pyrenäen. Neben den normannischen, französischen, burgundischen und gascognischen Rittern, welche die spanischen Reihen verstärken, spielt das Eingreifen Clunys eine besonders wichtige Rolle. Es trägt zur monastischen Erneuerung durch die Gründung einer Reihe von Klöstern kräftig bei: San Juan de la Peña 1025, Sahagun 1079; außerdem setzt es seine Mönche auf die Bischofsstühle Spaniens: Bernhard von Lédirac, Abt von Sahagun, wird Erzbischof von Toledo (1086–1112); Géraud von Moissac, Erzbischof von Braga; Bernhard von Agen Bischof von Sigüenza und Erzbischof von Compostela; ferner läßt es durch seine Äbte Inspektionsreisen unternehmen (Abt Hugo von Cluny 1090, Petrus Venerabilis fünfzig Jahre später). Es begünstigt die Wallfahrt zum heiligen Jakob nach Compostela. Vor allem macht es die Reconquista zum Religionskrieg, zum Kreuzzug. 1063 gewährt Papst Alexander II. (1061–1073) denjenigen Ablaß, die in Spanien gegen die Ungläubigen kämpfen.

Das Unternehmen von 1064 unter der Führung des Herzogs von Aquitanien und der Gascogne, Gui-Geoffroi, und eines normannischen Abenteurers aus Süditalien, Wilhelm von Montreuil, entreißt den Moslems Barbastro, wo reiche Beute gemacht wird.

Die christliche Reconquista in Spanien, die noch vier Jahrhunderte dauert, schreitet nicht gleichmäßig voran. Sie erlebt Höhepunkte und Stillstände, Siege und Niederlagen. Häufig geht sie planlos vor sich. Einer der berühmtesten Helden, Rodrigo Diaz aus Vivar, der Cid, der 1099 stirbt, dient und kämpft nacheinander unter christlichen und mohammedanischen Fürsten. Aber sie beginnt, die Mauren endgültig zurückzudrängen.

Am 6. Mai 1085 zieht Alfons VI. von Kastilien in Toledo ein und besetzt das ganze Land zwischen Duero und Tajo. Aber im folgenden Jahr landet der Berber Jusuf Ibn Taschfin von Marokko in Algeciras und besiegt Alfons VI. in Zallaca. Die Dynastie der Almoraviden nimmt den Süden Spaniens wieder fest in die Hand und läßt allenfalls kurze Raubzüge der Kastilier über den Tajo zu.

Dennoch nehmen Franzosen und Spanier 1093 den Moslems den Norden Portugals bis zum Tajo mit Santarem, Cintra, Lissabon ab. Aber 1111 erobern die Almoraviden Santarem, dann Lissabon zurück. Erst 1147 kann Graf Alfonso Henriquez Santarem und Lissabon wiedergewinnen; er überschreitet dann den Tajo, entsetzt Beja (1163) und Evora (1165). Alexander III. erkennt 1179 seinen Königstitel an und sein Sohn Sancho I. bemächtigt sich Algarves (1189).

Im Osten nimmt Raymond-Berengar III., Graf von Barcelona, Tarragona, aber die Balearen kann er nicht halten.

Die Aragonesen bleiben nicht tatenlos. Alfons I., der »Schlachtenkämpfer«, erobert Tudela 1114 und 1118 Saragossa, das er

zu seiner Hauptstadt macht. 1125/26 erreicht er während eines
großen Raubzugs *(algarade)* südlich von Granada das Meer, muß
aber wieder zurückweichen.

Von neuem fällt das Reich der Almoraviden in Anarchie. Alfons VII. von Kastilien zieht daraus Nutzen und läßt sich von
dem maurischen Herrn von Cordoba 1146 huldigen. Aber eine
neue fanatische Berberdynastie aus Tlemcen erobert ihrerseits
den westlichen Maghreb, dann das arabische Spanien, zwingt
die letzten Almoraviden, sich auf die Balearen zurückzuziehen,
und nimmt Alfons VII. Cordoba wieder ab.

Im Juli 1195 besiegt der almohadische Kalif Al-Mansur den König von Kastilien Alfons VIII. (1158–1214) vernichtend in
Alarcos im Guadiana-Tal. Im April 1196 stirbt König Alfons II.
von Aragonien (1163–1196), dem sein minderjähriger Sohn
Peter II. (1196–1213) nachfolgt. Die Reconquista steht im
Augenblick still.

Der heilige Krieg, der sich nach 1050 in Spanien entzündet hat,
findet sein Ziel vor allem im Orient. Der Kreuzzug schlechthin
richtet sich auf den höchsten Anziehungspunkt der Christenheit: Jerusalem.

DAS ALIBI DER KREUZZÜGE: VON DER PILGERFAHRT
ZUM KREUZZUG

Auch die Kreuzzüge knüpfen an eine alte Tradition an, an
die Pilgerfahrten. Um das Jahr 1000 steigert sich die Inbrunst
der Wallfahrt ins Heilige Land. Gleichzeitig entwickelt sich jener Komplex aus Gerüchten und die Mentalität, aus denen die
Kreuzzüge entstehen werden. Man erzählt im Westen, daß die
Moslems ihre Grausamkeiten gegen die heiligen Stätten und
die Pilger verdoppeln und daß die Juden ihren Verrat am Christentum erneuern, und man wiegt sich in der Hoffnung, die Ungläubigen zu bekehren, die man übrigens als *Heiden* betrachtet.
Für diesen wandernden geistigen Aufruhr ist Raoul Glaber zu
Beginn des 11. Jahrhunderts ein guter Zeuge: »Im neunten
Jahr nach dem Jahr 1000 wurde die Kirche, in der sich in Jerusalem das Grab unseres Herrn und Heilands befand, auf Geheiß des Fürsten von Babylon ganz und gar zerstört . . . Da diese glorreiche Gedenkstätte des Ruhms unseres Herrn aus der
ganzen Welt eine Menge Besucher nach Jerusalem zog, begann
der Teufel voll Haß mit Hilfe seines üblichen Verbündeten, der
jüdischen Nation, über die Anhänger des wahren Glaubens das
Gift seiner Gemeinheit auszugießen. Es gab in Orléans, einer
Königsstadt in Gallien, eine beträchtliche Kolonie dieser Rasse,
die sich stolzer, boshafter und unverschämter zeigte als ihre

Abb. 8: Die Fahrenden: Kreuzritter und Pilger. Kreuzritter und Pilger bei der Ankunft an der Pforte des Paradieses. Ausschnitt aus dem Tympanon der Kathedrale von Autun (Saône-et-Loire, Frankreich)

Artgenossen. In hassenswerter Absicht verführten sie mit Geld einen Vagabunden, der das Pilgerkleid trug, Robert genannt, einen entflohenen Leibeigenen aus dem Kloster Sainte-Marie-de-Moutiers. Mit tausend Vorsichtsmaßnahmen schickten sie ihn zum Fürsten von Babylon mit einem hebräisch geschriebenen Brief, der in seinen Pilgerstab unter einer kleinen Eisenrolle eingelassen wurde, damit man nicht Gefahr lief, daß er ihm entrissen werde. Der Mann machte sich auf den Weg und trug dem Fürsten diesen Brief voller Lügen und Gemeinheiten zu, in dem ihm gesagt wurde, wenn er sich nicht beeile, das verehrungswürdige Haus der Christen niederzuwerfen, müsse er selbst damit rechnen, daß jene bald sein Königreich besetzten und ihn aller seiner Würden entkleideten.

Auf diesen Brief hin schickte der wütende Fürst sofort eine Expedition nach Jerusalem, die das Heiligtum zerstören sollte... Das göttliche Erbarmen wollte, daß die Mutter dieses gleichen Fürsten, ich meine des Amirats von Babylon, eine sehr christliche Frau namens Maria, das auf Befehl ihres Sohnes zerstörte Heiligtum Christi mit schönen behauenen Steinen wiederaufbauen ließ. Man sagt übrigens auch, daß, einem anderen Nikodemus vergleichbar, ihr Mann, der Vater des Fürsten, um den es sich hier handelt, insgeheim Christ war. So strömte aus der ganzen Welt eine unglaubliche Menge Leute nach Jerusalem, mit zahlreichen Opfergaben für die Wiederherstellung des Gotteshauses beladen.« Und weiter: »Zur selben Zeit eilte eine zahllose Menge aus der ganzen Welt zum Grab des Heilands nach Jerusalem; niemand hätte einen solchen Zustrom vorhersehen können. Es waren zunächst Menschen aus dem Volk, dann solche der Mittelschicht und die größten Könige, Grafen und Prälaten; endlich sah man, was man noch nie gesehen hatte: hochgeborene Frauen zogen mit den niedrigsten Leuten an diesen Ort. Viele sehnten sich zu sterben, bevor sie in ihre Heimat zurückkehrten...«

1078 erobern die Türken, die die Herren Bagdads und seit 1055 »Beschützer« des Kalifen sind, Syrien und bemächtigen sich Jerusalems. Christliche Chroniken des 12. Jahrhunderts geben den türkischen Fanatismus, der die christliche Pilgerfahrt verhindert habe, als Hauptgrund für die Kreuzzüge an. Diese Fabel entspricht weder den orientalischen Tatsachen, denn die Türken hemmen die Wallfahrt keineswegs, noch der westlichen Wirklichkeit, denn am Ende des 11. Jahrhunderts scheint man sich noch nicht auf den türkischen Vorwand berufen zu haben. Ausgelöst wurden die Kreuzzüge durch die päpstliche Initiative. Schon in Spanien hatte sie die Umwandlung der Reconquista in einen heiligen Krieg begünstigt. Die Ausfahrt nach Jerusalem fand im Zusammenhang der gregorianischen Reform ihren

Platz. Zunächst gab es einen ganz bestimmten Anlaß: Gregor VII., später Urban II. suchten in ihrem Kampf gegen Heinrich IV. die Unterstützung der byzantinischen Kaiser. Diese wiederum waren an einer Unterstützung interessiert, die die Normannen mäßigen und ihnen gegen die Petschenegen im Norden und die türkischen Seldschuken in Anatolien helfen sollte. Das Unternehmen Urbans II., im Heiligen Land einen Ablenkungsfeldzug zu organisieren, entsprach nicht ganz dem Wunsch des *basileus* Alexios Komnenos, und die Schwierigkeiten zwischen Griechen und Lateinern vertieften sich seit dem ersten Kreuzzug.

Diesen scheinen Urban II. und der Bischof der Stadt, Aimar von Monteil, 1095 in Le Puy beschlossen zu haben. Aimar war 1087 als Pilger im Heiligen Land gewesen. Er gehörte einer großen Familie des südlichen Adels an, die mit dem Grafen von Toulouse nahe verwandt war. Ihm vertraute der Papst auf den Vorschlag des Bischofs von Le Puy hin die Leitung eines kleinen Feldzugs nach dem Vorbild der spanischen Züge in den Jahren 1064, 1073 und 1088 an. Im November 1095 verkündete der Papst in Clermont dieses Unternehmen; Wortlaut und Widerhall sind uns unbekannt, denn die Berichte des 12. Jahrhunderts, die das Ereignis überliefern, haben die Ansprache des Papstes und den Enthusiasmus, der unmittelbar darauf folgte, sicherlich erfunden. Wahrscheinlich dachte Urban II., daß das Papsttum, über dieses begrenzte Unternehmen hinaus, in seinem Kampf gegen das Imperium aus dem Kreuzzugsgedanken Nutzen ziehen könne. Es würde als Führer der Christenheit auftreten und der turbulenten christlichen Ritterschaft ein Ventil verschaffen, das vielleicht dazu beitrug, jenen »Frieden«, zu dessen Wortführer die Kirche sich gemacht hatte, im Westen herbeizuführen.

Noch während des zweiten Kreuzzugs hob der heilige Bernhard 1146 die reinigende Wohltat, die der Kreuzzug der Christenheit bringen könne, in einem Sühne-Zusammenhang hervor, denn die Kreuzzüge waren zur christlichen Buße schlechthin geworden. In seinem Brief an den Erzbischof von Köln und den Bischof von Speyer pries der heilige Bernhard den Kreuzzug als »eine erlesene Erfindung« des Herrn, durch den »er zu seinem Dienst auch Mörder, Räuber, Ehebrecher, Meineidige und viele andere Verbrecher zuläßt und ihnen eine Gelegenheit zum Heil bietet«.

Sicher ist, daß der Papst von dem Widerhall seiner Predigt überrascht war. Sie fiel tatsächlich in eine für die Ideologie des heiligen Krieges vorbereitete Umgebung, die außerdem darin noch die Gelegenheit fand, zugleich mit der Sicherung des ewigen Heils, ihren Schwierigkeiten und materiellen Nöten zu entkommen. Jene Gegenden, in denen die Bevölkerungszunahme, die Hungersnöte und die Epidemien des Mutterkornbrands während der zweiten Hälfte des 11. Jahrhunderts am stärksten herrschten, stellten auch die Haupttruppen des ersten Kreuzzugs: das Rheinland, Lothringen, Flandern, Ile-de-France, Languedoc, Provence, Süditalien.

Sicher ist auch, daß Handelsmotive eine geringe Rolle beim Ausbruch der Kreuzzüge spielten. Die großen Kaufmannsstädte Italiens nahmen erst dann widerwillig an dieser Bewegung teil, als sie unwiderstehlich und so umfassend erschien, daß ihr eigenes Interesse verlangte, allen nur möglichen Gewinn daraus zu ziehen. Die Genuesen entschieden sich als erste, dem Aufruf der Bischöfe von Grenoble und Orange zu folgen; im November 1097 kamen zwölf ihrer Galeeren in Alexandrette an. Auf Betreiben des Papstes, der seinen Legaten Daimbert zum Erzbischof von Pisa machte, schickten auch die Pisaner eine Flotte zu Hilfe (120 Schiffe), aber erst im September 1099, nach der Eroberung Jerusalems. Venedig bequemte sich schließlich im Sommer 1100, 200 Schiffe zu entsenden.

DER ERSTE KREUZZUG

Der erste Kreuzzug umfaßte mehrere unterschiedliche Feldzüge. Ein volkstümlicher Kreuzzug von Bauern und Armen ohne militärische Organisation brach zuerst auf. Es war ein wahrhafter Volkshaufen, der in zwei Wellen anbrandete — die eine Gruppe bestand meist aus Deutschen unter der Leitung Walters ohne Habe, die andere vor allem aus Franzosen, von Petrus von Amiens durch das byzantinische Kaiserreich geführt; sie plünderten und töteten die Juden auf ihrem Weg. In Kleinasien wurden sie im November 1096 von den Türken getötet oder als Sklaven verschleppt.

Der lothringische Kreuzzug, vorwiegend aus den wallonischen Ländern zusammengestellt und von Gottfried von Bouillon (aus den Ardennen) angeführt; der italienische Kreuzzug von Bohemund, dem Sohn Robert Guiscards und dessen Neffen Tankred geleitet und vor allem aus Normannen bestehend; der languedocische Kreuzzug, dessen Anführer der vom Papst bestimmte Raymond von Toulouse war, der versuchte, als Oberhaupt aller Kreuzfahrer anerkannt zu werden; der französische Kreuzzug, vom Herzog der Normandie, Robert Kurzhose, und seinem Schwager Stephan von Blois befehligt: sie alle stießen im byzantinischen Kaiserreich zusammen und besiegten nach großen Schwierigkeiten mit Alexios Komnenos die Türken bei Doryläum am 1. Juli 1097, unterstellten einen Teil Anatoliens der byzantinischen Herrschaft und öffneten so den Weg ins Innere. Balduin von Boulogne schaffte sich Ende 1097 ein Fürstentum in Edessa und Bohemund im Juni 1098 ein anderes in Antiochien, wobei beide die byzantinische Lehenshoheit übergingen. Endlich wurde am 15. Juli 1099 Jerusalem eingenommen. Der anonyme Chronist des ersten Kreuzzugs schreibt: »In der Stadt verfolgten und töteten unsere Pilger die Sarazenen bis zum Tempel Salomos, wo sie sich versammelten und während des ganzen Tages den unseren den wütendsten Kampf lieferten, so daß der ganze Tempel von ihrem Blut triefte. Endlich, nachdem sie die Heiden niedergezwungen hatten, fingen die unseren im Tempel eine große Anzahl Kinder und Frauen und töteten sie oder ließen sie am Leben, wie es ihnen gut dünkte. Auf den Tempel Salomos hatte sich eine vielköpfige Gruppe von Heiden beiderlei Geschlechts geflüchtet, denen Tankred und Gaston von Béarn ihre Fahnen als Schutz gegeben hatten. Die Kreuzfahrer liefen bald durch die Stadt, rafften Gold, Silber, Pferde, Mulis zusammen und plünderten die Häuser, die vor Reichtum überflossen. Danach, glücklich und vor Freude weinend, gingen die unseren zum Grab unseres Heilands Jesus Christus und entledigten sich ihrer Schuld gegen ihn. Am anderen Morgen stiegen sie auf das Dach des Tempels, griffen die Sarazenen an, Männer und Frauen, und enthaupteten sie mit gezogenem Schwert. Einige stürzten sich vom Tempel herab. Dieser Anblick erfüllte Tankred mit Empörung.« Urban II. starb einige Tage später, ohne die Neuigkeit erfahren zu haben. Die Barone wählten an die Spitze des neuen Staates den mittelmäßigen Gottfried von Bouillon, der sich nur Sachwalter nennen ließ und mit dem ehrgeizigen Legaten Daimbert von Pisa zusammenstieß, der den Titel eines Patriarchen angenommen hatte und eine Klerikalherrschaft in Jerusalem zu errichten versuchte. Im Juli 1100 starb Gottfried; sein Nachfolger wurde Balduin von Edessa. Er zwang Daimbert, ihn Weihnachten 1100 zum König von Jerusalem zu krönen. Palästina wurde ein militärisches und weltliches Königreich, dessen König seine Oberhoheit von Bohemund und später von dessen Nachfolger Tankred, Fürsten von Antiochien, und von Raimond von Saint-Gilles, der sich ein Fürstentum um Tripolis im Libanon geschaffen hatte, anerkennen ließ.

Balduin I. sicherte die militärische Herrschaft der Lateiner in Palästina, und bei seinem Tod (1118) konnten die schwachen Reaktionen der Mohammedaner, ob es sich nun um die Türken oder die Fatimiden Ägyptens handelte, glauben lassen, daß die Herrschaft der Lateiner trotz ihrer militärischen Schwäche dauerhaft sei.

DER ZWEITE UND DRITTE KREUZZUG

Alles änderte sich mit dem Aufstieg des Turkmenen Zenki, Atabeg von Mossul (1128), der den Moslems den Geist des *dschihad*, des heiligen Krieges, wieder einflößte. Zwischen 1135 und 1137 nahm er den Christen den östlichen Teil der Fürstentümer Antiochien und Tripolis und — eine Zeitlang durch das Bündnis der Lateiner mit den Moslems von Damaskus zum Stehen gebracht — am 25. Dezember 1144 Edessa ab.

Die Neuigkeit der Einnahme Edessas rief in einem Teil der westlichen Ritterschaft eine Erregung hervor, die der französische König Ludwig VII., der sehr fromm war und für eine Reihe bedrückender Fehler Buße zu tun suchte, ausnutzen wollte. Trotz des Widerstands von Abt Suger von Saint-Denis und der Zurückhaltung des heiligen Bernhards gelang es ihm, Papst Eugen III. (1145—1153) zu überzeugen, und auf dessen Verlangen predigte Bernhard den Kreuzzug mit großem Eifer. Schließlich erlangte er im Dezember 1146 auch die Zustimmung Kaiser Konrads III.

Der zweite Kreuzzug schien sich gut anzulassen. Er wurde von den beiden mächtigsten Herrschern des Westens geführt. Durch die Erfahrungen des ersten Kreuzzugs belehrt, bereiteten die beiden Fürsten die Unternehmung sehr genau vor. Rasch verschlechterten sich aber die Beziehungen zwischen Franzosen und Deutschen und vor allem zwischen Kreuzfahrern und Byzantinern. Konrad III., später auch Ludwig VII., verloren vier Fünftel ihrer Stärke, als sie Anatolien durchquerten, wo die Truppen von den Türken, von Hungersnot und Krankheit dezimiert wurden. Als sie schließlich mit dem Rest ihrer Armee bei Antiochien anlegten, erlitten sie eine jämmerliche Niederlage vor Damaskus. Konrad und die Deutschen schifften sich bereits am 8. September 1148 wieder ein. Ludwig VII., der zu allem Überfluß noch durch sein eheliches Unglück litt — es führte ihn zur Scheidung von Eleonore, die sich mit ihrem jungen Onkel, Guido von Lusignan, Fürst von Antiochien, ins Gerede gebracht hatte — verließ seinerseits im Frühling 1149 Jerusalem. Die Enttäuschung im Westen war groß.

Nur-ed-din, der Nachfolger Zenkis, eroberte daraufhin zwischen 1149 und 1151 einen Teil des Fürstentums Antiochien und die ganze Grafschaft Edessa. Er schuf einen mächtigen Militärstaat mit Innersyrien (Aleppo und Damaskus) als Mittelpunkt, der sich von Mossul bis Ägypten erstreckte und demgegenüber das kleine fränkische Syrien als leichte Beute erschien.

Die Gefahr kam aber schließlich aus Ägypten, trotz einer Reihe von siegreichen Präventivfeldzügen, die der lateinische König von Jerusalem, Amalrich I., dorthin zwischen 1162 und 1169

Abb. 9: Kreuzzüge und Kreuzfahrerfestungen.
Der Krak des Chevaliers (Höhenburg). Rekonstruktion im Palais Chaillot, Paris

unternommen hatte. 1171 löste der türkische Wesir Salah-ed-din die fatimidische Dynastie Ägyptens auf, stellte die sunnitische Orthodoxie wieder her, bemächtigte sich des zengidischen Staates und nahm 1174 Damaskus und 1183 Aleppo ein. Saladin (Salah-ed-din) nutzte den Streit zwischen König Guido von Lusignan, Usurpator Jerusalems, der von den Baronen des Westens und dem hohen Klerus gestützt wurde, und dem Regenten Raimond von Tripolis, der die »eingeborenen« Barone hinter sich hatte, und vernichtete die fränkische Armee in Hattin, nahm Lusignan gefangen und eroberte Jerusalem am 2. Oktober 1187. Die Lateiner behielten nur drei Brückenköpfe in Palästina: Antiochien, Tripolis und Tyrus.

Die in den Westen gesandten Hilferufe lösten bei vielen Kirchenfürsten und Rittern eine Erschütterung und Begeisterung aus, welche die bedeutendsten Herrscher, obschon sie mit gegenseitigen Streitigkeiten beschäftigt waren, zum Kreuzzug zwang; Kaiser Friedrich Barbarossa brach im Frühling 1189 auf, ertrank am 10. Juni 1190 in Kilikien und verursachte damit die völlige Auflösung des deutschen Kreuzzugs; der französische König Philipp II. August und der englische Richard Löwenherz verständigten sich nach tausend Ausflüchten, um im Juli 1190 aufzubrechen. Philipp August langte als erster auf dem Seewege an und kam den Franken zu Hilfe, die zusammen mit venezianischen und genuesischen Flotten Akkon belagerten, das am 12. Juli 1191 genommen wurde. Am 2. August kehrte der französische König, dem vor allem seine eigenen Angelegenheiten am Herzen lagen, zurück. Richard Löwenherz, der auf dem Wege Zypern erobert hatte, trug einige aufsehenerregende Siege davon, die ihn zum Idol der westlichen Ritterschaft und zum Schreckbild der Sarazenen machten, denen er wegen der Metzeleien, die er anordnete, besonders verhaßt war. Aber, abgestoßen von den Feindseligkeiten zwischen Franzosen und Engländern, westlichen und eingesessenen Rittern, beunruhigt von den Ereignissen in seinen eigenen Ländern, schiffte sich dieser Wirrkopf, als er bis auf 20 Kilometer an Jerusalem herangekommen war, seinerseits im Januar 1192 zur Heimreise ein.

Das neue fränkische Königreich, das sich außer den Brückenköpfen Antiochien und Tripolis im Norden vor allem um Akkon konzentrierte und in den Händen der Eingesessenen war (der westliche Adel befaßte sich vor allem mit der Beschaffung von Lehen auf Zypern), bot ein vom lateinischen Königreich Jerusalem des 12. Jahrhunderts völlig verschiedenes Aussehen. Als Seestaat, dessen wesentliche Teile aus der Küstenfront bestanden, hing es vor allem vom Nachschub an Lebensmitteln und Menschen ab, den ihm der Westen schickte; dieser aber wurde mehr und mehr durch das innere Wachstum von seinen fernen Grenzen abgezogen.

BILANZ DER KREUZZÜGE

Die Kreuzzüge waren 1192 noch nicht beendet. Aber ihr Schwung war gebrochen. Selbst der dritte Kreuzzug wurde nicht von der gleichen »Begeisterungswelle« getragen wie die beiden ersten. Zu Recht darf man hier Bilanz machen.
Diese Bilanz ist weitgehend negativ.
Von den drei ausgesprochenen oder unbewußten Zielen, welche die Initiatoren der Kreuzzüge und die Kreuzfahrer sich gesetzt hatten, wurde keines erreicht.
Das erste, wesentlichste war die Eroberung der heiligen Stätten Jerusalems. Man besaß sie kaum ein Jahrhundert lang. Diese Eroberung ließ religiöse Leidenschaften wieder aufflammen, die für lange Zeit die wirkliche christliche Tradition im Heiligen Land in Frage stellten, nämlich die Wallfahrt. Angesichts dieser lateinischen Eroberung besannen sich die Türken wieder auf den muselmanischen Fanatismus des *dschihad*, des heiligen Krieges. Mehr noch. Die Kreuzzüge entfachten im Westen entlang der Kreuzfahrerstraßen einen heftigen und mörderischen Antisemitismus, der dazu beitrug, der Toleranz, welche die Christen im allgemeinen bis dahin gegenüber den Juden geübt hatten, ein Ende zu setzen. Endlich entdeckten die Lateiner überrascht und voll Ärger die Bedeutung der nichtrömischen christlichen Gemeinschaften in Syrien und Palästina. Die griechischen, armenischen und syrischen Christen wurden bald von den Lateinern, angefangen bei Bohemund von Antiochien, verfolgt; man ermutigte sie nicht, ihre Anstrengungen mit denen der Lateiner zu vereinigen, um den Rückeroberungen der Sarazenen Einhalt zu gebieten, und sie bewahrten gegenüber den Katholiken einen dauerhaften Groll.
Das zweite Ziel war, den Byzantinern zumindest indirekt zu Hilfe zu kommen. Aber jeder der drei ersten Kreuzzüge vermehrte die Feindschaft zwischen Griechen und Lateinern so sehr, daß der vierte Kreuzzug in der blutigen Einnahme Konstantinopels durch die Abendländer gipfelte.
Das dritte war, die Christenheit gegen die Ungläubigen zu einen, sie von ihren Sünden und ihren Sündern durch die große Buße der »Fahrt übers Meer« zu reinigen. Auch hier verschärften sich nur im engen Miteinander der gemeinsamen Feldzüge die Feindschaften: persönliche Rivalitäten der Anführer, nationale Rivalitäten zwischen Deutschen und Franzosen, Engländern und Franzosen. Ständische Rivalitäten zwischen Klerikern und Laien, die den Klerus in einem Staat von der Macht fernhielten, der auf den Ruf der Kirche hin geschaffen wurde zur Wiederherstellung eines christlichen Jerusalems. Feindschaften zwischen Rittern und Armen; letztere den Metzeleien ausgesetzt, von der

Beute ausgeschlossen, erregten bei den Herrn eine Erbitterung, die sie in den Westen mit zurückbrachten, während die dem Heiligen Land entkommenen Unglücklichen davon einen vermehrten Haß gegen die Mächtigen und Reichen mit nach Hause nahmen. Endlich Feindschaften zwischen den neu ankommenden westlichen Kreuzfahrern und den orientalisierten Lateinern, den *poulains*. Als Saladin vor den Toren Jerusalems stand, zogen die westlichen Parteigänger Guidos von Lusignan in den Krieg gegen die ansässigen Herrn mit dem Ruf »trotz der Poulains werden wir einen poitevinischen König haben«.

Neben diese Illusionen der Kreuzfahrer muß man die Illusionen moderner westlicher Historiker setzen. Für die Mehrzahl unter ihnen haben die Kreuzzüge einen beträchtlichen und im großen und ganzen wohltätigen Einfluß auf die kulturelle und wirtschaftliche Entwicklung des Westens gehabt.

Erstens: die kulturelle Illusion. Gewiß führten die Beziehungen zwischen Christen und Moslems im Heiligen Land oft zu einer Eingewöhnung, zu einer Anlehnung, welche die einen bezauberte und die andern entrüstete.

Foucher von Chartres übertrieb vermutlich, als er zu Beginn des 12. Jahrhunderts das Wohlergehen der im Heiligen Land gebliebenen Kreuzfahrer rühmte, aber dieses Loblied dürfte ein Teil Wahrheit enthalten: »Betrachtet und bedenkt, in welcher Weise Gott in unserer Zeit den Westen in den Osten verwandelt hat; wir, die wir Westliche gewesen sind, wir sind Orientalen geworden; wer Römer oder Franke war, ist hier Galiläer oder Bewohner Palästinas geworden; wer Reims oder Chartres bewohnte, sieht sich als Bürger von Tyrus oder Antiochien. Schon haben wir die Orte unserer Geburt vergessen; schon sind sie mehreren unter uns unbekannt oder wenigstens hören sie nicht mehr davon sprechen. Mancher unter uns besitzt bereits in diesem Lande Häuser und Dienerschaft, die ihm gehören, als hätte er sie ererbt; andere haben eine Frau geheiratet, die keine Landsmännin, sondern Syrerin, Armenierin oder gar eine getaufte Sarazenin ist; wieder andere haben um sich einen Schwiegersohn, eine Schwiegertochter, einen Schwiegervater oder Stiefsohn: jener ist von seinen Neffen oder gar Großneffen umgeben; einer baut Wein an, der andere Felder; sie sprechen verschiedene Sprachen und sind alle schon so weit, um sich zu verstehen. Die verschiedensten Dialekte sind jetzt dem einen und anderen Volk geläufig, und das Vertrauen nähert die entferntesten Rassen einander an. Es steht tatsächlich geschrieben, ›der Löwe und der Ochse fressen aus der gleichen Krippe‹. Jener, der zuerst fremd war, ist nun heimisch, der Pilger wurde zum Bürger; von Tag zu Tag kommen unsere Verwandten und Nächsten hierher zu uns und geben auf, was sie im Westen besitzen. Jene, die in ihrer Heimat arm waren, hat Gott hier reich gemacht; wer nur wenig Geldstücke besaß, hat hier viele Besams; wer nur einen Pachthof sein eigen nannte, dem gab Gott hier eine Stadt. Warum soll er in den Westen zurückkehren, wenn er den Orient so günstig findet? Gott will nicht, daß diejenigen, die ihm mit ihrem Kreuz gefolgt sind, hier in Not geraten. Das ist, Ihr seht wohl, ein großes Wunder, das die ganze Welt bestaunen soll.«

Am Ende des 12. Jahrhunderts stellte der fromme spanische Moslem Ibn Jabair auf seiner Pilgerfahrt in den Orient mit Bestürzung die friedliche Koexistenz der beiden Völker fest: »Die Christen lassen auf ihren Gebieten die Moslems eine gerecht verteilte Taxe bezahlen. Die christlichen Kaufleute ihrerseits versteuern auf islamischem Gebiet ihre Waren; das Einverständnis unter ihnen ist vollkommen, und die Gerechtigkeit wird unter allen Umständen gewahrt. Die Ritter sind mit ihren Kriegen beschäftigt; das Volk bleibt in Frieden; und die Güter dieser Erde bekommt der Sieger. So verhalten sich die Leute dieses Landes in ihrem Kriege... Die Situation dieses Landes ist unter diesem Gesichtspunkt außergewöhnlich, und Worte können den Gegenstand nicht erschöpfen.«

Aber wenn auch im täglichen Leben eine Aneinandergewöhnung stattfindet, so bewahren die beiden Gemeinschaften doch ihre Überlieferungen, ihre Mentalität und ihre Verhaltensweisen. Übernahmen fremder Traditionen gibt es fast nicht. Die noch barbarischen Lateiner haben den Moslems wenig zu bieten. Dafür bringen sie, stolz auf ihre Gewohnheiten und darauf bedacht, sich nicht verführen zu lassen, ein Stück Okzident ins Heilige Land. Die Einrichtungen des lateinischen Königreichs Jerusalem und der christlichen Fürstentümer sind westlich feudal. Die ins Heilige Land eingeführte Feudalität verwirklicht, besser als im anglonormannischen England oder im normannischen Königreich beider Sizilien, ja fast bis zur Karikatur der Vollkommenheit, das ritterliche und feudale Ideal. Die Kunst des fränkischen Syriens ist ebenfalls aus dem Westen eingeführt: man findet den romanischen Rundbogen und bald darauf jene gotische Kunst, die eng mit der Christenheit des Nordwestens verbunden ist, woher sehr viele Barone des Heiligen Landes stammen; auch die Burgen, die Kraks, verdanken, was immer man gesagt hat, der orientalischen Architektur fast nichts; es sind lateinische Importe.

Die Anleihen, die der Okzident im 11. und 12. Jahrhundert beim Orient macht, stammen nicht aus diesen unfruchtbaren Streitigkeiten oder den bunt zusammengewürfelten Gemeinwesen des lateinischen Heiligen Landes. Die griechisch-arabische Wissenschaft, die orientalischen Techniken gelangen über andere, tiefer wirkende Kontaktzonen in den Westen; über Spanien, wo die islamisch-christliche Verschmelzung den Sieg über die Kämpfe der Reconquista davonträgt; über Sizilien, diesen Kreuzweg der Zivilisationen; über Byzanz, den Orient und Maghreb durch friedlichen Austausch außerhalb der Zonen militärischer Auseinandersetzungen.

Einer wirtschaftlichen Illusion geben sich Geschichtsschreiber hin, für die der Okzident, zumindest die italienischen Kaufmannsstädte, durch die Kreuzzüge und im Heiligen Land reich geworden sind. Syrien und Palästina sind nicht mehr die Endpunkte der wichtigen Handelsstraßen, denn die türkische Eroberung hat die Karawanenstraßen ins Heilige Land unterbrochen. Die christlichen Kaufleute der Kreuzzugszeit machen in Byzanz, Alexandrien und im Maghreb ihre besten Geschäfte. Immerhin haben Genua, Pisa und Venedig, zunächst zurückhaltend gegenüber den militärischen Unternehmungen, welche ihren aufblühenden Handel eher störten als begünstigten, schließlich doch die Gelegenheit zur Bereicherung genützt, die ihnen die Kreuzzüge boten. Aber größeren Gewinn als aus dem Handel, den sie in ihren Niederlassungen in den lateinischen Städten Palästinas betrieben und der auf örtlichen Austausch oder einen geringen Umkreis beschränkt war, hatten sie durch die Kreuzfahrer selbst, denen sie Schiffe, Lebensmittel und Geldanleihen lieferten. Wenn die Kreuzzüge den Okzident bereichert haben, so auf Kosten der Kreuzfahrer selbst.

Im ganzen gesehen kamen die Kreuzzüge ihre Anstifter teuer zu stehen. Die westliche Ritterschaft, die ins Heilige Land zog — »die Fahrt übers Meer« war eine moralische Verpflichtung geworden, ein Brauch, dem sich jeder Ritter, der nicht scheel angesehen werden wollte, unterwarf — verarmte dort an Menschen und Gütern, denn sie mußte ein gut Teil ihrer Ländereien und Besitzungen veräußern, um Reise, Rüstung und Auskommen in einem Land bezahlen zu können, das von Abenteurern auf der Suche nach Beute und immer seltener werdenden Lehen wimmelte. Sie hat dort auch durch die wiederholten Niederlagen gegen die Sarazenen einen Teil ihres Ansehens verloren. Und sie kam häufig eher zerrüttet als gefestigt zurück.

Auch die Kirche hat mehr verloren als gewonnen. Indem sie die Kreuzzüge zur Institution machte, Ablässe und Sondersteuern für die Kreuzfahrer, die oft nicht gleich aufbrachen und im allgemeinen besiegt wiederkamen, gewährte und *Militärorden* schuf, die, nachdem sie das Heilige Land nicht hatten halten können, sich auf den Okzident zurückzogen, ihn ausbeuteten und Ärgernis erregten, hat sie mehr Enttäuschung und Zorn hervorgerufen als Hoffnung genährt. Man konnte die

These aufstellen, daß am Ende der Kreuzzüge die Reformation stand.

Es wurde geäußert, daß der Gral, der am Ende des 12. Jahrhunderts in die höfische Literatur eindringt, ein Ersatz für das von den Kreuzfahrern verlorene Jerusalem sei, die Rückseite eines enttäuschten Traums. Damit könnte man den Pessimismus der letzten Romane von der Tafelrunde als bittere Frucht der mißratenen Kreuzfahrt verstehen.

FRIEDLICHE EXPANSION: DIE FERNKAUFLEUTE

Sind die Kreuzfahrer die großen Verlierer der christlichen Ausbreitung des 12. Jahrhunderts, so sind die großen Gewinner letzten Endes die Händler, die sich immer weiter von ihrem westlichen Ausgangspunkt hinauswagen.

Die deutschen Kaufleute, die wir bereits in Lübeck kennengelernt haben, sind in London tätig, wo Heinrich II. den »Untertanen und Bürgern Kölns und ihren Gütern und Waren den gleichen Schutz wie meinen eigenen Untertanen und Freunden« gewährt, oder in Bergen, wo am Ende des 12. Jahrhunderts der norwegische König über die unmäßigen Weinmengen, die die deutschen Händler dorthin bringen, klagt; sogar in Nowgorod, weit drin in Rußland, wohin die deutschen Kaufleute auf Gotland und anderen Waren auch flämische Tuche exportieren — die aus Ypern sind für 1130 erwähnt — und von wo sie Pelze, Wachs und orientalische Erzeugnisse zurückbringen, die über Byzanz, Kiew und Smolensk dorthin gelangt sind.

Die italienischen Kaufleute wandeln sich, nachdem sie zunächst auf die islamischen Einfälle mit Plünderungszügen geantwortet hatten, in friedliche Händler, die man von den Säulen des Herkules bis nach Alexandrien und bis Indien antrifft. Das älteste Genueser Notariatsregister, das uns erhalten ist, nennt für die Zeit von 1154 bis 1164 in Alexandrien Investitionen in Höhe von ungefähr 10 000 Genueser Pfund. In einem Vertrag aus dem Jahr 1157 verspricht der Scheich von Tunis den Pisanern seinen Schutz, schließt sie vom Handel mit Gefangenen und Sklaven aus und erläßt ihnen den Zoll auf nicht verkaufte und übers Meer zurückgeschickte Waren.

Am Ende des 12. Jahrhunderts leben etwa 10 000 Venezianer in Konstantinopel vorwiegend vom Handel. Venedig und Genua beginnen, von ihrem Handelsaufschwung mitgerissen, wahre Kolonialreiche zu bilden. Um einen Ausspruch Robert S. Lopez' aufzunehmen: »Die Ilias der Ritter wurde vorweggenommen, begleitet und übertroffen durch die Odyssee der Kaufleute.«

6. Geistige Rückwirkungen

Gleichzeitig mit der Expansion erlebt der Westen große religiöse Erschütterungen und eine unvergleichliche geistige und künstlerische Schaffenskraft. Dabei verschwindet der Vorrang entwickelterer Kulturen keineswegs. Der orientalische Anteil, der arabische Einfluß und, durch Byzanz und den Islam hindurch, die Wiederentdeckung der griechischen Wissenschaft sind im kulturellen Aufschwung der Christenheit nach der Mitte des 11. Jahrhunderts enthalten und wirksam. Aber der Antrieb kommt nicht mehr von außen, die Schöpferkraft liegt im Westen selbst. Die Rückkehr zu den großen Vorbildern, auf die sich diese Renaissance stützt, die Rückbesinnung auf die Quellen, entspringt dem Wunsch, einen Ausgangspunkt zu fixieren. Denn die Renaissance des 12. Jahrhunderts ist auch ein Aufbruch.

REAKTION AUF DAS UNZUREICHENDE OPUS DEI:
DIE GEISTLICHE UND MONASTISCHE ERNEUERUNG

So wie es die von einem großen Teil des Weltklerus unterstützte gregorianische Reform dem Papsttum ermöglichte, seine Unabhängigkeit wiederzufinden und seinen eigenen Weg zu gehen, so erstrebte auch die religiöse Bewegung, die jene Reform mit einschloß und speiste, am Ende des 11. und zu Beginn des 12. Jahrhunderts zunächst eine Rückkehr zum Leben der Evangelien, zum Urchristentum, zum Leben der Apostel, das heißt, nach dem Ausdruck der Zeit, zum *wahrhaft* apostolischen Leben *(vita vere apostolica)*.
Drei Wege scheinen sich dieser Suche nach erneuerter Geistigkeit anzubieten.
Der erste ist jener der *Armut*. Er regt ebensogut Petrus Damiani an, der erklärt, die Rückkehr zur ursprünglichen Kirche — *primitivae ecclesiae forma* — gehe über den Verzicht auf Reichtum vor sich (»wie kann man im Chor mit Aufmerksamkeit psalmodieren, wenn man ununterbrochen an das Geld denkt, das man in seinen Truhen hat?«), wie auch Norbert von Xanten, den Gründer des Prämonstratenserordens, und seinen Gefährten Hugues de Fosses, die sich die wahren Armen Christi nennen *(veri pauperes Christi)*, und den Zisterzienser Bernhard von Clairvaux, der sich in einem Brief an den Bischof von Chartres

als »Diener der Armen Christi in Clairvaux« bezeichnet (*servus pauperum Christi de Clara-Valle*). Dieser Weg bedeutet den Verzicht auf das Leben eines Lehensherrn und die Ausnutzung der Leibeigenen auf den großen monastischen und kirchlichen Besitzungen (wie den cluniazensischen Ländereien) sowie die Rückkehr zur *Handarbeit* für den Eigenbedarf und die Beschaffung eines Überschusses, der an unverschuldet Arme verteilt wird. Also auch hier wieder die Nachfolge der Apostel, des heiligen Paulus vor allem, und die Einhaltung der von den Cluniazensern vergessenen Empfehlungen des heiligen Benedikt.

Die beiden anderen Richtungen der religiösen Reformbewegung muten auf den ersten Blick widersprüchlich an. Es handelt sich einerseits um die Erneuerung des *Eremitenlebens* und andererseits um eine Rückkehr zum *Gemeinschaftsleben*. In Wirklichkeit verbinden sich diese Tendenzen oft.

Das Einsiedlerleben führt gern zum Apostolat. Einige Eremiten geben, wenigstens zeitweise, ihre Einsamkeit auf und predigen; die meisten schließen sich zu Gemeinschaften zusammen, um geistlichen Einfluß auf die Gesellschaft ausüben zu können. Am häufigsten zwingt der Druck der Lebensbedürfnisse die Einsiedler, sich zu gruppieren und so die materielle Grundlage ihres Ideals zu sichern. So nehmen diese Eiferer ganz natürlich einen wesentlichen Anteil an der Rodung, die Abgelegenheit und Handarbeit miteinander verbindet. Dennoch hält sich auch der Eremit, der seinen Lebensbedarf aus einer kleinen, einfachen Bewirtschaftung, dem *Garten* zieht, die ganze Zeit über. Ein erbaulicher Text des 12. Jahrhunderts zeigt uns in einer illustrierenden Miniatur den Einsiedler als das der Vollendung nächste Geschöpf, das, am Gipfel der irdischen Gesellschaftsleiter angekommen und bereit, den Fuß ins Paradies zu setzen, dennoch strauchelt, weil es einen letzten Blick auf seinen geliebten Garten wirft, der es hienieden festhält. Endlich drängt oder verpflichtet die Kirche, durch allzu unabhängige oder gar anarchische Richtungen beunruhigt, die Eremiten, sich unter die Kontrolle einer Ordensregel und einer Gemeinschaft zu begeben. Die Geschichte Odos von Tournai am Ende des 11. Jahrhunderts zeigt die dreifache Gebundenheit, die auf dem eremitischen Leben lastet. Dieser adelige Mann aus Tournai, der sich in die Einsamkeit zurückzieht, ist bald von Nacheiferern umgeben. Seine Gemeinschaft, die von ihrer Hände Arbeit in Einsamkeit und Armut lebt, ist weder vom Bischof noch vom Adel in Tournai gut gelitten. Eine Hungersnot zwingt die Gruppe, den Bischof um materielle Hilfe anzugehen. Dieser rettet sie vor dem Hungertod, zwingt sie aber, sich unter die Aufsicht Clunys zu stellen.

Ein Nachweis der Bande, welche diese geistliche Reformbewe-

147

gung mit der an der Spitze der kirchlichen Hierarchie erwogenen Reform verknüpft, kann in der Erklärung des späteren Papstes Gregor VII. gesehen werden, der noch als Mönch Hildebrand 1059 auf dem Konzil in Rom feststellt, die Kirche müsse zum gemeinsamen Leben und zum Beispiel der Urkirche zurückkehren (vita communis, exemplo primitivae Ecclesiae). Besonders Papst Paschalis II. wollte allem Anschein nach dies Aufgehen der gesamten Kirche in der Armut verwirklichen. Wie wir sahen, dachte er daran, den Investiturstreit seitens der Kirche durch die Aufgabe aller Temporalia radikal zu lösen.

In seiner Vita Ludwigs VI., des Dicken zeigt sich Suger, der künftige Abt von Saint-Denis, durch die Haltung des Papstes sehr beeindruckt. Als dieser 1107 nach Saint-Denis kam, »gab er den Römern, für die dies eine außergewöhnliche Begebenheit war, und auch der Nachwelt ein wahrhaft denkwürdiges Beispiel; nicht nur, daß er, entgegen lebhaft gehegten Befürchtungen, keinen Anspruch auf das Gold und Silber oder die kostbaren Edelsteine des Klosters erhob: er würdigte sie nicht einmal eines Blickes«. 1111, »nachdem er mit allen möglichen Mitteln seine Brüder als Stützen der Kirche zu deren Verteidigung und Wiederaufrichtung angehalten und den Frieden schlecht und recht wiederhergestellt hatte, zog er sich in Einöde und Einsamkeit zurück und wollte dort seine dauerhafte Bleibe einrichten, hätten ihn nicht die gesamte Kirche und die Römer mit Gewalt zurückgeholt.«

Wenn auch die ganze Kirche bis zu ihrem Haupt an der religiösen Erneuerung um das Jahr 1100 teilhat, so findet man doch im monastischen Bereich das größte Verlangen nach geistlicher Reform und die bemerkenswerteste Verwirklichung dieser Vorsätze.

Der Verfasser von De vita vere apostolica erinnert zu Beginn des 12. Jahrhunderts daran, daß nach dem Zeugnis der Heiligen Schrift »die Kirche mit dem monastischen Leben angefangen hat«, daß die Klosterregel die apostolische Regel ist, daß die Apostel Mönche waren und somit die Mönche authentische Nachfolger der Apostel sind. Cluny war schon im 10. Jahrhundert Mittelpunkt einer Reform und hatte Nachahmer und Nachwirkungen bis in die zweite Hälfte des 11. Jahrhunderts, vor allem in Hirsau unter dem 1091 gestorbenen Abt Wilhelm.

Ebenso erlebte um das Jahr 1000 das Einsiedlerwesen, das seit dem 5. Jahrhundert nicht aufgehört hatte, Berufungen in der westlichen Christenheit zu erwecken, besonders in Italien eine Blütezeit, und zwar vermutlich unter dem Einfluß des dort noch immer existierenden griechischen Anachoretentums; es diente der eremitischen Reaktion auf die wirtschaftliche Expansion, die hier frühzeitiger einsetzte als im übrigen Okzident,

als Vorbild. Schon Otto III. zog im Jahre 1000 den basiliani-
schen Eremiten und heiligen Nilus von Grotaferrata in Fragen
der Kirchenreform in Rom zu Rate; 1012 gründete der heilige
Romuald eine Einsiedlergemeinschaft in Camaldoli bei Ravenna
und Petrus Damiani, Eremit und Kardinal, Prior der Einsiedler-
gemeinde von Fonte Avellana (gest. 1071), schrieb eine Vita des
1027 gestorbenen heiligen Romuald. Brun von Querfurt erzählt das »Leben der fünf Brüder«, die nach dem Vorbild Ro-
mualds Einsiedler waren und zu Beginn des 11. Jahrhunderts
in Polen das Martyrium erlitten. So führte das Eremitentum direkt zum Gemeinschaftsleben und zur Mission.
Um 1100 entstehen dann die Mönchsorden, die der geistlichen
und religiösen Neubesinnung des 12. Jahrhunderts die bemerkenswertesten Züge aufprägen.
Nach den Erfahrungen seines Eremitenlebens in Kalabrien gründet Stephan von Muret 1074 im Limousin den Orden von
Grandmont, der die Lösung wirtschaftlicher und sozialer Probleme des neuen Mönchstums in den Laienbrüdern findet, welche die niederen Weihen empfangen und die Wirtschafts- und
Finanzangelegenheiten des Ordens besorgen.
1084 wendet sich Bruno, der Kanzler und Domscholaster von
Reims, dem Eremitenleben zu und gründet die Gemeinschaft
der Grande-Chartreuse in den Alpen, die er übrigens bald wieder
verläßt, um sein Einsiedlerdasein in jenem Kalabrien zu be-
schließen, das die Wiege des Eremitentums im mittelalterlichen
Okzident ist.
1101 gründet der fahrende Prediger Robert von Arbrissel in
Fontevrault im Anjou ein Doppelkloster für Mönche und Nonnen, das nach Westfrankreich und England ausstrahlt.
Den größten Erfolg hat der Orden von Cîteaux bei Dijon,
eine Schöpfung Roberts von Molesmes (1098), dessen Aufschwung seit dem Eintritt eines jungen burgundischen Adligen,
des heiligen Bernhard, unaufhaltsam ist. Die vier Töchterklöster
Cîteaux' — La Ferté, Pontigny, Morimond und Clairvaux
(1115 von Sankt Bernhard gegründet) — lassen in der gesamten Christenheit Klöster nach dem Vorbild Cîteaux' entstehen. 1154, beim Tode Bernhards, gibt es 350 Zisterzienserabteien, am Ende des Jahrhunderts bereits 530.
Alle neuen Orden kennzeichnet eine besondere Sittenstrenge:
Einfachheit in Kleidung und Nahrung, asketische Übungen,
Liebe zum Schweigen, Handarbeit. Die Klöster werden in der
Einsamkeit erbaut, aber die Mönche und vor allem die Äbte
sind oft unterwegs, um zu predigen und das Evangelium zu
verkünden. So vermittelt der heilige Bernhard, immer auf den
Beinen, in allen Angelegenheiten der Christenheit, bekämpft
Schismatiker und Häretiker und predigt den Kreuzzug. Cî-

149

teaux schenkt während des 12. Jahrhunderts der Kirche 14 Kardinäle und 75 Bischöfe.

Das Ideal des Gemeinschaftslebens beflügelt parallel zur Reform auch die umfangreiche Chorherrenbewegung. Die Bedeutung der Kanoniker innerhalb der Kirche, die gleichzeitig dem Einfluß der Feudalherren auf ihre Eigenkirchen und allen Sonderprivilegien entzogen sind, geht auf Innozenz II. und das römische Konzil von 1059 zurück, das ihnen den Zölibat, das Verbot der Simonie und der Anhäufung weltlichen Besitzes und die Bedingungen zum Erhalt der Weihen vorschrieb. Vor allem Urban II. begünstigte die Ausübung der Seelsorge durch die Kanonikergemeinschaften. Doch die Bewegung geht über die päpstlichen Anregungen hinaus. Ihre ziemlich vage Regel unter dem Patrozinium des heiligen Augustinus räumt dem »aktiven Leben« viel Platz ein und wird von einer ganzen Reihe von Chorherrngemeinschaften angenommen, die bald städtisch sind und dem geistigen Leben eine entscheidende Bedeutung beimessen, bald ländlich und den neuen Mönchsorden eremitischer Ausrichtung besonders nahe. Alle aber lehnen persönliches Eigentum ab. Unter den erstgenannten zeichnen sich die Regularchorherrn von Sankt Viktor in Paris in der Ebene nordöstlich des Hügels von Sainte-Geneviève im 12. Jahrhundert besonders aus. Unter den ländlichen kann man Arrouaise im Artois, 1090 entstanden, und vor allem Prémontré, 1120 im Wald von Coucy von dem deutschen Volksprediger Norbert von Xanten gegründet, anführen. Prémontré strahlt in die gesamte Christenheit aus, wendet sich aber bald dem Pfarrdienst zu und ahmt die Einrichtungen der Zisterzienser nach. Es spielt eine bedeutende Rolle bei der Rodung und Christianisierung der Landgebiete.

Man darf nicht vergessen, daß sich die Reformbewegung auch auf die Laien erstreckte, selbst wenn diese Seite noch wenig bekannt ist. Außer an den Häresien, die wir unten behandeln werden, haben die Laien zweifellos auch an der religiösen Erneuerung am Ende des 11. und zu Beginn des 12. Jahrhunderts teilgenommen. Die Mailänder *Pataria* mit ihren Auswirkungen zeigt dies deutlich. Weniger auffällig schließen sich in Süditalien Laien durch *adfratatio* an religiöse Gemeinschaften an und haben so Anteil an den geistlichen Früchten ihres Lebens. Endlich können die neuen Gemeinschaften, die eine wichtige Rolle bei der Gründung von Hospitälern — Herbergen, die mit der Entwicklung der Straßen, Pilger- und Handelswege verbunden sind — spielen, dadurch Wallfahrer, Händler und Fahrende in wachsender Zahl in die neue religiöse Atmosphäre einbeziehen.

Diese religiöse Erneuerung wird aber innerhalb der Kirche von Gegenströmungen und Konflikten begleitet.

Zum Beispiel die Handarbeit. Inwieweit paßt sie zu Klerikern und welchen geistlichen Wert kann man ihr zuschreiben? Der Autor des *Liber de diversis ordinibus* sagt von den Chorherrn-Bauern, die die Prämonstratenser sind: »Ich lobe die Seelengröße dieser Mönche, ich billige ihre Strenge, liebe ihre Demut, aber ich behaupte, daß man in allem Maß halten muß. Denn wenn ich sagen höre, daß die Priester und selbst der Abt dieses Kanonikerordens sich damit befassen, ihre Schafe zu melken und die Ställe zu reinigen, so kann ich das kaum glauben... Ich wünschte bei Männern, die jeden Tag den Altar umgeben, bei Priestern, die jeden Tag den Leib Christi berühren, mehr Würde, und zwar aus Achtung vor diesem anbetungswürdigen und unbefleckten Leib.«

Ein konservativer Geist wie Rupert, der Abt des Benediktinerklosters in Deutz, erinnert daran, daß der heilige Benedikt die Handarbeit lediglich empfohlen habe, ohne sie aufzuzwingen; für die »Fanatiker der Handarbeit« unterstreicht er den Vorrang des *Opus Dei*.

Der aufsehenerregendste Konflikt konfrontiert in der ersten Hälfte des 12. Jahrhunderts — in einem Briefwechsel, in dem sich beide Partner ihrer gegenseitigen Hochachtung versichern — den Zisterzienser Sankt Bernhard mit Petrus Venerabilis, Abt von Cluny. Der heilige Bernhard kritisiert scharf den Kleider- und Nahrungsluxus der Cluniazenser, die Üppigkeit und Pracht ihrer Kirchen und religiösen Feiern, die Ausbeutung ihrer Leibeigenenschar. Petrus Venerabilis antwortet milde, daß auch die zisterziensische Strenge übertrieben und im Grunde prahlerisch sei.

Was den von jeher auf Einheit bedachten Geist vieler Mönche erschreckt, ist die Aufteilung der Kirche in verschiedene, in ihren Idealen und Handlungen unterschiedliche Orden und vor allem die Aufspaltung der monastischen Ordnung, welche die benediktinische Überlieferung im frühen Mittelalter geeint hat. Aber der *Liber de diversis ordinibus*, der im übrigen ziemlich konservativ ist, erkennt die Existenz und Legitimität dieser Vielfalt an: »In meines Vaters Haus sind viele Wohnungen.«

Anselm von Havelberg rechtfertigt theologisch »die Veränderlichkeit und Vielfalt des Reiches Gottes in der Kirche«, die Entwicklung der Dogmen und stellt eine Evolutionstheorie für die Kirche auf. Er rückt die Menschheitsgeschichte wieder in die Entwicklung, welche karolingische und »feudale« Traditionen hatten anhalten wollen. Gerhoh von Reichersberg rechtfertigt die Verschiedenheit der Handwerke und Berufe als immer differenziertere Gesichter des »aktiven Lebens«, die sich mit der wachsenden Arbeitsteilung ergeben. Alle Berufe können das Heil erwerben.

Wenn diese religiöse Erneuerung auch im geistlichen wie im Gefühlsleben dauerhafte Veränderungen zurückläßt, so macht sich doch in den Einrichtungen bald ein gewisser Verfall bemerkbar.

Einsamkeit, Armut, Handarbeit erleiden rasch innerhalb der neuen Orden beträchtliche Einbußen. Das gemeinsame zurückgezogene Leben wird zugunsten der Seelsorge aufgegeben, das Gemeinschaftsleben in den Domkapiteln und Kollegiatskirchen sinkt ab, der Kapitelbesitz teilt sich in Pfründen auf. Ein Konflikt innerhalb einiger neuer Kongregationen beleuchtet diese rasche Entwicklung. Es handelt sich um den Gegensatz zwischen Laienbrüdern und Mönchen oder Kanonikern. Diese überlassen den Laienbrüdern mehr und mehr die Handarbeit, zu der die Regel sie eigentlich verpflichtet; entsprechend nehmen die Laienbrüder als Herren über die wirtschaftliche und finanzielle Macht der Abteien und Klöster bald eine vorherrschende Stellung in den Orden ein.

Im Lauf des 12. Jahrhunderts ergeben sich daraus zugespitzte Kompetenzstreitigkeiten. Zum Beispiel im Orden von Grandmont und, weniger stark, bei den Prämonstratensern. Auch die anfangs den Frauen zugemessene Bedeutung wird in den Doppelklöstern Fontevrault und vor allem Prémontré rasch wieder beschnitten. Prémontré löst in der zweiten Jahrhunderthälfte die Häuser der Laienschwestern auf. So begreift sich ein Text, der um 1200 erklärt, die neuen Orden »schlagen Christus mit den Händen ihrer Laienbrüder ans Kreuz«.

Aber die neuen Orden haben im Lauf des 12. Jahrhunderts auch eine großartige geistige Hochblüte hervorgebracht.

Der größte Schriftsteller der Prämonstratenser ist der Engländer Adam Scotus, der kurz nach 1189 das norbertinische Kloster in Dryburgh verläßt, um zu den Kartäusern von Witham überzutreten, wo er »höhere Vollendung und eine strengere Regel« zu finden gedenkt. Er preist die Beschaulichkeit der Klausur, und die Titel seiner Werke lassen eine mystisch gefärbte Frömmigkeit erahnen: »Über die Milde Gottes«, »Über die drei Arten der Kontemplation«, »Gespräch über die Erziehung der Seele«.

Der fünfte Nachfolger des heiligen Bruno, Guigues, seit 1109 Kartäuserprior, stellt die *coutumes* des Ordens zusammen, schreibt eine kurze Lebensgeschichte des heiligen Hugo und faßt die Kartäuserideale der Demut und des Verzichts in knappen *Gedanken* oder *Meditationen* zusammen. »Die Schriften Guigues' sind in ihrer Kürze und Gedrängtheit ein Symbol kartäusischen Schweigens.«

Das schönste Dokument über das Leben und die Geistigkeit der Kartäuser stammt von Wilhelm von Saint-Thierry, einem zum

Zisterzienser gewordenen Benediktiner. Es ist der 1145 geschriebene *Goldene Brief* oder *Epistola ad fratres de Monte Dei de vita solitaria,* einer Kartause der Diözese Reims. Dieses Ideal vollendet sich im Einswerden mit Gott und in einem vollkommenen Aufgehen im beschaulichen Leben. »Die Söhne der Beschaulichkeit sind weniger zahlreich als die Söhne der Tat«, schreibt der heilige Bruno. Und Guigues: »Wir haben uns nicht in das Geheimnis dieser Wüste geflüchtet, um für die leiblichen Bedürfnisse anderer zu sorgen, sondern um des ewigen Heils unserer eigenen Seelen willen.« Und die letzten Worte des *Briefs an die Brüder des Gottesbergs* sind die des Isaias: »Mein Geheimnis gehört mir, mein Geheimnis gehört mir.«

Das Preislied, das der 1183 gestorbene Peter von Celle auf das Klosterleben, auf seine Ruhe *(quies),* seine Muße *(otium),* die kein Müßiggang ist, anstimmt, zeigt deutlich, daß die mystische Geistigkeit als Reaktion auf den materiellen Aufschwung des Jahrhunderts weit über die neuen Orden hinausgeht.

In diesem geistlichen Überströmen bleiben die Nonnen nicht zurück. Das anonyme *Speculum virginum* erlebt einen Erfolg, der die Bedeutung der weiblichen Frömmigkeit bezeugt. Die Äbtissin der Kanonissinnen vom Odilienberg im Elsaß, Herrad von Landsberg, stellt für ihre Nonnen eine Blütenlese zusammen, den *Hortus deliciarum,* der durch bezeichnende Miniaturen die Frömmigkeit noch in den Bildern weiterführt.

Die heilige Hildegard von Bingen (1098–1179), eine Seherin, wird von zahlreichen Prälaten, Fürsten und Mönchen konsultiert und erzählt ihre Visionen in dem Werk *Scivias* (Wisse die Wege), das wiederum mit erstaunlichen Illustrationen geschmückt ist.

Durch ihre Symbolik hindurch mündet eine wissenschaftliche, mit Mystik vermischte Gelehrsamkeit in ein apokalyptisches Weltbild ein. Elisabeth von Schönau, eine Nonne in der Diözese Trier, erlebt eher Ekstasen als Visionen. Ihre in der ganzen Christenheit verbreiteten Schriften künden die Mystiker des endenden Mittelalters und der Neuzeit an.

Aber die große Heimstatt monastischer Literatur des 12. Jahrhunderts ist Cîteaux. Der Erfolg des Ordens, das in ihm verwirklichte Gleichgewicht zwischen tätigem und beschaulichem Leben, die in ihm herrschende straffe Einheit, endlich der Einfluß des heiligen Bernhard begünstigen eine außergewöhnliche geistliche Ausstrahlung.

Das Werk des heiligen Bernhard (gest. 1154) ist, wenn man die zahlreichen Predigten und die unzähligen Briefe einbezieht, sehr umfangreich. Sein traditionsbewußter Geist speist sich vor allem aus der Schrift; als kultivierter und sogar manierierter Autor ist er »reich an Honig«, seine Bestrebungen sind patristisch, man hat ihn »den letzten der Kirchenväter und den früheren keineswegs unterlegen« genannt. Darüber hinaus hat er die zisterziensische Neigung zur Selbsterforschung, seine sogenannte »christliche Sokratik«, auf den Höhepunkt getrieben; es ist dies eine Geistigkeit, deren Mittelpunkt Demut und Buße bilden. Aber solches Eintauchen in sich selbst öffnet einen Weg des Aufstiegs zu Gott, eine Straße von der Demut zur Ekstase, eine Annäherung an das Geheimnis durch die Liebe.

Wie in den meisten großen Mystikern steckt auch in Bernhard ein Tatmensch und Politiker, oft von Sanftmut weit entfernt, dessen Aggressivität wir noch kennenlernen werden.

Dieser Kontrast zwischen dem in die theologischen Streitigkeiten seiner Zeit verwickelten Menschen und dem mystischen Schriftsteller ist bei dem 1148 gestorbenen Wilhelm von Saint-Thierry noch größer. Er arbeitet eine Dreifaltigkeitsmystik aus, die durch einen dialektischen Weg erklärt wird: der Vater ist Gedächtnis, der Sohn Vernunft, der Heilige Geist die verbindende Liebe. Auch er ist ganz auf das Geheimnis ausgerichtet, das *Aenigma fidei*, das *Rätsel des Glaubens*, wie eines seiner Werke heißt.

Trotz persönlicher Züge gehören der Engländer Aelred von Rievaulx und sein *Spiegel der Barmherzigkeit* (1142 oder 1143), Guerric von Igny (gestorben 1157) und sein Traktat *Über die Sehnsucht der liebenden Seele* und Isaak de l'Etoile (gest. 1169) mit seinen Schriften *Über die Messe* dieser gleichen Schule zisterziensischer Mystik an.

Dennoch läßt seit dem 12. Jahrhundert die monastische Kultur der urbanen den Vortritt. Die Klöster hören auf, die großen geistigen Mittelpunkte zu sein, und die Städte behaupten sich als die wichtigsten Zentren der Ausarbeitung eines Unterrichts- und Bildungsprogramms, das gleichzeitig neue Züge annimmt.

Freilich gibt es zwischen der Kultur des Frühmittelalters und der Stadtkultur des 12. Jahrhunderts weder einen Bruch noch systematische Gegensätze. Die Stadtschulen des 12. Jahrhunderts stellen die scholastische Methode auf, die später die Universitäten beherrschen wird, doch betrachtet man den heiligen Anselm herkömmlicherweise als den großen Vorläufer der Scholastik. Dieser Mönch aus Le Bec bleibt auch auf dem Erzbischofsstuhl von Canterbury ein monastischer Geist; er verfaßt, obschon der Kern seines wichtigsten Werkes *Cur Deus Homo* zwischen 1094 und 1097 in England entsteht, das *Monologion* und das *Proslogion*, in denen seine geistige Haltung schon festgelegt ist, in der normannischen Abtei Le Bec 1077 und 1078. Anselm selbst hat das *Monologion* als ein »Beispiel der Meditation über die Vernunftgemäßheit des Glaubens« bezeichnet, und das *Proslogion* hatte als ersten Titel den berühmten Kernsatz *Fides quaerens intellectum,* der *Glaube auf der Suche nach der Vernunft,* der der Scholastik als Motto dienen könnte. Im *Proslogion* führt Anselm den ontologischen Gottesbeweis. Die Vorstellung Gottes ist die eines vollkommenen Wesens; die Möglichkeit, daß eine solche Vollkommenheit gedacht werden kann, schließt ihr Sein ein, die Idee Gottes bezeugt gleichzeitig seine Existenz. *Cur Deus Homo* ist ein Dialog mit den Ungläubigen, wie das *Proslogion* schon ein Gespräch mit dem »Törichten« war, der Gott leugnet. Anselm erklärt darin, daß die Ungläubigen, die nach Vernunft streben, weil sie nicht glauben, und die Christen, die es tun, weil sie glauben, »eine und dieselbe Sache suchen«. Dennoch hatte das Werk des heiligen Anselm keinen direkten Einfluß auf die Entwicklung der Scholastik, weil die Lehrer der Stadtschulen in ihm einen Repräsentanten jener Klosterkultur sahen, die ihnen den geistigen Bedürfnissen der Zeit nicht mehr gewachsen schien.

HERAUSFORDERUNG DER KLOSTERKULTUR:
DER GEISTIGE AUFSCHWUNG DER STÄDTE

Aber auch hier darf man nicht glauben, daß die Stadtschulen eine Schöpfung aus dem Nichts sind und daß ihre Methoden eine absolute Neuheit darstellen. Während die Scholastik auf dem Hügel von Sainte-Geneviève am linken Seineufer entsteht, repräsentiert zum Beispiel im 12. Jahrhundert immer noch die Domschule der Ile de la Cité mit ihrem traditionellen Unterricht in den sieben freien Künsten die Quintessenz der Wissenschaft in Paris. Gui de Bazoches ruft in seiner Beschreibung von Paris aus: »Auf dieser Insel haben sich die sieben Schwestern, die freien Künste, eine ewige Heimstatt errichtet ... überreichlich strömt hier die Quelle der Heilslehre.«
Die berühmteste Schule des 12. Jahrhunderts, die von Chartres, ist eine alte Bischofsschule, die schon Fulbert im 11. Jahrhundert bekannt gemacht hat. Am Königsportal der Kathedrale hat der romanische Bildhauer, der sich teilweise durch die Schuldebatten anregen ließ, die »Synode der freien Künste« dargestellt, und ein Glasmaler illustriert in einem der Fenster den berühmten Ausspruch Bernhards: »Wir sind Zwerge, die auf die Schultern von Riesen gestiegen sind; deshalb sehen wir mehr und weiter als sie...« In dieser Renaissance des 12. Jahrhunderts huldigen die Modernen den Alten.
Endlich darf man nicht vergessen, daß unter den berühmtesten neuen Stadtschulen die der Chorherrn von Sankt Viktor in Paris ganz neue Bestrebungen verfolgt. Hugo von Sankt Viktor

(gest. 1141) bemüht sich in seinem *Didascalicon* um die Erweiterung des Programms der freien Künste. Andreas von Sankt Viktor (gest. 1175) möchte die Bibelexegese auf eine »wissenschaftliche« Grundlage stellen. Richard von Sankt Viktor (gest. 1173) drückt in seinem *De Trinitate* wie Anselm von Canterbury den Wunsch aus, »durch die Vernunft zu verstehen, was wir durch den Glauben wissen«. Mystische Richtungen schließlich treffen sich mit der Geistigkeit der neuen Orden des 12. Jahrhunderts. Im übrigen ist die patristische Tradition bei den Viktorinern so deutlich, daß man Hugo den »neuen Augustinus« und Andreas den »neuen Hieronymus« genannt hat.

Dennoch ist es ein ultrakonservativer Viktoriner, der gerade durch seine Bissigkeit beweist, daß das 12. Jahrhundert geistig erneuernd, ja revolutionierend war. 1177 bis 1178 schreibt Walter von Sankt Viktor *Contra IV labyrinthos Franciae*, ein scharfes Pamphlet gegen Abaëlard, Gilbert de la Porrée, Petrus Lombardus und Peter von Poitiers, diese »in den vier Labyrinthen verkrochenen Minotauren«, Begünstiger der »Neuheiten«, »gefährliche« Denker.

Die Renaissance des 12. Jahrhunderts ist, wie jede Renaissance, eine Rückkehr zu den *Alten*. »Man gelangt nur dann durch das Dunkel der Unwissenheit zum Lichte des Wissens, wenn man mit immer größerer Liebe die Werke der Alten wieder liest«, sagt Peter von Blois; »mögen auch die Hunde bellen und die Schweine grunzen, ich bleibe doch ein Anhänger der Alten. Ihnen gilt alle meine Sorgfalt, und jede Morgendämmerung sieht mich bei ihrem Studium.«

Zwar sind dem Mittelalter durch die westliche Tradition manche alte Schriftsteller überkommen: Lukrez, Ovid, Statius, Lukian, Cicero, Seneca, vor allem — allerdings nach welchen Verwandlungen! — Vergil, der vorchristliche Prophet, und Plato, mit verschiedenen Platonismen und Neuplatonismen vermengt. Dennoch ist es ein neues Erbe, das der Renaissance des 12. Jahrhunderts, durch einen Umweg aufgenommen, ihr besonderes Aussehen verleiht: das griechisch-arabische Wissen, das der Christenheit durch die Moslems, vor allem über Spanien, vermittelt wird.

Man hat kürzlich drei Phasen bei der Tradierung des griechisch-islamischen Wissens im 12. Jahrhundert in Spanien nachgewiesen, hauptsächlich an Hand der Übersetzer (unter ihnen ist eine Anzahl Juden), welche die wissenschaftlichen Kenntnisse aus dem Arabischen ins Lateinische übertrugen.

Durch seinen *Brief an die Peripatetiker jenseits der Berge* zieht Pedro Alfonso, ein konvertierter Jude aus Huesca, zu Beginn des Jahrhunderts die Aufmerksamkeit der christlichen Geistlichkeit auf die arabische Wissenschaft. In der ersten Welle tut sich Adelard von Bath hervor, mit dem das Interesse der englischen Intellektuellen für das arabische Wissen beginnt, das im Laufe des 12. und 13. Jahrhunderts nicht nachlassen wird.

Die mittlere Periode von 1120 bis 1160 wird von der noch wenig bekannten Gestalt des Johannes von Sevilla beherrscht. Es ist die Zeit einer großen Reihe von Übersetzungen, in denen sich vor allem das Interesse an Astronomie, Astrologie, Meteorologie und Mathematik kundtut. In diesem Rahmen muß man sich die Reise vorstellen, die Petrus Venerabilis, Abt von Cluny, 1141 nach Spanien unternimmt. Er weitet die Tätigkeit der Übersetzer auch auf die Kenntnis der islamischen Religion und die Übertragung des Korans aus, hält sie zu größter Exaktheit bei der Übersetzung und Verbesserung des Lateinischen an und regt Arbeiten an, durch welche »die Verbindung arabischer und lateinischer Gelehrter in Spanien mit den Schulen Frankreichs, vor allem mit Chartres« hergestellt wird. Endlich eröffnet die letzte Periode, deren stärkste Persönlichkeit Gerhard von Cremona (gest. 1187) in Toledo ist, das Interesse der Lateiner für die wissenschaftlichen und philosophischen Werke des Aristoteles.

Der arabische Einfluß auf die Renaissance des 12. Jahrhunderts muß in seinem wirklichen Umfang gewürdigt werden. Lange Zeit verkannt, wurde er später überschätzt, mit Legenden verstellt — die sogenannte »Schule von Toledo« — und falsch bewertet. Die Lateiner haben von den Arabern häufig »Rezepte« und »Geheimnisse« erbeten, und so wurde die arabische Wissenschaft von den Westlichen als pseudo-wissenschaftliche Folklore entstellt, welche das traditionelle Mißtrauen der Christen gegenüber den arabischen Nekromanten, das man noch bei Dante findet, speiste.

Die Autoritätensucht der Lateiner ließ eigene Überlegungen den modisch gewordenen arabischen *Autoritäten* zuschreiben. Adelard von Bath erklärt: »Unsere Generation hat den festverankerten Fehler, daß sie alles zurückweist, was von den Modernen zu kommen scheint. So schreibe ich, wenn ich eine persönliche Idee habe, die ich veröffentlichen will, sie einem anderen zu und erkläre: ›Es ist der und der, der es gesagt hat, nicht ich.‹ Und damit man mir alle meine Gedanken völlig glaubt, sage ich: ›Der und jener hat's erfunden, nicht ich.‹ Um zu vermeiden, daß man denkt, ich Unwissender habe aus mir selbst meine Ideen, lasse ich glauben, ich hätte sie aus meinen arabischen Studien gezogen.«

Aber mehr als einen sehr vermischten, sehr unvollkommen übernommenen wissenschaftlichen Inhalt haben die Araber den Lateinern des 12. Jahrhunderts vor allem einen Geist, eine Methode vermacht: Beobachtung und Erfahrung anstelle der dogmatischen Tradition.

So bekräftigt und verlängert der von den Lateinern mit Hilfe der Araber geführte Kampf gegen die Autorität einen schon von einigen westlichen Geistern eröffneten Streit, der vielleicht sogar der Antrieb der Renaissance des 12. Jahrhunderts ist: der Streit um eine aufgezeigte und kontrollierte Wahrheit, um die Vorherrschaft der Vernunft.

Der erste große Kämpfer in diesem Streit ist Abaëlard. Es kann nicht davon die Rede sein, hier alle Peripetien einer an Erfolgen und Niederlagen reichen Existenz zu beschwören; er hat sie in seiner erstaunlichen Leidensgeschichte *(Histoire de Mes Malheurs)* selbst beschrieben, der das Erlebnis mit Heloisa eine außerordentliche menschliche Dimension hinzufügt; zugleich hebt es das Hervortreten der *Frau* in diesem Jahrhundert der zwar noch unvollendeten, aber in ihrem Schwung bereits entscheidenden Emanzipationen heraus.

Wir rufen hier vor allem den »Ritter der Dialektik« ins Gedächtnis. Er verwirft die Autorität der berühmtesten Lehrer. Einem Wilhelm von Champeaux, der in Sankt Viktor zu Paris über den *Universalienstreit* gebietet, und seinem *Realismus*, der aus den Worten Geschöpfe macht, stellt er einen *Nominalismus* entgegen, der auf der benennenden Bedeutung der Sprache besteht. Gegen den Unterricht Anselms von Laon, »sein bewundernswertes Geschwätz, seine Verachtung der Intelligenz, seine leere Vernunft« will er eine neue Theologie aufrichten, indem er bekräftigt, »daß es nicht seine Gewohnheit ist, zur Tradition seine Zuflucht zu nehmen um zu bekennen, sondern zu seinem Geist.«

Mit seinem Handbuch der Logik für Anfänger *(Logica ingredientibus)* und vor allem mit *Sic et Non* von 1122 gibt er dem westlichen Denken den ersten *Discours de la Méthode*. Indem er die Widersprüche der Kirchenväter bezüglich der meisten großen Probleme feststellt: der eine sagt weiß — *sic* —, der andere schwarz — *non* —, schließt er daraus auf die Notwendigkeit, die Vernunft zu gebrauchen. Aber gegenüber Sankt Bernhard und Wilhelm von Saint-Thierry, die mit aller Macht der Traditionen und Einrichtungen gewappnet sind, unterliegt er auf den Konzilien von Soissons (1121) und Sens (1140), die über ihn urteilen sollen. Das, was man die »geistige Unvorbereitetheit der Lateiner« genannt hat, die im 12. Jahrhundert aus einem langen dogmatischen Schlaf erwachen, hat zeitweise über seine Vernunftschlüsse triumphiert.

Aber der aus Spanien zurückgekehrte Adelard von Bath und Wilhelm von Conches in Chartres führen einen ähnlichen Kampf für die Vernunft, sei es auf dem Gebiet der Erfahrung, sei es, wie Abaëlard, auf dem der Logik. Adelard von Bath erklärt einem traditionalistischen Gegner: »Es fällt mir schwer zu diskutieren... Ich habe von meinen arabischen Lehrern gelernt, die Vernunft zum Führer zu nehmen; du hingegen bist zufrieden, als Gefangener einer Kette von fabelnden Autoritäten zu folgen. Welchen anderen Namen kann man der Autorität geben als den einer Kette? Wie die unvernünftigen Tiere an einer Kette geführt werden und nicht wissen wohin und warum — man führt sie und sie bescheiden sich damit, dem Strick, der sie hält, zu folgen — so sind die meisten von euch Gefangene einer animalischen Leichtgläubigkeit und lassen sich gefesselt zu gefährlichen Meinungen verleiten durch die Autorität des Geschriebenen.«

Und Wilhelm von Conches bemerkt: »Wichtig ist nicht, daß Gott dies hat machen können, sondern es zu untersuchen und rational zu erklären, seinen Zweck und Nutzen zu zeigen. Gewiß, Gott kann alles. Wichtig ist aber, daß er dies oder jenes getan hat. Gott kann auch aus einem Baumstamm ein Kalb machen, wie die Bauern sagen. Aber hat er es jemals getan?«

Auch die Laufbahn Abaëlards zeigt, daß die geistige Zukunft des Westens in den Städten liegt und nicht mehr in den Klöstern, und daß in diesen Städten die Lehrtätigkeit von Kathedralschulen und Scholastern allmählich auf »unabhängige« Magister übergeht, die eine ständig wachsende Zahl »freier« Studenten an sich ziehen, welche aus der großen sozialen Gärung eines Jahrhunderts hervorgegangen sind, in dem die »Armen« dominieren. Man sieht es auf politischer Ebene bei Arnold von Brescia, der Abaëlard auf jenem Hügel von Sainte-Geneviève zuhört, wo nun auch das früher einzig auf der Ile de la Cité gelehrte Wissen verbreitet wird.

Diese städtische Wissenschaft hat viele Gesichter. In Paris triumphieren Dialektik und Theologie als die beiden Nährbrüste der entstehenden Scholastik. In Salerno macht sich die Medizin von den sie noch immer speisenden griechisch-arabischen Quellen frei. In Bologna erlebt die juristische Disziplin mit dem römischen und dem kanonischen Recht einen derartigen Aufschwung, daß Friedrich Barbarossa Professoren und Schülern 1154 durch das *Authentica Habita* Freiheiten gewährt, aus denen die künftigen Universitätsprivilegien entstehen. Gratian veranstaltet hier um 1140 als *Concordia discordantium canonum* eine Kanonsammlung *(Decretum Gratiani)*, welche die Grundlage der kanonischen Scholastik bildet. Irnerius schließlich und seine Nachfolger, die von Barbarossa konsultierten »vier Doktoren von Bologna«, bereiten die Blüte des römischen Rechts vor.

Chartres, die vielleicht bedeutendste Stadtschule des 12. Jahrhunderts, ist eine Bischofsschule und zeitigt in den folgenden Jahrhunderten keine Nachfolge. Die großen Geister, die an ihr lehren oder aus ihr hervorgehen, sind untereinander recht verschieden. Bernhard, zunächst Scholaster, dann von etwa 1114 bis 1126 Kanzler, ist vor allem *Grammatiker*, ein unvergleichlicher Meister der Textauslegung. Sein Bruder Thierry, Kanzler von 1142 bis etwa 1150, verfaßt die *Heptateuchon* betitelte Textsammlung für das Studium der freien Künste. Er ist ein ausgesprochener Platoniker pythagoreischer Richtung, der sich auf mathematisch-theologische Spekulationen einläßt und über die *Zahlen* philosophiert (»Zahlen schaffen, heißt die Dinge schaffen«, schreibt er). Gilbert de la Porrée übt das Kanzleramt zwischen den beiden Brüdern aus und ist von 1142 bis 1154 Bischof von Poitiers. Dieser tiefe und rätselhafte Geist geht die Theologie der heiligen Dreifaltigkeit mit so eigenwilligen Methoden an, daß ihn der heilige Bernhard 1148 in Reims durch eine Synode verurteilen läßt, so wie er auch Abaëlard verurteilt hat. Der kühnste der Chartreser ist Wilhelm von Conches (zwischen 1120 und 1154 tätig). Er kommentiert die *Consolationes* des Boëtius, den *Kommentar zum Traume Scipios* von Macrobius, Platons *Timaios*, liest Seneca und erweist sich in seinen Traktaten, *Philosophia* und *Dragmaticon*, als jederzeit wache kritische Intelligenz im Dienst eines sehr anspruchsvollen Humanismus: »Das Studium der Weisheit nimmt den ganzen Menschen in Anspruch und duldet keine Teilung.«

Diese Stadtkultur trennt die Forschung nicht mehr von der Lehre. Mit Hilfe der dialektischen Vernunft konfrontiert sie in einem Milieu, das ein Schmelztigel der Bücher und Gedanken ist, alle bestehenden Auffassungen miteinander. Bildung wandelt sich zur Suche nach geistiger Wahrheit durch Ausübung eines Berufs (und nicht mehr als Ergebnis mönchischer Askese). Dies alles zielt auf eine Sprengung der herkömmlichen Formen des geistigen Lebens ab. Der Brauch, öffentlich zu diskutieren, schockiert selbst gemäßigte Geister wie Stephan von Tournai, der am Ende des Jahrhunderts Abt von Sainte-Geneviève in Paris ist: »Man debattiert öffentlich und verletzt damit die geheiligten Konstitutionen, das Geheimnis der Göttlichkeit und der Fleischwerdung des Wortes... Die unteilbare Dreifaltigkeit wird an den Straßenecken in Stücke geschnitten. So viele Doktoren, so viele Irrtümer; so viele Auditorien, so viele Skandale; so viele öffentliche Plätze, so viele Gotteslästerungen.« Für ihn sind die Pariser Gelehrten nur »Händler mit Worten« (*venditores verborum*).

Das Programm der sieben freien Künste reicht nicht mehr aus. Neue Disziplinen entstehen, während die alten ausgeweitet werden. Die *Grammatik* wird zu einer vielseitigen Wissenschaft und bildet, wie zur Zeit Ciceros und Quintilians, erneut die Grundlage für einen Humanismus oder *cultus humanitatis*, wie Thierry von Chartres im Prolog zum *Heptateuchon* schreibt. Ethik, Physik, sogar die Wirtschaft werden zum Rang von Wissenschaften erhoben. Die *mechanischen Künste* gelangen dank dem Aufschwung der Gewerbe allmählich auf die Ebene der *freien Künste*. Eine neue Einteilung der menschlichen Wissenschaften und Techniken wird von Honorius von Autun und vor allem von Hugo von Sankt Viktor in seinem *Didascalicon* vorgenommen: »Lerne alles, und du wirst sehen, daß nichts überflüssig ist. Einer verkürzten Wissenschaft fehlt der Reiz.« Enzyklopädische Bildung und Hang zur Spezialisierung gehen im Humanismus des 12. Jahrhunderts Hand in Hand.

Diese Stadtkultur, die sich den »Wissenschaften« zuwendet — den Wortwissenschaften *(Trivium)* und den Sachwissenschaften *(Quadrivium)* — und vernunftgemäß wird, fällt mit einer dichterischen Blüte zusammen, die nicht der geringste Zug der Renaissance des 12. Jahrhunderts ist.

Abaëlard, der Dialektiker, ist auch Dichter. Man findet ihn unter den Goliarden, und er ist Verfasser liturgischer Dichtungen: Hymnen für die Nonnen Heloisas in Paraclet, Klagelieder *(plancti)* über Themen aus dem Alten Testament. Im Loiretal und seiner Umgebung, in Angers, Le Mans, Tours, Orléans, Meung bringen dichterische Zentren bedeutende Poeten hervor: Hildebert von Lavardin (1056—1133), Bischof von Le Mans, später Erzbischof von Tours, dessen Elegien bewundernswerte Abschnitte über die Ruinen Roms enthalten; Marbod (1035—1123), Bischof von Rennes, ist der Verfasser eines Buches von den Edelsteinen, *Liber de gemmis*, einer poetischen Sammlung über die Symbolik der Steine; Baudri von Bourgeuil (1046—1130) ahmt Ovid nach, der damals so sehr Vorbild ist, daß man das 12. Jahrhundert *aetas ovidiana* — Zeitalter Ovids — genannt hat; Matthäus von Vendôme verfaßt eine berühmte *Ars versificatoria* (um 1175); Peter von Blois schließlich (um 1135—1204) ist Sekretär Heinrichs II. und Verfasser eines Briefstellers *(Ars dictaminis)* sowie leichter Verse, die großen Erfolg haben. Einen besonderen Platz muß man dem von den Chartresern beeinflußten Bernhard Silvestris einräumen, einem philosophischen und kosmographischen Dichter, der die Natur und das All im pythagoreischen, platonischen und vergilischen Sinn besingt. Seine *Cosmographia* (1148 beendet), die den *Makrokosmos* und den Menschen als *Mikrokosmos* feiert, wird bis zu Boccaccio, der sie nachahmt, für ein Meisterwerk gehalten.

Das 12. Jahrhundert könnte das Jahrhundert der Geschichtsschreibung heißen. Nicht, daß es historisch ausgerichtete »Schulen« gegeben hätte oder einen beherrschenden Geschichtssinn.

Aber hier und da entstehen Werke, die erzählen, erklären und aus einer persönlichen oder kollektiven Geschichte Lehren ziehen. Es gibt Weltgeschichten wie die Chronik Sigberts von Gembloux (gest. 1112) oder jene des Ordericus Vitalis (gest. um 1143), der als guter Normanne Geschichte und Zivilisation von Osten nach Westen fortschreiten läßt. Die »augustinischen oder feudalen« Geschichtswerke lassen die Entwicklung mit der Verwirklichung einer christlichen Gesellschaft auf Erden nach dem Bild des Gottesstaates anhalten, so Otto von Freising, der Onkel Friedrich Barbarossas, in seiner *Geschichte der beiden Reiche*. Hagiographien erzählen das Leben zeitgenössischer Heiliger wie die Vita Roberts von Arbrissel des Baudri von Bourgueil oder die zahlreichen Viten Thomas Beckets (1170 ermordet). Weltliche Herren, die zu christlichen Helden wurden wie Karl der Gute, Graf von Flandern (1127 ermordet), werden sofort in Geschichten wie der *vita Caroli comitis* von Gautier von Thérouane und der *Passio Caroli* verherrlicht. Es entstehen Erzählungen denkwürdiger Begebenheiten, der Kreuzzüge und christlichen Fahrten ins Heilige Land, so die Chroniken zum Ruhme der Franzosen von Raymond d'Aguilers (um 1100), Foucher von Chartres (1105–1127), Guibert von Nogent (1104), Odo von Deuil (vor 1162) oder die im Heiligen Land von Wilhelm von Tyrus zwischen 1170 und 1184 geschriebene *Geschichte der Überseeländer*. Man verfaßt Monarchiegeschichten wie die *Historia regum Britanniae* des Gottfried von Monmouth (zwischen 1135 und 1138), in der König Artus auftaucht, die Viten Ludwigs VI. und Ludwigs VII. von Suger, die Chronik Polens des Gallus Anonymus und die Böhmens von Cosmas von Prag (zu Beginn des 12. Jahrhunderts), die *Gesta Frederici I. Imperatoris* Ottos von Freising. Geistliche Geschichtswerke werden geschrieben wie die *Hamburgisch-Bremische Kirchengeschichte* Adams von Bremen (um 1078) oder die *Historia scholastica* (1164), die dem Pariser Petrus Comestor (»Verschlinger« der Bücher) den Titel »Meister der Geschichtsschreibung« eintrug. Dazu kommen noch die Autobiographien, von denen die merkwürdigsten die Abt Otlohs von Sankt Emmeram in Regensburg (Ende des 11. Jahrhunderts), Guiberts von Nogent *(De Vita Sua*, 1115) und Abaëlards *Leidensgeschichte* sind.

Nach dem Brodeln und den intellektuellen Kämpfen, welche die erste Jahrhunderthälfte kennzeichnen, sammeln besonnene Geister in der zweiten Hälfte des 12. Jahrhunderts die jetzt Allgemeingut gewordenen neuen Gedanken der Zeit.

So veröffentlicht Petrus Lombardus, Bischof von Paris, vor seinem Tod (1160) eine Aphorismensammlung aus den Kirchenvätern, das mittelmäßige *Liber sententiarum, das* »die profanen neuen Gedanken« mit aufnimmt und zum Handbuch der

Theologiestudenten an den mittelalterlichen Universitäten wird.

Johannes von Salisbury (1115 — um 1180) ist ein Schüler Chartres', wo er am Ende seines Lebens Bischof wird, nachdem er Sekretär Thomas Beckets in Canterbury war. Sein *Metalogicon* und sein *Policraticus,* zwei Summen abgeklärten Humanismus, ebenso auf Eleganz wie auf Richtigkeit bedacht, sind Ausgangspunkte für Reflexionen über politische Theorien, Entwurf für ein Kulturprogramm und eine Nationalökonomie.

Alanus ab Insulis endlich (1128 — um 1203) ist ein Theologe und Dichter, dessen *Anticlaudianus,* eine philosophische Epopöe, und der *Planctus naturae,* worin der Dichter mit der Natur spricht, seine philosophischen und pragmatischen Schriften nicht überstrahlen sollten, namentlich das *Liber poenitentialis,* in dem die Erfahrungen des Jahrhunderts gesammelt und jenen Klerikern zur Verfügung gestellt werden, welche die gemäßigten Lösungen der Probleme, die in diesem an Neuheiten so reichen Jahrhundert auftauchen, in die Praxis umsetzen wollen.

EINE NEUE KUNST UND ÄSTHETIK: VON DER ROMANIK
ZUR GOTIK

Man ist versucht, zwischen romanischer und gotischer Kunst die gleichen Gegensätze wie zwischen monastischer und urbaner Kultur aufzustellen und ungefähr zur gleichen Zeit, um die Mitte des 12. Jahrhunderts, die Ablösung der einen durch die andere anzusetzen. Erwin Panofsky hat übrigens die engen Bande, welche Scholastik und Gotik miteinander verknüpfen, hervorgehoben; in beiden herrscht die gleiche Methode, die gleiche Ordnung und derselbe »wissenschaftliche« Geist. Aber man darf dabei nicht vergessen, daß sich die romanische Kunst, wenn sie sich auch in einigen ihrer großartigsten und vollkommensten Schöpfungen als kaiserlich und monastisch erweist (die großen Dome am Rhein und Cluny III sind in dieser Hinsicht charakteristisch), auch innerhalb der Städte und am Lande ausgebreitet hat. Umgekehrt konnte die Gotik, zumindest in ihren Anfängen, als nüchterne Kunst erscheinen gegenüber dem romanischen Überschwang. Es genügt, an die Angriffe des heiligen Bernhard gegen die romanische Kunst Clunys zu erinnern. Die zisterziensische Architektur ist eine der reinsten Verkörperungen der Gotik. In einem Land wie Italien, wo die Gotik auf verschiedene Widerstände stieß und weitgehenden Umwandlungen unterworfen war, zeigen gerade die zisterziensischen oder durch zisterziensischen Einfluß gekennzeichneten Klosterkirchen den reinsten Typus: so die Zisterzienserkirche von Fossanova,

1187 begonnen und 1208 geweiht, Casamari 1207 gegründet, San Galgano, 1224 errichtet, und später die Kirchen der Bettelorden, welche die Gotik der Zisterzienser übernehmen.

Es kann hier nicht die Rede davon sein, eine Übersichtskarte romanischer und frühgotischer Bauten zu zeichnen. Wir müssen uns mit einigen Richtungen, Werken und Daten begnügen. Vor allem soll auf einige häufig übersehene Tatsachen hingewiesen werden.

Zunächst ist die westliche Kunst vom Ende des 11. und beginnenden 12. Jahrhunderts keine ausschließlich religiöse Kunst. Freilich steht in der christlichen Gesellschaft Gott an oberster Stelle. Sein Haus ist Gegenstand der größten Sorgfalt. Der Klerus nimmt den ersten Platz in der Gesellschaft ein und ist ein um so mächtigerer Schutzherr der Kunst, als er außer dem Ansehen auch die größten materiellen Möglichkeiten (Baumaterial, Werkzeug, Arbeitskraft, Geld) und die besten technischen, geistigen und ästhetischen Qualifikationen besitzt. Man darf aber schon hier nicht vergessen, daß die klerikale Kunst dieser Zeit nicht nur Kirchenkunst ist, sondern daß auch Bischofspaläste und Klostergebäude entstehen. Petrus Cantor, Bischof von Tournai, später, am Ende des 12. Jahrhunderts, von Paris, entrüstet sich über den Luxus der Bischofspaläste, über die Bauleidenschaft *(libido)* oder -krankheit *(morbus)*, die auch Mönche befällt, ja sogar die Zisterzienser, die sich mit dem Ertrag ihrer Wirtschaft »erlesene Schlafsäle und Refektorien« erbauen lassen. Auch eine mit den Idealen des heiligen Bernhard übereinstimmende Abtei wie Fontenay in Burgund, die 1147 in seiner Gegenwart von Papst Eugen III. geweiht wird, zeigt uns in ihren grandiosen Gebäuden, daß der gleiche künstlerische Geist die Wirtschaftsbauten (die große Schmiede) und die Kirchen und Wohntrakte beseelt.

Außer diesen Bischofs- und Klosterbauten muß man auch an die eigentlich weltliche Architektur der Zeit denken, ob es sich nun um den Bau und die Ausschmückung von Feudalburgen handelt oder um herrschaftliche und öffentliche Wirtschaftsgebäude wie Scheunen und vor allem Brücken. Dem Dichter Baudri von Bourgueil verdanken wir die Beschreibung des Schlafzimmers der Adele von Blois, der Tochter Wilhelms des Eroberers. An den Wänden zeigen Teppiche Szenen aus dem *Alten Testament* und den *Metamorphosen* des Ovid. Gestickte Behänge stellen, wie in Bayeux, die Eroberung Englands dar. Deckenmalerien geben den Himmel mit der Milchstraße, den Sternbildern und Tierkreisen, mit Sonne, Mond und Planeten wieder. Der Mosaikfußboden enthält eine Weltkarte mit Tieren und Fabelwesen. Das Baldachinbett wird von acht Figuren gestützt: der Philosophie und den sieben freien Künsten.

Wenn auch die Unterschiede zwischen Romanik und Gotik groß sind und man nicht eigentlich von einem Übergang der einen zur anderen sprechen kann, so darf man doch nicht vergessen, daß *bereits* gotische Gebäude gleichzeitig mit *noch* romanischen errichtet werden und daß seit dem Ende des 11. Jahrhunderts gotische Vorwegnahmen auftauchen, während es noch nach der Mitte des 12. Jahrhunderts Beispiele für eine gotisierte Romanik gibt. So erscheint das Kreuzrippengewölbe bereits an romanischen Kirchen: 1097 in der Kathedrale von Durham, um 1125 im Chorumgang von Morienval, um 1130 im Chor von Saint-Martin-des-Champs in Paris. In der Schweiz gibt es eine ganze Reihe romanischer Kirchen mit Spitzbögen. Henri Focillon spricht von »gotischer Romanik«, vor allem hinsichtlich der deutschen Kirchen, bei denen sich die Anleihen aus der französischen Gotik in eine romanische, ja sogar ottonische und karolingische Tradition einfügen. Das ist der Fall in Limburg an der Lahn, in Andernach, Bamberg und vor allem bei der Kathedrale von Basel, die nach dem Brand von 1185 entsteht.

Endlich vollzieht sich der in der Architektur und Skulptur frühzeitige Übergang von der Romanik zur Gotik in anderen künstlerischen Bereichen viel später. So kann man erst ganz zu Ende des 12. Jahrhunderts wirklich von gotischer Malerei sprechen. Zu den ersten Miniaturen, in denen sich wirklich ein neuer Geist und Stil ausprägt, zählen die Werke des »Meisters der gotischen Majestas« der Winchesterbibel (um 1185 — 1190) und die Illustrationen des Ingeburg-Psalters, die vermutlich um 1200 in der flämischen Abtei Anchin entstanden sind (heute Musée Condé in Chantilly). Zu dieser Zeit ist das erste gotische Beispiel in Architektur und Plastik schon seit einem halben Jahrhundert vollendet: Fassade (fertig 1140) und Chor (1140 bis 1144) der unter Abt Suger erbauten Abteikirche Saint-Denis.

Auch eines merkwürdigen Gebrauches des Adjektivs »gotisch« muß gedacht werden. Am Ende des 11. Jahrhunderts verändert sich die Schrift im anglo-normannischen Königreich und im Norden Frankreichs tiefgehend. Die Bögen der karolingischen Minuskel werden gebrochen und spitz, die Buchstaben sind zusammengedrängt und verbinden sich miteinander, als handle es sich um eine Silbenschrift. Im Laufe des 12. Jahrhunderts prägt sich dieser Stil aus und verbreitet sich in ganz Frankreich, in England, Deutschland und bald in der gesamten Christenheit, mit regionalen und lokalen Eigenheiten, etwa in Bologna, wo die Universität einen besonderen Schrifttyp ausbildet, die *Bononiensis.* Diese neue Schrift, welche der Christenheit eine umfassendere und vollständigere »graphische Einheit« verleiht als vorher die karolingische Minuskel, und die zur Schrift einer Gesellschaft wird, in der die zunehmende Zahl der Schreiber flüssiger und schneller arbeiten soll, wird von den Humanisten des 16. Jahrhunderts verächtlich »gotische« Schrift genannt. Es ist aber die Schrift der Renaissance des 12. Jahrhunderts. Sie ist die erste Kundgebung des neuen Stils wie des neuen Geistes und entspricht dem Anwachsen der kulturellen Bedürfnisse, der vermehrten Zahl der Scribenten und der Zunahme an Kulturgütern.

DIE ROMANIK IN VOLLER ENTFALTUNG

Halten wir von der großen Entfaltung der Romanik zwischen 1060 und 1160 einige bezeichnende Tatsachen fest.

Zum Beispiel den Aufschwung der anglo-normannischen Architektur, die durch die Eroberung von 1066 einen unwiderstehlichen Elan erfährt. Zwischen 1030 und 1060 beginnt in der Normandie eine umfangreiche Bautätigkeit; Jumièges (1037 bis 1067) ist zweifelsohne das schönste Werk dieser Periode. Im nächsten Zeitabschnitt werden in Caen mit der Abbaye-aux-Hommes oder Saint-Etienne (1064–1077) und der etwa gleichzeitigen Abbaye-aux-Dames oder Dreifaltigkeitsabtei architektonische Entscheidungen vollzogen. In Saint-Etienne haben Arkaden und Emporen die gleiche Höhe, und die harmonische Fassade wird von Doppeltürmen überragt. In der Dreifaltigkeitsabtei ist ein Triforium an die Stelle der Emporen getreten, und den Chor umgeben abnehmend Absidiolen nach dem sogenannten benediktinischen Plan. Der Grundriß von Saint-Etienne findet sich in Winchester (begonnen 1079), Lincoln (1073 bis 1092) und Canterbury (1074–1089) und in den Umgängen mit ausstrahlenden Kapellen Winchesters, Worcesters (1084) und Norwichs (1096) wieder. Die Blütezeit Clunys und der Aufschwung der Pilgerfahrten, vor allem der zum heiligen Jakob, welche die Cluniazenser fördern, vervielfacht die großen Wallfahrtskirchen, die reich an »heiligen Leibern« und, nach Henri Focillon, »eine Art riesiger, aber allen offenstehender Reliquienschrein« sind. Von gewaltigem Ausmaß, »scheint der Grundriß der Pilgerkirchen von der zahllosen Menge, die sie durchziehen, durch das Gesetz ihres Wegs und ihrer Aufenthalte, durch ihre Stationen und ihre Ströme gezeichnet zu sein«. So können die Pilger in der Vielzahl der Schiffe (drei oder fünf), den gelegentlich doppelten Querhäusern, vor allem aber in den Kapellen des Umgangs an den Reliquien und den verschiedenen Heiligen geweihten Altären vorbeiziehen, die zur Verehrung ausgesetzt sind. Die Außengliederung dieser Kirchen ist klar und harmonisch. Die Massen sind übereinander gestaffelt und gipfeln in einem Vierungsturm.

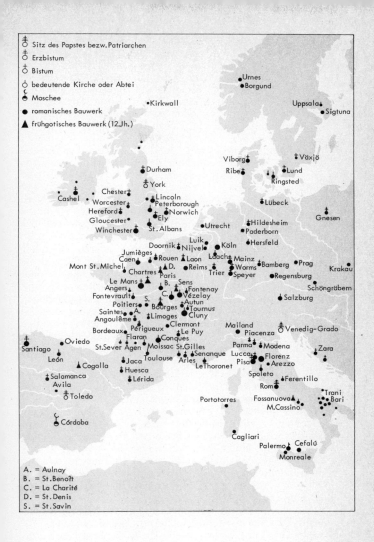

Abb. 10: Das romanische Abendland

Dieser Typ der großen Pilgerkirche, von Sainte-Foy in Conques (durch Abt Odolric — 1039 bis 1065 — begonnen) und Saint-Benoît-sur-Loire, wo im letzten Drittel des 11. Jahrhunderts die entscheidenden Bauteile in Angriff genommen werden, vorgebildet (vielleicht auch von den zerstörten Kirchen Saint-Martin in Tours und Saint-Martial in Limoges), erhält mit der dritten Kirche von Cluny (heute fast ganz verschwunden), die von Abt Hugo 1088 begonnen und von Urban II. 1095 geweiht wurde, ihr Meisterwerk. Diese gewaltige Kirche ist mit 181 Meter Länge, fünf Schiffen und zwei Querhäusern bis zur Errichtung der neuen Peterskirche in Rom die größte Basilika der Christenheit. Am Beginn eines anderen Pilgerweges nach Santiago de Compostela wird die Kirche der heiligen Magdalena ab 1050 in Vézelay von Abt Artaud erbaut und 1104 geweiht. Nach einem Brand im Jahre 1120 wird von 1135 bis 1140 ein neues Schiff erstellt und der Chor gotisch errichtet, ohne daß die Harmonie des Ganzen darunter leidet. In Toulouse ist die 1060 begonnene und in der Mitte des 12. Jahrhunderts vollendete Kirche Saint-Sernin repräsentativ für den Typ der Pilgerkirche mit fünf Schiffen, riesigem Querhaus, Tribünen über den Seitenschiffen zur Unterbringung großer Menschenmengen und Chor mit Umgang für Prozessionen; die beiden Krypten dienen der Aussetzung von Reliquien. Am Ende des Weges endlich bietet die Kirche des heiligen Jakob in Compostela, zwischen 1075 und etwa 1150 errichtet, bei zwar nur drei Schiffen den Pilgern dennoch in ihrem großen Querhaus und dem Chor mit Umgang und Kapellen geräumigen Platz.

Während die Pilgerwege den einen vereinheitlichenden Faktor in der romanischen Vielfalt bilden, so sind andere Gruppen von Bauwerken regionalen oder nationalen Traditionen verpflichtet. Beispielsweise haben die romanischen Kirchen der Auvergne untereinander so viel Ähnlichkeit, daß die Bezeichnung »auvergnatische Schule« gerechtfertigt erscheint (Notre-Dame du Port in Clermont, Notre-Dame d'Orcival, Saint-Julien in Brioude, Saint-Nectaire, Saint-Paul in Issoire). In Deutschland zeigt sich ein Festhalten an karolingischen Lösungen bei der Verwendung von Türmen und Doppelchören in Sankt Emmeram und am Dom zu Regensburg, in Augsburg, Bamberg und bei den großen rheinischen Kaiserdomen zu Speyer, Mainz, Worms und Trier. Obschon die Gratgewölbe in Speyer (1082—1106), Mainz (vor 1137) und in der Abteikirche Maria Laach auch konstruktiven Wagemut bezeugen, so zeichnet sich Deutschland in der romanischen Kunst mehr durch Größe und Monumentalität als durch Neuerungen aus. Die Gruppe der romanischen Kirchen Kölns illustriert die Ambitionen und Leistungen dieser Epoche.

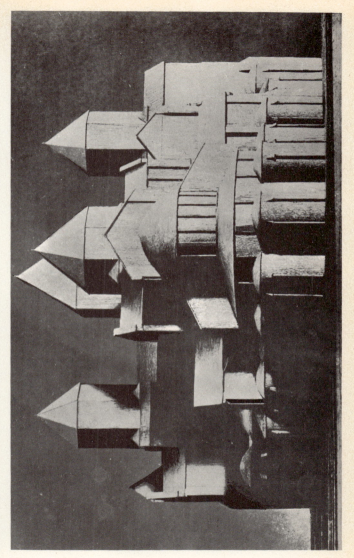

Abb. 11: Romanische Architektur: Cluny. Rekonstruktion des Chores der Abteikirche Saint-Hugues durch Conant

Die romanische Kunst konnte sich unter dem Druck kollektiver und individueller Ansprüche auf die Dauer nicht damit begnügen, das christliche Volk allein durch die Weihe und Monumentalität ihrer Architektur zu beeindrucken. Sie mußte sich einer unmittelbareren Sprache bedienen — der Plastik.

Nichts ist hier aufschlußreicher als die Entwicklung der Kapitäle. Da ist der in Saint-Benoît-sur-Loire deutlich erkennbare Übergang vom korinthischen zum Figurenkapitäl; die Synthese zwischen dem architektonischen Charakter der Bauplastik, welche »die Gestalten dem Rahmen einpaßt, in dem sie Platz finden sollen«, und ihrem Ornamentcharakter, der eine stilisierte Anordnung gemäß dem dekorativen Grundplan zeitigt; da ist endlich der Übergang von Einzelfiguren zu ganzen Szenen, zu einem Erzählstil, der an die dramatische Einheit gebunden bleibt. Zwar nisten gegeneinander aufgerichtete Tiere orientalischer Herkunft, den Künstlerlaunen entsprungene Ungeheuer und surrealistische Teufel zuhauf in den Kapitälzonen; aber auch hier nimmt der Mensch in den Szenen des Alten und Neuen Testaments, in seinem Kampf gegen die Laster und gegen den »Erbfeind« des Menschengeschlechts immer größeren Raum ein. Man darf darin keinen Beweis für einen Humanismus in der romanischen Zeit sehen. Sie bleibt eine Welt der Träume und Alpträume, der phantastischen Einbildungskraft. Der romanische Mensch wird vor allem von der Angst verfolgt. Das gilt, wenn man sich an die Kapitäle hält, für Moissac ebenso wie für Vézelay, Chauvigny, San Domingo de Silos, Saint-Nectaire und Serrabone.

Aber der Skulpturenschmuck beschränkt sich nicht auf die Kapitäle. Er bedeckt Fassaden und sogar Absiden mit Friesen (Beispiele in Ripoll/Katalonien, in Saint-Gilles/Provence, in Selles-sur-Cher/Berry, in Saint-Jouin-de-Marnes/Poitou). In Modena findet sich plastischer Schmuck in den Fassadenfriesen, den Bogenfeldern der Seitenportale, an den Chorschranken, in Metopen und an den Turmkanten. Die thematische Übereinstimmung von Literatur und Kunst ist hier frappant, da sich am Pescheria-Portal Teile der Artussage und an den Turmkanten Roland und Olivier finden.

Hier sei auf zwei regionale »Schulen« oder besser Traditionen hingewiesen. Aus der norditalienischen Plastik ragen Wiligelmo, der 1099 an der Fassade von Modena arbeitet, und Antelami heraus, der 1178 im Dom zu Parma eine Kreuzabnahme und 1196 im dortigen Baptisterium die Monatsreliefs meißelt. Zu ihnen gesellt sich der anonyme Meister der Monatsreliefs am Dom zu Ferrara sowie der Anbetung der Könige in San Mercuriale in Forli. Er bezeugt zu Beginn des 13. Jahrhunderts Fortdauer und Lebenskraft einer romanischen Bildhauerübung,

170

die sich in Norditalien aus römischen Überlieferungen von kräftiger Eleganz speist.

In Nordspanien muß der Skulpturenschmuck von Silos innerhalb einer Gesamtentwicklung gesehen werden, die vielleicht weniger stark von Frankreich beeinflußt ist, als man oft behauptet hat, und in der sich eine eigenwillige Form der Stilisierung bei »subtilster Modellierung des Flachreliefs« ausprägt. Beflügelt durch die Wallfahrt nach Santiago de Compostela, bringt die romanische Plastik Spaniens in der Kathedrale von Jaca, in San Isidoro zu Leon, in Santa Cruz de Serós, in Huesca, Fromista, an der Puerta de las Platerias der Kathedrale von Santiago de Compostela, in San Vincente zu Avila, im Fries von Carrion de los Condes und in der Camara Santa zu Oviedo Meisterwerke hervor, ohne daß allerdings die funktionelle Zusammenordnung von Architektur und Plastik bewältigt wird. Diese Leistung, welche die Krönung der romanischen Plastik darstellt, ist an den großen romanischen Portalen und Tympanen Frankreichs vollbracht. Hier steht Gott im Mittelpunkt — ein Gott der Majestät und des Triumphes, des Jüngsten Gerichts und der Apokalypse. Er thront in Charlieu und Conques, in Moissac, Vézelay und Autun. Wie in den frühscholastischen Werken der ersten Hälfte des 12. Jahrhunderts entsteht hier eine Ordnung. Eine »Summe« in Bildern bereitet sich vor.

Architektur und Steinplastik erschöpfen jedoch die Energie der romanischen Kunst keineswegs. Ihre Urtümlichkeit, verbunden mit einer noch kühneren Stilisierung, kommt packend in den Edelmetallen und raffinierten Techniken der Goldschmiede und Emailschmelzer zum Tragen, deren Werke im kleinsten Detail wie im monumentalen Ganzen meisterlich sind. Es sei hier nur an die Reihe berühmter Bronzepforten erinnert. Bereits zu Beginn des 11. Jahrhunderts entstehen die Türen von Sankt Michael in Hildesheim; am Ende des Jahrhunderts die von San Zeno in Verona. In die zweite Hälfte des 12. Jahrhunderts fallen die Portale von Bonnano am Dom zu Pisa (1180) und am Dom zu Monreale (1186), die Türen am Dom von Gnesen (1170) und, noch weiter östlich, die Tore der Sankt-Sophien-Kathedrale im fernen Nowgorod. — Beschränkt man sich auf eine Region, so ist die Entfaltung der »Maasschule« bedeutsam, und hier wären wieder zwei Meisterwerke zu nennen: das mit reichem Reliefschmuck versehene Taufbecken aus Notre Dame zu Lüttich (1107 bis 1118, heute in der Kirche Saint-Barthélemy) und der Tragaltar von Stavelot, eine Grubenschmelzarbeit auf vergoldetem Kupferrezipienten mit ausgesparten, gravierten und emaillierten Figuren (gegen 1165, Königliche Museen zu Brüssel). Als Kulturzentrum bietet sich etwa Saint-Martial in Limoges an. Der

1095 von Urban II. geweihten Abteikirche ist ein *scriptorium* angeschlossen. Die aus ihm hervorgegangenen Manuskripte sind ebenso bedeutsam für die Geschichte der Dichtkunst und der Kirchenmusik (z. B. die *tropaires-prosiers* als Sammlungen von Gesängen — Tropen —, die zwischen die liturgischen Teile der Messe geschoben oder in diese eingefügt werden), wie für die Geschichte des liturgischen Dramas und der Buchmalerei (unter den illustrierten Handschriften dieser Zeit befindet sich das Sakramentar der Kathedrale Saint-Etienne, um 1100, heute M. S. Lat. 9438 der Bibliothèque Nationale in Paris). Groß ist auch der Einfluß auf die Emailschmelzer von Limoges, die sich von den Miniaturen in den Handschriften der Mönche anregen lassen und in diesen ihre besten Kunden haben. Will man einen romanischen Kirchenschatz bewundern, empfiehlt sich Sainte-Foy in Conques. Unter Abt Bégon (1087—1106) kommen hier zu früheren berühmten Stücken wie der Reliquienbüste von Sankt Fides verschiedene neue Meisterwerke hinzu. Zu Beginn des 12. Jahrhunderts verfaßt der Presbyter Theophilus wahrscheinlich am Niederrhein mit der *schedula diversarum artium* das erste technische Handbuch der westlichen Kunst. Und schließlich ist die Romanik das goldene Zeitalter der Freskomalerei. Die kleinen Fensteröffnungen lassen große Wandflächen frei, die mit Bildern bedeckt werden. Im Scheine der Fackeln und Kerzen beleben ihre Farben die Kirche, während die Szenen und Figuren den plastischen Schmuck bei der Erbauung und Belehrung der Gläubigen ergänzen. Die im Montjuich-Museum zu Barcelona versammelten Fresken aus den romanischen Kirchen Kataloniens, die Zyklen in San Isidoro zu Leon, in Saint-Savin-sur-Gartempe bei Poitiers, von San' Angelo in Formis (ab 1073 von Abt Desiderio von Monte Cassino errichtet) zeigen, daß man die Malerei ebenso genial wie die Plastik zur Ausschmückung der Bauwerke heranzuziehen weiß, denn die Romanik ist ein Zeitalter, in dem sich alle übrigen Künste der Architektur unterordnen.

ENTSTEHUNG DER GOTIK

Trotz mancher Vorausnahmen und mancher fortbestehender Züge weist die gotische Kunst, die sich seit 1140 zunächst in der Ile de France ausbreitet, einen neuen Geist und ein neues Programm auf. Sie fällt dort mit einem stürmischen Wachstum der Bevölkerung und der Wirtschaft, mit der zunehmenden Macht der Kapetinger sowie der Blüte der religiös und geistig führenden Städte zusammen: Chartres mit seiner Domschule, Paris und sein neues Scholarenmilieu, der Ausklang der Theo-

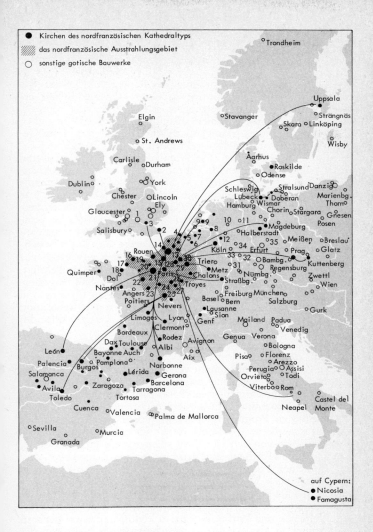

Abb. 12: Das gotische Abendland

1 Oxford, 2 Canterbury, 3 Westminster, 4 Brügge, 5 Gent, 6 Brüssel, 7 Antwerpen, 8 Xanten, 9 Utrecht, 10 Münster, 11 Minden, 12 Altenberg, 13 Amiens, 14 St. Riquier, 15 Beauvais, 16 Bayeux, 17 Coutances, 18 Mont St. Michel, 19 Lisieux, 20 Evreux, 21 Chartres, 22 Le Mans, 23 Tours, 24 Orléans, 25 Bourges, 26 Sens, 27 Auxerre, 28 Noyon, 29 Reims, 30 Laon, 31 Oppenheim, 32 Gelnhausen, 33 Limburg, 34 Marburg, 35 Naumburg

173

logiestudien in Laon, der erzbischöfliche Hof zu Sens. Der neue Stil wird mit einem Schlag an der Fassade (1137–1140) und am Chor (1140–1144) der Abteikirche zu Saint-Denis verwirklicht.

Die Gotik bringt vor allem ein neues Raumgefühl hervor, das durch mehr Einheitlichkeit bei größerer Geschmeidigkeit erreicht wird. Durch den Spitzbogen ist es möglich, die kompakten durch biegsame Gewölbe abzulösen. Hierdurch entstehen Licht- und Schattenwirkungen, optische Illusionen und, im Gesamteffekt, feinste Spiele der Proportionen, die Auge und Intellekt gleich befriedigen. Die Wandauflösung macht volle und dicke Wände zu dünnen, durchbrochenen. Sie zwingt die Architekten zu Ausweichlösungen — Strebepfeiler anstatt romanischer Widerlager —, welche die neue Ästhetik ergänzen. Das Steingerippe, der durchbrochene Käfig, welcher die Kirchen umgibt, scheint ihr Aufstreben eher zu begünstigen als zu hemmen. Gleichzeitig tritt die Glas- an die Stelle der Wandmalerei, die bemalte Fensterscheibe löst das Fresko ab. Die Kirchenschiffe füllen sich mit einem neuen Licht, das wesentlich zur Verfeinerung und Entschwerung der Raumatmosphäre beiträgt. Die erhaltenen Scheiben in Saint-Denis, Le Mans, Saint-Germer-de-Fly, Notre-Dame de Paris, den Kathedralen zu Chalons und Troyes und an der Fassade von Chartres lassen jene Revolution in der Glasmalerei erahnen, die sich in der zweiten Hälfte des 12. Jahrhunderts vollzogen.

An den Fassaden gehen ebenfalls tiefgreifende Veränderungen vor sich. Auch sie sind nun weitgehend durchbrochen und werden zu Pforten, die nicht mehr verstohlen in ein Geheimnis einlassen, sondern einladend zu einer Offenbarung hinführen. Und die von den romanischen Tympanen vorgebildete Anordnung vervollkommnet sich zu einem kompositionell sogleich übersichtlichen Programm. Ikonographisch gesehen, wandelt sich das romanische Thema der Apokalypse zum Majestas-Christus, umgeben von den vier Evangelistensymbolen, als Zeichen dafür, daß das Kirchenportal den Eingang ins ewige Leben vorausnimmt und daß Christus vor allem ein Weg, eine Pforte ist: *Ego sum ianua* — ich bin die Pforte. Auch die Marienglorie breitet sich aus als Beweis einer neuen Verehrung der Frau, Mutter und Königin. Höchst originell ist das Thema der Vorläufer. Die Propheten und Vorfahren Christi kündigen den Erlöser und die Apostel an, das Alte Testament bereitet das Neue vor, die Kirche löst die Synagoge ab. Sicher hat Abt Suger diese *typologische* Symbolik stark angeregt, in der jede Figur oder Episode des Neuen Testaments eine vorauswiesende Entsprechung im Alten hat. Solche Symbolik findet sich schon auf dem großen Kreuzfuß von Saint-Denis, der nicht mehr existiert, aber durch

eine kleinere Nachbildung in Saint-Bertin zu Saint-Omer bekannt
ist. Das gotische Zeitalter wird von diesen großen Themen beherrscht, und das späte Mittelalter verfeinert und systemati-
siert diese Typologie noch. Das 1140 in Saint-Denis geschaffe-
ne Portal mit den Vorfahren Christi kehrt schon in der zweiten
Jahrhunderthälfte in Chartres, Etampes, Bourges, Saint-Loup-
de-Naud und Le Mans wieder.
Der neue Stil ermöglicht auch größere Höhen und Längen und
tritt von Anfang an als Stil der großen Stadtkathedralen auf.
Von der Romanik bleibt ihm ein Massengefühl, das sich im
vierstöckigen Wandaufbau äußert: von den Erdgeschoßarka-
den über die Emporen und den durchfensterten Laufgang (Triforium) bis zu den Hochfenstern. Bei einheitlichem Wandaufbau gibt es aber sehr verschiedene Grundrißlösungen. Um der
Vereinheitlichung willen werden in Notre-Dame zu Paris Ka-
pellenkranz und Querschiff in den Plan einbezogen, während
Laon beides ausstrahlen läßt. In Noyon sind die Arme des
Querhauses abgerundet, so wie der südliche Kreuzarm der
Kathedrale zu Soissons. Laon nimmt zwischen 1155 und 1174
durch seine tiefen Portale, die durchbrochenen Türme und die
zahlreichen Öffnungen »die großen gotischen Wandauflösungen
voraus«. Mit Notre-Dame in Paris (seit 1163, Chor 1177, Haupt-
schiff 1196 fast vollendet) beginnt das Kolossalzeitalter: 32,50
Meter Gewölbehöhe. Senlis, der Chor von Saint-Germain-des-
Prés in Paris und Saint-Remi in Reims gehören ebenfalls der ersten Epoche der Gotik an, deren geographische Ausbreitung damit gut umrissen ist.
Aus dieser Gruppe von Bauwerken weist eines in die Zukunft.
Wahrscheinlich von 1135 bis 1168 errichtet, behält die Kathedrale von Sens zwischen den steilen Schiffsarkaden und den
Hochfenstern nur noch eine einzige Triforiumszone bei. Mit
dieser Vereinfachung auf Dreistöckigkeit leitet Chartres dann
entschieden den klassischen Augenblick der Gotik ein.
Die Kultur, von der bisher gesprochen wurde, ist wesentlich
klerikaler Natur. Selbst bei Unternehmungen ausgesprochen
städtischen Charakters bereiten sich die »neuen Männer«, die
man in den Schulen oder auf den Baustellen sieht, auf die Kle-
rikerlaufbahn vor oder folgen Anweisungen von kirchlicher
Seite. Eine Klasse jedoch erringt in dieser Zeit eine relative kulturelle Selbständigkeit: die weltlichen Herrn. Innerhalb der
dreigeteilten Gesellschaft (oratores, bellatores, laboratores) bereiten die Krieger (bellatores) bis zu einem gewissen Grade dem
kulturellen Monopol der oratores (Klerus) ein Ende.

DIE FEUDALITÄT TRIUMPHIERT IN DER LITERATUR:
HELDENEPEN UND HÖFISCHE DICHTUNG

In karolingischer Zeit war der kaiserliche Hof Zentrum und Antriebskraft des geistigen Lebens gewesen. Aber es handelte sich um eine von der Kirche getragene, rein lateinische Kultur. Zwischen 1060 und 1180 sind die deutschen Kaiser und die französischen Könige, die die Nachfolger Karls des Großen sind und sich als solche fühlen, nicht nur durch politische Schwierigkeiten völlig in Anspruch genommen, sondern auch unfähig, eine selbständige Kulturpolitik zu betreiben, weil sie ideenmäßig ganz von der Kirche als Stütze des kaiserlichen und königlichen Mythos abhängen. Anders ist es bei den weltlichen Herrn, welche dieses Zeitalter des siegreichen Feudalismus beherrschen und ihre wirtschaftliche und soziale Macht mit dem Prestige einer neuen Kultur krönen.
Gegenüber dem Lateinischen unterstützen sie die literarische Aufwertung der Landessprache und regen einen Kranz von Werken an, zunächst in den Gegenden, wo die Feudalität am mächtigsten ist: in Frankreich und im anglo-normannischen Königreich. Deshalb entsteht frühzeitig eine provenzalische und eine französische Literatur, wobei letztere Sprache stark individualisierte Dialektabweichungen aufweist: Normannisch, Anglo-Normannisch, Picardisch und *Francisch* in der Ile de France, das im 12. Jahrhundert die Rivalen aussticht, nicht ohne einige Übernahmen und nicht ohne sich weiterzuentwickeln. Unter diesen Bedingungen ist es nicht verwunderlich, daß die beiden großen Themen der Feudalliteratur für die Kirche tabu sind: die Gewalttat und die Liebe, Kriege und Frauen. Diese Literatur benutzt zugleich mit der Landessprache auch alte Überlieferungen, vor allem volkstümliche Motive, deren Auftauchen in den Werken des 11. und 12. Jahrhunderts einige Gelehrte — namentlich im 19. Jahrhundert — eine Theorie vom volksmäßigen Ursprung dieser Gattungen — wie der höfischen Poesie oder der Heldenepen — aufstellen ließ, die sich doch ganz im Gegenteil nur durch die Anregung und das Interesse der Herrenschicht erklären lassen. Aber der religiöse Anteil an dieser Literatur ist groß. Einmal, weil die Herrn, die sie fördern und zugleich ihre Zuhörer sind, im allgemeinen glauben (sie nehmen zum Beispiel mit besonderer Befriedigung die Kreuzzugsthemen auf, die im *Chanson de geste* eine große Rolle spielen, weil dort das religiöse Ideal ihr Verlangen nach Abenteuern, Kriegstaten und Eroberungen verklärt) und auch, weil die Verfasser dieser Literaturwerke, wenn es auch unter ihnen Feudalherrn (wie Wilhelm IX. von Aquitanien oder Marie de France) und professionelle Laien gibt (die Trouvères und Troubadours), oft Kleri-

ker sind — und endlich auch, weil sich die Herausforderung an die christliche Ideologie in dieser Zeit nur in bestimmten Grenzen entwickeln kann.

Über die Verbindungen zwischen *Chanson de geste* und Feudalmilieu sind direkte und indirekte Zeugnisse zahlreich. Nach Wilhelm von Malmesbury stimmen die Truppen Wilhelms des Eroberers zu Beginn der Schlacht von Hastings (1066), um sich zum Kampf zu erregen, die »Kantilene von Roland« an, eine Vorform des *Rolandslieds*. Ordericus Vitalis erzählt in seiner *Historia ecclesiastica*, daß Hugo von Avranches, Graf von Chester, einen Kleriker aus Avranches bei sich hatte, der durch seine Kenntnis der Literatur bemerkenswert war und der in eleganter Art die Taten heiliger Ritter erzählte »und auch von dem heiligen Helden *Wilhelm* (Wilhelm von Orange) sprach, der nach vielen Kämpfen auf die Welt verzichtete und als Mönch ruhmreich für den Herrn stritt«. In den meisten Heldenepen findet sich das »hört, Herren« oder »hört, Barone«, was deutlich zeigt, an welches Publikum man sich wendet. Das Rolandslied und mehr noch der Zyklus von Wilhelm von Orange sind Epopöen der herrschaftlichen Familie, des Blutes und der Sippe. Roland weigert sich in Roncevaux lange Zeit, den Olifant zu blasen um Karl den Großen zu Hilfe zu rufen, aus Angst, daß dadurch seine Verwandten entehrt werden. Sterbend denkt er erst an seinen Ruhm, an Familie, Vaterland und König, ehe er an Gott denkt. Von Frankreich aus erreichen diese Heldenlieder am Ende des 12. Jahrhunderts andere christliche Länder, die aus ihrer eigenen kriegerischen Überlieferung schöpfen. In Spanien entsteht der *Cantar de mio Cid*, in Deutschland das *Nibelungenlied*, in den skandinavischen Ländern und vor allem in Island entstehen die *Sagas*.

Die anderen großen Literaturgattungen in der Landessprache, die mit der herrschaftlichen Welt verbunden sind, die Poesie und der höfische Roman, stellen weitere Probleme: als erstes das ihrer Herkunft. Wenn in beiden Fällen die Annahme des volkstümlichen Ursprungs zurückgewiesen oder auf das Dasein einzelner Motive beschränkt werden muß, so ist offenbar auch der arabische Einfluß auf die höfische Lyrik der Troubadours übertrieben worden, während bei den Romanen, besonders bei bretonischen Stoffen, die keltische Überlieferung eine wichtige Rolle gespielt hat.

Aber das Fesselndste dieser Literaturprobleme ist für den Historiker zweifellos die Form der höfischen Liebe und die Stellung der Frau. Man spürt, wie sich, sogar schon vor den Kreuzzügen, eine Emanzipation der Frau, besonders der adligen Frau, im Okzident vollzieht, denn ihre Rolle ist innerhalb der Sippe, der auf das *Blut* gegründeten Verwandtschaft, groß. Von Geistlichen umgeben, wacht sie über die Erziehung der kleinen Kinder, fördert die Verfeinerung der Sitten und festigt ihren Einfluß auf die Männer der Militäraristokratie. Diese lassen sich übrigens manchmal verweichlichen, wenn man den Moralisten Glauben schenken will. Besonders am anglo-normannischen Hof tragen die Männer gewelltes oder langes Haar (und sogar Perücken), schleppende Kleider und Schuhe mit aufgebogenen Spitzen. Wer nicht der Sodomie verfällt (die damals in Poesie und Praxis sehr Mode ist), versucht den Frauen weniger durch Männlichkeit als durch *hövescheit* zu gefallen. Dieser Frauenkult erstreckt sich auch auf Maria, deren Verehrung im 12. Jahrhundert bis dahin unbekannte Ausmaße annimmt. Unsere liebe Frau ist die »Dame« schlechthin.

Diese Überhöhung der Frau hat ihren rätselhaftesten Ausdruck bei einer verwirrenden Persönlichkeit gefunden, in der man den ersten Troubadour sieht: Wilhelm IX. von Aquitanien (1071–1126). Dieser große, abenteuerdurstige Herr, der in heftigem Kampf mit der kirchlichen Hierarchie stand und mehrmals wegen seines wüsten Privatlebens exkommuniziert wurde, hat in seinem Leben vermutlich zwei große Erschütterungen gekannt: den unglücklichen Kreuzzug ins Heilige Land (1101/02) und die Beziehungen zu dem Reformator Robert von Arbrissel, über den er sich übrigens in bissiger Weise lustig macht. Auf jeden Fall ist der Kontrast schlagend zwischen den ersten der von ihm hinterlassenen elf Chansons oder Gedichten — schlüpfrig und obszön, wobei die Liebe nur ein derbes physisches Vergnügen und die Frau Gegenstand dieser Lust ist — und den letzten, in denen sich die *imago*, das ideale Bild der Frau, ausformt, die »meine Herrin« *(mi dons)* geworden ist und der man Treue und blinden Gehorsam schuldet.

Die Troubadoure nach Wilhelm verfeinern die Liebesfreuden und die Verehrung der Frau. Marcabru (um 1140–1150) verrätselt den *fin amor*, die sublimierte Liebe (dieser Stil des *trobar clus* bleibt bis ins 13. Jahrhundert hinein sehr beliebt) und wendet sie zum religiösen Mystizismus hin. Jaufré Rudel singt in der Jahrhundertmitte von seiner »fernen Liebe« (einer platonischen Liebe oder jener, die ihn im Heiligen Land für eine orientalische Prinzessin entflammte?), beläßt aber die höfische Liebe in ihrer profanen Umwelt. Nach ihm eröffnen Bernart de Ventadorn, der Schützling Eleonores von Aquitanien, und Bertran de Born, Gefährte Richard Löwenherz', der sein Leben zu Beginn des 13. Jahrhunderts als Zisterziensermönch beschließt, das goldene Zeitalter der Troubadours und der provenzalischen Dichtung, welche die Frau, die Natur und den Krieg besingt. Gleichzeitig breitet sich die höfische Poesie in Italien, in Nordfrankreich und Deutschland aus, wo die

Minnesänger auftreten, denn die *Minne* ist die höfische Form der Liebe.

In dieser weltlichen Liebe, die aus idealisierter Leidenschaft und physischem Verlangen besteht und auf die »Liebesfreude«, die unvergeßliche Ekstase hinzielt, hat man, abgesehen von ihren für das 12. Jahrhundert bezeichnenden feudalen Bindungen und dem völlig ehefeindlichen Charakter (denn die *Dame* kann nicht die Ehefrau sein), zu Recht die moderne Liebe gesehen. Sie ist eines der kostbarsten Erbteile des Mittelalters.

Die *hövescheit* ist in diesem Jahrhundert nicht auf die Lyrik beschränkt. Sie greift auch auf die Epik über, verwandelt die rauhe Atmosphäre der *Chansons de geste* und schafft so eine neue Gattung, den höfischen Roman. Hier übernimmt der Norden die Führung, denn an den Höfen von England und der Champagne werden die Hauptwerke geschrieben. Um die Mitte des 12. Jahrhunderts lösen zwei neue Helden Karl den Großen und seine Paladine ab: Alexander und Artus. Der *Alexanderroman* vereinigt verschiedene Überlieferungen: griechische (den Pseudo-Kallisthenes des 1. Jahrhunderts), lateinische (die Übersetzung des Iulius Valerius vom 4. Jahrhundert), karolingische (die *Epitome Iulii Valerii* und den Brief Alexanders an Aristoteles über die Wunder Indiens vom 9. Jahrhundert) und jüdische, aus denen zu Beginn des 12. Jahrhunderts die *Wunderbare Reise Alexanders ins Paradies* hervorgeht. Sie alle inspirieren den großen, 20 000 Verse umfassenden Roman in Zwölfsilblern (die daraufhin den Namen *Alexandriner* erhalten), der 1177 von Alexander von Bernai vollendet wird. In der gleichen Zeit schreibt Walter von Châtillon über den gleichen Gegenstand ein lateinisches Epos, die *Alexandreïs*. Die erhaltenen Bruchstücke einer ursprünglichen Alexanderfassung um 1130 zeigen den neuen Geist, der Thema und Werk beeinflußt, gut. Die Helden der Antike, heißt es da, erweisen als falsch, daß alles — wie Salomon sagt — eitel sei. So entsteht ein »positiver« Held, welcher die *sapientia* und die *fortitudo* in sich vereint und bei dem zu Wissen und physischer Tapferkeit bald auch alle Feinheiten der Courtoisie hinzukommen. Die *Historia regum Britanniae* von Gottfried von Monmouth (zwischen 1135 und 1138 entstanden) stellt einen neuen Helden vor, Artus, der eine ganze Romanreihe bestreiten wird, die *matière de Bretagne*, und der mit Alexander dazu beiträgt, eine andere Quelle auszuschöpfen, den »alten Stoff«. Mit dieser pseudo-historischen Figur des Königs Artus ersetzt der *königliche* Mythos den *kaiserlichen* (Karl der Große) der *Chansons de geste*. Ein der römischen Überlieferung fremder Held und Besieger der Römer tritt auf. Der Vorläufer eines neuen goldenen Zeitalters, das die Prophezeiungen Merlins ankündigen, ist umgeben von Rittern, die für Heldentaten und Frauen begeistert sind. Angefangen bei der Königin Guinevra, spielen die Frauen eine Hauptrolle. Eine ganze Reihe von Romanen folgt aufeinander: der *Roman de Brut* (1154) des Normannen Wace über den Helden Brutus, Sohn des Äneas und ersten König der Briten; Romane über die Antike, die als Vorgeschichte der britischen Geschichte betrachtet wird: *Roman de Thèbes, Estoire de Troie* von Benoît de Sainte-Maure, der *Roman d'Eneas* zwischen 1155 und 1170. Endlich fügt der *Roman de Rou* (Rollo, der erste Herzog der Normandie) von Wace dieser Geschichte eine Fortsetzung hinzu. Unter diesen bretonischen Stoffen sollte einem Thema ganz besondere Beliebtheit beschieden sein: der *Geschichte von Tristan und Isolde*. Von ihren verschiedenen Fassungen sind drei berühmt: die »gemeine« Version *Tristrant* von dem normannischen Spielmann Béroul (um 1170?), dann, wenig später, die »höfische« Fassung des Anglonormannen Thomas, der zu Beginn des 13. Jahrhunderts Gottfried von Straßburg folgt. In dieser Geschichte einer zerstörenden Leidenschaft, die keinen anderen Ausweg als den Tod kennt, ist die Entwicklung von Béroul zu Thomas erstaunlich. Bei dem einen führt ein blindes Geschick die heftigen und sinnlichen Helden, die sympathische Opfer ihres Trankes sind. Beim anderen verwandelt die Vertiefung und Verfeinerung der psychologischen Analyse die Hauptfiguren in »höfische« Personen, die zum Teil für ihr Unglück verantwortlich sind. Endlich erlebt der höfische Roman seinen Höhepunkt mit Chrétien de Troyes, dessen Werk zwischen 1164 und 1190 entsteht, unter der Schutzherrschaft von Marie de Champagne, später Philipps vom Elsaß, Grafen von Flandern. Mit ihm findet der höfische Roman zu moralischen und religiösen Werten zurück. In seinen fünf Epen *Erec* (um 1165—1170), *Cliges* (um 1170—1171), *Lancelot* oder *Le chevalier de la Charrette* (1172—1175), *Ivain* oder *Le chevalier au lion* (um 1175) und dem unvollendeten *Perceval* oder *Le conte du Graal* (um 1180), die vor allem den bretonischen Stoff zur Quelle haben, rehabilitiert er die eheliche Liebe, söhnt Geistlichkeit und Ritterschaft aus, führt städtische Stände ein (Arbeiter der Champagne in *Ivain*, Aufständische in *Perceval*) und öffnet mit dem Graal einer Religiosität den Weg, deren Sinn noch nicht erhellt ist. Bei der Beschreibung, Erzählung und psychologischen Analyse zeigt er, daß die höfische Literatur am Ende des 12. Jahrhunderts ihr Reifestadium erreicht hat und nunmehr zur Popularisierung bereit ist. Sein Erfolg war sofort in der ganzen Christenheit gewaltig.

AUSSENSEITER UND AUSGESCHLOSSENE: GOLIARDEN,
JUDEN, HÄRETIKER

Wenn es auch in dieser Literatur gedankliche Kühnheiten gibt
und wenn die religiöse und geistige Renaissance, von der wir zu
Beginn dieses Kapitels sprachen, tiefgreifend Neues mit sich gebracht hat, so sind doch alle bisher behandelten Bewegungen
innerhalb des Rahmens der bestehenden Gesellschaft geblieben.
Es ging um Reformen oder Entwicklungen, nicht um Umstürze
und Revolutionen. Man findet aber auch am Ende des 11. und
im 12. Jahrhundert radikalere Bewegungen, Einzelpersonen und
Gruppen, welche die Grundlagen der christlichen Gesellschaft
in Frage stellen.

Kann man die *Goliarden* zu ihnen zählen? Gewiß, sie waren
turbulent. Diese fahrenden Kleriker *(vagantes)*, die ihren Namen
von dem legendären *Golias* ableiten, einem Übernamen für
gueulard (Maulheld), einem Vielfraß und Großmaul, oder noch
wahrscheinlicher von dem entstellten Goliath als Personifizie-
rung des Teufels, sind gegenüber Gesellschaft und Religion ohne
Respekt. Sie preisen die handgreiflichste Liebe, den Wein, das
Spiel und, wenn man den Moralisten und Synodialbeschlüssen
glauben will, genießen sie dies alles schamlos. Diese Dichter
sind oft anonym. Die *Cambridger Lieder* gehen den Sammlungen des 12. Jahrhunderts voraus, die man *Carmina burana*
nennt und deren berühmteste, das Manuskript 4660 der Münch-
ner Staatsbibliothek, aus dem Kloster Benediktbeuren stammt.
Das goldene Zeitalter der Goliarden ist das 12. Jahrhundert, das
Jahrhundert des Herumziehens, der wandernden Studenten-
gruppen, der zahlreichen Bischofs- oder Fürstenhöfe, welche die
Fahrenden gern aufnehmen. Die Vaganten scheinen Anarchisten
gewesen zu sein, die rasch bereit waren, sich anzupassen, eine
Pfründe anzunehmen und an den Vergnügungen einer Gesellschaft teilzunehmen, die sie nur dann angriffen, wenn sie sich
weigerte, ihnen eine Stellung zu verschaffen. Ihre ganz und gar
negative Sozialsatire verschont niemand, weder den gierigen
und geizigen Klerus, noch den gewalttätigen und ungebildeten
Ritter oder die rohen und tierischen Bauern. Einzelne Lebens-
läufe sind uns bekannt; etwa der des Primas von Orléans, der
seit der Mitte des 12. Jahrhunderts einem Kapitel auf der Ta-
sche liegt; in Köln wird der Archipoeta von Friedrich Barbarossas Kanzler Rainald von Dassel unterstützt. Die Vaganten leben
also keineswegs so asozial, wie es ihre Dichtungen vorgeben.
Doch haben ihre Werke und ihr Beispiel wegen der ganz weltlichen Ideale und der Behauptung, daß es keinen Adel als allein durch das Verdienst gebe, zur Erschütterung der christlichen Gesellschaft beigetragen.

Muß man unter diese der Gesellschaft »gefährlichen« Gruppen auch die Juden zählen, die, durch die Feudalität vom Lande vertrieben, im 12. Jahrhundert in den Städten tätig werden, wo sie mit ihren Reichtümern und dem Wissen ihrer Rabbiner an der Renaissance teilnehmen? Diese im frühmittelalterlichen Okzident mehr oder minder tolerierten Juden werden im 12. Jahrhundert zu Opfern. Besonders der Aufbruch der Kreuzfahrer ist von unbarmherzigen Pogromen begleitet, welche die Empörung einiger Prälaten und Fürsten erregen, namentlich die der Kaiser, die versuchen, die Juden zu schützen. 1096 töten die Kreuzfahrer nach den sächsischen Annalen in Mainz »900 Juden, ohne Frauen und Kinder zu verschonen... das war ein jämmerlicher Anblick, diese großen und zahlreichen Leichenhaufen, die man auf Wagen aus der Stadt fuhr«. 1146 taucht die erste Anklage auf einen Ritualmord auf: ein christliches Kind sei getötet und sein Blut den Matzen zugesetzt worden; ferner wird auf Hostienprofanierung geklagt, ein in den Augen der Christen noch schlimmeres Verbrechen, weil sie darin einen Gottesmord erblicken. Die Synodal- und Konzilsbeschlüsse beginnen, die Juden von der christlichen Gesellschaft auszuschließen. Zusammen mit den Aussätzigen, die man in den im 12. Jahrhundert vermehrten Leproserien eher einschließt als pflegt, werden sie zu Sündenböcken einer Christenheit, die ihr wachsendes Selbstbewußtsein bekräftigt, indem sie andere ausschließt und verfolgt.

Die wirklichen Revolutionäre dieser Zeit sind die Häretiker. Das ist nichts Erstaunliches, wenn man bedenkt, daß die Kirche als zeitliche Macht die Ungerechtigkeiten und Laster der sozialen Aufteilung bedenkenlos an den Tag legt und daß sie als geistliche Macht die ideologische Schutzwehr der Feudalgesellschaft ist. Sie angreifen, heißt die Fundamente dieser Gesellschaft untergraben. Die Häresien von Leutard in der Champagne um das Jahr 1000, die Gruppen in Monforte (um 1018), Orléans (1022) und Arras (1025) sind nur sehr begrenzte und rasch gelöschte Herde. Die Bewegung der *Pataria* in Mailand im dritten Viertel des 11. Jahrhunderts bleibt doppeldeutig; sie schlägt aus einer rechtgläubigen, gregorianischen Kampfhaltung gegen die Simonie in ein deutlicher antihierarchisches, antiklerikales und häretisches Verhalten um. Verschiedene Bewegungen der ersten Hälfte des 12. Jahrhunderts zeigen gleichfalls, mit welcher Leichtigkeit gewisse Einzelpersonen, vor allem Kleriker, und bestimmte Gruppen, besonders aus dem Volk, von der biblischen Bewegung der Armut, welcher die neuen Orden innerhalb der Kirche den Weg bereiten, zu eigentlich häretischen Haltungen übergehen können, die aber im Grunde nur Abweichungen oder Auswüchse der Reformtendenzen innerhalb der Kirche selbst sind. Zwischen 1112 und 1115 wiegelt Tanchelm, ein Einsiedlermönch oder ein Mann, der sich durch seine Kleidung als solcher ausgibt, die Leute von Antwerpen und Umgebung gegen den Klerus auf. Sie gehen nicht mehr zur Kirche, zahlen keinen Zehnten mehr, verehren wie einen neuen Christus den Häretiker, der sich mit zwölf Aposteln und einer Frau, welche die Jungfrau Maria darstellt, umgibt. Er veranstaltet bedeutende Geld- und Kleinodsammlungen, verteilt sein Badewasser an die Anhänger, die es zur Kommunion benutzen oder als Reliquie bewahren. Seine Bewegung überlebt aber seine Ermordung durch einen Priester (1115) nicht. Petrus von Bruys im Südwesten Frankreichs (um 1110 — 1130), der Mönch Heinrich aus der Provence (zwischen 1130 und 1140), Eudes de l'Étoile in der Bretagne (1145—1148) und Arnold von Brescia in der Lombardei und in Rom (bis zu seiner Hinrichtung, 1155) sind gleichfalls Häretiker aus Übertreibung und Radikalismus.

Ganz anders die Katharer. Daß sie von orientalischen Häretikern und besonders von den seit dem 10. Jahrhundert auf dem Balkan wirkenden Bogomilen stark beeinflußt sind, daß sie den alten Manichäismus übernommen oder wiederaufgegriffen haben, ist zweitrangig gegenüber der Tatsache, daß ihre Lehre einem so entschiedenen Bedürfnis entspricht, daß sie sich in einem großen Teil der Christenheit ausbreitet und die Kirche, den Katholizismus und die Feudalgesellschaft in Gefahr bringen kann.

In der Mitte des 12. Jahrhunderts scheint sich der Katharismus in Nord- und Mittelitalien, in der Provence, im Languedoc, im Rheinland und in Flandern ausgebreitet zu haben. Toulouse gilt als Hauptzentrum, Mailand und Köln sind die bedeutendsten Mittelpunkte außerhalb Südfrankreichs. 1145 predigt der heilige Bernhard ohne Erfolg in Toulouse und Albi gegen die Häresie. Anläßlich eines Besuches des bogomilischen Würdenträgers Niketas in Südfrankreich findet wahrscheinlich 1167 in Saint-Félix-de-Caraman bei Toulouse ein katharisches Konzil statt. Die Bischöfe der Katharerkirchen Frankreichs, der Lombardei, von Albi, Carcassonne, der Rat der Katharerkirche von Val d'Aran und eine riesige Anhängerschaft nehmen daran teil.

So hat sich eine mit der katholischen rivalisierende Kirche und Geistlichkeit gebildet. Sie leugnet den Wert der Sakramente und ersetzt die Taufe durch Handauflegung. Von tiefer Feindschaft gegen das Fleisch erfüllt, verdammt sie die Ehe und Begattung und verurteilt den Genuß von Fleisch, Fischen, Eiern und Käse. Ihre Lehre gründet sich auf den Dualismus, der das Fleisch gegen den Geist stellt. Der Geist allein wurde von Gott geschaffen, das Fleisch stammt vom Teufel, der entweder ein rebellischer

Abb. 13: Eine zeitgenössische Vorstellung vom Teufel. Der Teufel als Menschenfresser. Ausschnitt eines Kapitells in Saint-Pierre zu Vienne (Frankreich)

Engel ist (gemäßigter Dualismus), oder ein Gott des Bösen, der über die gleiche Macht verfügt wie Gott selbst (radikaler Dualismus).

Der Mensch und die Welt sind eine Schöpfung des Teufels. Als Buch der Taten teuflischer Kreaturen muß das Alte Testament ganz abgelehnt werden. Das Neue Testament ist in seinen Prinzipien annehmbar, obschon Jesus weder Mensch noch Gott, sondern reiner Geist war. Kirche, Papsttum und Kirchenväter sind abermalige Inkarnationen des Bösen. Das Kreuz ist das Zeichen des apokalyptischen Tieres; seine Verehrung muß vollständig ausgerottet werden.

Diese Verdammung der menschlichen Gesellschaft äußert sich in einer vollständigen Ablehnung der gegenwärtigen Gesellschaft, das heißt der Feudalgesellschaft, deren Ende so schnell wie möglich durch den Verzicht auf Kinderzeugung und Arbeit herbeigeführt werden soll.

Obschon diese Lehre vor allem in städtischen Kreisen und bei bestimmten Handwerkern und Arbeitern (namentlich im Textilgewerbe) Anklang findet, erfaßt sie alle sozialen Schichten und wird in Südfrankreich von einem großen Teil des Adels unterstützt.

In der Praxis teilen sich die Anhänger in eine Elite von *Vollkommenen (parfaits)*, die eine Art Sakrament erhalten haben, das *consolamentum*, und die, wollen sie nicht verdammt werden, in strengster Askese leben müssen — und die einfachen Gläubigen, die sich damit begnügen, dies Ideal bis zum Empfang des *consolamentums* anzustreben. Merkwürdigerweise fordern die Katharer keine Armut und beziehen das Geld als nicht *fleischlich* nicht in ihre Ächtung der Materie ein. Dagegen tauchen am Ende des 12. Jahrhunderts Bewegungen auf, die sich stärker um evangelische Armut bemühen, aber teilweise häretisch sind.

1173 begründet der Lyoner Kaufmann Petrus Waldus die Bewegung der *Armen von Lyon* — später *Waldenser* genannt —, die sich in den Alpen und den umliegenden Gebieten verbreiten. Gleichzeitig bilden sich in Norditalien Bruderschaften — *Humiliati* —, deren Mitglieder im Familienverband verbleiben, hier aber ein Leben in Armut und praktischer Handarbeit führen. 1184 verurteilt Papst Lucius III. Katharer, Waldenser und Humiliaten unterschiedslos als Ketzer. Aber während Waldenser und Humiliaten sich entweder unterwerfen oder in kleinen, ungefährlichen Gruppen fortbestehen, widersetzen sich die Katharer nicht nur siegreich den Predigten, Verurteilungen und persönlichen Verfolgungen, sondern breiten ihren Einfluß noch aus. Bereits 1177 hatte Graf Raymond V. von Toulouse gegen die Katharer in seinen Ländern Militärhilfe vom französischen

König Ludwig VII. und vom englischen König Heinrich II. erbeten und Abt Alexander von Clairvaux um seinen Segen für diesen Feldzug ersucht. Dies begrenzte Unternehmen blieb zwar ergebnislos, zeichnete aber die Gewaltlösung vor, die zu Beginn des 13. Jahrhunderts erfolgen sollte.

So hat die Renaissance des 12. Jahrhunderts die Christenheit gespalten. Die Mehrheit akzeptiert — mehr oder minder zurückhaltend — den historischen Fortschritt, während eine Minderheit ihn zu vernichten sucht. Mangelnde Anpassung und ein Gefühl der Ungerechtigkeit vermischen sich in der antikatholischen Strömung. Letztlich unterliegt aber die gerechtfertigte Entrüstung der Katharer mehr dem Fortschritt der Geschichte als der Macht ihrer Gegner — in jenem 13. Jahrhundert, welches die Blütezeit des mittelalterlichen Okzidents werden sollte.

Zweiter Teil
Die Blütezeit (1180—1270)

7. Der Wohlstand

Das 13. Jahrhundert war, nach einem Ausspruch Edward Millers, der äußerste Ausschlag des mittelalterlichen Pendels. Zu seiner Bezeichnung kehren die Worte Blütezeit, Zenit und Höhepunkt bei den Mediävisten regelmäßig wieder.

LANDWIRTSCHAFTLICHER WOHLSTAND UND RÜCK
GANG DER HUNGERSNOT

Dieses Gedeihen wurzelt in einem wirtschaftlichen Wohlstand, der in diesen Jahrhunderten, wo alles vom Boden abhängig ist, auch ein ländlicher Wohlstand ist.
Man erkennt ihn an zahlreichen Zeichen. Eines der augenfälligsten ist der Rückgang der Hungersnöte.
Zwischen 1225 und 1315 verschwinden in Mittel- und Westeuropa die großen Hungersnöte, nur regionale Entbehrungen treffen Österreich, Böhmen und Polen. Zwischen 1217 und 1218 wird eine drohende Lebensmittelknappheit in Westdeutschland durch Korneinfuhren aus den Ostkolonisationsgebieten abgewendet. Desgleichen entgehen 1272 die Friesen dem Hunger, indem sie aus Dänemark und den Küstengebieten der Ostsee Getreide einführen, wohin sie zum Austausch Bohnen schicken, die sie in diesem Jahr im Überfluß geerntet haben.
Dieser Rückgang der Hungersnot ist nicht nur auf eine Ausdehnung des Getreidehandels zurückzuführen, die im übrigen auch eher die Ausnahme als die Regel ist. Er hängt vielmehr von der Ausbreitung der bebauten Ackerflächen und dem Anwachsen der Erträge ab. Die Woge der Rodungen hält an, besonders in der ersten Jahrhunderthälfte. Holland wird für die Polderwirtschaft gewonnen, die um 1100 in Flandern und Seeland begonnen hatte. Ebenso erreicht die Urbarmachung der Böden durch die deutsche Ostkolonisation zwischen 1210/1220 und 1300 ihr Maximum. Regelmäßige Kornausfuhren aus Brandenburg beginnen um 1250. — Die mittleren Erträge an Weizen, Gerste und Hafer belaufen sich in den bischöflichen Ländereien von Winchester in der ersten Hälfte des 13. Jahr-

187

hunderts auf 4,3, 4,4 und 2,7. Auf den besonders fruchtbaren und gepflegten Böden Thierrys von Hireçon, Bischofs von Arras, erreichen die Weizenerträge zu Beginn des 14. Jahrhunderts 8,12. Sichere Erwähnungen der Dreifelderwirtschaft mehren sich, zum Beispiel für die Ländereien der zisterziensischen Ökonomie von Vaulerent in der Ile de France (ungefähr 400 Hektar). Diese sind in drei »Jahre« aufgeteilt: »Korn«, »Märzgetreide« und Brachland zu gleichen Teilen. Die Bespannung des Pfluges mit Pferden verbreitet sich.

Ein Anwachsen der Viehherden begleitet diese Ausweitung der Anbauflächen. In Schwaben, Bayern, Tirol, Kärnten, im Elsaß und in der Schweiz tauchen neue Bewirtschaftungsmethoden auf, in denen die Viehzucht eine große Rolle spielt *(vaccariae, armentariae)*; in Süddeutschland nennt man sie *Schwaigen*, in Mitteldeutschland *Viehhöfe* oder *Rinderhöfe*. Diese Güter sind nicht immer das Ergebnis neuer Landgewinnungen. Manchmal wird einfach Ackerland in Weiden umgewandelt, doch bleibt dieser Vorgang begrenzt, weil die Wirtschaft immer noch im wesentlichen für den unmittelbaren Lebensbedarf arbeitet und so die Nachfrage nach Getreide die Entwicklung der Viehwirtschaft hemmt. Dennoch schreitet in bestimmten Gegenden die Spezialisierung des Anbaus fort — Färbereipflanzen (*Färberwaid* in der Picardie um Amiens) und vor allem Wein. 1245 stellt der Franziskaner Fra Salimbene von Parma, als er durch Auxerre kommt, erstaunt fest: »Die Leute dieser Gegend säen nicht, ernten nicht und lagern nichts in ihren Speichern. Es genügt ihnen, ihren Wein auf dem nahen Fluß, der genau dorthin fließt, nach Paris zu schicken. Der Verkauf des Weins in dieser Stadt verschafft ihnen schönen Gewinn, wovon sie ganz gut leben und sich kleiden können.«

Der technische Fortschritt wird von einer Neubelebung der Agrarwissenschaft begleitet. Die ersten technischen Abhandlungen über mittelalterliche Landwirtschaft erscheinen zunächst in England *(Housebondrie*-Handbücher, deren bekanntestes das des Walter von Henley ist; die *Règles* des Robert Grosseteste — 1240 — sind für die Bewirtschaftung der Ländereien der Gräfin von Lincoln bestimmt; endlich die *Fleta*-Sammlung). In Norditalien erscheint das *Ruralium commodorum opus*, zwischen 1304 und 1306 von Pietro de' Crescenzi zusammengestellt, das der französische König Karl V. in der zweiten Hälfte des 14. Jahrhunderts unter dem Titel *Le livre des profits champêtres* übersetzen läßt.

BESSERE TECHNISCHE AUSRÜSTUNG

Diesen Fortschritten der Landwirtschaft entspricht eine bessere technische Ausrüstung und die Benutzung der Wasserkraft. Freilich sind die Klosterwerkstätten ein Fall für sich und für die allgemeine Landwirtschaft nicht verbindlich. Das Zeugnis eines Zisterziensers von Clairvaux — eine wahre Hymne auf den Maschinenbetrieb — bleibt vereinzelt. Nachdem er die Antriebswirkung des Flusses Aube auf die Korn-, Bier- und Walkmühle schwärmerisch beschrieben hat, ruft er aus: »Guter Gott! Wieviel Trost gewährst Du Deinen armen Dienern, um zu verhindern, daß sie eine zu große Traurigkeit bedrückt. Wie sehr erleichterst Du die Mühsal Deiner Kinder, die Buße tun, und wie ersparst Du ihnen ein Übermaß an Arbeit! Wieviel Pferde würden sich erschöpfen, wieviele Menschen ihre Arme ermüden bei Arbeiten, die dieser anmutige Fluß für uns tut, dem wir unsere Kleidung und Nahrung verdanken, ohne etwas dafür zu leisten! Er vereint seine Anstrengungen mit den unseren, und nachdem er die qualvolle Hitze des Tages ertragen hat, erwartet er für seine Arbeit nur einen Lohn: die Erlaubnis, frei weiterzufließen, nachdem er alles, was man von ihm wollte, sorgfältig ausgeführt hat. Wenn er in rascher Drehung soviele schnelle Räder gewendet hat, schäumt er; man möchte sagen, er ist selbst gemahlen.« Schließlich treibt er noch eine Mühle an und teilt sich in eine »Menge kleiner Arme«, die allen jenen zugute kommen, die seiner Hilfe bedürfen, »ob es sich nun ums Kochen, Filtern, Drehen, Zerstampfen, Begießen, Waschen oder Mahlen handelt«.

Andere, konkretere Dokumente bestätigen diesen technischen Fortschritt und seine Verbreitung, aus der zunächst das Land Nutzen zieht. Die Illustrationen der *Vieil Rentier* genannten Inventarkarte der Dienstleistungen und Zinserträge, die dem Messire Jehan de Pamele aus Audenarde um 1275 zustehen, zeigen auf den Ländereien dieses unternehmenden und fortschrittlichen Grundbesitzers Wassermühlen und Windmühlen auf ihren Hügeln.

Das Skizzenbuch des Architekten Villard de Honnecourt aus der ersten Hälfte des 13. Jahrhunderts enthält Werkzeuge, die vor allem auf den großen gotischen Baustellen, diesen mächtigen Anregern des technischen Fortschritts, benutzt werden: man findet dort die ersten *Schubkarren*, die aber auch auf dem Land und in den Städten benutzt werden. Wir sehen in diesem Buch auch die Schraubenwinde, eine Maschine zum Aufheben schwerer Lasten, und vor allem die hydraulische Säge, die durch ihre beschleunigte Bearbeitung des Holzes mehr noch als die Rodungen jenes Abholzen vorangetrieben hat, das sich, wie wir noch sehen werden, am Ende des Jahrhunderts zu einer wirtschaftlichen Gefahr entwickelt. Derselbe Villard de Honnecourt, ein wandernder Künstler, der die Bauhütten in Chartres, Laon, Reims, Meaux und Lausanne aufsucht und »manche Tage« in Ungarn verbringt, bezeugt auch, wie diese technischen Neuerungen von einem Ende der Christenheit zum andern gelangen.

Im 13. Jahrhundert erfolgt, trotz zunehmenden Holzverbrauchs, eine relative Vernachlässigung dieses vergänglichen und gefährlichen Materials gegenüber Stein und Eisen (1174 wird, wie der Mönch Gervasius berichtet, die Kathedrale von Canterbury durch einen im Gebälk entstandenen Brand zerstört; Rouen brennt zwischen 1200 und 1225 sechsmal). Zwischen 1278 und 1281 werden zur Baustelle der Zisterzienserabtei von Vale Royal in Cheshire, die auf Kosten König Eduards I. errichtet wird, mit 35 448 Wagenladungen etwa 35 000 Tonnen Steine aus einem ungefähr 8 Kilometer entfernten Steinbruch angefahren. Der Erzabbau und der Eisenhandel werden im Lauf des 13. Jahrhunderts aktiv vorangetrieben. Um 1252 figuriert das »spanische Eisen« aus den baskischen Provinzen im Marktzolltarif von Damme, dem Vorhafen Brügges. Eine Zollrechnung des Königreichs Kastilien für das Jahr 1293 läßt den jährlichen Eisenexport nur aus den Häfen von Guipúzcoa und Biscaya auf 4000 bis 5000 Tonnen veranschlagen. Der Eisenabbau entwickelt sich auch in der Lombardei, wo der Chronist Bonvesin della Ripa für 1280 in Mailand mehr als hundert Werkstätten aufzählt, in denen man Panzer herstellt, und viele andere, die alle Arten von Waffen anfertigen und sie in der Stadt, ihrer Umgebung sowie in der Ferne verkaufen. Zur gleichen Zeit stiftet die Korporation der *ferrari* (der Hersteller und Verkäufer von Eisenwaren) die mit Abstand höchste Opfergabe zur Erbauung des Doms: 20 kaiserliche Pfunde im Jahr. Das schwedische Eisenerz, das die deutsche Hanse zu kontrollieren beginnt, erscheint auf den nördlichen Märkten, und am Ende des Jahrhunderts kommt schwedisches (der Abbau zu Falun in Dalekarlien wird seit ungefähr 1280 angekurbelt) und ungarisches Kupfer zu dem Kupfer Mitteldeutschlands (Goslar) hinzu und löst es ab. Die Rechnung der Dombauhütte von Autun für 1294/95 zeigt uns, daß ungefähr 10 Prozent der Ausgaben an die Schmiede gehen. In der gleichen Zeit steigt die Salznachfrage (besonders für das Einpökeln von Fleisch und vor allem Fischen, denn der Heringsfang nimmt in der Nord- und Ostsee beträchtlich zu); die Fortschritte beim Ausschachten, Abstützen und Heben führen zum Abbau von Salzminen, deren Bedeutung gegenüber der üblichen Salzgewinnung ansteigt. Bisher wurde das Salz aus Salzsümpfen oder -brunnen oder mittels noch einfacherer Techniken (salzhaltiger Torf) gewonnen. In Kleinpolen stammen beispielsweise die ältesten Stützhölzer, die man in den Salzminen von Wieliczka und Bochnia gefunden hat, aus dem 13. Jahrhundert.

EIN BEISPIEL: DIE FORTSCHRITTE IM TEXTILGEWERBE

Noch deutlicher als an der erhöhten Produktion von Nutzgütern wie Steinen, Metallen oder gar Getreide läßt sich der »industrielle« Fortschritt des 13. Jahrhunderts an der Herstellung hochwertiger Luxus- oder Halbluxuswaren ablesen, die, da geringen Gewichts und mäßigen Umfangs, vorzugsweise gehandelt werden.

So kann das 13. Jahrhundert als die große Epoche des Textils, genauer gesagt des Qualitätstuchs, angesprochen werden. Bezeichnend für die Sorgfalt, welche die oberen Stände ihrer Kleidung widmen, ist der Wortwechsel, der im Beisein des heiligen Ludwig einen kleinen Herrn, den Sire de Joinville, mit einem kirchlichen Würdenträger, dem Kanoniker Robert de Sorbon, konfrontiert: »Ihr seid wohl zu tadeln«, sagt dieser, »weil Ihr gesuchter gekleidet geht als der König selbst, denn Ihr habt niedliches Pelzwerk angelegt und grünen Scharlach, was der König nicht tut.« — »Mit Verlaub, Meister Robert, ich bin durchaus nicht zu tadeln, wenn ich mich in Pelz und Scharlach kleide, denn dieses Gewand haben mir mein Vater und meine Mutter vererbt. Ihr selbst verdient die Rüge, denn Ihr seid der Sohn von Leibeigenen und kleidet Euch reicher in Kamelott als der König.« Der heilige Ludwig schließt dies Wortgefecht damit ab, daß hochgestellte Personen nach ihrem Rang gekleidet sein sollen: »Ihr solltet Euch gut und sauber kleiden, dann lieben Euch Eure Frauen um so mehr, und Eure Leute schätzen Euch höher.«

Das Textilgewerbe wird im 13. Jahrhundert durch das Aufkommen oder die Verbreitung von technischen Neuerungen verändert. Ihre drei wichtigsten sind die Walkerei, der horizontale Trittwebstuhl und das Spinnrad.

Die seit dem 11. Jahrhundert bekannte Walkmühle verbreitet sich in der gesamten Christenheit. In Polen wird 1212 die erste erwähnt, 1327 gibt es in England 120 bis 130. Eine Urkunde aus Arras hebt den damit erzielten Fortschritt hervor. Das Fußwalken eines einzigen Stücks Tuch erfordert die Arbeit von drei robusten Männern, und ihre Leistung ist begrenzt, wenn man den Klagen über die »zu großen Beschwerden und die Belastung des Körpers und der Glieder«, also der physischen Erschöpfung, glaubt. Das Walken mit einem durch die Mühle angetriebenen Stampfer ist schneller, weniger ermüdend und zeitigt ein besseres Ergebnis.

Der horizontale Trittwebstuhl wird erstmalig in dem lateinischen Traktat *De nominibus utensilium* (Über die Namen der Geräte) des englischen Magisters Alexander Neckam am Ende des 12. Jahrhunderts beschrieben, der sich lange Zeit in Frankreich und besonders in Paris aufgehalten hat. Eine Miniatur aus einem Cambridger Manuskript um 1200 (Trinity College MS O. 9.4) zeigt einen Zwischentyp zwischen Vertikal- und Horizontalwebstuhl. Mit dem neuen Gerät können die waagrechten Schäfte durch Pedaldruck angehoben werden und müssen nicht mehr wie bisher durch kreuzweis eingelegte Stäbe mit der Hand geführt werden. Nicht nur, daß der Stoff dadurch dichter und schöner wird; auch hier erfolgt nun die Arbeit rascher, besonders weil die Zeit für das Einführen der Stäbe und das Bereitlegen der Fäden eingespart wird. Alexander Neckam vergleicht den Weber, der nach der neuen Methode arbeitet, mit einem Reiter, der auf sein Pferd einwirkt, indem er abwechselnd auf die Steigbügel drückt. Der Webstuhl auf der Cambridger Miniatur hat bereits Pedale, seine Schäfte sind jedoch noch senkrecht. Endlich ersetzt das Spinnrad seit dem Ende des 13. Jahrhunderts den Rocken und die Handspindel. Obschon noch mit der Hand betrieben, führt es doch die beiden Arbeitsgänge des Spinnens — Zwirnen und Aufspulen — fünfmal schneller aus als bisher. In Abbeville ist es 1288, in Speyer 1298 bezeugt.

Dabei darf man freilich nicht übersehen, daß sich diese Erfindungen langsam ausbreiten und auf Widerstände des Eigennutzes und der Vorurteile stoßen, die das Mißtrauen gegenüber der Mechanisierung zeigt. Florenz verbietet das mechanische Walken, Speyer und Provins den Gebrauch von Spinnrädern.

Die Tuchmacherei entwickelt sich besonders in zwei Gegenden, die durch den Überfluß an Arbeitskräften, die leichte Grundmaterialbeschaffung (Wolle, Farbstoffe, Alaun) und das Vorhandensein einer Fabrikantenschicht begünstigt sind, welche durch ihren Reichtum und ihren Unternehmungsgeist die Textilfertigung und den Textilhandel zu organisieren vermag. Diese Gegenden sind Nordwesteuropa, besonders Flandern, sowie Nord- und Mittelitalien.

In einem Gedicht des 13. Jahrhunderts über die Messe von Saint-Denis, dem *Dit du Lendit*, stellt der Autor die Städte Flanderns und Brabants in die vorderste Reihe der Hersteller von Qualitätstuchen:

> »En mon dit, vous amenteuvrai
> Gant et Ypres et puis Douay
> Et Maalines et Broisselles;
> je les dois bien nommer com celes
> qui plus belles sont à veoir.«

1281 verkauft die Firma Ghino Frescobaldi aus Florenz in Bologna auf einmal für 10 000 Pisaner Pfunde aus dem Norden importierte Tuche, unter denen sich 45 Weben aus Arras, 62 aus Montreuil-sur-Mer, 6 Kamelotts aus Douai und 30 gestreifte Weben aus Ypern befinden. Zu Beginn des 14. Jahrhunderts soll die jährliche Tuchherstellung in Florenz 100 000 Weben erreicht haben, die in 300 Läden verkauft werden und einen Wert von 600 000 Gulden haben, wozu noch eine bedeutende Tucheinfuhr aus dem Norden kommt, die für den örtlichen Verkauf oder die Neuausfuhr bestimmt ist. Während sich die italienischen Städte den größten Teil der zur Tuchherstellung nötigen Wolle in der Mittelmeerwelt (vor allem in Italien selbst, in zweiter Linie in Spanien, Nordafrika und Syrien) beschaffen, ist es im übervölkerten Flandern, das den Hauptteil seiner Schafe dem Fleischbedarf vorbehält, anders. Es muß sich ans Ausland wenden, zunächst an England, den großen Wolllieferanten dieser Zeit. Am Ende des 13. Jahrhunderts übersteigt dieser Export 30 000 Säcke. 1297 schätzt ein Bittgesuch des Parlamentes an Eduard I. die Wolleinkünfte der Engländer auf die Hälfte des gesamten Bodenbesitzes. Nach anderen Schätzungen entspricht der Wert der ausgeführten englischen Wolle den Jahreseinkünften von 100 000 Bauern.

Das 13. Jahrhundert ist im Westen auch die Zeit des Aufschwungs der Seidenindustrie. Bis zur Mitte des 12. Jahrhunderts führte die Christenheit fast alle Seidenstoffe, die einigen Kirchen, Klöstern sowie hohen kirchlichen und weltlichen Persönlichkeiten vorbehalten waren, aus Byzanz und der islamischen Welt ein. 1146 sollen griechische Arbeiter die Seidenindustrie nach Palermo gebracht haben, von wo sie sich zunächst in Italien, dann in der Provence, in Frankreich und Süddeutschland ausbreitet und 1300 in Augsburg und Ulm nachweisbar ist. Ihr großes Zentrum ist Lucca. In Bologna soll außerhalb der Porta Castiglione von einem gewissen Francesco Borghesano die erste Mühle zum Antrieb von Seidenwebstühlen erbaut worden sein, die eine vierhundert Handwebstühlen entsprechende Produktion liefert. Nach dem vierten Kreuzzug (1204) entwickelt Venedig wahrscheinlich eine rasch blühende Seidenindustrie. Der Anbau von Maulbeerbäumen für die Seidenraupenzucht folgt dieser Industrieverlegung nach. Er ist um 1300 in Modena bezeugt.

Man darf auch eine andere industrielle Neuheit nicht vergessen, die vor allem nach der Erfindung des Buchdrucks im 15. Jahrhundert die materielle Grundlage der westlichen Kultur revolutionieren wird: das Papier. Als eine Übernahme von den Moslems taucht es in Spanien und Sizilien im 12. Jahrhundert auf und verbreitet sich langsam im Verlauf des 13. Jahrhunderts. Die älteste kaiserliche Urkunde auf Papier ist eine

Charta Friedrichs II. für die Nonnen von Goess in der Steiermark aus dem Jahr 1228; 1231 verbietet der Kaiser jedoch den Gebrauch des Papiers für die amtlichen Akten seiner Kanzlei. In Venedig ist der *Liber plegiorum* seit 1223 aus Papier. Das Papier breitet sich mit den Papiermühlen aus, die ab 1268 das Glück der kleinen Stadt Fabriano in der Mark machen, dem Mittelpunkt einer Gegend mit klarem Wasser. 1292 gibt es Papiermühlen in Genua, dann, in den ersten Jahren des 14. Jahrhunderts, in Bologna, Padua, Treviso und Venedig.

DIE ENTFALTUNG DES HANDELS: STRASSEN, VERKEHR,
MESSEN, GESCHÄFTSGEBAREN

Die Fortschritte der Bebauung und der Handwerks- oder »Industrie«-Produkte, die teilweise zur Ausfuhr bestimmt sind, speisen einen Handel, dessen Aufblühen das sichtbarste und deutlichste Zeichen für den wirtschaftlichen Wohlstand des 13. Jahrhunderts ist.

Er wird durch eine Ausbreitung und Verbesserung der Straßen und Verkehrsmittel ermöglicht. Die zunehmende Sicherheit erlaubt das Anlegen von Landstraßen, besonders von Straßen über die Alpen, welche die beiden wichtigsten Industrie- und Handelszentren miteinander verbinden: Nord- und Mittelitalien mit Nordwesteuropa von der Ile de France und Champagne über Flandern nach Norddeutschland. 1237 öffnet eine Straße längs der Reußschlucht und eine Brücke, die in Schöllenen über den Fluß führt, den Weg über den Gotthardpaß. Die neue Straße trägt zum Aufblühen der lombardischen Städte, namentlich Mailands, bei, das der Chronist Bonvesin della Ripa 1288 in seiner Beschreibung *De magnalibus urbis Mediolani* (Die Wunder Mailands) als unvergleichlich darstellt: es habe 12 500 auf die Straße gehende Häuser und 200 000 Einwohner, 60 *coperti* oder Arkadengalerien, 200 Kirchen (von denen 36 der Madonna geweiht sind), 10 Hospitäler, 300 Bäckereien, 440 Metzger, etwa 1000 Tavernen, 150 Herbergen, 80 Schmieden, 40 Buchschreiber. Man findet auf seinem Markt alle wünschenswerten Früchte: Pflaumen, Birnen, Äpfel, Maulbeeren, Feigen und Blumen; auch gezogene Haselnüsse, später Kornelkirschen, Brustbeeren, Pfirsiche, mehrere Arten von Feigen und Weintrauben, Mandeln, wilde Haselnüsse, Walnüsse, die man das ganze Jahr den Mahlzeiten zusetzt und die sich zum Beispiel im Winter, gemahlen und mit Eiern, Käse und Pfeffer vermischt, zum Füllen des Fleisches verwenden lassen und aus denen man auch Öl gewinnt. Es gibt Birnen und Winteräpfel und endlich Orangen, die vorzüglich für die Kranken sind; aber auch Kastanien, die man auf hunderterlei Arten bereiten kann, und Mispeln, die im November kommen, Oliven und Lorbeerfrüchte, die, in heißem Wasser genossen, Magenleiden heilen. Einzig Datteln, Pfeffer und Gewürze müssen aus den trockenen und heißen Ländern eingeführt werden.

1222 werden zwei Kaufleute aus Lille an der Spitze eines Tuchtransports aus Lille, Ypern, Beauvais und Brügge auf der Straße beim Monte Surdoi im Umkreis von Como angegriffen und ausgeraubt. Der Magistrat von Como entschädigt sie mit einer Summe von 95 kaiserlichen Pfunden. So ist der Handel geschützt.

Spezialisierte Fuhrunternehmer besorgen den Transport der Waren. Ein am 1. August 1296 auf der Messe zu Troyes abgeschlossener Vertrag vertraut drei Fuhrunternehmern vom Languedoc den Transport von 12 Ballen französischen Tuches und weißen Leinens aus der Champagne an. Diese sollen auf Lasttieren für einen Händler aus Piacenza in 22 Tagen von Troyes nach Nîmes befördert werden.

Der Aufschwung des Landhandels hemmt die Entwicklung des Seehandels keineswegs. Auch wirken technische Fortschritte fördernd ein. So ist der Gebrauch des Kompasses im Okzident um 1190 bezeugt. Man verwendet das Achtersteuer, da es in der Schiffsachse liegt und größere Beweglichkeit und Sicherheit gewährleistet als das übliche Seitensteuer. Es läßt sich deutlich auf dem Siegel von 1242 des Ostseehafens Elbing unterscheiden. Die Schiffahrt wird auch durch den Gebrauch von Seekarten erleichtert, Hafenbüchern, die vor allem die Anlegeplätze verzeichnen (zuerst in Genua, später in Katalonien). Das genuesische Schiff, das 1270 den heiligen Ludwig zum Kreuzzug nach Tunis bringt, führt sie mit sich. Dennoch bleibt die Seefahrt unsicher und gefährlich. Man lese nur bei Joinville die Abenteuer König Ludwigs auf seinen Fahrten vom und zum Heiligen Land nach.

Um sich zum Transport vieler und manchmal umfangreicher Waren zu eignen, werden die Schiffe im 13. Jahrhundert größer. Das gilt besonders für den Norden, den Bereich der Hanse. Die Hanseaten befördern nämlich Gebrauchsgüter — Salz und Wein vom Westen zum Osten, Korn und Holz in umgekehrter Richtung. 1186 gerät der norwegische König Sverrir über die deutschen Kaufleute in Zorn, die auf außerordentlich großen Schiffen Wein und Luxusprodukte nach Bergen bringen, um »sein Volk zu verderben«. 1188 verlassen vier Schiffe Köln. Sie haben, wie die Quellen berichten, je 375 Pilger ins Heilige Land und Lebensmittel für drei Jahre an Bord.

In den ersten Jahren des 13. Jahrhunderts erscheint als neuer, sich rasch verbreitender Schiffstyp die *Kogge*, die im 13. Jahrhundert d a s Hanseschiff wird. Unter dem Jahr 1206 berichtet der Chronist Heinrich von Lettland, daß zwei mit Korn beladene *Koggen* die neue Stadt Riga vor einer Hungersnot gerettet haben. Diese *Koggen* haben ein normales Fassungsvermögen von etwa hundert *Lasten*, was ungefähr 200 Tonnen entspricht. Die *Kogge*, die ab 1214 jährlich den Kornzins, welchen die Bewohner von Ösel dem Großmeister des Deutschritterordens schulden, befördert, muß 237 Tonnen Getreide fassen können. Eine nach dem Siegel von Elbing vorgenommene Rekonstruktion führte zu der Vorstellung einer Kogge von etwa 75 Roggenlasten mit 29 Metern Höchstlänge (21 Meter in der Wasserlinie), 7 Metern Höchstbreite, Tiefgang über dem Kiel drei Meter und einer Bordbreite von etwa 80 Zentimetern. Im Gegensatz zu den schlanken Wikingerschiffen ist die Form der *Kogge* abgerundet. Im Unterschied zu den Mittelmeerschiffen haben sie einen geraden Kiel, gerade Steven, überhöhte Borde, einen hohen Mast (oft verdoppelt und gegen 20 Meter hoch) mit einem großen, quadratischen Segel. Offenbar haben die *Koggen* das Steuer am Achtersteven bald übernommen.

Auch im Mittelmeer benutzt man im Lauf des 13. Jahrhunderts Schiffe mit sehr großem Laderaum, doch handelt es sich dort mehr um lange als um bauchige Schiffe. Zum Beispiel die Galeen eines besonderen Typs *(buzonavis)*, die man in der Mitte des 13. Jahrhunderts in Venedig antrifft. Zwei oder drei davon haben einen Laderaum von 500 Tonnen, mehr als ein Dutzend von etwa 200 Tonnen. Es sind Schiffe mit zwei Brücken und zwei Masten. Die *coccha*, eine mittelmeerische Nachahmung der Hansekogge, erscheint 1315 zum ersten Male in Venedig.

Die Handelsgesetzgebung begleitet diese Fortschritte der Schiffahrt. Sie nimmt in Venedig mit zwei Seegesetzen Gestalt an: dem des Dogen Jacopo Tiepolo (um 1235) und dem des Dogen Ranier Zeno (um 1255). Die besondere Aufmerksamkeit gilt der Schiffsladung. Inspektoren markieren das Ladeniveau und passen auf, daß es nicht überschritten wird. Am Ende des Jahrhunderts wird entsprechend dem Alter der Schiffe ihre Beladung mittels Hebeln oder Winden eingeschränkt, da das Laden mit der Hand die Schiffswände weniger stark belastet. Am Ende des 13. Jahrhunderts wird in Barcelona das *Libro del Consolat del Mar*, eine Sammlung von Seefahrtsgesetzen, zusammengestellt. In den großen Zentren des Landhandels bildet sich ebenfalls eine Handelsgesetzgebung, vor allem in Italien, wo das Kaufmannsgericht der *mercanzia* nach und nach anerkannt wird. In Florenz wird die *mercanzia* 1307 als öffentliches Gericht bestätigt. In Paris ist das Handelsgericht der Börse oder *Parloir aux Bourgeois* im 13. Jahrhundert weit mehr als eine bloße Handelsgerichtsbarkeit. Ihr oberster Magistrat, der *Prévôt des Marchands*, wird eine Art Bürgermeister der Stadt.

Eine ähnliche Einrichtung findet sich bei den Messen, besonders in der Champagne, deren goldenes Zeitalter das 13. Jahrhundert ist. Besondere Beamte, von der örtlichen Autorität ernannt (in der Champagne vom Grafen, ab 1284 vom französischen König), sind damit beauftragt, Ordnung und Recht durchzusetzen, und zwar das Zivilrecht wie das eigentliche Handelsrecht. Ein Messegericht aus zwei Beamten überwacht die Anwendung des Messerechts. Sie haben Schreiber zur Verfügung, die sich mit dem Aufsetzen und Registrieren von Verträgen und ihrer Beurkundung befassen. Die Messepolizei besteht aus einem kleinen Heer von Sergeanten. Es ist interessant zu beobachten, wie das Werden dieser neuen wirtschaftlichen Handelsmacht — durch die Prinzipien und Praktiken des Messerechts hindurch — eine tiefgreifende Entwicklung des Rechts und der juristischen Denkweise beschleunigt oder sogar auslöst. Wenn auch die klassische »feudale« Art des Beweises an der Messe zugelassen ist — Zweikampf, Zeugenbeweis, Eid —, ist doch der eigentliche Beweis der vom Messesiegel verschlossene oder in das Messeregister eingetragene Brief. So nimmt die Macht des Geschriebenen zu.

Andererseits führt die Notwendigkeit, die Geschäfte während der kurzen Dauer der Messe abzuwickeln, entweder zu enormen Verfahrensbeschleunigungen oder zu außerordentlichen Maßnahmen. Der Verteidiger kann dem Kläger noch eine Aufschubfrist noch eine Beanstandung wegen Unzuständigkeit des Gerichts oder die Ablehnung eines Richters entgegensetzen. Die Urteilsvollstreckung erfolgt sofort, sogar bei Berufung, welche die Entscheidung nicht aussetzt.

Da sich viele Schuldsachen von einer Messe zur nächsten hinziehen, kommt es häufig vor, daß der Schuldner ausbleibt. In solchen Fällen wenden sich die Messehüter, vom Gläubiger dazu aufgefordert, an die ausländische Rechtsprechung, die im allgemeinen dafür sorgt, daß das Urteil gegen den Schuldner vollzogen wird, denn die Messegesetze werden als den Landesgesetzen übergeordnet erachtet. So stellen 1302 die Schöffen (*échevins*) von Tournai das Besitzinventar eines gewissen Gérard Marchant auf, um seine Schulden »an die Händler der Champagne-Messen« zu entrichten.

Diese Möglichkeit, säumige Kaufleute überall zu mahnen, ist das Gegenstück zu dem Schutz, welchen der Graf durch sein *Geleit* (freies Geleit) den Messekaufherrn gewährt, und zwar nicht nur für die Dauer der Messe, sondern während der gesamten Hin- und Rückreise. Die *coutumes* der Champagne-Messen in der Mitte des 13. Jahrhunderts erklären ausdrücklich: »Der Herr nimmt alle Händler, Waren, sowie alle Leute, die zur Messe kommen, unter sein Geleit, vom ersten Tag an, der sie von ihren Hallen wegführt, von Sonnenaufgang bis Sonnenuntergang. Er muß ihnen alle Waren ersetzen, die sie unterwegs einbüßen.« — Dieser Schutz ist eine Errungenschaft des 13. Jahrhunderts. Typisch dafür ist die Protektion, die der französische König den Kaufleuten aus Ypern, die zu den Messen der Champagne kommen, gewährt. 1193, als sich der Graf von Flandern gerade mit dem englischen König verbündet, bewilligt ihnen Philipp II. August zum ersten Male Schutz und Geleit und macht sie von Vergeltungsmaßnahmen für die Schulden frei, die der Graf von Flandern eingegangen ist. Dies Privileg wird das ganze 13. Jahrhundert über respektiert, aber ab 1297 oft verletzt. So berücksichtigt die Außenpolitik der Fürsten während eines Jahrhunderts die Vormacht des Handels. Mit dem beginnenden 14. Jahrhundert drängt das aufkommende Nationalbewußtsein die Internationalität der Kaufleute zurück.

Der den Händlern gewährte öffentliche Schutz erstreckt sich, wie wir gesehen haben, auch auf ihre Waren. Handelt es sich dabei um Qualitätsprodukte, die auswärts verkauft werden sollen, so werden sie in allen Stadien von der Herstellung bis zum Verkauf geschützt und überwacht. In den Tuchmacherstädten werden Qualität, Gewicht und Maß (das für jede Stoffart in jeder einzelnen Stadt genormt ist) von besonderen Beamten, die man in Flandern und Brabant *eswardeurs* nennt, überprüft. Danach werden die Ballen mit Handelsmarken versehen, welche den Hersteller erkennen lassen, und mit Kontrollmarken — es sind *Siegel* —, die Ursprung und Qualität des Stoffes verbürgen.

Der Verkauf dieser Stoffe findet sowohl auf den Messen als auch in den großen Städten in einem speziellen Gebäude statt: der *Halle* (*domus* in den lateinischen Texten, französisch *halle* oder *hôtel*).

Auf fast allen Gebieten findet sich diese charakteristische Tendenz des 13. Jahrhunderts zur Institutionalisierung, Regelung und Ordnung.

Innerhalb der eigentlichen Wirtschaft spielen die Messen der Champagne im 13. Jahrhundert eine bedeutende Rolle, die zugleich die Entfaltung und die Grenzen des Fernhandels belegt. Während des ganzen Jahres aufeinanderfolgend, stellen sie eine Art ständigen Markt der Christenheit dar. In Lagny finden sie im Januar/Februar statt, in Bar-sur-Aube im März/April, in Provins ein erstes Mal im Mai/Juni (Maimesse), in Troyes im Juli/August (Johannesmesse), erneut in Provins im September/Oktober (Messe des heiligen Ayoul), zum zweiten Male in Troyes im November/Dezember (Sankt Remigiusmesse). Sie sind aber nicht nur Waren-, sondern vielleicht noch mehr Finanzmarkt. Die Erfüllung der an anderen Orten eingegangenen

Verträge und der Wechsel von Geld aus der ganzen Christenheit überträgt ihnen »die Rolle eines *clearing-house* im Anfangsstadium«.

Man sieht aber auch, daß der Umfang des Fernhandels begrenzt ist und die Handels- und Finanzmethoden primitiv bleiben. Vielleicht noch wichtiger ist im 13. Jahrhundert das Entstehen zahlreicher regionaler Messen und vor allem lokaler Märkte. Jeder Ort versucht, nicht immer mit Erfolg, von seiner Herrschaft das Marktrecht zu erwirken, und so zeigt sich die Ausbreitung der Tauschwirtschaft.

Der Handel bleibt sehr einfach. Der Geldwechsel vollzieht sich im wesentlichen von Hand zu Hand. Schreiben bleibt das Vorrecht von Spezialisten, an die sich der Händler wenden muß. Der Kaufmann ist noch immer gezwungen, vorwiegend selbst zu reisen.

Das Rechnen verbreitet sich langsam und nur in einfachster Form. Wahrscheinlich werden in gewissen Städten die Kinder im Rechnen unterrichtet, aber es ist schwer, solche Bürgerschulen vor dem 14. Jahrhundert nachzuweisen. Seit 1191 hat Gent vom Grafen von Flandern die Erlaubnis zum Eröffnen weltlicher Schulen erhalten, und in Ypern ist 1253 jedermann berechtigt, »kleine Schulen« einzurichten *(parvae scolae, scolae minores)*. Der mittelalterliche Kaufmann hat im 13. Jahrhundert zwei Berufseigenschaften, die er lange Zeit beibehält. Er ist zugleich Buchhalter und Schreiber. Elementar-Rechenbücher und Traktate erscheinen. Der berühmteste stammt von Leonardo Fibonacci — *Traktat über das Rechenbrett* — und wird 1212 veröffentlicht.

Der Verfasser ist Pisaner, sein Vater war Zolloffizier der Republik Pisa in Bougie/Nordafrika. Er führt die arabischen Zahlen ein (die in Wirklichkeit indischen Ursprungs sind), die Null, das Bruch- und Prozentrechnen. Die Fortschritte im Schreiben hängen mit denen der Landessprachen zusammen. Der älteste erhaltene Text in italienischer Sprache ist ein Rechnungsbruchstück eines Händlers aus Siena von 1211. In seinen Ratschlägen an einen Kaufmann empfiehlt ein Genueser am Ende des Jahrhunderts: »Denke immer daran, alles was du unternimmst aufzuschreiben. Schreibe es sofort auf, ehe du es vergißt.« Schließlich muß der Kaufmann auch die Ausdrücke kennen. Die Verschiedenheit der Warenbenennung, die Vielfalt der Gewichte und Maße ist so groß, daß er an jedem Handelsplatz über Waren und Maße Bescheid wissen muß. Er kann sie von der Mitte des 13. Jahrhunderts an aus den »Handelshandbüchern« lernen, deren erstes Meisterwerk zu Beginn des 14. Jahrhunderts die *Pratica della Mercatura* des Florentiners Francesco di Balduccio Pegolotti ist.

Die Vertragsarten bleiben die *commenda* (auch *societas maris* oder *colleganza*) für den Seehandel, die *compagnia* und *societas terrae* für den Landhandel. Sie begnügen sich damit, Verantwortung und Gewinn (oder Verlust) zwischen einem stillen Teilhaber und einem Fachmann, der seine Arbeitskraft zur Verfügung stellt, zu teilen.

Die alten kirchlichen Verbote, die auf jeder Art von *Wucher* lasten und das Leihen auf Zins sowie zahlreiche Kreditformen verurteilen, sind noch immer in Kraft und werden sogar von Zeit zu Zeit erneuert. Das Konzil von Trier wiederholt 1227 das Verbot, gegen Zins zu leihen. Allerdings bildet sich innerhalb der Kirche eine Richtung, die einen Teil der Handelsgeschäfte, die Zins einschließen, zulassen will, und zwar sowohl wegen der Arbeit, die der Kaufmann leistet, als auch, um sein Ansehen in der christlichen Gesellschaft angesichts der Risiken, die er eingeht, zu heben. Burchard von Straßburg bestätigt: »Die Kaufleute arbeiten zum Wohle aller und sind für alle von Nutzen, wenn sie zu den Messen Waren bringen und von dort mitnehmen.« Und Thomas von Aquin meint: »Wenn man Handel im Hinblick auf das Allgemeinwohl betreibt, wenn man anstrebt, daß im Land die lebensnotwendigen Dinge nicht fehlen, so ist der Gewinn nicht Ziel, sondern nur Entschädigung für die Arbeit.« In den *Handbüchern für Beichtväter* treiben Theologen und Scholastiker eine Handelskasuistik auf die Spitze, die den Entschuldigungen und Rechtfertigungen immer mehr Platz einräumt.

AUF DEM WEG ZUR GELDWIRTSCHAFT: SILBERGROSCHEN
UND RÜCKKEHR ZUM GOLD

Der Kaufmann ist, wie wir sahen, häufig ein Geldwechsler. Das wichtigste ökonomische Merkmal des 13. Jahrhunderts ist vielleicht der endgültige Rückgang der Natural- gegenüber der Geldwirtschaft.

Daß der Geldumlauf in der Christenheit zunimmt, sieht man zuerst am Aufschwung des Bergbaus. Noch die geringste Grube soll Höchstförderungen erzielen. So ermahnt Alfons von Poitiers 1267 seinen Seneschall im Rouergue zum Abtäufen einer Silbermine in Orzeals. Fieberhaft sucht man nach neuen Erzadern. Um 1170 eröffnet die Entdeckung reicher Silberminen im sächsischen Freiberg »die erste große Zeit in der Bergbaugeschichte des Westens«.

Das Eindringen der Geldwirtschaft in die Landgegenden läßt sich an der anwachsenden Verschuldung der Bauern erkennen, deren Gläubiger häufig Städter, oft Juden, sind; es können aber

200

Abb. 14: Fortschritte der Geldwirtschaft und der Genossenschaften. Die Wechsler von Allones. Ausschnitt aus dem Glasfenster der Kathedrale von Le Mans (Sarthe, Frankreich) mit der Darstellung der Marienwunder

auch, wie noch zu sehen sein wird, gewandtere Bauern sein. Vor allem nimmt der Anteil der Geldabgaben an den Herrschaftseinkünften zu. Hier ist es der Loskauf von einer Frondienstleistung oder von einer besonders lastenden oder demütigenden Abgabe. Dort gehen die Naturalabgaben gegenüber den Geldabgaben zurück. Fast überall — mit Ausnahmen, namentlich in England — breitet sich ein neuer Lehenstyp aus. Dem Bauern wird das Land gegen Bezahlung einer Geldsumme abgetreten *(Zinslehen)*, der Grundherr wird mehr und mehr zum Rentenempfänger, wobei die Rente zunehmend aus Geld besteht. 1224 erlaubt das Generalkapitel der Zisterzienser die Verpachtung aller Ökonomien des Ordens gegen *Zins*. Diese ungleiche Beteiligung der Bauern an der Geldwirtschaft ist sehr wichtig. Wir werden die sozialen Folgen noch sehen.

Natürlich entwickelt sich das Geldwesen im Bereich des Handels am sichtbarsten. Hier fällt die zunehmende Prägung wertvoller

Münzen — *Groschen* — ins Auge. Dieser Geldtyp entsprach den Geschäften der Kaufleute, besonders der Messekaufleute. Der *Heller* reichte zur Erledigung größerer Geschäfte nicht mehr aus. Der *Silbergroschen* aber genügt für die meisten der zwar bedeutenden, im ganzen aber immer noch bescheidenen Affären. Ab 1192 setzt Venedig Groschengeld in Umlauf. Fürsten, Städte und Messeorte versuchen Geldsorten herauszugeben, die für interregionale und internationale Handelsgeschäfte verwendet werden, und mehr noch als auf andern Gebieten des Wirtschaftslebens sichern sie sich hier die Kontrolle und trachten, zum Nachteil der geistlichen und weltlichen Herrn, das Monopol zu erlangen. 1224 erneuert der Graf der Champagne das Geld von Provins, das zum *fort de Champagne* wird und dem *tournois* entspricht. So festigt sich der Groschen als Grundlage des Währungssystems.

Das wichtigste Vorkommnis ist aber die Wiederaufnahme der Prägung von Goldstücken im Okzident. 1252 taucht in Genua und Florenz der Goldgulden auf, der Goldtaler 1263 in Frankreich, 1284 der Golddukaten in Venedig. Der Westen hat in Gelddingen Ansehen und Unabhängigkeit wiedererlangt. Der islamische Dinar und der byzantinische Besant sind nicht länger die »Dollars« des Mittelalters. Sie befinden sich übrigens in einer Krise, sogar die Dinare der Aijubiden Ägyptens und die Marabotinen der Almohaden Spaniens.

Auf den Märkten, wo die Silbergroschen genügen, spielen die westlichen Goldstücke im 13. Jahrhundert freilich noch eine bescheidene Rolle. So dienen die *Goldaugustalen*, die Friedrich II. seit 1231 schlagen läßt, viel mehr seiner kaiserlich-römischen Prestigepolitik als dem Handel. Die Devisen und Zeichen auf den Goldstücken dieser Zeit bedeuten mehr als ihr Handelswert und ihre Kaufkraft. Auf dem Taler des heiligen Ludwig finden wir das königliche Wappen — die *fleurs de lys* — und die Verkündung des Triumphes Christi als Beschützer des Herrschers, seiner Dynastie und seines Landes: *Christus vincit, Christus regnat, Christus imperat.* Auf dem Florentiner Gulden ist die Lilie als Symbol der Stadt eingeprägt, die ihre Überlegenheit in der Toskana und vor allem über Pisa bekundet; ferner ihr heiliger Patron Johannes der Täufer, dem sie gerade ein herrliches Baptisterium erbaut, Dantes »*il mio bel San Giovanni*«. Auf dem Dukaten Venedigs sehen wir Sankt Markus und zu seinen Füßen den Dogen als lebendiges Symbol der Stadt.

Trotz ihres Aufschwungs ist die Wirtschaft im Okzident des 13. Jahrhunderts noch kein anerkannter Wert. Noch ist das Gold mehr ein Symbol des Ansehens als des Reichtums. Noch hängt der Platz der Menschen in der Gesellschaft nicht von ihrem Geld ab.

8. Das soziale Gleichgewicht

EINE STRUKTURIERTE UND AUSGEGLICHENE GESELLSCHAFT

»Dem 13. Jahrhundert, diesem Zeitalter der Klarheit und Hierarchie«, schreibt Marc Bloch *(La Société Féodale)* über den Adel, »war der Versuch vorbehalten, aus bis dahin eher lebhaft empfundenen als genau umrissenen Unterscheidungen ein streng entworfenes System zu errichten.«
Unbestreitbar ist dies dem 13. Jahrhundert im wesentlichen gelungen. Es weist eine gegliederte, ständische Gesellschaft auf, die einen Augenblick des Gleichgewichts erreicht.
Die alte Dreiteilung bleibt bestehen. Es ist aber nicht immer die der *oratores, bellatores, laboratores* — Geistlichkeit, Ritterschaft, Bauern. Es gibt auch eine Dreiteilung der weltlichen Gesellschaft, wie sie um 1280 der Ritter Philipp von Beaumanoir, Vogt des französischen Königs in Clermont-de-l'Oise, in seinen *Coutumes du Beauvaisis* unterscheidet: »Man muß wissen, daß die Menschen unserer Zeit in drei Stände zerfallen. Der erste Stand ist der Adel *(noblesse)*. Der zweite umfaßt alle Freien, der dritte die Leibeigenen.« Diese rein juristische Aufteilung müssen wir nun mit der gesellschaftlichen Wirklichkeit vergleichen, die je nach Ländern und Gegenden beträchtlich abweicht. Aber Beaumanoirs Text hat das Verdienst, uns zu zeigen, daß sich die Dreiteilung einer juristischen und sozialen Entwicklung anpassen kann, und er selbst hebt hervor, daß es auch innerhalb jedes Standes verschiedene Schichten gibt:
»Nicht alle Freien sind adelig. Es besteht im Gegenteil ein großer Unterschied zwischen dem Edelmann und den übrigen Freien, denn man nennt jene adelig, die von freien Geschlechtern abstammen, wie die Könige, Grafen und Ritter. Dieser Adel wird immer von den Vätern vererbt.«
So bildet im 13. Jahrhundert je nach der Gegend die oberste Schicht, in der man weiterhin eine Hocharistokratie — Könige, Herzöge, Grafen — und eine untere Klasse — die Ritter — auseinanderhält, juristisch nur einen Stand, jenen der *Edelleute*, des Adels. Wie wir noch sehen werden, geht hier, wie in karolingischer Zeit, eine öffentliche und eine soziale Stufenleiter zusammen, wenn sich beide nicht sogar decken.
Aber dieser Text zeigt uns auch die Mittelklasse der Freien *(libres sujets)*, deren juristische Stellung nicht von väterlicher, sondern von mütterlicher Seite herrührt und die »frei sind, zu tun was sie wollen, mit Ausnahme wüster Vorkommnisse und Freveltaten, die um des Allgemeinwohls willen unter Christen

verboten sind.« So ist die Bedeutung einer Mittelklasse herausgestellt, deren Vorhandensein und Zusammenhalt viel zu dem sozialen Gleichgewicht des 13. Jahrhunderts beiträgt. Es ist auch nicht ohne Interesse, anläßlich dieser Klasse den juristischen, politischen und ideologischen Begriff des *gemeinen Nutzens* oder des *Gemeinwohls* verwendet zu sehen, der ebenfalls für die Vereinheitlichungsbestrebungen im gesellschaftlichen und politischen Leben charakteristisch ist. Das Ideal, welches dieses soziale Zusammenspiel bewirken soll, ist ein Gemeinschaftsideal: das Gemeinwohl aller. Es kommt jedoch durch eine politische und nicht eine charismatische Transzendenz zustande. Die *Staatsräson* wird erst später zum absoluten Wert, indem sie sich mit dem monarchischen Absolutismus verbindet.

Zum dritten Stand der Leibeigenen meint Beaumanoir: »diese Art Leute haben nicht alle die gleiche Stellung, es gibt im Gegenteil verschiedene Grade der Hörigkeit.« Auch hier tritt eine gewisse Vereinheitlichung im Bauernstand ein. Sie wird als *Leibeigenschaft* bezeichnet, zum Beweis dafür, daß am Ende des 13. Jahrhunderts — wenigstens in einigen Gegenden — trotz juristischer, sozialer und wirtschaftlicher Verbesserungen eine Art *Refeudalisierung* erkennbar ist. Aber auch im Innern dieses Standes findet eine betonte Differenzierung statt.

So kann man die Bedingungen und wesentlichen Züge des sozialen Gleichgewichts im 13. Jahrhundert mit Hilfe dieses Textes erkennen.

Eine allgemeine Aufteilung der sozialen Schichten zeigt sich zum Beispiel in der Laisierung, die den Klerus, der mehr ein Rang als eine Klasse oder Stand ist, aus dem dreigeteilten Schema ausschließt. Sie erweist sich ferner durch die Zusammenfassung vorher klar geschiedener, aber inzwischen auf ein gleiches Ziel hin ausgerichteter Stände — nämlich Adel, Mittelklasse und Bauern — in einen einzigen juristischen Stand.

Aber der so jeder einzelnen Klasse eigene Zusammenhalt wird durch die Unterscheidungen im Innern ausgeglichen. Die Literatur über die Weltstände, die mehr als drei anführt (die Zahl wechselt je nach Überlieferung und Verfasser), bezeugt dies. Die Gliederung innerhalb jeder Klasse verleiht der sozialen Hierarchie eine Geschmeidigkeit, welche die Harmonie jedes einzelnen Standes und aller zusammen noch steigert.

Andererseits ist das der gesamten Gesellschaft als einigendes Band vorgegebene *Gemeinwohl* vielfach den materiellen und psychologischen Bedingungen der Zeit besser angepaßt als das religiöse — eher mystische als politische — Ideal der Solidarität zwischen den drei Ständen, das die vorhergehende Epoche aufgestellt hat. Übrigens erklärt Beaumanoir — wie Jean de Meung im zweiten Teil des *Roman de la Rose* — die fortschreitende

204

Aufteilung der Gesellschaft in soziale Stände und die zeitgenössische Ungleichheit mit der geschichtlichen Entwicklung: »Obschon es jetzt verschiedene Stände gibt, waren zu Beginn alle frei und von gleicher Freizügigkeit, denn jeder weiß, daß wir alle von einem Vater und einer Mutter abstammen. Aber als die Völker zu wachsen anfingen...«

Endlich, wenn auch die Geschlossenheit jedes Standes der hervorstechendste Zug bleibt (es ist in der Praxis schwierig und wird moralisch verurteilt, aus seinem Stand auszubrechen), so ist doch noch genügend soziale Beweglichkeit auf den verschiedenen Stufen dieses Aufbaues möglich, damit das Sicherheitsventil der persönlichen oder kollektiven Aufstiegsmöglichkeiten ein Gleichgewicht herstellt, das erst am Ende des Jahrhunderts zerbricht — als Vorspiel zu den großen Erschütterungen des 14. Jahrhunderts.

FESTIGUNG UND VERÄNDERLICHKEIT DES GRUNDADELS

Die Militär- und Grundaristokratie scheint auf den ersten Blick durch den Gang der Entwicklung benachteiligt zu sein.

Diese Kriegerkaste sieht sich mit dem Anwachsen des Berufsheeres ihres Militärmonopols beraubt; Gewinn und Ehre ihrer Kriegstätigkeit nehmen mit der Ausbreitung des »Friedens« ab, und das Ideal der reinen Heldentat tritt vor dem einsichtigen Mut zurück. Nichts ist hierfür bezeichnender als das Verhalten Ludwigs des Heiligen, wie es bei Joinville erscheint.

Zu Beginn seines Werkes teilt er mit, daß er es in zwei Teile trennt. Der erste ist den religiösen und königlichen Tugenden des Herrschers gewidmet (»Wie sich der heilige Ludwig sein Leben lang zum Nutzen seines Königreichs nach Gott und der Kirche richtete«), der zweite spricht von seinen großen Waffen- und Rittertaten. Ludwig IX. ist also noch ein Ritter-König, der sowohl gegen den König von England in Taillebourg als auch gegen die Sarazenen im Heiligen Land mit seiner Person auftritt.

Kämpfende und verwüstende Herrn werden gebrandmarkt, ob es sich um Einzelfälle wie den des Roger de la Roche de Glun handelt, dem der König die Burg im Rhônetal schleifen läßt, weil er »Pilger und Kaufleute« ausgeraubt hat, oder um kollektives Betragen wie das der großen, gegen den König revoltierenden Herrn zu Beginn seiner Regierung: »Die Barone näherten sich, wobei sie alles an ihrem Wege verbrannten und zerstörten«, und der eigene Vater des Erzählers, Simon de Joinville, verteidigt auf Bitten der Bürger von Troyes die Stadt gegen die Barone. Aber Rittertugend und Herrenbrauch gelten noch immer, vor allem in gerechten Kriegen wie den Kreuzzügen.

So kämpfen der heilige Ludwig und seine Ritter gegen die Sarazenen: »Der König langte, von seinen Truppen gefolgt, unter großem Lärm und Getöse des Heeres an... Niemals sah ich einen so schönen, bewaffneten Mann. Als er erschien, überragte er alle Leute mit dem Kopf. Er hatte einen vergoldeten Helm auf dem Haupte und einen deutschen Speer in Händen. Wie er anhielt, warfen sich seine tapferen Ritter auf die Türken. Wißt, daß es eine schöne Waffentat war, denn man schoß nicht mit Bogen und Armbrust, sondern es wurde Leib an Leib gekämpft mit Streitkeulen und Speeren.« Der Wert des körperlichen Einsatzes bleibt also bestehen. Desgleichen die Macht des Sippen- und Vasallenzusammenhalts: »Monseigneur Guy de Mauvoisin und seine Leute bedeckten sich an diesem Tag mit Ruhm, was nicht verwunderlich ist, denn es wurde mir von Männern, die ihn kannten, gesagt, daß alle seine Leute — mit wenigen Ausnahmen — Ritter, mit ihm verwandt oder seine Lehensmänner waren.«

Dennoch kommt mit dem klugen Mann *(prud'homme)* ein neues Mannesideal herauf, der gebildete und besonnene Geist, der seine Geburt und seine Fähigkeiten in den Dienst von Unternehmungen stellt, welche dem Gemeinwohl dienen. Der heilige Ludwig erinnert im Zusammenhang mit Hugo III., Herzog von Burgund, »diesem so beherzten Ritter, der aber niemals, weder vor Gott noch den Menschen als weise angesehen wurde«, daran, daß schon sein Großvater Philipp August (gest. 1223) einen großen Unterschied zwischen dem Helden *(preux homme)* und dem klugen Mann *(prud'homme)* gemacht habe; jener sei nur mit seinem Leibe kühn, dieser aber hüte sich vor der Todsünde. Ludwig IX. erneuert diese Unterscheidung und stellt seinerseits den *prud'homme* über den *béguin*, den Mann, der nur devot ist: »Ein prud'homme ist etwas so Großes und Gutes, daß allein das Wort beim Aussprechen den Mund anfüllt.«

So deckt sich der *honnête homme* des 13. Jahrhunderts nicht mehr mit dem Recken *(preux)* der vorhergehenden Zeit. Um sein Ansehen zu verdienen, muß der Edelmann *(gentilhomme)* seiner Geburt und seinem Mute ritterlichen Anstand und Tugend hinzufügen. Dann aber ist seine Ehre nur um so größer. Am Ende des 13. Jahrhunderts wird der gute Ritter mehr denn je für würdig erachtet, die Gesellschaft zu beherrschen.

Im Lanzelot-Roman heißt es: »Denn über dem Volk soll der Ritter stehen. So wie man das Pferd anspornt und wie der, der auf ihm sitzt, es hinleitet, wohin er will, so soll auch der Ritter das Volk nach seinem Willen führen.«

Am Ende des 13. Jahrhunderts bekunden — neben anderen — zwei Werke das unverletzte Ansehen des tugendhaften Ritters. Im *Buch vom Ritterstand* (El libro de caballeria; um 1280), des-

206

Abb. 15: Der Ritter als allegorische Kalenderfigur. Der Monat Mai als Ritter. Ausschnitt aus dem Wandteppich der Kirche von Baldishol (Norwegen)

sen Vergleich mit Sankt Bernhards *De laude novae militiae* aufschlußreich ist, schmückt Raimundus Lullus den guten Ritter mit einem mystischen Glorienschein. Er ist »aus Tausenden auserwählt« (Phantasieetymologie von *miles* = Krieger aus *mille* = tausend) und »durch die Würde seines Standes mehr als jeder andere fähig, das Volk zu leiten«. Dieses Buch hat sofort in Spanien, Frankreich, England und Italien einen beträchtlichen Erfolg.
Die 138 Miniaturen der berühmten Manesseschen Liederhandschrift in Heidelberg vom beginnenden 14. Jahrhundert zeigen den höfischen Ritter, der ein wappengeschmückter und von Federbüschen überragter Krieger und Jäger geblieben ist, in seinem ganzen Glanz, wie er, übermäßig groß, — nach den Gesetzen der »Feudal-Montage«, in welcher der Raum durch ideen-

mäßige Werte gegliedert wird — das von ihm beherrschte, winzige Volk erdrückt.

Auch die politische Entwicklung scheint die Aristokratie nicht zu begünstigen. Tatsächlich festigt sich die öffentliche Macht in den meisten Ländern der Christenheit, sei es als Monarchie oder als Stadtstaat, zum Nachteil der Grundherrschaft. Ein Teil der Befugnisse entgleitet den Feudalherrn, was ihre Domänen und ihre Druckmittel auf die Zentralgewalt angeht. Die Berufungsinstanz der Königs- und Stadtgerichte begrenzt ihre richterliche Gewalt. Ihre Münzhoheit verschwindet zuerst in der Praxis, dann auch rechtlich. Die Beamten der Zentralmacht überwachen mehr und mehr ihre eigenen Beamten. Die Verfolgung des Allgemeinwohls drängt ihre Immunitäten zurück. Die Gewohnheitsrechte, die sich zu ihren Gunsten auswirkten, weichen einem Recht für alle.

Wenden wir uns wieder an Beaumanoir: »Jeder Baron ist in seiner Baronie souverän. Aber über alle ist der König gesetzt. Er wacht von Rechts wegen über sein ganzes Königreich, in dem er für das allgemeine Wohl jede Einrichtung nach seinem Willen vornehmen kann, und was er anordnet, muß gehalten werden. Und es gibt unter ihm keinen Großen, der nicht an seinen Hof gerufen werden kann, weil er das Recht verletzt oder falsch gerichtet hat, oder aus sonst einem Grunde, der den König angeht.«

Doch bietet die Festigung der öffentlichen Gewalt der Aristokratie auch neue Möglichkeiten. Die mächtigsten der Herrn können ihren Einfluß auf verschiedene Weise geltend machen. Zwar müssen sich etwa die zwölf Pairs von Frankreich mit einer Ehrenrolle begnügen (namentlich bei der Königskrönung); die sieben deutschen Kurfürsten aber verfügen über die Kaiserwahl und werden dank der Privilegien des *Statutum in favorem principum*, die Heinrich VII. auf Betreiben seines Vaters Friedrich II. 1231 den mächtigsten deutschen Herrn gewährt, zu *Territorialfürsten*, die Deutschland zu einem Bund von Fürstentümern machen. In italienischen Städten wandelt sich die Einrichtung des *podestà*, die ursprünglich mit Friedrich Barbarossas Bemühungen um Durchsetzung seiner Macht verbunden war, und wird im späten 12. und in der ersten Hälfte des 13. Jahrhunderts zur bleibenden Institution. Die Exekutivmacht ist fast immer Adligen, oft Ausländern, anvertraut; unter dem Vorwand, in den Konflikten der Parteien, namentlich der Guelfen und Ghibellinen, zu vermitteln, gewöhnen sie die Städte an eine Diktatur, die zwar von den Patrizierfamilien bestritten wird, aber die *Signorien* des 14. Jahrhunderts vorbereitet und in den italienischen Städten eine aristokratische Ordnung einführt oder stützt. Sogar die parlamentarischen Einrichtungen, deren Auftreten die Fürsten dulden oder sogar anregen, verschaffen den Herren eine neue Art der Einflußnahme, nämlich die schon von den Reichstagen vorgebildete Möglichkeit, über neue Druckmittel zu verfügen. Man sieht sie in den englischen Parlamenten, den spanischen Cortes und den französischen Ständeversammlungen am Werk. Letztere sind typisch. Die 1302 von Philipp dem Schönen einberufene Versammlung der drei Stände gibt den *Baronen* Gelegenheit, sich als politische Macht zusammenzuschließen. 1304 erlangt der vereinte auvergnatische Adel vom König als Freiheitsurkunde die schriftliche Fixierung seiner Standesprivilegien. In Aragonien erreicht der Adel von König Jaime I. das Verbot des römischen und kanonischen Rechts in den Cortes von 1243 und 1251; auf den Cortes von Egea (1265) entreißt er dem Monarchen weitere Zugeständnisse und versucht so, aus dem hohen Beamten der *Iustitia* einen aragonesischen *Shogun* zu machen.

Auch der niedere Adel, die Ritterschaft, findet neue Aufgaben im Königsdienst. Philipp von Beaumanoir, Ritter und königlicher Vogt, ist dafür ein gutes Beispiel. In Deutschland setzen die Ministerialen im 13. Jahrhundert ihre ungewöhnlich glänzende Laufbahn fort, und zwar zu einer Zeit, da die Bemühungen der Salier und Staufer, die zentrale Kaisermacht auf diese *Reichsministerialität* zu gründen, durch die Politik Friedrichs II. und das Interregnum scheitern. Gleichzeitig entsteht eine *Reichsritterschaft*, das heißt, es gibt reichsunmittelbare Ritter.

Endlich scheint die Aristokratie im 13. Jahrhundert durch ein Absinken ihrer Wirtschaftsmacht benachteiligt zu sein. Das Vordringen der Geldwirtschaft, die Notwendigkeit, zur Aufrechterhaltung des Lebensstandards eine zunehmende Anzahl sehr teurer Waren am Markt zu kaufen (Gewürze, Stoffe), der steigende Preis der Rüstungen und des Ritterlebens (Feste, Turniere), die Ausgaben für den Bau von Burgen und »festen Häusern« aus Stein, die außerordentlichen Geldaufwendungen für die Kreuzzugsfahrten verarmen den Adel und ruinieren die Ritter. Die Verschuldung, das Abtreten und der Verkauf von Ländereien nehmen zu. Diese Krise, die vor allem den niederen Adel betrifft, sieht in der Gegend von Mâcon wie folgt aus: seit etwa 1205 können die Ritter nicht mehr borgen; darauf verpfänden sie einen Teil ihrer Ländereien für neue Schulden an Kirchen und Bürger; ab 1230 verkaufen sie Stück für Stück ihr Erbe.

Als sich Bertran de Born am Ende des 12. Jahrhunderts dem Grafen von Poitiers als Ritter anbietet, erklärt er ihm bereits: »Ich kann euch helfen. Ich habe schon den Schild vor der Brust und den Helm auf dem Kopf... Aber wie soll ich ohne Geld in den Kampf ziehen?«

Als Joinville 1248 zum Kreuzzug aufbricht, verpfändet er in Metz einen großen Teil seines Landes: »Wißt, daß ich an dem Tage, da ich meine Heimat verließ und ins Heilige Land zog, nicht einmal über tausend Pfund Einkünfte verfügte, denn meine Frau Mutter lebte noch; und ich brach dennoch auf.« Aber als Ludwig der Heilige ihn 1269 auffordert, erneut das Kreuz zu nehmen, weigert er sich und erklärt, genügend »verarmt« zu sein.

Aber auch hier gelingt es den Feudalherrn, ihre Lage relativ zu bessern. Zunächst mehrt die Verarmung der kleinen die Macht der großen Barone. Wenn auch in gewissen Gegenden die Klöster viel Landbesitz aufkaufen und fast überall die Bürger einen Teil des abgetretenen Besitzes erwerben (in Italien können sie vor allem einen großen Teil der Kirchengüter an sich bringen, weil dort die Kirche anfängt, sich ihrer Ländereien zu entäußern), so ist doch der Hochadel der große Nutznießer dieser Verarmung der kleinen Grundherrn. Diese können sich im allgemeinen nur vor dem Ruin retten, indem sie entweder ihr Salland (Eigenland) behalten und den Rest ihres Besitzes verkaufen, oder indem sie ihr Allodialgut zu Lehen nehmen und ihre Vasallenhuldigung veräußern. In beiden Fällen ist der Käufer gewöhnlich ein großer Herr, der dadurch noch mächtiger wird.

Man hat bestritten, daß die Umwandlung eines beträchtlichen Teils der Feudaleinkünfte in Geldbeträge (in England sind es um 1280 wenigstens zwei Drittel) eine Anpassung der Herrenschicht an die Wirtschaftsentwicklung mit sich brachte. Es habe nämlich die anhaltende Preiserhöhung ihre auf der Grundlage fester Zinsabgaben berechneten Einkünfte vermindert. Man gewinnt dennoch den Eindruck, daß sie die Art ihrer Erhebungen ihrem Vorteil anzupassen wußten. Hier, zum Beispiel in einigen Teilen Englands, erhöhen sie den Umfang der Frondienstleistungen; dort vermehren sie ihre Einkünfte aus den Herrschaftsrechten (durch das Mühlenrecht oder eine Kopfsteuer); anderswo gewähren sie den Bauern Abänderungen von Gewohnheitsrechten gegen Geldzahlung (Mutationstaxen); wieder andere ändern die Belehnung der Zinspflichtigen in widerrufliche und kurzfristige Kontrakte ab: zum Beispiel auf dem bayrischen *Freistift* oder dem englischen Lehen *per cartam*. Endlich führen die Vorteile, die gewisse große Herren und vor allem die Könige daraus ziehen, daß sie sich durch Vasallität die Treue, Dienstpflicht oder einfach Neutralität dieses oder jenes Herrn sichern, zur Vermehrung der Lehen. Diese bestehen aber nicht mehr in Bodenbesitz, sondern in Geld. Solche Geldlehen helfen manchem Herrn, seine wirtschaftliche Position wieder zu stabilisieren oder zu stützen. Der französische König Philipp der

Schöne bedient sich ihrer häufig, um die Feudalherrn Flanderns und Nordwestdeutschlands als Stützen für seine Außenpolitik zu gewinnen.

So ist es dem Militär- und Grundadel juristisch, politisch und wirtschaftlich gelungen, seine Stellung zu behaupten oder sogar zu verbessern. Immerhin ist er zu einer bedrohten Klasse geworden und schließt sich daher aus Selbstschutz ab. Der tatsächliche Adel wird zum Rechtsadel, der ein Blutadel ist und sich durch Erbzeichen, die *Wappenschilder*, bestätigt. Die *Schwertleite* bekräftigt die Aufnahme in den Ritterstand, und niemand kann zum Ritter geschlagen werden, der nicht ritterbürtig ist. Der Edelmann ist geboren.

Aber dieser Stand bewahrt Unterschiede und schichtet sich sogar nach neuen Gegebenheiten um. Wohl bleibt der arme Ritter ein Standesmitglied, das Anrecht auf die Solidarität seiner Standesgenossen hat. Eine von Joinville erzählte Anekdote zeigt es: »Am Allerheiligentag lud ich alle Edelleute des Lagers in mein Haus, das am Meer lag. Ein armer Ritter kam in einer Barke mit seiner Frau und den vier Söhnen, die er hatte. Ich ließ sie in meinem Hause essen. Nach der Mahlzeit rief ich die anwesenden Edelleute zusammen und sagte ihnen: ›Laßt uns ein Opfer bringen und den armen Mann von seinen Kindern entlasten; jeder nehme eines, auch ich will eines nehmen.‹« Es bildet sich jedoch eine Oberschicht von *Großen* oder *Baronen*, welche Reichtum, Territorialmacht und politischen Einfluß auf sich vereint.

Sich als Kaste abzuschließen, verurteilt den Adel zum Verschwinden oder zur Verarmung. Das Erlöschen der Sippen erfolgt im 13. Jahrhundert um so schneller, als mehrere Faktoren zusammenspielen: die Sterblichkeit und die Neigung der Herrn, nur wenige Erben zu haben oder so viele wie möglich in der Kirche unterzubringen, um eine Erbteilung zu verhindern. Andererseits bereitet der Adel, indem er ein Verbot der *Standeswidrigkeit* erläßt — zum Beispiel die Ausübung eines gewinnbringenden Berufs — seinen wirtschaftlichen Untergang vor. In der Provence müssen sich die Adligen von jeder bäuerlichen Arbeit fernhalten, und die adlige Frau wird 1255 als jene bestimmt, die weder »zum Backofen, noch zum Waschhaus oder zur Mühle geht«. Schwerwiegender ist noch das manchmal von den Stadtbürgern dem Adel auferlegte Verbot, ein Handwerk auszuüben oder Handel zu treiben. Indem die Adligen diese Einschränkungen als ihrer Würde dienlich annehmen, schließen sie sich von der wirtschaftlichen Entwicklung aus.

Aber am Ende des 13. Jahrhunderts ist der Adel noch nicht so fest geschlossen, wie man annehmen könnte, oder er beginnt sich wieder zu öffnen. Reich gewordene Bürger steigen auf, der

Ritterschlag wird immer seltener ausgeführt und ist nicht mehr — oder war es vielleicht nie — eine unumgängliche Aufnahmezeremonie. Kaiser und Könige bemächtigen sich des Rechts, zu adeln. Philipp der Schöne erhebt 1304 auf dem Schlachtfeld von Mons-en-Pévile einen Metzger, der sich im Kampf ausgezeichnet hatte, in den Adelsstand.

SOZIALE UNTERSCHIEDE IM BAUERNSTAND

Auf bäuerlicher Seite sind auf den ersten Blick die Verbesserungen am sichtbarsten. Die Entwicklung der Geldwirtschaft und das Angebot des bäuerlichen Überschusses auf dem Markt scheinen in gewissem Maß auch den Bauern zugute zu kommen, die an dem neuen Wirtschaftskreislauf teilnehmen. Die hieraus gewonnenen Vorteile erlauben ihnen, entweder die wirtschaftliche Lage durch den Kauf von Pachtlehen oder Vieh zu verbessern oder die juristische Situation durch den Loskauf von Leistungen und Abgaben anzuheben. Tatsächlich geht in vielen Gegenden der Frondienst entscheidend zurück. Die Bauern erkaufen entweder ihre Befreiung oder doch wenigstens die Festsetzung der Abgaben, die bis dahin willkürlich eingefordert wurden. Es handelt sich im allgemeinen um die Kopfsteuer *(taille)*. Die Zeit der nach Willkür besteuerbaren und zu Fronarbeiten heranziehbaren Bauern scheint vorbei. Es ist vor allem der Fall in der Ile de France, wo sich einer der mächtigsten Grundherrn der Gegend, das Pariser Domkapitel, dazu entschließt, den Bauern mehrerer Dörfer eine Festsetzung der Kopfsteuer zu bewilligen. So kann in Itteville ab 1268 die auf jährlich achtzehn Pariser Pfund festgesetzte Kopfsteuer weder vermindert noch erhöht werden. Anderswo gewährt das Kapitel Kollektivbefreiungen. So werden 1259 alle Leibeigenen von Chevilly und L'Hay frei. Selbst die *Kolonisten (hôtes)*, die doch auf ihren Neuländern besonders günstige Bedingungen genossen, kaufen sich gemeinsam von den Herrschaftsrechten, denen sie unterstellt sind, los. So befreien sich beispielsweise die *Gäste* von Mischwitz in Sachsen 1268 vom Meißener Domkapitel.

Dennoch muß dieser allgemeine Eindruck entschieden berichtigt werden. Zunächst ist zu sagen, daß sich die Lage der Bauern in einigen Gegenden verschlechtert. Zum Beispiel kann die Fronarbeit zunehmen, wie es in einigen Teilen Englands der Fall ist. 1252 beanspruchen auf dem Herrenhof von Broughton im Huntingdonshire, der vom Kloster Ramsey abhängt, die sehr unterschiedlichen *Tagewerke (week-works)* eines Dorflehens zur Erntezeit die ganze Arbeitskraft eines Mannes und die Hälfte während des übrigen Jahres, wozu noch die *Frondienste (boon-*

works), vor allem das Pflügen, kommen. Anderswo lebt die Leibeigenschaft, von den Juristen unterstützt und gerechtfertigt, wieder auf. Sie finden im römischen Recht eine Reihe von Bestimmungen des Sklaven, vor allem des an die Scholle gebundenen *servus.* Auch Theologen wie Thomas von Aquino rechtfertigen die Leibeigenschaft sowohl mit der Erbsünde als auch aus Texten des Aristoteles.

Die neuen Kontrakte zwischen Herren und Bauern bringen zwar dem Pächter Erleichterungen, die er anders nicht erlangen kann, gereichen aber im Grunde den Herrn zum Vorteil. So stellen die verschiedenen Verträge, durch welche Reiche, Herren oder Bürger, den Bauern Geld vorschießen, damit diese eine Viehherde erwerben oder vergrößern können *(bail à cheptel* im Norden,*gasaille* in der Provence und *soccida* in Italien genannt), verkappten Wucher dar, der die bäuerliche Verschuldung oft noch vermehrt. Auch die *Halbpacht* oder *Pacht (métayage, fermage),* die in der zweiten Hälfte des 13. Jahrhunderts sehr beliebt ist, hat für den Halbpächter (Meier) oder Pächter nur sehr begrenzte Vorteile wegen der kurzen Pachtdauer. So erhält 1277 ein Landwirt in Lagheim mit Namen Dietrich der Alte von den Herren der Abtei Sankt Gereon in Köln bedeutende Summen zur Bezahlung der Erntearbeiter, zum Kauf von Viehfutter und zur Finanzierung einer Mergelung; aber sein Pachtvertrag läuft nur sechs Jahre. In Norddeutschland und den Niederlanden gelten die Verträge nach dem Kreislauf der Bebauung für sechs, neun, zwölf und manchmal vierundzwanzig Jahre. In Italien, wo sich im 13. Jahrhundert die *mezzadria* rasch verbreitet, lauten die Pachtverträge im allgemeinen auf drei, manchmal nur auf ein Jahr.

Eine der Hauptfolgen davon, daß Zinsen und Abgaben immer häufiger in Form von Geld abgegolten werden und daß das Geld aufs Land vordringt, ist die fortschreitende und sich ausbreitende Verschuldung der Bauern. Die Gläubiger sind verschiedentlich noch Grundherrn, vor allem Kirchen, häufiger aber städtische Spezialisten, Juden oder Italiener. Zum Beispiel jene »lombardischen« Bankiers, häufig Handwerker, die in der zweiten Hälfte des 13. Jahrhunderts auf dem Land ihre *casane* oder Pfandleihstuben in der Provence und im Dauphinois einrichten. Häufig sind solche Gläubiger aber auch gewandte Bauern, deren Geschäfte wir noch weniger verfolgen können, weil sie viel seltener in Verträgen oder Registern niedergelegt sind.

Denn die wichtigste soziale Erscheinung des Bauernstands im 13. Jahrhundert ist die Aufteilung im Innern und das Entstehen einer Kulakenschicht. Der erfolgreiche, geschickte und durch eine gesicherte Ausgangsposition bereits begünstigte Bauer vermag aus dem Verkauf seiner Überschüsse Einkünfte zu erzielen, womit er sein Land vermehren, die Ernteerträge verbessern, das Haus verschönern, einen Hühnerhof und sogar eine Viehherde erwerben kann. Schließlich ist er in der Lage, Geld an Ärmere zu verleihen, die nicht fähig sind, ihre persönlichen Abgaben oder ihren Anteil an den kollektiven Abgaben des Dorfes aufzubringen. Diese vermögenden Bauern bilden im Dorf eine führende Gruppe, manchmal eine wahre *Gilde* oder *Bruderschaft*, die sich, indem sie die Bezahlung der gemeinsamen Abgaben des Ortes verbürgt, die Herrschaft über die Armen sichert. Nach der englischen Zählung der *Hundred Rolls* besitzen 1279 nur ungefähr 20 Prozent der Bauern und 10 Prozent der freien Pächter soviel Land, daß man sie zu dieser vermögenden Schicht zählen kann. Auch in der Literatur begegnen uns solche reichen Landleute. Es gibt ihrer mehrere im *Roman de Renart*, und sie sind die besonderen Feinde Reinekes: »Eines Tages kam Renart zu einem Bauernhof, der nah am Walde lag und auf dem es Hühner und Hähne in großer Zahl sowie auch Enten und Gänse beiderlei Geschlechts gab. Er gehörte dem Messire Constant Desnos, einem Pächter, der ein mit allen Arten von Lebensmitteln angefülltes Haus und einen Obstgarten besaß, in dem sich viele Bäume befanden, die Kirschen, Äpfel und andere Früchte trugen. Bei ihm gab es dicke Kapaunen, Pökelfleisch, Schinken und Speck in großer Fülle. Um den Zugang zu seinem Gärtchen zu schützen, hatte er es mit dicken Eichenpfählen, Gebüsch und Brombeerhecken umgeben. Renart wäre gar zu gerne ins Innere gesprungen ...«

Die Mannigfaltigkeit der Beziehungen zwischen Herrn und Bauern begünstigt zwar das Gleichgewicht in der bäuerlichen Gesellschaft; aber die Entwicklung bevorzugt vor allem eine Minderheit von Reichen, die zu einem Gleichgewicht beitragen, hinter dem sich die wachsende Verarmung der bäuerlichen Masse verbirgt. Dies um so mehr, als sich im allgemeinen die Bauernlehen verkleinern. Zum Beispiel ist in Weedon Beck in England, wo 1248 nur 20,9 Prozent der Bauern über weniger als sechs Hektar Land verfügen, dies Verhältnis um 1300 auf 42,8 Prozent angestiegen. Der Ausdruck *laboureurs* bezeichnet — was durch die spätere Wortentwicklung zunächst paradox erscheint — in einem großen Teil Frankreichs nicht die gewöhnlichen Arbeiter, sondern Bauern, die wenigstens über ein Gespann und Werkzeug verfügen. Gegenüber diesen *laboureurs* wächst die Masse jener, die nur ihre Hände zum Arbeiten haben — *manouvriers* oder *brassiers*; im Englischen werden sie *cottiers* genannt, und ein Text spricht von ihnen als »den armen *cottiers*, die sich ihren Lebensbedarf durch ihrer Hände Arbeit verschaffen«.

SCHICHTUNG DER STADTGESELLSCHAFT IN PATRIZIER,
ZÜNFTE UND ARME

Ähnlich ist die Entwicklung in der Stadt.
Das Aufblühen der Städte im 13. Jahrhundert wird von der Welle der Bevölkerungszunahme getragen. Man hat geschätzt, daß die Bevölkerung Europas zwischen 1200 und 1300 von 61 auf 73 Millionen angestiegen ist. Die Einwohnerzahl Frankreichs soll sich zwischen 1200 und 1340 von 12 auf 21 Millionen gesteigert haben, die Deutschlands von 8 auf 14, die Englands von 2,2 auf 4,5. Dieser Bevölkerungszuwachs macht sich noch auf dem Land bemerkbar, scheint aber dort in Bedrängnis zu geraten, weil es nur noch schlechtes oder mittelmäßiges Land zu erwerben gibt. Sogar im Osten, wo die deutsche Kolonisation auf dem Höhepunkt steht, scheint es sich von nun an eher um eine städtische als um eine bäuerliche Landnahme zu handeln. Rodungen werden im allgemeinen eher individuell als kollektiv betrieben. Sie bekunden sich durch eine nur eingesprengte Besiedlung und durch das Umzäunen der neuen Niederlassungen, wodurch die Landschaft ein parzelliertes Aussehen erhält. Das Ansteigen der Preise, besonders der landwirtschaftlichen, im Lauf des 13. Jahrhunderts zeigt den Überdruck, den die zunehmende Nachfrage auf die Preise ausübt. Wenn man für England zwischen 1160 und 1179 einen Kornpreisindex von 100 annimmt, dann steigt dieser Index für die Zeit von 1180 bis 1199 auf 139,3, für 1200 bis 1219 auf 203, zwischen 1220 und 1239 geht er auf 196,1 zurück, um dann zwischen 1240 bis 1259 214,2, 1260 bis 1279 262,9 und 1280 bis 1299 279,2 zu erreichen. Der Bevölkerungszuwachs läßt also vor allem die Städte anschwellen. Nach dem Chronisten Villani soll die Bevölkerung von Florenz zwischen 1200 und 1330 von 10000 auf 90000 Einwohner angestiegen sein. Wenn auch einige Verträge das Vordringen städtischer Kapitalien aufs Land zeigen, so bleibt dieser Vorgang doch begrenzt. Die Bankiers von Metz erwerben ihren Grundbesitz zwischen 1275 und 1325, also ziemlich spät im Hinblick auf die uns hier beschäftigende Epoche. Eine der größten Kaufmannsfamilien in Florenz, die Alberti del Giudice zum Beispiel, besitzt 1315 nur ein einziges Gut mit 80 Hektar Land und etwa hundert an Bauern verpachtete Parzellen. Das bürgerliche Vermögen besteht am Ende des 13. Jahrhunderts noch vorwiegend aus beweglichen Gütern (Goldbarren, Schmuck, Geld) und Stadtrenten und -einkünften. Aber die städtische Einwirkung auf das Land zeigt sich vor allem darin, daß die Städte ländliche Arbeitskräfte anziehen und ihre Umgebung wirtschaftlich ausschöpfen. Sie muß die Stadt mit Nahrungsmitteln und Grund-

215

stoffen für die Industrie versorgen. Die Anfänge einer ländlichen Industrie werden von der Stadt kontrolliert. 1256 befreit beispielsweise Bologna alle Leibeigenen seines *contado.* Aber sie haben, nach dem Ausspruch Jean Schneiders, hier wie anderswo die juristische Leibeigenschaft nur mit einer wirtschaftlichen Versklavung vertauscht.

Die städtische Gesellschaft ist im 13. Jahrhundert durch ihre Organisation zugunsten einer Minderheit gekennzeichnet — ein allgemeiner Zug dieser Zeit. Diese Organisation bekundet sich vor allem durch die Gruppierung des Handwerks in Zünften. Sie sind das Ergebnis der sehr weit fortgeschrittenen Arbeitsteilung. Um 1260 gibt es in Paris 130 organisierte Gewerbe, davon allein 22 für die Eisenbearbeitung. Sie können aus dem Wunsch der öffentlichen Gewalt, die Handwerker zu überwachen, entstehen. So läßt Ludwig der Heilige die Pariser Korporationsstatuten am Ende seiner Herrschaft von seinem Vogt, dem Polizeichef Etienne Boileau, im *Livre des Métiers* aufschreiben. Noch häufiger entspringen sie dem Willen der bürgerlichen Oberschicht, die den Stadtmarkt durch die Ausschaltung der Konkurrenz regeln (die Zünfte sind, wie Gunnar Mickwitz versichert, Kartellverbände) und die Überlegenheit der Meister gegenüber Handwerkern und Arbeitern sichern möchte. Sie üben strenge Aufsicht, sowohl was Herstellung, Qualität und Verkauf der Waren anbelangt als auch was die Zahl der Lehrlinge, den Lohn und die Einstellungen betrifft.

Neben dieser beruflichen Stufenordnung entwickelt sich in den Städten eine politische Hierarchie. Dabei ist wichtig, daß erstere versucht, mit letzterer übereinzustimmen. Die Zunftbürgerschaft stellt das Rückgrat der Stadtgesellschaft dar.

Auch hier decken sich die juristischen, sozialen und politischen Gruppen nicht.

Der in juristischer Hinsicht komplette Stadtmensch ist der *Bürger.* Er allein erfreut sich der Immunität, aller Privilegien und des ungeteilten Schutzes der Stadt. Die meisten Handwerker sind Bürger, doch liegt die wesentliche soziale und politische Macht in den Händen einer kleinen Gruppe von Familien, die das *Patriziat* bilden. Dies Patriziat umfaßt zum Beispiel in Deutschland drei Gruppen: zuerst und vor allem die Fernkaufleute *(mercatores).* Sie beherrschen Köln, Regensburg, Wien und sind auch in Aachen, Augsburg, Ulm, Würzburg, Nürnberg, Dortmund, Soest, Braunschweig, Magdeburg, Erfurt, Halle, Leipzig, Bremen, Hamburg und Lübeck mächtig. Neben ihnen erscheinen die *Ministerialen.* Sie sind in Worms, Straßburg, Trier, Zürich und Aachen einflußreich. Endlich gehören die *freien Grundbesitzer* in Köln, Soest, Osnabrück, Nürnberg und München zum Patriziat. Die Handwerker gehören ihm nicht an.

Bald stellen die Patrizier allein die Mitglieder der politischen Versammlungen, welche die Städte regieren — in Deutschland der *Rat*, in Flandern das *échevinage*, in Italien der *consiglio*. In Gent werden zwischen 1228 und 1302 die 39 Stadtväter immer aus den gleichen Familien gewählt. In Arras haben die Patrizier dank dem Zuwahlsystem seit 1194 die absolute Macht inne. Meistens gehen *milites* und *scabini* im Patriziat auf. Dennoch muß manchmal eine Revolte gegen die Grundherrn dem Patriziat die politische Herrschaft in der Stadt sichern und das Übergewicht der Großkaufleute besiegeln. So herrscht in Siena das Patriziat seit 1277, in Köln nach 1282, in Florenz nach 1293. Hier mußte der *popolo* der Zünfte, der Florenz zwischen 1250 und 1260 regiert hatte, nach seiner Niederlage von Montaperti gegen Siena und die deutschen Ritter Manfreds die Gewalt an die Ghibellinen und an den sie unterstützenden Adel abtreten. Die 1267 wieder an die Macht gelangten Guelfen stellen die Herrschaft anderer Adelsfamilien dar, bis die Vorsteher der zwölf Hauptzünfte sich 1284 in den Rat des *podestà* drängen. Die Korporationsbürgerschaft *(arti)* besiegelt 1293 die Niederlage der Großen *(magnati)* durch den Erlaß der *Ordnungen der Gerechtigkeit (ordinamenti della giustizia)*, welche den Mitgliedern der 147 Adelsfamilien, Guelfen wie Ghibellinen, politische Ämter verbieten. Aber dies »Volk« an der Macht sind die reichsten Bürger, der *popolo grasso*, an dessen Spitze die Vorsteher der sieben obersten Zünfte stehen: nämlich der Zunft der *Calimala (Import-Export-Kaufherrn)*, der *Bankiers*, der *Por Santa Maria* (Seidenweber), der *Tuchmacher*, der *Krämer*, der *Gewürzhändler und Ärzte*, der *Kürschner und Pelzhändler*. Zur gleichen Zeit untersagen beispielsweise die Kommunalstatuten von Bologna (1288) den meisten Handwerkern jede Verbindung und vertrauen die Interessen der Stadt den drei großen Zünften der Waffenschmiede, Bankiers und Kaufherrn, also der reichen Handelsbürgerschaft, an.

Manchmal führt das persönliche oder gemeinsame Geschick dieser reichen Bürgerschaft zum Ruin oder Skandal, aber die Belege dieser außergewöhnlichen Fälle lassen uns nur um so deutlicher den Reichtum und die Macht jener erraten, die vollen Erfolg haben. Man konnte die Buonsignori von Siena, deren große Bank *Gran Tavola* 1298 in Schwierigkeiten geriet und 1307 Bankrott machte, die Rothschilds des 13. Jahrhunderts nennen. Ein am Ende des Jahrhunderts dem Sire Jehan Boinebroke — denn die Patrizier nennen sich *Sire, Sir, Ser, Herr* —, Tuchhändler aus Douai, nachträglich anhängig gemachter Prozeß läßt uns den Einfluß dieser reichen Männer auf das kleine Volk der Handwerker, Arbeiter und Angestellten ermessen, die sie durch das Geld, die Arbeit, die Wohnung und die politische Macht in Abhängigkeit erhalten.

Die Ungerechtigkeit dieser reichen Kauf- und Stadtherrnschicht ist so groß, daß sie — zum Beispiel in Frankreich — die Einmischung der Königsgewalt in die Stadtfinanzen rechtfertigt, die von ihnen geplündert und ruiniert werden, indem sie das kleine Volk durch Steuern und Erpressungen niederdrücken. Beaumanoir bezeugt dies: »Wir sehen mehrere gute Städte, in denen die Armen und die Mittelschicht keinen Anteil an der Stadtverwaltung haben; alles halten die Reichen in Händen, denn sie wollen keine Gemeinschaft mit denen, die zu arm oder von geringer Herkunft sind. In diesem Jahr ist einer von ihnen Bürgermeister, Geschworener oder Steuereinnehmer, das nächste Jahr ist es sein Bruder, Neffe oder ein naher Verwandter... Es kommt oft vor, daß die Reichen, welche die Stadt regieren, sich und ihre Verwandten weniger besteuern, als sie eigentlich müßten, und daß sie auch die anderen Reichen entlasten, um später von ihnen ebenfalls befreit zu werden; und so bedrücken alle Ausgaben die Armen.«

So wird die städtische Solidarität, die mittels Statuten, Zünften und Geschäftsverkehr zwischen den verschiedenen urbanen Schichten ein Gleichgewicht schafft, durch die Tatsachen oft schwerwiegend widerlegt. 1259 setzt man in Neuß fest, daß eine Steuer für Stadtausgaben erhoben werden muß; Arme wie Reiche schwören, sie im Verhältnis zu ihrem Einkommen aufzubringen. In der Praxis sind die deutschen *Schwurbruderschaften* oder *Eidgenossenschaften*, die spanische *hermendad*, die französischen *Kommunen* und die anderen Arten städtischer Gemeinschaft nur auf dem Pergament gleichgestellte Gesellschaften. Selbst innerhalb der im juristischen Verstand egalitären Bürgerschaft arbeiten Ungleichheiten von Geburt und Vermögen für eine Minderheit. Und schon trachtet diese Aristokratie, diese Stadtelite danach, sich zu schützen und abzukapseln. Venedig gibt ein Beispiel dafür. Am 28. Februar 1297 schließt sich der Große Rat erbrechtlich ab *(Serrata del Gran Consiglio)*. Von nun an kann nur noch in ihn eintreten, wer Vorfahren der Vaterseite in ihm nachweisen kann.

DER DRUCK DER ANSCHAUUNGEN IN DER
STÄNDEGESELLSCHAFT

Das Gleichgewicht dieser Gesellschaft setzt neben der Stufenordnung und der tatsächlichen Schichtung noch einen geistigen, moralischen und religiösen Druck voraus. Schande über den, der aus seinem Stande ausbrechen will! Er begeht in den Augen Gottes und der Menschen die allergrößte Sünde. Das Verlangen nach sozialem Aufstieg muß aus der Gesellschaft des 13. Jahrhunderts verbannt werden. Es ist nach dem Vorwärtsdrängen des 11. und 12. Jahrhunderts die Zeit der Stabilisierung und des Innehaltens.

Vor allem ihr, arme Bauern, die ihr an letzter Stelle der sozialen Stufenleiter steht, trachtet nicht, die Herren nachzuäffen. Denkt an den Sohn von Meier Helmbrecht. Er wollte nicht mit seinem Vater arbeiten. Als er das Haus verließ, sagte er zu ihm: »Ich möchte den Geschmack des Hoflebens kennenlernen. Nie mehr werden Säcke meine Schultern drücken, ich will keinen Mist mehr auf deinen Wagen laden. Gott verdamme mich, wenn ich nochmal deine Ochsen ins Joch spanne oder deinen Hafer säe. Das paßt doch nicht zu meinen langen blonden Locken, meinem seidenen Gewand, noch zu meiner hübschen Mütze und den Seidentauben, welche die Damen darauf stickten. Nein, ich werde dir nie mehr beim Ackerbau helfen!«[1] Aber er wird nur ein Vagabund. Eingefangen, reißt ihm der Henker des Grundherrn die Augen aus und schneidet ihm eine Hand und einen Fuß ab. Und als der Blinde bettelnd auf dem Land umherirrt, rufen ihm die Bauern zu: »Ah, ah, Dieb Helmbrecht! Wenn du Bauer geblieben wärst wie ich, wärst du nicht blind und gezwungen, dich führen zu lassen!«[2] Und schließlich hängen sie ihn an einem Baum auf. Helmbrecht hat nicht auf seinen Vater gehört: »Selten hat der Glück, der sich gegen seinen Rang auflehnt, und dein Rang ist der Pflug.« Allen jenen, die in der Gesellschaft des 13. Jahrhunderts eine niedere Stellung einnehmen — also der Masse — erteilt der Dichter Wernher der Gartenaere diese Warnung: »Vielleicht hat Helmbrecht noch Anhänger? Sie werden kleine Helmbrechts werden. Ich kann euch nicht vor ihnen schützen, aber sie werden enden wie er, am Galgen.«[3]

1) ». . . ich wil benamen besehen,
   wie ez dâ ze hove smecke.
   mir sulen ouch dîne secke
   nimmer rîten den kragen.
   ich sol ouch dir ûf dînen wagen
   nimmer mist gevazzen,
   sô solt mich got gehazzen,
   swenne ich dir ohsen waete
   und dînen habern saete.
   daz zaeme niht zewâre
   mînem langen valwen hâre
   und mînem reidem locke
   und mînem wol stânden rocke
   und mîner waehen hûben
   und den sîdînen tûben
   die dar ûf nâten frouwen.
   ich hilf dir nimmer bouwen.«
2) »hâhâ, diep Helmbreht!
   hêtest dû gebûwen alsam ich,
   sô züge man nû niht blinden dich!«
3) »waz ob Helmbreht noch hât
   etewâ junge knehtel.
   die werdent ouch Helmbrehtel.
   vor den gib ich iu niht fride,
   si komen ouch danne an die wide.«

9. Der Glanz der Fürsten und der Staaten

FESTIGUNG DER ÖFFENTLICHEN GEWALT: DAS GEMEIN-
WOHL UND DIE ZENTRALISIERUNG

Die das ganze 13. Jahrhundert begleitende Stabilisierung drückt
sich politisch durch das Auftreten und die Festigung der *öffentlichen Gewalt* aus, als Regierungsform und — ideal wie als konkrete Ausübung. Am augenfälligsten begünstigt sie die Natio-
nalmonarchien: in England, Frankreich, aber auch in Skandinavien, Mitteleuropa und auf der Iberischen Halbinsel, trotz
gewisser Verzögerungen und vorläufiger Rückschläge. Doch läßt
sich diese Tendenz auch in jenen Ländern feststellen, in denen
sie versagt zu haben scheint: nämlich in Deutschland und Itali-
en. Die sich hier bildenden Stadtgebiete oder Fürstentümer verhindern zwar die nationale Einigung, sind aber letztlich als Staaten von den Feudal- oder Stadtherrschaften der vorhergehenden Zeit sehr verschieden. Daß diese Umwandlung nicht sprung-
haft vor sich geht und Mischformen hervorbringt, versteht sich
von selbst. Jene deutschen Adligen, die durch das *Statutum in
favorem principum* von 1231 Regalienrechte in ihren Gebieten
erlangen, werden nicht von heute auf morgen aus Herren zu
Fürsten. Und auch als in Deutschland unter Friedrich II. und
während des Interregnums die Bezeichnungen *Freie Stadt* und
Reichsstadt aufkommen — den Titel *civitas imperii* erhalten zunächst offenbar Städte wie Aachen und Nimwegen, die in karolingischer Zeit Pfalzstädte waren; doch nennt Friedrich II. auch
Lübeck 1226 *libera civitas* und Wien 1237 *civitas imperalis* —
verwandeln sich diese Städte nicht sofort in Stadtstaaten. Selbst
die italienischen Städte, denen Marsilius von Padua im *Defensor
Pacis* 1324 die Souveränität von Königreichen zuerkennt *(regnum
et civitas)* und die, als Wiedergeburt der antiken *polis*, in ihrem *contado* volle Souveränität besitzen, werden nicht von heute
auf morgen zu *Republiken.* Daß einige von ihnen ihre Regierung
weiterhin *signoria* nennen, verrät das Doppeldeutige ihrer politischen Situation. Doch erweist sich im 13. Jahrhundert die
Wandlung im Wesen der politischen Gewalt in den Städten
durch die Prägung von Goldmünzen als reinste Bekundung der
Souveränität und durch Stadtsiegel, deren Inschriften und Darstellungen ihre Bedeutung ausdrücken.
Die Monarchien geben die überkommenen Grundlagen ihres
Ansehens und ihrer Macht keineswegs auf, namentlich ihre aus
der Salbung herrührende Gewalt und die religiöse Weihe. So zeigt
eine illuminierte Handschrift um 1280 (MS. lat. 1246 der Bi-

bliothèque Nationale in Paris), welche die Krönungsmesse der französischen Könige enthält, diese königliche »Einsegnung« in ihrer ganzen Aura.

Und schließlich räumen die bis dahin in der Christenheit dominierenden Mächte — *Sacerdotium* und *Imperium*, Papsttum und Kaiserreich — die Szene erst nach einer blendenden Abschiedsvorstellung und keineswegs auf einmal. Welcher Papst war mächtiger als Innozenz III. (1198—1216), welcher Imperator trieb die Kaisermystik weiter als Friedrich II. (gest. 1250)?

Doch zielt die Entwicklung auf eine Festigung der öffentlichen Gewalt ab und verweist Reich, Papsttum und darüber hinaus die Christenheit nicht in die zweite Reihe, sondern auf ein anderes Gebiet als das politische.

König, Fürst und Stadt übergreifen die soziale und politische Ordnung nur, weil sie ein höheres abstraktes Prinzip verkörpern. Natürlich ist der König am besten placiert, da das monarchische Prinzip deutlicher heraustritt als die in den Landesfürsten oder Städten verkörperte *potestas*. Es genügt, den Königen zu verleihen, was bei der Kaisergewalt die Unabhängigkeit bedeutete: Regalia, Regalienrechte. Von *regalis* zu *royal* ist der Übergang leicht. Für beides benutzten die lateinischen Schreiber das gleiche Wort. Und die Wiedergeburt des römischen Rechtes in der Mitte des 12. Jahrhunderts begünstigt diese Entwicklung — allerdings nicht ohne Schwierigkeiten, da das römische Recht in der neuerstehenden Rechtspflege ein Kaiserrecht ist. Nicht zufällig hat Friedrich Barbarossa sein Studium in Bologna gefördert.

Die Könige und ihre Berater zögern zunächst, ein Recht anzunehmen, das jene Kaisermacht zu stärken scheint, von der sie sich gerade lösen wollen. Wenn Papst Honorius III. (1216—1227) im Jahr 1219 der Pariser Universität den Unterricht im zivilen, d. h. römischen Recht untersagt, so geschieht dies vermutlich auf Wunsch des französischen Königs, der nicht will, daß im Herzen seines Reiches das kaiserliche Recht gelehrt wird. Doch genügt es, daß sich der König in seinem Reich die kaiserlichen Vorrechte aneignet, und schon nützt ihm das römische Recht, anstatt ihn zu bedrohen. *Rex est imperator in regno suo* — der König ist Kaiser in seinem Reich — dekretiert Papst Innozenz III. in seiner Bulle *Per venerabilem* (1204) bezüglich des Königs von Frankreich. Und diese Formel wird von Philipp dem Schönen zu Beginn des 14. Jahrhunderts bestätigt. Was für das *regnum Franciae*, das Königreich Frankreich, gilt, gilt für alle *regna* und ähnliche Gewalten. Nicht der König, sondern das Königreich oder, gemäß der juristischen Allegorie der Epoche, die *Krone* ist also erhöht worden. Die Bezeichnung taucht am

Rand der Christenheit auf, in Ungarn, Böhmen, endlich in Polen, wo die Monarchien nur mit größter Schwierigkeit überdauern oder neu erstehen.

Das Wort Staat, das später diese übergeordnete öffentliche Gewalt bezeichnet, wird im 13. Jahrhundert noch immer von einer Ergänzung oder einem Adjektiv begleitet. Man spricht vom *status regni, rei publicae, imperii, civitatis*, also vom Status des Königreichs, der Republik, des Kaiserreichs und der Stadt. Der Königsstatus (wie er zum Beispiel 1322 in England durch das *Statute of York* zum Ausdruck kommt) neigt jedoch dazu, *status regni* und *status regis* — König und Königreich — zu verwechseln. Doch kann der König nicht erklären: »*L'état, c'est moi.*« Der Staat steht über ihm. Was namentlich der Gedanke von der Unveräußerlichkeit königlicher Territorien und Rechte ausdrückt, der in diesem neuen Begriff des unabhängigen und völlig souveränen Königreichs verankert ist.

Dieser Begriff der Unveräußerlichkeit wurde im 13. Jahrhundert vor allem in Spanien (Aragonien und Kastilien) und in England betont. Die zwischen 1290 und 1300 verfaßte englische Rechtssammlung *Fleta* berichtet in einer erdachten Szene, die sich vielleicht auf das Konzil von Lyon stützt (1274), zu dem die Souveräne geladen waren, daß alle Könige der Christenheit sich zum Konzil in Montpellier versammelt und Veräußerungen für ungültig erklärt hätten, die sie und ihre Vorgänger zum Schaden der Vorrechte und Territorien ihrer Kronen vorgenommen hätten. Daß die Könige dem *Gemeinwohl* und *Gemeinnutzen* gemäß regieren sollten, brachte eine alte Unterscheidung zwischen *König* und *Tyrann* wieder zu Ehren, auf der die karolingischen Autoren in einem anderen Zusammenhang bestanden hatten. Nur der gerechte, für das Gemeinwohl wirkende König ist rechtmäßig; der ungerechte König ist ein Tyrann, gegen den man sich erheben darf, ohne daß allerdings der *Tyrannenmord* gebilligt wird, wie es am Ende des 12. Jahrhunderts Johannes von Salisbury getan hatte, vermutlich aus Entrüstung über die Ermordung Thomas Beckets (1170). Die im 13. Jahrhundert florierenden *Fürstenspiegel* und politischen Traktate, etwa von Thomas von Aquino (*De Regimine Principum*, um 1270) oder von Ägidius von Rom betonen diesen wesentlichen Unterschied zwischen König und Tyrann.

Endlich ist es normal, daß der König, in dem sich ein höheres Prinzip verkörpert, dessen Bewahrer er ist, kontrolliert wird. Es ist nur scheinbar widersprüchlich, daß solche Kontrollversammlungen *(parliaments, cortes)* im 13. Jahrhundert in England und Spanien am regsten sind, wo sich das Prinzip der Monarchie am stärksten durchgesetzt hat. Und während in Frankreich unter Philipp dem Schönen (1285—1314) die Rechtsgelehrten das Prinzip der Monarchie am lautesten verkünden, treten die ersten Ständeversammlungen zusammen.

Das römische Recht hat zwar das Aufkommen der öffentlichen Gewalt gestützt, bildet aber nicht seine Ursache. Diese ist in einer Gesamtentwicklung zu suchen, welche verlangt, daß der für das Wirtschaftsleben, die sozialen Veränderungen und eine veränderte Denkweise notwendige *Frieden* durch eine ebenso rechtmäßige wie wirksame Gewalt garantiert werde.

Nachdem die Legitimität durch das Recht und die politische Theorie definiert ist, folgt die Macht durch die Entwicklung von Finanzen, Armeen, Justiz und Beamtenschaft, die dem König zur Verfügung stehen. So zieht die anwachsende öffentliche Macht eine anwachsende Zentralisierung nach sich.

Ehe wir das Imperium mit Friedrich II. in seinem letzten Glanz sehen und die Stärkung der Monarchien in Spanien, England und Frankreich verfolgen, muß die politische Entwicklung in Gebieten gestreift werden, wo der öffentlichen Gewalt weder solche Erfolge noch ein so ruhmreiches Ansehen beschieden sind.

FORTSCHRITTE UND RÜCKSCHLÄGE DER MONARCHIE
IN SKANDINAVIEN

Die dänische Monarchie scheint im 13. Jahrhundert auf der ganzen Linie zurückzugehen. Sie kann die deutsche Kolonisierung in Schleswig nicht verhindern und muß zulassen, daß ihr Nordschleswig (dänisch Sønerjylland) nunmehr durch lockere Bande feudaler Art verbunden bleibt. 1253 belehnt König Christoph I. einen seiner Söhne mit Nordschleswig; die Belehnung erfolgt auf deutsche Weise mit dem Banner, ein bisher im Norden unbekannter Brauch. 1261 wird König Erik V., der diese Zugeständnisse rückgängig machen will, von den Holsteinern auf der Loheide geschlagen. Doch führt diese Kompromißlösung, welche die Beziehungen der dänischen Krone mit dem Herzogtum Nordschleswig stabilisiert, letztlich zur Bildung eines Puffergebiets, das Dänemark vor der deutschen Kolonisierung schützt. Im Innern scheinen die Kirchenfürsten, später die großen weltlichen Herren, zum Schaden der Krone an Macht zu gewinnen. Allerdings hat der Einfluß Erzbischof Absaloms, der Dänemark praktisch vom Tod Waldemars des Großen (1182) bis zu seinem eigenen Ende regierte (1201), die noch schwache Monarchie eher erhalten als gefährdet. Ebenso sind die Konflikte zwischen Kirche und Königtum (1227 bis 1282), die schließlich zum offenen Streit zwischen der Krone und Erzbischof Jakob Erlandsøn führen, ein übliches Stadium der Entwicklung von Beziehungen zwischen Kirche und Monarchie im Mittelalter.

Ähnliches war in Deutschland und im England Heinrichs II. und Thomas Beckets vorausgegangen. Die Hilfe Roms kann den Eindruck erwecken, daß die Kirche gesiegt hat; die Tatsache aber, daß der Erzbischof acht Jahre nach dem Prozeß, der ihn erneut eingesetzt hat, stirbt, ohne seinen Sitz wiedereinnehmen zu können, zeigt, daß der König in Wirklichkeit die politische Vorherrschaft der Kirche gebrochen hat. Inzwischen festigt die dänische Monarchie die konkrete Grundlage ihrer Macht durch das von der königlichen Kanzlei unter Waldemar II. (1231) zusammengetragene Generalinventar des Reiches: das *Jordebog* oder Katasterverzeichnis, eine Art dänisches *Domesday Book*. In die gleiche Richtung zielt die seit der Jahrhundertmitte fast regelmäßig erfolgende Versammlung der Großen; dieser *Danehof* zwingt den König 1282, dem Lande die *Handfestae* zu gewähren, die man die Magna Charta Dänemarks genannt hat. Mehr als eine Beschränkung der Königsgewalt durch die Großen muß man in diesem Akt die Tatsache sehen, daß dem König neuartige gesetzgeberische und rechtsprechende Befugnisse zuerkannt werden. Damit ist die Umwandlung der feudalen in eine vertragsmäßige Monarchie besiegelt, welche die Interessen des einzelnen und der Klassen übersteigt.

Mit der Herrschaft Sverrirs (1177—1196), des Anführers der in die Wälder geflüchteten und geächteten Bauern *(Birkebeiner)*, erlebt das norwegische Königtum am Ende des 12. Jahrhunderts einen originellen Abschnitt. Er läßt die Königs-*Sagas* aufzeichnen und bekämpft die Kirchenhierarchie. Unter Haakon Haakonsson (1217—1263), der sich 1247 im Dom zu Bergen prächtig krönen läßt, und Magnus Lagaboetir (Gesetzesverbesserer) macht die Monarchie entscheidende Fortschritte. Der letztere ersetzt die alten Gewohnheiten durch eine im ganzen Reich gültige Gesetzeskodifikation, welche dem König und seinen Helfern die Legislative und Rechtsprechung überträgt. In der Mitte des 13. Jahrhunderts verfaßt ein Unbekannter den Königsspiegel *(Konungskuggsjâ)*, der den Beitritt Norwegens zum Konzert der christlichen Monarchien besiegelt. Doch stellt Magnus die künftige wirtschaftliche Unabhängigkeit des Landes in Frage, indem er 1278 zum ersten Male den deutschen Hansekaufleuten außergewöhnliche Privilegien gewährt.

Entscheidend für die Festigung der Monarchie in Schweden ist die Regentschaft Birger Jarls (1250—1266) und die Regierungszeit Magnus Ladulås' (1275—1290), den die in Versform gehaltene *Erikskrönika* als Musterherrscher hinstellt. Er erweitert die sachlichen Befugnisse der Krone, indem er den Erlaß vom König direkt und ohne Befragung des *Things* beschlossener Verfügungen und Dekrete verallgemeinert und in das schwedische Recht den Begriff Majestätsbeleidigung einführt. Er mehrt sein Ansehen durch den Bau des herrlichen Doms von Uppsala, der die Gebeine Eriks des Heiligen aufnimmt. Die »Parlamente« *(hodvagar)*, welche nach dem Vorbild des *Danehof* seit 1284 zusammentreten, sind eher Stützen als Schwächungen der Königsmacht. Birger Jarl hatte 1249/50 Finnland erobert, dessen Evangelisierung von Åbo, einem Uppsala unterstellten Bischofssitz aus, aktiv betrieben wurde. Auch ein bereits 1249 durch die Dominikaner von Sigtuna gegründetes Kloster beteiligte sich an dieser Aufgabe. Doch erst mit dem Frieden von Pähkinäsaari (1323) hören die Anfechtungen der schwedischen Eroberung durch die Nowgoroder Russen auf. Allerdings treten auch die Schweden — ohne das Ausmaß der von Norwegen gewährten Zugeständnisse zu erreichen — einen Teil ihrer Unabhängigkeit an die deutschen Hansekaufleute ab, die sich in Wisby auf Gotland, aber auch in anderen Städten, namentlich in dem von Birger Jarl gegründeten Stockholm, fest niedergelassen haben. Doch bleiben die skandinavischen Städte (Ribe hat 1252 den ersten Stadtrat — Råd —; der Deutsche Hinze von Heden wird 1297 erster Bürgermeister von Stockholm) eng der Königsgewalt unterstellt.

POLEN, UNGARN, BÖHMEN — DIE UNGLÜCKLICHEN
KÖNIGREICHE OSTEUROPAS

Sogar in Polen, wo das 13. Jahrhundert den Zusammenbruch des Königstums zu besiegeln scheint, führen diese Katastrophen schließlich zu einer Restauration der Monarchie. Die Heimsuchungen sind allerdings groß und haben vielfach dauerhafte Folgen. Der Mongoleneinfall von 1241 richtet im Süden rasch behobene Schäden an. Die Herrschaft der Böhmenkönige Wenzel II. und Wenzel III. als Könige von Polen (1300—1306) ist ein Zwischenspiel keineswegs rein negativer Art, da es die Existenz eines geeinten polnischen Königreichs bestätigt, trotz des Mißtrauens vieler polnischer Magnaten gegenüber der deutschen Umgebung Wenzels II. So bedauert Erzbischof Jakob Swinka von Gnesen, daß Hans Wülfing, ein »deutscher Hundesohn«, bei der Krönung Wenzels gepredigt habe. Doch geht der deutsche Einfluß viel tiefer. In vielen Städten und Landzentren ist er so groß, daß sie im 13. Jahrhundert das deutsche, genauer gesagt das Magdeburger Recht annehmen (mit lokalen Ausprägungen in Chełmno und Schroda), während sich Pommern für das Recht von Lübeck entscheidet. Dies Recht bringt größere individuelle Freiheit und begünstigt das Wirtschaftsleben, besiegelt aber zugleich auch den deutschen Einfluß. Die Germanisierung Polens durch das deutsche Recht betrifft im 13. Jahrhundert vor allem Schlesien und Pommern. Von zwei Basen aus erfolgt auch eine deutsche Landnahme. Mitte des 13. Jahrhunderts bemächtigt sich die Mark Brandenburg des Castrums Lebus am linken Oderufer und dringt tief in Großpolen und Westpommern ein. 1226 ruft Herzog Konrad von Masowien unvorsichtigerweise den Deutschritterorden gegen die heidnischen Preußen und Litauer zu Hilfe. Durch harte Kämpfe, bei denen es zu erbarmungslosen Metzeleien kommt, besiegen und bekehren die Ordensritter zwischen 1226 und 1285 die Preußen. Gleichzeitig setzen sie sich als Nachfolger des Schwertbrüderordens in Livland fest. Die auf Polen lastende Bedrohung verstärkt sich also. Wenzel III. tritt Pommern und Danzig im Austausch gegen Misnien an den Markgrafen von Brandenburg ab, der sich dieses Gebietes bemächtigt, ausgenommen Danzig, das der Deutschritterorden 1307 für sich beansprucht.

Die Zersplitterung des Königreichs Polen nimmt — wie die Zahl der Fürsten aus dem Piastenhause — im 13. Jahrhundert noch zu, und die von Boleslav Schiefmund testamentarisch eingesetzte Senioratsverfassung geht unter. Dennoch bleibt das polnische Nationalbewußtsein wach, namentlich im Klerus. Die Synode von Lęczyca ordnet 1285 an, daß nur Kleriker mit guten Polnischkenntnissen zu Scholastern ernannt werden dürfen. Erzbischof Jakob Swinka von Gnesen beklagt sich bei der Kurie über die deutschen Franziskanermönche, die kein Polnisch verstehen, und verfügt, daß auf polnisch gepredigt werden muß, »zum Schutz und zum Ruhm der polnischen Sprache« — *ad conservationem et promotionem linguae polonicae*. 1295 salbt Swinka in Gnesen Przemyslav II., Herzog von Großpolen, zum König, der seine Autorität jedoch nicht auf alle polnischen Gebiete ausdehnen kann. 1320 läßt sich Wladyslav Lokietek, Herzog von Kujawien, der Groß- und Kleinpolen sowie das Herzogtum Sandomir unter seiner Herrschaft vereinigt hat, im Krakauer Wavel-Dom zum polnischen König krönen. Sein Sohn ist Kasimir der Große.

Auch im Königreich Ungarn gehen inmitten der Heimsuchungen des 13. Jahrhunderts weder das Nationalgefühl noch die monarchistische Überlieferung verloren. Bela III. (1172–1196) hat die Königsmacht auf feste Grundlagen gestellt. Andreas II. scheint sie sich durch die Goldene Bulle von 1222 teilweise entgehen zu lassen, welche den Magnaten große Zugeständnisse macht. Aber auch hier handelt es sich um ein Gleichgewicht zwischen der Monarchie und den sie kontrollierenden Kräften. Der Mongoleneinfall fördert jedoch die zentrifugalen Tendenzen. Ladislav IV. (1271–1290), Sohn einer Kumanen-Prinzessin, begünstigt die Heiden derart, daß der Papst den Kreuzzug gegen ihn predigt. Andreas III. (1290—1301) ist der letzte der Arpaden. Nach ihm setzen sich ausländische Könige — Tschechen, Polen, Anjou — die Stephanskrone auf, die, obschon auf fremden Köpfen sitzend, die Nationalidee überdauern läßt.

Am stärksten bedroht ist letztlich in Osteuropa jene Monarchie, welche am solidesten verankert scheint. Schon 1197 hat das Premyslidenhaus in Böhmen die Primogenitur in der Thronfolge eingeführt und die bei den Slawen übliche Senioratsverfassung abgeschafft. Ottokar II. (1253—1278) entfaltet als »goldener König« an seinem Prager Hof einen unvergleichlichen Prunk. Zu seinen Ländern in Böhmen und Mähren fügt er Österreich, die Steiermark, Kärnten und Karniola hinzu. Als Kurfürst des Reiches greift er nach der Kaiserkrone und scheint sie 1273 zu erhalten, wird aber von seinem Rivalen Rudolf von Habsburg 1278 in der Schlacht auf dem Marchfeld besiegt. Der Traum von Großböhmen ist versunken, nicht aber die Macht der böhmischen Krone, die sich noch durch die Silberminen von Kuttenberg als Quelle märchenhaften Reichtums vermehrt. Wenzel III. (1305/06) ist König von Böhmen, Polen und Ungarn. Aber auch hier kommt die doppelte Gefahr von deutscher Seite. Durch ihre Kolonisierung erhalten die Deutschen in den Städten und am Hof Böhmens einflußreiche Stellen. Außenpolitisch verfolgen die böhmischen Könige das Ziel, sich im Reich zu vergrößern und die Kaiserkrone zu erringen. Die Premysliden vererben den Königen aus dem Hause Luxemburg diesen Kaisertraum, den Karl IV. verwirklichen wird, wobei er allerdings den Fortbestand der böhmischen Krone gefährdet, die in die Kaiserrivalitäten und innerdeutschen Intrigen einbezogen wird.

WIRREN UND NEUORDNUNG IN ITALIEN

Selbst Italien, wo im 13. Jahrhundert das »regnum Italiae« zu verschwinden scheint, verzeichnet trotz politischer Spaltung Fortschritte auf eine öffentliche Gewalt hin. Nach dem Tod Friedrichs II. (1250) werden in der zweiten Jahrhunderthälfte wieder Karten entworfen, auf denen man den Druck der wirtschaftlichen Kräfte am Werk sieht, welche die politischen Grenzen gemäß wirtschaftlich lebensfähiger Zonen festzulegen suchen. So nutzen die Päpste den Niedergang der Kaisermacht, um das Patrimonium Petri bis zur Adria auszudehnen. Schon beim Tod Heinrichs VI. (1197) hat sich das Papsttum des Herzogtums Spoleto und der Grafschaft Ancona bemächtigt; seine Herrschaft in der Romagna wird aber erst mit dem Verzicht Rudolfs von Habsburg endgültig. Das Ableben Friedrichs II. klärt auch die Lage im Königreich Neapel, dem der Kaiser durch die Konstitutionen von Melfi (1231) eine zentralistische und bürokratische Struktur gegeben hat. Mit Hilfe des Papstes entledigt sich Karl von Anjou, ein Bruder Ludwigs des Heiligen, der Nachkommen Friedrichs: seines Bastardsohnes Manfred in Benevent (1266), des Enkels Konradin in Tagliacozzo (1268). Die Herrschaft des Hauses Anjou bringt zwei Rückschläge mit sich. Einmal lassen die Karl begleitenden französischen Ritter die Feudalität wieder aufleben; zum zweiten wirft die französische Brutalität die Sizilianer den Aragonesen in die Arme, die das westliche Mittelmeer beherrschen (1282 Sizilianische Vesper). Doch indem es die von den Staufern hergestellten Bande zwischen Neapel und dem Reich löst, gibt das Haus Anjou Süditalien seiner italienischen Bestimmung zurück und bewahrt dort die mornarchische Regierungsform.

In Nord- und Mittelitalien ergibt sich eine bestimmte Vereinfachung aus der deutlichen Vorherrschaft einiger Städte. Genua ist Herrin der Riviera, hat sich fest auf Korsika und Sardinien niedergelassen und erhält 1261 nach dem Untergang des lateinischen Kaisertums vom *basileus* in Konstantinopel das Handelsmonopol im Schwarzen Meer, auf der Krim und in den Gebieten um das Kaspische Meer. Durch die Seeschlacht von Meloria, in der die pisanische Flotte aufgerieben wird, entledigt es sich der größten Rivalin, Pisa. Zwischen 1214 und 1293 verachtfacht sich der Wert der im Hafen von Genua umgeschlagenen Waren. Vom Aufblühen Mailands und Florenz' war schon die Rede. Venedig ist zunächst die große Nutznießerin des umgelenkten vierten Kreuzzugs, der zur Einnahme von Konstantinopel und zur Schaffung eines lateinischen Kaisertums führt. Doch ist es schon so mächtig, daß auch die Ereignisse von 1261, die Genua den ersten Platz in Konstantinopel wiedergeben, seinen Wohlstand nur vorübergehend gefährden können. Es hat eine Herrschaft auf dem Wasser errichtet, die nicht nur märchenhaften Reichtum einbringt, sondern auch die Erzeugung von Lebensmitteln (Getreide, Wein, Öl, Rohrzucker, Honig, Rosinen) sowie Ansiedlungen zur Folge hat. Dies Reich erstreckt sich von Istrien über Dalmatien und Epirus bis nach Kreta, Euböa und einer Reihe von Inseln im Ägäischen Meer. Die Niederlassungen werden durch Kontore in Konstantinopel, am Schwarzen Meer und in Alexandrien ergänzt. Doch auch nach Norditalien und den Ländern nördlich der Alpen sichert sich Venedig Zufahrtswege. 1240 zwingt es Ferrara, ihm die freie Schiffahrt auf dem Po zuzusichern; alle stromaufwärts beförderten Waren müssen Venedig passieren. Durch eine Reihe politischer Reformen gibt sich die Stadt eine komplizierte Verfassung. Der Doge ist der Kontrolle der Handelsaristokratie unterworfen, die sich 1297 durch die *Serrata del Gran Consiglio* erbrechtlich abschließt. Durch solche politische Stabilität gelangt ein Staat an die Spitze, dessen hauptsächliches Machtinstrument die Flotte ist, vom Schiffsbau im Arsenal bis zur Seetüchtigkeit. Eine sehr komplizierte, aber auch sehr ergiebige Besteuerung verschafft dem venezianischen Staat die Mittel für seine Politik.

Ein weiteres Anzeichen für das Anwachsen der öffentlichen Gewalt in Nord- und Mittelitalien ist das Auftreten neuer politischer Anführer in den Städten *(podestas, capitani, signori)* oder von Herren, die bestimmte Gebiete einschließlich der Städte ihrer Autorität unterstellen. Dies ist in Piemont zwischen 1260 und 1290 unter Wilhelm von Montferrat der Fall.

Die ergebnislosen Versuche der Kaiser (der Zug Heinrichs VII. in den Jahren 1310 bis 1313 stellt Städte, Parteien und Gruppen gegeneinander, bleibt aber ohne Nachwirkung) und der Päpste sowie der Anjou von Neapel, mit Hilfe ihrer Anhänger im ghibellinischen bezw. guelfischen Lager mehr Macht in Mittel- und Norditalien zu gewinnen, scheinen diese Gegenden ständigen inneren Kämpfen auszuliefern. Aber hinter dieser Zersplitterung des politischen Lebens macht die öffentliche Gewalt überall Fortschritte. Man braucht nur die Stadtarchitektur dieser Gebiete zu betrachten, um zu erkennen, daß die Türme der Adelsfamilien die Sonderinteressen der Großen und Reichen nicht mehr durchzusetzen vermögen. Das pulsierende Herz der Stadt ist der Platz, auf dem zum Beispiel in Todi 1213 der *Palazzo del Popolo* (1228–1233 um ein Stockwerk erhöht), seit 1290 der *Palazzo del Capitano* und nach 1293 der *Palazzo dei Priori* errichtet werden. Der Adler, als Stadtsymbol in Marmor an der Flanke des *Palazzo del Popolo*, in Bronze an der Fassade des Priorenpalastes sichtbar, und die in die Treppenhauswände des *Palazzo del Capitano* eingelassenen Maße bezeugen, daß hier das öffentliche Leben geregelt vor sich geht, von den einfachen Akten des Wirtschaftslebens bis zu den Beschlüssen, die über das Los der Stadt entscheiden. Schließlich darf auch ein merkwürdiger Vorfall nicht übergangen werden. 1252 bricht in Rom eine »demokratische« Revolution aus, welche den Bolognesen Brancaleone d'Andolo an die Macht bringt, der sich auf die antike Romidee beruft. Seine Münzen tragen die Devise *Roma caput mundi* (Rom, Hauptstadt der Welt) und die Abkürzung SPQR *(Senatus Populusque Romanus — Senat und römisches Volk)*; das Siegel zeigt eine weibliche Gestalt (Roma) und einen Löwen (das römische Volk). Brancaleone scheitert 1258 endgültig. Die Päpste müssen Rom jedoch zwischen 1260 und 1272 verlassen.

KAISERKRISE UND AUFSTIEG DER STÄDTE UND FÜRSTEN
IN DEUTSCHLAND

Aus Italien fast verdrängt, schwankt das Kaisertum auch in Deutschland.

Der Tod Heinrichs VI. (1197) gibt dem neuen Papst Innozenz III. (1198) eine unverhoffte Möglichkeit, den Streit zwischen Sacerdotium und Imperium für sich zu entscheiden. Er bestreitet den Thronanspruch des jungen Friedrich Roger (der spätere Kaiser Friedrich II.), den man mit drei Jahren zum König von Sizilien gekrönt hat, und wird anstelle von dessen bald gestorbener Mutter in seiner Eigenschaft als Lehnsherr des Königreichs Sizilien Regent über die Insel. In Deutschland, wo der Thronkrieg zwischen Philipp von Schwaben und Otto von Braunschweig tobt, erkennt Innozenz letzteren 1201 als Otto IV. an, überwirft sich mit ihm nach dem Tode Philipps (1208) und unterstützt sein Mündel Friedrich Roger 1212 gegen ihn. Dieser, Friedrich II., sichert sich die Hilfe des Papstes, indem er ihm große Zugeständnisse macht und sogar einige der Rechte abtritt, die das Wormser Konkordat den deutschen Kaisern gewährt hatte. Seine Gegner nennen ihn den *Pfaffenkönig*. Otto IV., der sich mit dem englischen König Johann Ohneland und verschiedenen deutschen und französischen Fürsten verbündet hat, wird von König Philipp August von Frankreich 1214 in der Schlacht von Bouvines besiegt und stirbt 1218.

Der neue Herrscher Friedrich II. ist eine erstaunliche Persönlichkeit, überreich an Gaben, Tatkraft und Ideen. Er ist im kosmopolitischen Milieu von Palermo aufgewachsen, an allem interessiert, und hat sich, von den päpstlichen Beamten vernachlässigt, als Autodidakt gebildet. Er ist Poet und Philosoph, vom arabischen Rationalismus ebenso beeinflußt wie vom Hermetismus; er ist zynisch und heftig, feudal und modern, nach allem begierig und zu frei denkend, als daß man seine Rechtgläubigkeit nicht angezweifelt hätte.

Er ist in erster Linie Lateiner, und Deutschland dient ihm vor allem dazu, Italien wiederzuerobern und von da aus vielleicht die Träume seines Vaters Heinrich VI. zu verwirklichen. Zu diesem Zweck, und um dem Papsttum einen Teil der gewährten Zugeständnisse wieder abzunehmen, läßt er seinen Sohn Heinrich (VII.) 1220 zum römischen König krönen, während er selbst noch nicht die Kaiserkrone erhalten hat. Zum Ausgleich muß er den deutschen Kirchenfürsten große Privilegien zugestehen. Nachdem er vom Papst in Rom zum deutschen Kaiser gekrönt worden ist, zieht er sich im Dezember 1220 in sein Königreich Sizilien zurück und überläßt Deutschland, wohin er erst 1235 wieder reist, Heinrich (VII.) und dessen Beratern,

230

Kirchenfürsten und *Ministerialen*, die sich zur Stärkung der Königsautorität auf die Städte stützen. Friedrich selbst, der in Italien einen heftigen Konflikt mit dem Papst heraufbeschworen hat, sucht dagegen die Unterstützung der großen weltlichen Herren zu gewinnen und zwingt seinen Sohn, ihnen 1231 das *Statutum in favorem principum* zu gewähren. Exkommuniziert, bricht er zu einem merkwürdigen Kreuzzug auf, der damit endet, daß der Sultan von Ägypten den Christen 1229 vertragsweise Jerusalem und die heiligen Stätten zurückgibt. Er söhnt sich mit dem Papst aus, verfolgt in der Lombardei die Häretiker und wirft seinem Sohn deren Duldung in Deutschland vor, worauf die Inquisition der Dominikaner dort von 1231 bis 1233 mit namenlosem Fanatismus gegen die Ketzer wütet. 1235 kehrt Friedrich nach Deutschland zurück und nimmt Heinrich die Herrschaft ab, die er 1237 einem andern Sohn, Konrad IV., überträgt. Wieder in Italien, trägt Friedrich 1237 bei Cortenuova einen glänzenden Sieg über die lombardischen Städte davon, überwirft sich aber endgültig mit dem Heiligen Stuhl. Innozenz IV. läßt ihn 1245 auf dem Konzil von Lyon exkommunizieren und absetzen und ruft in Deutschland Gegenkönige aus. Friedrich, der sich nicht aus Italien rührt, um gegen die Mongolen zu kämpfen, die 1241 Süddeutschland bedrohen, stirbt 1250 in Apulien und vermacht das Imperium und das Königreich Sizilien testamentarisch seinem Sohn Konrad.

Sicher ist es sein Ziel gewesen, dem Kaisertum eine neue Weihe zu geben. Er versucht, seinen Anspruch auf das Universalreich juristisch und theoretisch zu erhärten. Im *Liber Augustalis*, das seine Kanzlei in Palermo verfaßt, ist er der neue Justinian und der neue Augustus. Er greift die Vorstellung vom heiligen Reich *(Sacrum Imperium)*, vom göttlichen Kaiser *(divus imperator)* und von der geheiligten kaiserlichen Majestät *(sacra maiestas imperialis)* wieder auf. Auf Grund dieses Anspruchs prägt er Goldmünzen, *augustales*. Andererseits macht er sich die zeitgenössischen Träume vom Tausendjährigen Reich zunutze und tritt (während er für seine Gegner der *Antichrist* ist) als der Kaiser auf, der das goldene Jahrhundert eröffnet, das goldene Zeitalter auf die Erde zurückbringen und die Welt retten wird.

Diese Ansprüche scheitern an den Fehlschlägen, für die seine Politik großenteils verantwortlich ist. Bei seinem Tod gehört Deutschland den weltlichen und geistlichen Fürsten.

Auch wenn, nach dem Interregnum, Rudolf von Habsburg (1273—1291) und sein Sohn Albrecht I. (1298—1308) die Macht des Kaisertums wiederherzustellen scheinen, begünstigen innere Rivalitäten und die Wiederaufnahme der Italienidee durch Heinrich VII. von Luxemburg (1310) die Schwächung der nationalen Königsgewalt. Es ist erstaunlich, daß die Kaiser des 13. Jahrhunderts, vielleicht mit Ausnahme der Habsburger und Heinrichs, des Sohnes Friedrichs II., die lebendigen sozialen Kräfte Deutschlands vernachlässigt und die echte politische Stoßrichtung übersehen haben.

Bürger, Kaufleute, Ministerialen und Fürsten interessieren sich nämlich weniger für Italien als für Nord- und Osteuropa. Wenn sie in Italien aktiv sind, dann außerhalb der Kaiserpolitik, wie jene Kaufleute, die für ihre Waren in Venedig die Niederlassung des *Fondaco dei Tedeschi* in der Nähe der Rialto-Brücke gründen.

Die Hanseaten und deutschen Missionare gründen 1201 Riga, 1224 Dorpat, 1230 Reval, 1218 Rostock, 1228 Wismar, 1237 Elbing und 1255 Königsberg. Sie beherrschen von Bergen, Stockholm und Wisby aus den skandinavischen Handel. Sie setzen sich in den meisten polnischen Städten fest und bringen das deutsche Recht dorthin. Vom Herzog Boleslav erwirken sie zum Beispiel 1257 in Krakau, daß ihnen das Bürgerrecht vorbehalten bleibt, von dem die Polen ausgeschlossen sind. Sie schließen sich den Rheinländern, Kölnern und Westfalen an und nehmen in London und Brügge eine ausschlaggebende Stellung ein. Die Hanse der Kaufleute weicht der Hanse der Städte. Die wendischen Städte entführen 1299 das Siegel der Hansekaufleute aus Gotland; Lübeck, das Wisby ablöst, setzt sich immer deutlicher an die Spitze dieses Städtebunds.

In Preußen und Livland gründen Schwertbrüder und vor allem Deutschritter einen Staat von Rittermönchen, der wirtschaftlich sehr modern gesinnt ist. Ihr Vordringen nach Rußland wird allerdings durch die Nowgoroder aufgehalten, die ihnen 1243 unter Alexander Newski eine empfindliche Niederlage beibringen. Die deutschen Kaufleute kommen über Polozk nicht hinaus.

Neben den Kaufleuten und Missionaren aller Art muß man die Fürsten und Ritter nennen, die innerhalb Deutschlands nach Osten und Südosten drängen. Die Mark Brandenburg vergrößert sich. Berlin wird 1230 gegründet, Frankfurt an der Oder 1253.

Den glänzendsten Erfolg verzeichnen im 13. Jahrhundert die Habsburger. Rudolf arbeitet weniger für die Kaiserkrone als für seine Familie. Nach der Niederlage des Böhmenkönigs Ottokar auf dem Marchfeld (1278) erhält dieser kleine schwäbische Herr für seine Söhne Österreich, die Steiermark und Karniola zugesprochen. 1286 legt Meinhard, Graf von Tirol, das Versprechen ab, ihm Kärnten abzutreten.

DIE GEBURTSSTUNDE DER SCHWEIZ

Fast unbemerkt geht ein kleines Ereignis vorüber. Es ist eine habsburgische Niederlage, die in einem anderen Sinne sehr zukunftsträchtig ist. Am 1. August 1291 schwören die Männer der Waldstätten von Uri, Schwyz und Unterwalden einen ewigen Bund gegen die habsburgische Bedrohung. Es ist dies nicht der erste Schwurbund, der Gebirgler oder Städter zusammenschließt. Doch aus diesem wird die helvetische Konföderation hervorgehen. Am 15. November 1315 stellen die Bündischen ihre militärische Begabung erstmalig unter Beweis, als sie die Truppen Leopolds von Habsburg in Morgarten vernichtend schlagen.

DIE SPANISCHE RECONQUISTA UND DIE KATHOLI-
SCHEN KÖNIGREICHE

Die Geschichte der iberischen Christenheit beginnt mit einem großen Ereignis. Am 16. Juli 1212 tragen die Könige von Kastilien, Aragonien und Navarra in Las Navas de Tolosa einen großartigen Sieg über den Kalifen von Cordoba davon. Die Reconquista läßt die moslemische Herrschaft am Ende des 13. Jahrhunderts auf das Königreich Granada zusammenschrumpfen. Portugal, wo die Besiedlung unter Sancho I. ›O Provador‹ (1185–1211) ihren Höhepunkt erreicht, schließt seine Reconquista mit der Besetzung der Provinz Algarve ab. Kastilien erzielt in Andalusien entscheidende Erfolge. Im zurückeroberten Cordoba wird die große Moschee 1236 zur Kathedrale, und die einst von Al Mansor erbeuteten Glocken werden in feierlicher Prozession nach Santiago de Compostela zurückgebracht. 1248 fällt Sevilla. Ferdinand III. von Kastilien bezieht den Alcazar der Almohadenfürsten. Im gleichen Jahr stellt sich der Maurenkönig von Murcia unter den Schutz der Kastilier. Aragonien, wo die Katalanen die treibende Kraft sind, richtet sein Augenmerk immer mehr auf das Mittelmeer. Von 1229 bis 1232 werden die Balearen erobert, 1238 Valencia eingenommen, 1235 fallen Alcira und Játiva. 1268 übergibt der König von Aragonien die Gegend um Alicante, die er den Moslems fortgenommen und mit Katalanen besiedelt hat, an Kastilien. 1282 wird den Anjou Sizilien abgenommen.

Angesichts der erfolgreichen Reconquista kann das Fortdauern der politischen Aufspaltung auf der Iberischen Halbinsel als Fehlschlag erscheinen. Aber auch hier sind zwei Erfolge zu verzeichnen. 1233 erfolgt die endgültige Vereinigung von León und Kastilien. 1258 erkennt Ludwig der Heilige im Vertrag von

Abb. 16: Kulturelle Kontakte während der spanischen Reconquista. Innenraum von Santa Maria la Blanca in Toledo, eines Bauwerkes im Mudéjar-Stil, das zunächst Juden, später Christen als Gotteshaus diente

Corbeil den König von Aragonien, der auf die Lehnshoheit über die Gascogne verzichtet hat, als Herrscher von Katalonien, Roussillon und Montpellier an. Dagegen fällt Navarra 1235 einer Dynastie aus der Champagne zu. Die Heirat der Königin Johanna mit Philipp IV. dem Schönen macht ihn zum ersten König von Frankreich und Navarra. Es bleibt die Dreiteilung in Portugal, Kastilien, Aragonien. Jaime I. von Aragonien führt eine neue Aufsplitterung ein, indem er seine Länder unter zwei Söhne aufteilt: Aragonien, Katalonien, Valencia für den einen, Balearen, Roussillon und Montpellier für den anderen.

Auf der ganzen Halbinsel wird jedoch die monarchische Macht durch das Ansehen zweier großer Könige bestärkt: Ferdinand III. von Kastilien (1217–1252) und Jaime I. von Aragonien (1213–1276). Die von den Herrschern unternommene gründliche Kodifizierung ist ein Beweis dafür. In Kastilien erscheint unter Alfons X. (1252–1284) die Gesetzessammlung der *Siete Partidas;* in Portugal, wo Alfons II. (1211–1223) die Besitzansprüche auf das Land durch Umfragen prüfen ließ und der Kirche durch die *amortizaçao* verboten hatte, neue Ländereien zu erwerben, entstehen unter Alfons III. (1248 bis 1279) die *Ordenaçoes.* Es entwickeln sich Steuererhebungen und militärische Einrichtungen, die ebenfalls die Königsmacht und die vom König abhängigen Beamten stützen: *adelantados* in Kastilien, *bayle* und *viguiers* auf Mallorca. Die Entwicklung der Cortes, in denen die Interessenvertretung der Städte und des Handels zunimmt, schafft ein Gegengewicht zur Königsmacht und hält so die öffentlichen Einrichtungen im Gleichgewicht.

ENGLAND STREBT ZUR GEMÄSSIGTEN MONARCHIE:
MAGNA CHARTA UND ENTSTEHUNG DES PARLAMENTS

Inmitten heftiger Kämpfe zwischen der Monarchie und Vertretern verschiedener sozialer Gruppen pendelt sich im England des 13. Jahrhunderts das politische Gleichgewicht ein.

Die Autorität Johanns Ohneland (1199–1216) wird durch seinen Konflikt mit der Kirche und seine Niederlagen auf dem Kontinent ausgehöhlt. Die Weigerung des Königs, den von Innozenz III. ernannten Kardinal Stephan Langton als Erzbischof von Canterbury anzuerkennen, bringt für England das Interdikt (1208) und die Exkommunikation des Königs (1209) mit sich. Das Interdikt besteht sechs Jahre. Johann Ohneland, der die Verwaltung des Reiches durch seine Beamten mit großer Sorgfalt betreibt, verschafft sich dennoch Gehorsam. 1213 wird er jedoch durch Innozenz III. abgesetzt, welcher die englische

Krone dem französischen König Philipp August anbietet. Johann demütigt sich daraufhin und stellt sein Land unter die Lehnshoheit des Heiligen Stuhls, dem er einen jährlichen Vasallentribut zu entrichten verspricht. Verschiedene Konflikte mit den Baronen lösen sich im Juni 1215 auf der Wiese von Runnymede bei Windsor, wo Johann Ohneland die *Magna Charta libertatum* anerkennt. Dieses berühmte Ereignis ist insofern ein »reaktionärer« Akt, als es die Königsautorität zugunsten von Freiheiten oder Privilegien der Kirche und des Adels beschneidet. Aber indem die Magna Charta die Städte in ihre Zugeständnisse mit einbezieht und den König zu dem Versprechen verpflichtet, »ohne gemeinsame Beratung des Reiches« keine Steuern zu erheben, öffnet sie allen »konstitutionellen« und »demokratischen« Entwicklungen die Tür. Andererseits bestätigt die Magna Charta das Vorhandensein und die Tätigkeit der Beamten (Richter, Konstabler, Sheriffs und Baillis) durch das Versprechen des Königs, das Gesetz mit Hilfe seiner Beamten befolgen zu lassen und Wiedergutmachungen für gewisse Erpressungen zu gewähren. Die Tatsache, daß Innozenz III. als Lehnsherr des Königreichs sofort gegen die Charta wettert, die nach seiner Meinung das englische Volk mit Schande bedeckt und »die ganze Sache Christi« in schwere Gefahr bringt, beweist, daß durch die Magna Charta die Angelegenheiten Englands vor allem jener ausländischen und feudalen Gewalt entzogen sind, welche das Papsttum verewigen will.

Die herrische, zögernde und papstfreundliche Politik des bigotten Heinrich III. (1216–1272), dem Ludwig der Heilige seine äußerliche und übertriebene Frömmelei vorwirft, führt zu großen Schwierigkeiten bei der Durchführung der Magna Charta. Die Barone unterstellen den König durch die *Provisionen von Oxford* (1258) erneut ihrer Kontrolle. Auf Betreiben Simons von Montfort unternimmt es daraufhin der niedere Landadel, unterstützt von der Kaufmannsbürgerschaft und den Handwerkern Londons, die Königsgewalt einzuschränken, jedoch nicht zugunsten der Barone, sondern zum gemeinen Nutzen. Werkzeug dieser Politik ist das Parlament, in dem neben Hocharistokratie und Klerus der niedere Adel und die Bürger der Grafschaften und Städte regulär vertreten sein sollen. Nach seinem Sieg von Lewes (1264) über die Royalisten stößt Simon auf wachsenden Widerstand, der ihn die tyrannische Seite seines Regimes herauskehren läßt, so daß Kronprinz Eduard ihn bei Evesham leicht schlagen kann. Unter Eduard I. (1272–1307) erfolgt endlich die Einigung über eine kontrollierte Monarchie. Er stimmt seit dem *Model Parliament* von 1295 zu, daß nun Vertreter der Grafschaften, der Städte und der Orte gemeinsam das Parlament bilden. 1297 akzeptiert er, Steuern nur mit Zu-

236

stimmung des Parlaments zu erheben. Er bestätigt die 1300 durch Zusatzartikel ergänzte Magna Charta und kann dadurch die Befugnisse der Königsbeamten erweitern und Steuern eintreiben, die ihm die Eroberung von Wales ermöglichen. Ein Angriff auf Schottland bleibt dagegen erfolglos.

Im Verlauf dieser Kriege nehmen die Engländer die Kampfesweise ihrer Gegner — zu Fuß und mit dem Langbogen — an. Die Infanterie der Grafschaften und Städte erobert sich ihren Platz neben der adligen Reiterei. Das soziale Gleichgewicht garantiert die militärische Organisation und die politische Stabilität. Die Monarchie verdankt dieser Stabilität so viel, daß der schwache, politisch unfähige König Eduard II. sogar im *Statute of York* (1322) die Niederlage des Königtums als Schlußstein des politischen Gebäudes und Vertreter der öffentlichen Gewalt aufzeichnen läßt.

DAS GROSSE JAHRHUNDERT DER KAPETINGER IN FRANKREICH

Der Aufstieg der Monarchie im 13. Jahrhundert ist bei den Kapetingern, die mit den englischen Königen rivalisieren, noch ausgeprägter.

Neben der großen Gestalt Heinrichs II. (1154–1189) hatte sich der französische König Ludwig VII. (1137–1180) noch blaß ausgenommen. Dies ändert sich aber unter Philipp August (1180 bis 1223).

Dieser König, in dessen Regierungszeit die Kanzlei den Ausdruck »König der Franzosen« durch »König von Frankreich« zu ersetzen beginnt, ist vor allem ein Eroberer. Zwischen 1202 und 1206 nimmt er den Engländern die Normandie, Maine, Anjou, Touraine, Poitou und Saintonge ab. Er ist auch ein bedeutender Administrator, der durch die von ihm geschaffenen Königsbeamten *(baillis)* Justiz und Finanzverwaltung im ganzen Reich überwacht. Vor seinem Aufbruch zum Kreuzzug (1190) verfaßt er ein Testament, welches das Anwachsen der Königsmacht bezeugt und erweist, daß sich der Souverän seines Königs-*Berufs* bewußt wird. Endlich festigt er das französische Nationalgefühl, indem er vom Papst durch die Bulle *Per venerabilem* die faktische Unabhängigkeit des Königreichs gegenüber dem Imperium erwirkt (»Der König von Frankreich ist in seinem Reiche Kaiser«) und nach dem Sieg von Bouvines (1214) die Huldigung der auf seinem Wege versammelten Volksmassen entgegennimmt. Als erster Kapetinger kann es sich Philipp August erlauben, seinen Sohn (Ludwig VIII.) noch nicht zu Lebzeiten krönen zu lassen.

Mit Ludwig IX., dem Heiligen (1226–1270), erreicht der Glanz

237

des französischen Königtums seinen Gipfelpunkt. Dieser 1297 kanonisierte König macht der Krone und dem Lande sein moralisches und religiöses Prestige zunutze. Er ist ein »Befrieder«, doch stabilisieren die Friedensverträge von Corbeil mit Aragonien (1258) und von Paris mit England (1259), bei denen er sich großmütig erweist, auch die französischen Grenzen. Seine beiden unglückseligen Kreuzzüge nach Ägypten und Palästina (1248—1254) und nach Tunesien (1270) bringen ihm zwar keinerlei materiellen Nutzen ein. Doch erwirkt ihm dies fromme Handeln eine große Volkstümlichkeit — zu einer Zeit, da die Kreuzzugsmystik fast nur noch beim niederen Volk lebendig bleibt. Die Art, wie er selbst Recht spricht oder durch seine Berater Recht sprechen läßt, mehrt die Appelle an die Königsjustiz. Die von ihm in den Jahren 1247, 1254 und 1255 verfügten Untersuchungen über die Mißbräuche der Beamten festigen das Ansehen der königlichen Verwaltung. Die Abschaffung des Zweikampfs als Rechtsbeweis und das Verbot des Waffentragens sowie der Privatfehden erfolgen zwar aus religiösen Erwägungen, treffen aber den Feudaladel und werden Instrumente zur Durchsetzung einer öffentlichen Ordnung, die sich mit der königlichen deckt.

Es ist daher nicht erstaunlich, daß die Herrschaft seines Enkels Philipp IV. des Schönen (1285—1314), mit der allerdings auch die durch die allgemeine Krise der Feudalität ausgelösten Schwierigkeiten beginnen, zugleich eine Epoche großer nationaler und monarchischer Erfolge ist.

Zwar wird das französische Ritterheer 1302 in der berühmten »Schlacht der goldenen Sporen« bei Kortrijk vom Fußvolk der flämischen Städte gedemütigt; zugleich aber vollzieht sich auch die Verschmelzung zwischen Nord- und Südfrankreich, das nach dem Kreuzzug gegen die Albigenser, dem Vertrag von Paris (1229) und dem Tod Alfons' von Poitiers (1271) etappenweise der Krone angeschlossen wird.

Zwar muß der König wegen finanzieller Bedrängnisse die drei Stände seines Königreichs zur Versammlung einberufen; doch reifen unter seiner Herrschaft auch die monarchischen Einrichtungen aus, deren Entwicklung das ganze Jahrhundert hindurch angedauert hatte. Seine Berater stellen ihre Kenntnisse des römischen Rechts in den Dienst der Krone. Sie heißen *Legisten* und haben vielfach die Rechtsfakultäten der Universitäten besucht. Der Königshof fächert sich in Spezialabteilungen auf. Das *Parlement*, das die Rechtsprechung überwacht, erhält 1303 sein erstes Statut. Als Finanzabteilung entsteht der *Cour des Comptes*.

PHILIPP DER SCHÖNE UND BONIFAZ VIII.: DIE UNABHÄNGIGKEIT
DER WELTLICHEN GEWALT

Schließlich tragen Philipp der Schöne und seine Legisten in einem heftigen Konflikt mit dem Papsttum über Bonifaz VIII., der in der Bulle *Unam sanctam* (1302) noch einmal den theokratischen Anspruch des Heiligen Stuhls ausgesprochen hatte, einen größeren Sieg davon, als ihn je ein Gegner Roms einschließlich der Kaiser erzielt hatte. Der französische Emissär beleidigt, ohrfeigt und arretiert Bonifaz VIII., der kurz darauf stirbt, 1303 in Anagni.

Während dieses Kampfes verkündet der König, den die öffentliche Meinung unterstützt, die Unabhängigkeit der weltlichen Gewalt und läßt diesen Standpunkt von einer ganzen Reihe Publizisten erhärten. Sie preisen den »natürlichen Leib« des Königs, in dem sich die öffentliche, die natürliche Gewalt verkörpert: »Ehe es Kleriker gab, war dem König von Frankreich sein Land anvertraut, und er konnte Statuten erlassen, um es vor den Feinden und jedem Schaden zu schützen.«

Dante gebraucht gegen den gleichen Papst ähnliche Argumente, allerdings zugunsten des Imperiums:

> »Rom, das die alte Welt in Ordnung brachte,
> besaß zwei Sonnen, um die beiden Wege
> der Erde und des Himmels zu erleuchten.
> Erblindet sind die Sonnen aneinander,
> in e i n e r Hand sind Schwert und Hirtenstab.
> Wehe der fluchbeladenen Verbindung,
> in der sie sich nicht achten und nicht fürchten!«
> (Divina Commedia, Purgatorio XVI, 106—112)

Diese Trennung von Kirche und Staat wirkt sich ab jetzt nicht allein zugunsten des Kaisers, sondern jeder öffentlichen Gewalt aus. Gegen sie handeln, heißt »wider Natur« handeln. Marsilius von Padua sagt es deutlich in seinem *Defensor Pacis*.

10. Der Triumph der Kirche

DAS PAPSTTUM: VORBILD MONARCHISTISCHER ERFOLGE

Von allen christlichen Monarchien behauptet sich im 13. Jahrhundert die päpstliche mit dem größten Glanz. Die Päpste des 13. Jahrhunderts befassen sich zunächst damit, die theokratische Auffassung Gregors VII. weiterhin zu verfolgen, auszuarbeiten und zu steigern. Innozenz III. (1198—1216) gesteht zwar der weltlichen Macht eine gewisse Unabhängigkeit zu, wie sie sich am Ende des 12. Jahrhunderts durchgesetzt hat (»Wir leugnen nicht, daß der Kaiser im weltlichen Bereich über dem Papst steht..., aber der Pontifex überragt ihn in geistlicher Hinsicht«), doch betont er sein eigenes weltliches Recht und seine Rechtsprechung in moralischen und religiösen Dingen (*ratione peccati* — auf Grund der Sünde). Er, und nur er allein, kann Könige und Kaiser verurteilen, wenn sie sich nicht wie christliche Fürsten verhalten. Er führt die Rechtsprechung *ratione peccati* in die öffentliche Justiz ein, anstatt zu beachten, daß die Sünde nur das *Gewissen* und somit das eigentliche Kirchenrecht betrifft. So lehnt er es 1202 ab, die Bastardsöhne des Grafen von Montpellier zu legitimieren, damit sie dessen Nachfolge antreten können, da diese Entscheidung nur dem Lehnsherrn des Grafen zustehe. Ebenso erkennt er im Streit zwischen Johann Ohneland und Philipp August an, daß der französische König nach dem Feudalrecht, welches die Beziehungen zu seinem Vasallen regelt, souverän ist. 1204 bestätigt er durch die Bulle *Per venerabilem*, daß der französische König im Zeitlichen niemand über sich hat — aber dies ist auf den Kaiser gemünzt. Es wird in den ersten Jahren des 14. Jahrhunderts deutlich, als der französische König rechtlich als »Kaiser in seinem Königreich« anerkannt wird. Als Johann Ohneland »die Freiheit der Kirche« verletzt, indem er sich weigert, den vom Heiligen Stuhl als Erzbischof von Canterbury bezeichneten Stephan Langton anzuerkennen, wird er exkommuniziert und abgesetzt. Umgekehrt verwirft der Papst kraft seiner durch das Alte Testament festgelegten Macht, die Könige zu schützen, die *Magna Charta*, als diese die Freiheit Johanns gegen seinen Willen begrenzt: *Tibi tradidit Deus omnia regna mundi... constitues eos principes super terram* (Ps. XLIV, 17) — »Gott hat dir alle Königreiche des Erdkreises anvertraut... du wirst sie als Fürsten auf Erden einsetzen.« Als Raymond VI. von Toulouse angeklagt wird, die häretischen Katharer zu begünstigen, zieht Innozenz III. 1208 sein Lehen ein, weil er nicht als christlicher Fürst gehandelt hat: »Indem wir dem Kirchengesetz folgen, wonach niemandem die Treue geschuldet wird, der selbst Gott nicht treu ist, entbinden wir kraft unserer apostolischen Macht alle jene von ihren Schwüren, die ihm Treue, Hilfe oder Bündnis versprochen haben, und geben — die Rechte des obersten Feudalherrn ausgenommen — allen Katholiken die Erlaubnis, seine Person zu verfolgen, ja sogar sein Land einzunehmen und zu behalten.« Aus Klugheit, um sein Aufsichtsrecht wirksamer ausüben zu können, dehnt er die Lehnsherrschaft des Heiligen Stuhls über die Vasallenstaaten, die ihm Tribut zollen, so weit wie möglich aus. Zum Beispiel übt er diese Schutzherrschaft sehr streng im Königreich Sizilien aus, wo er noch darüber hinaus während der Minderjährigkeit Friedrichs II. die Regentschaft innehat. Er zwingt sie auch dem England Johanns Ohneland auf. Innozenz IV. (1243—1254) verkündet, daß der Papst eine *generalis legatio* besitze, die sich auf alle menschlichen Unternehmungen erstrecke und ihm erlaube, Befehle zu erteilen, wann immer er wolle. Er hat im besonderen das Recht, zu binden, und zwar nicht nur alle Dinge, sondern auch alle Menschen, den Kaiser inbegriffen. Durch seine Auslegung des Bibelverses *super gentes et regna* unterstreicht er, daß der Papst nicht nur über den Nationen, sondern auch über den Königreichen und Königen steht. Man findet hier die für die politische Entwicklung im 13. Jahrhundert so bedeutsame Unterscheidung zwischen Monarchen und Monarchenamt wieder. Endlich sammelt Bonifaz VIII. (1294—1304), ohne die Doktrin wesentlich zu erneuern, die Lehren und Schlüsse um die Idee, daß »die eine und einzige Kirche einen unteilbaren Leib bildet« und daß deshalb die Trennung und Gegenüberstellung zweier Gewalten und Prinzipien — der Spiritualia und der Temporalia — Manichäismus und somit Häresie sei.

Zunächst ernten die Päpste vor allem innerhalb der Kirche die Früchte dieser Definition ihrer höchsten Macht, ihrer *plenitudo potestatis* (Machtfülle). Wenn sich Innozenz III. nicht nur als *Stellvertreter Petri*, sondern als *Stellvertreter Christi* bezeichnet, so stärkt dies zuallererst seine Position in der Kirche. Das Kirchenrecht, das gerade als kanonisches Recht kodifiziert wird, untermauert als erstes den päpstlichen Primat.

Das *Decretum Gratiani* bildet zusammen mit den Ergänzungen — nämlich der auf Ersuchen Gregors IX. von Raimund von Peñafort 1234 veranstalteten *Dekretalien*-Sammlung und den von Clemens V. zusammengetragenen, aber erst 1317 in Kraft gesetzten *Clementines* — den Kodex des kanonischen Rechts *(Corpus Iuris Canonici)*. Dieser Name, der sich erst im 16. Jahrhundert allgemein einbürgert und 1580 offiziell wird, zeigt durch die Ähnlichkeit mit dem *Corpus Iuris Civilis* des Imperiums, daß die Wiedergeburt des römischen Rechts und die Formulierung des Kirchenrechts nicht nur aus parallel laufenden, sondern aus gleichen Antrieben hervorgehen. Es ist übrigens bezeichnend, daß sich die päpstliche Monarchie zur Selbstbestimmung im 13. Jahrhundert oft der Konzeptionen und Ausdrücke des römischen Rechts bedient. Als Innozenz III. eine Entscheidung seines Vorgängers Alexander III. beiseiteschieben will, benutzt er einen Ausspruch der *Digesta*, den er vom Kaiser auf den Papst überträgt: *cum non habeat imperium par in parem* — »da ja ein Gleicher keine Herrschaft über einen Gleichen hat«. Innozenz IV. bedient sich mehrfach eines kaiserlichen Grundsatzes, den er auf den Papst anwendet: *quod principi placuit legis habet vigorem* — »was dem Fürsten gefällt, hat Gesetzeskraft«. Endlich wird der Papst, wie es zum Beispiel Bracton in der Mitte des Jahrhunderts für den englischen König tut, als *princeps legibus solutus* bestimmt, als Fürst, der dem Gesetz nicht unterworfen ist.

Vor allem seit Alexander III. (1159—1181), einem ehemaligen Juristen aus Bologna, verwirklichte sich die päpstliche Monarchie. Wenn sie auch unter Innozenz III. (1198—1216) noch nicht ihren vollen Regierungsapparat aufgebaut hat, so bezeichnet sein Pontifikat doch den Höhepunkt der päpstlichen Macht im Mittelalter. In allen schwierigen Fällen, bei denen man nicht weiß, an welche Autorität man sich wenden soll, beansprucht Innozenz III. für den Heiligen Stuhl das Recht, als »oberster Hierarch« zu entscheiden. Dieses Privileg wird für den *apostolischen Stuhl,* welcher der *Krone* weltlicher Monarchen entspricht, gefordert.

Alexander III. legt die kanonischen Ehegesetze und die Regeln für Markt und Kredit fest, wobei er die Kennzeichen des Wuchers neu bestimmt. Innozenz III. behält sich jede Dispens vom geltenden Recht vor und unterstellt Ordensgründungen der päpstlichen Zustimmung. Alexander III. verkündet das Monopol des Heiligen Stuhls bei den Kanonisationen. Es gibt im 13. Jahrhundert nur noch dann Vollkommenheit und Heiligkeit, wenn sie vom Papst bestätigt wird. Indem sich Clemens IV. (1265—1268) auf die Macht des römischen Bischofs beruft, der über alle Benefizien verfügt, verordnet er einen allgemeinen Vorbehalt aller frei werdenden Kurialpfründen. Das Papsttum schreibt sich im 13. Jahrhundert das alleinige Recht zu, von der Exkommunikation und verschiedenen schweren Sünden loszusprechen. Er ersetzt die 1215 vom vierten Laterankonzil verbotenen *Gottesurteile* und gewährt mit wachsender Freizügigkeit *Ablässe.*

Das Papsttum vermehrt die Beamten seiner Kanzlei — das Wort taucht 1182 zum ersten Male in einem Brief Lucius' III. auf,

242

und seit 1187 behält sich der Papst den Titel des Kanzlers vor —, der apostolischen Kammer, die sich mit den Finanzen befaßt, und der verschiedenen neuen Tribunale. Die Kurie wird ausgebaut, angefangen mit den Kaplänen, von denen es unter Innozenz IV. etwa 200 gibt.

Sie erhöht durch die Anhebung der päpstlichen Steuern ihre Einkünfte. Zu den Erträgen des Kirchenstaats, des von den Vasallenstaaten erhobenen Zinses und des Peterspfennigs kommen viele Pflichtgebühren, welche die früher üblichen Geschenke ersetzen — für einen Besuch *ad limina,* für die Verleihung einer Pfründe, die Ausfertigung einer Bulle usw. 1199 verfügt Papst Innozenz III. eine Spezialgebühr für den Kreuzzug, den *Kreuzzugszehnten,* der im allgemeinen ein Zehntel der Einkünfte aller Kirchenlehen ausmacht. Nach dem Kreuzzug wird dieser *Zehnte* unter anderen Vorwänden weiter erhoben und bleibt bestehen.

Ein Vagantengedicht der Carmina burana, das sogenannte *Geldevangelium (Sequentia falsi evangelii secundum marcam argenti),* brandmarkt die Habgier des päpstlichen Hofes.

Immerhin entwickelt sich die Kontrolle der päpstlichen Monarchie, wie in den weltlichen Staaten, gleichzeitig mit dem Supremat des Papstes.

Man erlebt zunächst eine Aufwertung der Kardinäle, des *Heiligen Kollegiums.* Während des dritten Laterankonzils (1179) behält Alexander III. durch die Bestätigung und nähere Bestimmung des Dekrets Nikolaus' II. von 1059 den Kardinälen allein die Papstwahl vor, die mit Zweidrittelmehrheit der Stimmen erfolgen muß. Dies bedeutet eine Verletzung des Grundsatzes bei kirchlichen Wahlen, wonach einer begünstigten Minderheit — *maior et sanior pars* = dem einsichtigen Hauptteil — die Entscheidung vorbehalten bleibt. Er rechtfertigt diese Ausnahme durch das Fehlen eines Hauptes, das den *sanior pars* bestimmen und seine Gründe beurteilen könne. 1274 gebietet Gregor X. im zweiten Konzil von Lyon die Einrichtung des *Konklave,* um lange Interregnen, Schismen und Einsprüche zu vermeiden. Er wollte die Komödie von Viterbo unmöglich machen, wo die versammelten Kardinäle nach dem Tode Clemens' IV. (1268) bis zum 1. September 1271 brauchten, um ihn zu wählen, obschon die Stadtgewaltigen von Viterbo im Januar 1269 das Palastdach teilweise abtrugen, um die Entscheidung der Kardinäle durch den Einfluß der Witterungsunbilden zu beschleunigen. Unter Innozenz IV. (1243—1254) empfangen die Kardinäle als neues Ehrenzeichen den roten Hut.

Vor allem aber ziehen die Päpste im 13. Jahrhundert kraft des Grundsatzes *Quod omnes tangit, ab omnibus tractari et approbari debet* — »Was alle angeht, muß von allen erörtert und

243

gebilligt werden« — ökumenische Konzilien zu Rate. Gewiß hatte das 12. Jahrhundert diese Bewegung eingeleitet, und die drei ersten Laterankonzilien (1123, 1139, 1179) zeichneten die wachsende Rolle dieses »Parlaments« der Kirche vor. Aber das von Innozenz III. einberufene vierte Laterankonzil, das vom 11. bis 30. November 1215 tagt, ist das erste, das tatsächlich die Idee der Ökumene verwirklicht. In der Einberufungsbulle spielt der Papst ausdrücklich auf den »gemeinsamen Stand aller Gläubigen« an (universorum fidelium communis status), den das Konzil widerspiegeln soll, und läßt die Versammlung; sorgfältig vorbereiten, indem er von 1213 bis 1215 Legaten in die gesamte Christenheit schickt und von den Bischöfen Berichte erbittet. Daß ein Zusammenhang und kein Gegensatz zwischen dem Anwachsen der päpstlichen Herrschaft und der Einrichtung der Konzilien besteht, zeigt die Tatsache, daß ihre Einberufung gerade seit Innozenz III. zum ausschließlichen Privileg der Päpste wird. Wenn auch aktuelle Ereignisse (Kreuzzug und Albigenserhäresie 1215, Konflikt mit dem Kaiser 1245, Einigung mit der östlichen Christenheit 1274 und die Templeraffäre 1311) die unmittelbaren Konzilsursachen sind, so bleibt doch als ständiges Programm die Kirchenreform. So wurden die Konzilien, wenn auch nicht gerade zur Teilnahme an der Regierung, so doch wenigstens dazu einberufen, die Entwicklung der Kirche selbst zu bestimmen.

Daß einige daran dachten, noch weiter zu gehen, ist sicher, wenn auch die eigentliche Konzilsbewegung, die das Konzil über den Papst stellen will, sich vor dem 14. Jahrhundert nicht wirklich entfaltet hat. Immerhin lehrt am Ende des 13. Jahrhunderts der Dominikaner Jean de Paris, daß die oberste Autorität im ganzen Leib der Kirche verteilt ist. Die beiden ersten Inanspruchnahmen eines Konzils gegen den Papst — Bonifaz VIII. — kommen von den Kardinälen Colonna (1297) und vom französischen König Philipp dem Schönen (1303). Es ist eher die päpstliche Finanz- und Zentralisierungspolitik, die, vor allem in England, Kritiken hervorruft. 1245 erklärt Bischof Robert Grosseteste von Lincoln mitten im Konzil von Lyon: »Die Quelle allen Übels ist die römische Kirche, weil sie durch ihre Schenkungen, Ämterverteilungen und Benefizverleihungen im vollen Sonnenlicht Männer ernennt, die verderblich wirken und keine Hirten sind.« Nach dem Chronisten Matthieu Paris soll der Erzbischof von York, Sewal, Papst Alexander IV. (1254–1261) daran erinnert haben, daß der Herr dem heiligen Petrus geboten habe, seine Schafe zu weiden und nicht sie zu scheren.

AKTIVA UND PASSIVA DER KIRCHENREFORM

Allein die Tatsache, daß das Thema der Kirchenreform die ganze Zeit hindurch auf der Tagesordnung ist, zeigt, daß die Kirche etwas Mühe hat, mit ihrem Jahrhundert Schritt zu halten.

Gewiß verfügen das dritte (1179) und das vierte (1215, Kanon 18) Laterankonzil die Notwendigkeit, Freiheit und Unentgeltlichkeit des Unterrichts, aber sie übersehen die im Entstehen begriffenen Universitäten, welche die wahren Mittelpunkte eines den Bedürfnissen der Zeit angepaßten Unterrichts sind.

Das Konzil von 1215 (Kanon 21) setzt für jeden Christen die jährliche Beichtpflicht fest. Dadurch wird die allgemeine Praxis der Gewissenserforschung und die Aufstellung einer eingehenden Kasuistik — in den *Handbüchern für Beichtväter*, welche die alten *Pönitentialbücher*, Sammlungen von Verfehlungen und Bußen, die auf primitive Vorschriften zurückgingen, ersetzen — gefördert, welche die Psychologie und das Gesellschaftsleben umwälzen. Aber diese Maßnahme wird vor allem als ein Kampfmittel gegen die Häresie, als Kontrollinstrument der Gewissen betrachtet.

Die von der Kirche im 13. Jahrhundert verbreitete Frömmigkeit gibt oft das Verlangen zu erkennen, sich der Masse der Gläubigen anzunähern. Durch die Marienverehrung: das *Ave Maria* wird seit 1220 zum allgemeinen Gebet der Christenheit und die Dominikaner verbreiten das *Rosenkranzgebet*. Durch den Kult der Eucharistie: das *Fronleichnamsfest* wird auf päpstlichen Entschluß seit 1264 in der ganzen Christenheit gefeiert. Die Achtung vor der Eucharistie bringt paradoxerweise das Ende der Kommunion in beiderlei Gestalt mit sich, aus Furcht, die Gläubigen könnten sich unschicklich verhalten. Hostienwunder tauchen überall auf und verstärken in der Folge die Leichtgläubigkeit und den Fanatismus gegenüber den der Hostienprofanation angeklagten Juden. Die Zeremonien entfalten sich, die Darstellungen werden reicher, aber sie zielen durch die Vermenschlichung der biblischen Ereignisse und durch das pittoreske Detail eher auf eine lehrhafte, moralische oder rührende, als auf eine eindrucksvolle Wirkung ab: man vergleiche in Chartres die Seitenportale (zweites Viertel des 13. Jahrhunderts) mit dem Königsportal (Mitte des 12. Jahrhunderts). Die Heiligenverehrung blüht und begleitet das Leben zu Hause, im Beruf, in der Gesellschaft und im eigenen Innern. Die *Legenda aurea* des Jacopo da Varazze (Jakobus de Voragine) versammelt die Viten zum Strauß. Es mehren sich Bruderschaften, die das christliche Volk mit Festen und Gemütsbewegungen, materieller und geistlicher Hilfe umgeben. Die Frömmigkeit bemächtigt sich des Volkes mit immer gefühlvollerem Nachdruck.

245

Dennoch vertreten drei am Vorabend des Konzils von Vienne (1311) entstandene bischöfliche Berichte, die uns erhalten sind, über die geistliche Gesundheit der Kleriker und Gläubigen eine pessimistische Meinung — selbst wenn man die in dieser Art von Texten üblichen Übertreibungen abstreicht.

DIE BESIEGTE HÄRESIE: ALBIGENSERKREUZZUG UND INQUISITION

Wenn die Kirche am Ende des 13. Jahrhunderts jene geistliche Gärung, welche sie hundert Jahre zuvor zu bedrohen schien, scheinbar gemeistert tat, so vor allem deswegen, weil das Papsttum zwei große Unternehmungen durchzuführen oder zu unterstützen wußte: nämlich die gewaltsame Unterdrückung der Häresie und die Einrichtung neuer Formen des Apostolats durch die Bettelorden.

Die Häresie ist am Ende des 12. Jahrhunderts in voller Ausbreitung begriffen. Neben den Waldensern und einigen radikalen Humiliaten sind die Katharer am zahlreichsten, am besten organisiert und am gefährlichsten. Aber man verwechselt mit ihnen oft Gruppen, deren Irrglauben uns sehr andersartig vorkommt, selbst wenn er sich aus einem vielen Christen gemeinsamen Unbehagen speist. So zum Beispiel die im Dezember 1199 in Metz verklagten Laien beiderlei Geschlechts, die zur gemeinsamen Lektüre der Heiligen Schrift zusammenkommen, welche sie frei zu interpretieren vorgeben. Wenn auch Oberitalien und Südfrankreich die Mittelpunkte der katharischen Häresie blieben, so gibt es Ketzer von Flandern bis Ungarn. Gegen die letzteren erläßt Innozenz III. um 1200 in einem Brief an den ungarischen König Imre verschiedene Maßnahmen.

Ernst ist die Lage vor allem im Languedoc, wo Graf Raymond VI. von Toulouse die Häretiker heimlich zu begünstigen scheint. Nachdem die Predigten päpstlicher Legaten, meistens Zisterzienser, und spontaner Redner wie des Spaniers Dominikus von Caleruega (St. Dominikus) fehlschlugen, exkommuniziert Innozenz III. Raymond VI. im Mai 1207 und belegt seine Länder mit dem Interdikt. Am 15. Januar 1208 wird der Legat Peter von Castelnau von einem Pagen des Grafen ermordet. Daraufhin predigt der Papst den Kreuzzug gegen jene, die man gern Albigenser nennt. Der französische König beantwortet den Aufruf nicht, aber wie in Spanien, Palästina und 1204 in Byzanz stürzen sich der niedere Adel und die Geistlichkeit Nordfrankreichs, vor allem der Ile de France, auf die Beute. Als erstes nehmen die Kreuzfahrer im Juli 1209 Béziers, töten siebentausend in eine Kirche geflüchtete Frauen, Kinder und Greise, plündern und verbrennen die Stadt, angefangen mit der Kathedrale. Simon von Montfort wird Vizegraf von Béziers und Carcassonne, nimmt Raymond VI. seine Besitzungen ab, mit Ausnahme von Toulouse und Montauban. König Peter II. von Aragonien, der Toulouse als Oberlehnsherr der languedocischen Feudalherrn zu Hilfe eilt, wird von Simon von Montfort 1213 in der Schlacht von Muret besiegt und fällt. Das vierte Laterankonzil von 1215 spricht Raymond VI. seiner Länder verlustig. Daraufhin erhebt sich die Bevölkerung des Languedoc. Ein neuer Kreuzzug hebt an. 1218 wird Simon von Montfort bei der Belagerung von Toulouse getötet, und erst durch das Eingreifen des französischen Königs Ludwig VIII. tragen die Kreuzfahrer 1226 entscheidende Erfolge davon, die 1229 durch den Vertrag von Paris bekräftigt werden. Neben der Entschädigung und Wiedergutmachung für die Kirche, den Maßnahmen gegen die Häretiker und dem Schleifen von Städten und Burgen enthält der Vertrag Territorialklauseln, die dem französischen König einen Teil des Besitzes der Grafen von Toulouse und seinem Bruder Alfons von Poitiers die Aussicht auf die restlichen toulousaner Länder zusprechen. So ist das Hauptergebnis des Albigenserkreuzzugs, daß nunmehr die Kapetingermonarchie, welche die Kastanien aus dem Feuer geholt hat, zum Mittelmeer vorgestoßen ist und mit der Vereinigung von Süd- und Nordfrankreich beginnen kann. Im Languedoc wüten noch sporadische Militärzüge bis zur Einnahme der letzten Katharerzitadelle Montségur durch die königlichen Truppen im Jahr 1244.

Aber trotz der militärischen Erfolge der Kreuzfahrer, trotz der Bestimmungen des Vertrages von Paris und der auf einer Synode in Toulouse im gleichen Jahr 1229 gefaßten Beschlüsse besteht die Katharerhäresie im Languedoc weiter und macht im übrigen Europa Fortschritte. Um 1250 nennt ein zum Dominikaner gewordener Häretiker, Ranieri Sacconi in Piacenza, sechzehn Katharerkirchen, von denen sich zehn in der Christenheit befinden — sechs in Italien, eine in Frankreich, drei im Languedoc —und größere Gruppen von Katharern in Deutschland und Spanien. Aber um diese Zeit hatte die Kirche im Kampf gegen die Ketzer eine wirksamere Waffe eingesetzt als die Kreuzfahrerheere, die mehr aus materieller Begierde als aus geistlichen Gründen aufbrachen: nämlich die Inquisitionstribunale.

Die Schaffung dieser Gerichtshöfe hat lange gedauert und bleibt teilweise ungeklärt. Ihr Anfang kann in der Bulle *Ad abolendam* von Lucius III. (1184) gesehen werden. Einen Fortschritt bringt dann der dritte Kanon des vierten Laterankonzils von 1215, der die Gläubigen verpflichtet, der Häresie verdächtige Personen anzuzeigen. Aber erst die dem Papst von Friedrich II. nach seiner Kaiserkrönung (1220) gewährte Hilfe bei der Ketzerverfolgung eröffnet die Zusammenarbeit zwischen Kirche und öffentlicher Gewalt *(der weltliche Arm)*, die für den Erfolg der Inquisition entscheidend sein wird. Gregor IX. kodifiziert 1231 das Inquisitionsverfahren; Innozenz IV. faßt es 1252 in der Bulle *Ad extirpanda*, welche die Folter einführt, zusammen und verschärft es.

Die Inquisition wütet fast in der ganzen Christenheit, verfolgt Unschuldige und Schuldige, läßt den Schrecken herrschen, richtet mit Hilfe der dem Papsttum unterstellten öffentlichen Gewalt Scheiterhaufen auf und füllt die Gefängnisse an. Abnormale Menschen, oft konvertierte Ketzer, und Mitglieder der Bettelorden, vor allem Dominikaner, zeichnen sich durch ihre Exzesse aus. So wirkt Robert le Bougre (der Bulgare = der Häretiker), genannt »Ketzerhammer«, zwischen 1235 und 1240 in Flandern, Burgund und der Champagne mit besonderer Grausamkeit. Die Dominikanerinquisitoren Konrad von Marburg und Peter von Verona werden ermordet, der erste 1233 in Deutschland, der zweite 1252 in Norditalien. 1242 werden auch in Avignon drei Inquisitoren und zwei Gehilfen getötet.

Handbücher für Inquisitoren (nach dem Vorbild der Handbücher für Beichtväter) spielen eine doppeldeutige Rolle. Wenn sie einerseits der Verfolgung helfen, so erlauben sie andererseits, durch ihre Fragen Häretiker besser von Nichthäretikern zu unterscheiden, die Art der Ketzerei genauer zu erkennen, und geben damit den ehrenhaften Inquisitoren die Möglichkeit, sich nicht zu täuschen. Das erste uns bekannte dieser Handbücher wird 1241/42 von dem aragonesischen Dominikaner Kardinal Raimund von Peñafort verfaßt. Das vollständigste und berühmteste schreibt 1321 der Dominikaner Bernhard Gui, Inquisitor zu Toulouse.

Die Inquisition besteht also zu Beginn des 14. Jahrhunderts fort, einmal, weil es immer noch Katharer und Waldenser gibt, aber auch, weil neue Häresien auftreten. Man darf sich also fragen, ob die Kirche wirklich über die Ketzerei triumphiert hat. Gewiß hat die Inquisition viel zu dem angeblichen Verschwinden des organisierten Katharismus, der für die Kirche die größte Gefahr darstellte, beigetragen. Doch der allgemeine Rückgang der Katharer scheint vielmehr mit dem Erkalten der sozialen Schichten und Personen, die aus Überzeugung oder Nutzen diese Anschauung angenommen haben, zusammenzuhängen. Sie finden von nun an in der wirtschaftlichen und sozialen Entwicklung, in der neuen geistigen und religiösen Atmosphäre etwas, womit sie ihr Streben besser befriedigen können als mit häretischen Verneinungen. Aber andere Häresien bestehen weiter oder tauchen neu auf, und die Inquisition kann sie nicht auslöschen. Wir werden ihnen wieder begegnen.

DIE NEUE GEISTIGKEIT UND DAS VERÄNDERTE ANTLITZ
DER KIRCHE: DIE BETTELORDEN

Die neuen Orden — Minoriten oder Franziskaner, Prediger oder Dominikaner — die das Antlitz der Kirche im 13. Jahrhundert tief verändern sollten, scheinen zu Beginn in den Reformationsbestrebungen, welche die Kirche seit dem Ende des 11. Jahrhunderts beseelen, verwurzelt zu sein. Beide fügen sich in die Bestrebungen nach Armut ein. Der heilige Franz von Assisi stellt sich von Anfang an entschlossen hinter sie und macht aus ihr das Ideal seines Apostolats. Der heilige Dominikus gibt sich zunächst mit einer großen Einfachheit zufrieden, drängt aber gegen Ende seines Lebens, wahrscheinlich unter dem Einfluß des heiligen Franz, auf die Notwendigkeit der freiwilligen und vollkommenen Armut.

Dominikus gibt seinen Gefährten mit der Kanonikersatzung die Augustinerregel und das Ordenskleid der Prämonstratenser. Damit hören die Übereinstimmungen mit älteren Gemeinschaften auf. Die neuen Züge sind die wichtigsten.

Zunächst richten sich die Bettelorden, weit davon entfernt, in der Einsamkeit oder im ländlichen Milieu zu leben, in den Städten ein. So sind sie mit den vordringlichsten Problemen der Gesellschaft des 13. Jahrhunderts und mit den neuen Bevölkerungsschichten der in vollem Aufstieg begriffenen Städte verbunden. Ein Verzeichnis ihrer Klöster am Ende des 13. Jahrhunderts stellt zugleich eine Stadtkarte der Christenheit dar.

Ihre Hauptbeschäftigung ist weder der Gottesdienst (opus dei), noch die Bibelmeditation (lectio divina) oder die Handarbeit. Vielmehr sind es Predigt und Beichte. Damit sie sich in der städtischen Umgebung behaupten können, müssen sie an den Stadtschulen ihres Ordens oder den Universitäten eine gründliche, nach den neuen scholastischen Methoden ausgerichtete Bildung erwerben. Die bedeutendsten Theologen des 13. Jahrhunderts sind Dominikaner wie Albertus Magnus und Thomas von Aquino, oder Franziskaner wie Alexander von Hales, Bonaventura, Roger Bacon und Duns Scotus.

Einige unter ihnen, vor allem Dominikaner, spielen in der Inquisition eine große Rolle; dafür fügen andere dem Apostolat durch das Wort in den christlichen Ländern eine Missionstätigkeit durch Predigt außerhalb der Christenheit hinzu, die wesentlich dazu beiträgt, gewalttätige Kreuzzüge durch friedliche Evangelisierungen zu ersetzen. Sofort nach ihrer Gründung zwischen 1220 und 1230 unternehmen Franziskaner und Dominikaner erfolglose Missionierungen in Nordafrika. Das ganze Jahrhundert hindurch ziemlich vergeblich fortgesetzt, haben sie immerhin das große Verdienst, die Bettelorden auf die geistige und religiöse Vorbereitung solcher Missionen hin auszurichten. Der Dominikaner Raimund von Peñafort betreibt die Schaffung zweier Schulen für orientalische Sprachen (Hebräisch und Arabisch) und bittet den heiligen Thomas von Aquino, ein Handbuch für künftige Missionare zu schreiben: es wird die *Summa contra gentiles* (um 1261). Raimundus Lullus gründet um 1275 in Miramar auf der Insel Mallorca ein Franziskanerkloster, das im Arabischen unterrichten soll, und erklärt ohne Umschweife, daß aus den Kreuzfahrern Bekehrer werden müßten: »Ich sehe sie übers Meer ins Heilige Land ziehen in der Einbildung, daß sie es durch Waffengewalt zurückerlangen. Am Ende sind alle erschöpft und nicht ans Ziel ihres Vorhabens gelangt. Deshalb bin ich der Meinung, daß diese Eroberung nur so geschehen soll, wie Du es, o Herr, mit Deinen Aposteln gemacht hast, das heißt durch Liebe, Gebete und Tränenvergießen. So sollen sich diese Glaubensritter auf den Weg machen, mit dem Kreuzeszeichen versehen und von der Gnade des Heiligen Geistes erfüllt; so sollen sie den Ungläubigen die Wahrheiten der Passion verkünden.«

Inzwischen gelangen Missionare der Bettelorden weiter nach Osten. Polnische Dominikaner senden die »Mission von Kiew« in die Ukraine, die von den Mongolen vernichtet wird. Diese gleichen Mongolen erwecken bei einigen Christen, vor allem bei Ludwig dem Heiligen und Papst Innozenz IV. die Hoffnung, daß sie sich zum Christentum bekehren und so dem Islam in den Rücken fallen würden. Die franziskanische Mission des Johann von Carpini bei den Mongolen der Goldenen Horde an der unteren Wolga und eine Dominikanermission im mongolischen Khanat von Persien enden mit einer vollkommenen Niederlage. Dennoch beginnen am Ende des Jahrhunderts Franziskaner und Dominikaner eine Evangelisationskampagne vor allem in den alten christlichen Gemeinden des Nestorianer und Monophysiten, die in der ersten Hälfte des 14. Jahrhunderts zur Einrichtung von katholischen Bistümern und Erzbistümern in den asiatischen Ländern führt.

Hier ist weder der Ort, das wenige, was man von der kaum bekannten Gestalt des heiligen Dominikus (um 1170–1221) weiß, zu vergegenwärtigen, noch die zahlreichen Einzelheiten, die uns vom Leben des heiligen Franz (um 1182–1226) überliefert sind, zu wiederholen. Dominikus, ein spanischer Chorherr, wird während einer Reise im Languedoc von der Idee entflammt, die Bekehrung der Häretiker durch Predigten zu erreichen. Unter Schwierigkeiten erwirkt er 1215 die Anerkennung seines Ordens durch den Papst. Er hinterläßt ihn bei seinem Tode straff organisiert, wobei die Ernennung der Priore, welche die Klöster zu leiten haben, der Provinzialoberen, die an der

Abb. 17: Entwicklung der Geistigkeit und der religiösen Gefühlswelt. Der heilige Franz von Assisi gibt seinen Mantel einem Armen. Gemälde von Giotto in der Oberkirche von San Francesco (Assisi)

Spitze der Klosterprovinzen stehen, und des Ordensgenerals, der den ganzen Orden verwalten muß, als kühne Neuerung durch Wahlen erfolgt. Franz von Assisi, Laie und Kaufmannssohn, »bekehrt« sich zur Armut und gründet eine kleine Büßergemeinschaft, deren Existenz der Papst 1210 anerkennt. Auf Geheiß des Papstes schreibt er 1221 und 1223 zwei aufeinanderfolgende Regeln, wehrt sich gegen die Umwandlung seiner Gemeinschaft in einen Orden und gegen dessen Entwicklung, zieht sich in die Einsamkeit zurück, wo er die Wundmale Christi empfängt, und stirbt, indem er einen unvollendeten Orden hinterläßt. Inmitten von Krisen legen verschiedene Verfassungen und päpstliche Bullen die den Dominikanern sehr nahestehende Organisation des Ordens fest, bis zum Generalat des heiligen Bonaventura (1257—1274), der den Orden festigt und ein offizielles Leben des heiligen Franz, die *Legenda maior*, 1263 niederschreiben läßt. 1266 werden alle vorhergehenden Viten vernichtet. Der Erfolg beider Orden stellt sich rasch ein und ist gewaltig. Bei den Franziskanern wird der zu Beginn überwiegende italienische Anteil bald zur Minderheit, obgleich er mächtig bleibt. 1263 gibt es mehr als 1100 Minoritenklöster, zu Beginn des 14. Jahrhunderts mehr als 1400. Zur gleichen Zeit zählt man etwa 500 Dominikanerklöster, die gleichmäßig über die ganze Christenheit verteilt sind.

Dieser Verbreitung muß man noch die Frauenklöster hinzufügen. Der Predigerorden ist ein gemischter Orden, und das erste von Dominikus in Prouille gegründete Kloster beherbergt bekehrte Katharerfrauen. Neben den Minderbrüdern entwickelt sich rasch der von der heiligen Klara, Freundin und Schülerin des Franz von Assisi, gegründete Orden der Klarissinnen. Dazu kommen noch die *Dritten Orden* oder *Tertiarier*, aus Laien bestehend, die in der Welt bleiben und sich zu gewissen religiösen Übungen verpflichten. Nach dem Vorbild der beiden großen werden noch weitere Bettelorden gegründet. Die beiden wichtigsten sind die Augustiner-Eremiten (1243) und die Eremiten Unserer Lieben Frau vom Berge Karmel oder Karmeliter (1239).

Der Einfluß der Bettelorden ist um so größer, als ihre Klöster zahlreiche Schenkungen erhalten und ihre Mitglieder gemeinsam oder einzeln in die Pfarreien eindringen, um dort zu predigen, Beichte zu hören, die Toten zu begraben und Ämter des Bischofs, Erzbischofs oder Kardinals auszuüben. 1277 wird Peter von Tarentaise, der Provinzialprior der Dominikaner in Frankreich, als Innozenz V. zum Papst gewählt, 1288 Hieronymus von Ascoli, Generaloberer der Minoriten, als Nikolaus IV. auf den Heiligen Stuhl gehoben.

Der Einfluß der Bettelorden auf geistigem Gebiet ist groß. Wie wir schon sahen und noch sehen werden, machen mehrere ihrer

252

Mitglieder die Scholastik berühmt; er ist aber auch im eigentlichen geistlichen Bereich bedeutsam, wo sie zur Entwicklung einer volksnahen Frömmigkeit beitragen. Wir haben schon vom Rosenkranzgebet gesprochen, das die Dominikaner in Umlauf bringen. Die Verbreitung der Weihnachtskrippe geht auf die Franziskaner zurück, und ihnen schreibt man auch jene Rückkehr zur Natur zu, welche das Empfinden und die Ästhetik des Jahrhunderts kennzeichnet.

Dennoch stößt ihre Tätigkeit nicht nur auf Zustimmung und zeitigt nicht nur Erfolge. Zunächst entfacht ihre Aktivität in den Pfarreien und an den Universitäten beim Weltklerus eine lebhafte Eifersucht, denn sie hamstern reichlich Ruhm und Nebeneinkünfte ein. Päpste und Konzilien haben solche Zwiste zu schlichten, was im allgemeinen im Sinne der Bettelorden geschieht.

Der von einigen Dominikanern entfaltete Eifer bei der »Hexenjagd« der Inquisition zieht tiefen Haß auf den Orden. Der Einfluß, den sie auf Herrscher, Bischöfe, Familienväter und -mütter gewinnen, bringt ihnen den Vorwurf ein, sich auf allzu indiskrete Weise in öffentliche oder private Angelegenheiten einzumischen. Die öffentliche Meinung in Frankreich wirft Ludwig dem Heiligen vor, zu sehr auf sie zu hören. Die unvermeidbare Kluft zwischen dem Ideal der Armut, das sie geloben, und ihrer gemeinsamen, wenn nicht persönlichen Bereicherung, die mit der Zeit aufbricht und sich vertieft, läßt die Figur des scheinheiligen Bruders entstehen, die einen Teil der Literatur in der zweiten Hälfte des Jahrhunderts überschwemmt. Endlich erregt auch das Ideal der Armut selbst, das vor allem die Franziskaner preisen, in gewissen Volkskreisen und vor allem bei den Intellektuellen entschiedene Feindseligkeit. Für Rutebeuf, Jean de Meung (im zweiten Teil des *Roman de la Rose*) und Wilhelm von Saint-Amour an der Pariser Universität sind Armut wie Reichtum gleichermaßen zu meiden. Das eine wie das andere führt zum Laster. Die Bettelei ist eine Beleidigung der Arbeit, die freiwillige Armut eine Schmähung des von den Armen wider Willen ertragenen Elends.

FORTDAUER DER UNZUFRIEDENHEIT: SPIRITUALEN,
BEGINEN, MYSTIKER

Das religiöse und soziale Unbehagen, das die Bettelorden nicht ganz vertreiben können und bei einigen Gruppen oder Einzelpersonen sogar verschärfen, kann man an den inneren Krisen des Franziskanerordens und an der Entwicklung neuer Häresien am Ende des Jahrhunderts ermessen.

Schon zu Lebzeiten des heiligen Franz zeichnen sich bei den Minoriten zwei Richtungen ab. Die einen wollen in der Nachfolge Christi eine vollkommene persönliche wie kollektive Armut verwirklichen, nur vom Betteln und der Handarbeit leben und sogar die zu gründliche Bildung als Gelegenheit des Stolzes und geistigen Schätzesammelns vermeiden. Es sind jene, zu denen Franz selbst sichtlich neigte, obschon er vermied, etwas zu rühmen oder zu tun, was in den Augen des Papsttums und der Kirche verdammenswert erscheinen konnte. — Die anderen finden sich mit einer relativen Armut ab und dulden, daß die Klöster Schenkungen annehmen. Die Ordensbesitzungen werden von ordensfremden *Schaffnern* verwaltet. Die Brüder widmen einen großen Teil ihrer Zeit, der nicht durch Handarbeit ausgefüllt ist, dem Studium. Das mit der Zeit eintretende Nachlassen der Begeisterung und das Drängen des durch die theologischen und praktischen Rückwirkungen der Lehre von der absoluten Armut erschreckten Papsttums bringt die Mehrheit des Ordens dazu, die Idee und Ausübung des *usus pauper*, des mäßigen Gebrauchs der Güter, in einem Geist der Armut und Demut anzunehmen. Das Papsttum postuliert sich fiktiv als Eigentümer der Ordensgüter, von denen die Brüder lediglich die Nutznießung, genauer gesagt den *usus pauper*, hätten.

Die Rigoristen nehmen diesen Kompromiß nicht an, sondern bilden eine Gemeinschaft der *Spiritualen*, die sich um so eher einer Häresie annähert, als sie ihr Ideal der vollkommenen Armut durch Lehren rechtfertigen, die von den am Ende des 12. Jahrhunderts gelehrten Ideen des kalabrischen Mönchs Joachim von Fiore herrühren. Um 1250 veröffentlicht ein italienischer Minorit, Gerard von Borgo San Donnino, einen Kommentar zu den joachitischen Werken, der *Einführung in das Ewige Evangelium* betitelt ist. Joachim hatte ein drittes Weltalter, das Zeitalter des Heiligen Geistes, vorhergesagt. Das ungeschriebene Ewige Evangelium dieser Geistkirche wird vom Engel der Apokalypse, welcher das Zeichen des lebendigen Gottes trägt, verkündet werden (Off. XIV, 6).

Für Gerard ist dieser Engel der heilige Franz als Träger der Wundmale Christi. Der Franziskanerorden ist beauftragt, das Ewige Evangelium zu predigen, welches das Ende der gegenwärtigen Welt und Kirche verkündet. Dieses Ende wird sogar genau auf das Jahr 1260 datiert. Diese Theorie belebt die Erwartungen der Jahrtausendwende, die in manchen Geistern, in gewissen Gruppen und Volkshaufen nie ganz verstummen, wieder neu. Gerards Buch und Lehre werden 1255 vom Papst verurteilt, doch nehmen die Spiritualen seine Ideen auf und bauen sie verschiedentlich aus. So sieht Giovanni Olivi in der Provence für die Zeit nach 1300 eine Verfolgung der Spiritualen voraus, die dem Ende der fleischlichen Kirche und der Herrschaft des Geistes vorausgehe. Es genüge, sie unter Beachtung des Testaments des heiligen Franz zu erwarten, ohne sich um die weitere Entwicklung des Franziskanerordens zu kümmern. Die Spiritualen glauben am Ziel zu sein, als 1294 der ihren Ideen günstig gesonnene Eremit Petrus vom Monte Morrone zum Papst gewählt wird. Doch zwingt man Cölestin V. nach einigen Monaten zur Abdankung. Sein Nachfolger Bonifaz VIII. verdammt und verfolgt die Spiritualen. Die Extremisten und das Ideal der absoluten Armut werden vom Konzil zu Vienne (1311) und von Papst Johannes XXII. (1316–1334) verurteilt. Die gemäßigten Spiritualen verlassen den Orden und bilden 1334 die Kongregation der Observanten.

Unterdessen entwickeln sich andere Häresien wie die Apostelbrüder um Gerardo Segarelli von Parma und Fra Dolcino, die den Reichtum der Kirche verurteilen und die apostolische Armut rühmen. Aus größeren Bewegungen gehen die Beginen und Begarden sowie die Brüder vom freien Geist hervor.

Beginen und Begarden sind fromme Laien, die ein Leben der Armut und körperlichen Arbeit in den kleinen, um eine Kapelle oder Kirche gruppierten Häusern der Beginenhöfe führen. Die Kirche wirft ihnen bald vor, daß sie die Schrift frei auslegen, die Bibel in der Landessprache lesen, eine Art Quietismus bekennen und die Sakramente sowie die Vermittlung der Geistlichkeit mißachten. Sie sind vor allem in Flandern und Deutschland sehr verbreitet. Am Ende des 13. Jahrhunderts beginnen die Inquisitoren, sie zu verfolgen, und das Konzil von Vienne (1311) verurteilt sie in aller Form als Häretiker.

Die »Brüder vom freien Geist« und ähnliche Gruppen kündigen die Mystik des 14. Jahrhunderts an, pantheistische Neigungen zum Einswerden mit Gott. Sie sprechen von der *devotio moderna*, der Notwendigkeit einer neuen Frömmigkeit. Oft werden sie mit den Beginen und Begarden verwechselt.

Wenn auch ältere und neue Häresien um 1300 bezeugen, daß die Kirchenreform nicht zu Ende geführt ist und daß viele geistliche Bedürfnisse unbefriedigt bleiben, so wollen wir doch die Kirche des 13. Jahrhunderts mit einer triumphalen Kundgebung verlassen.

Im Jahr 1300 ruft Papst Bonifaz in Rom zum ersten Male die ganze Christenheit zur feierlichen Begehung des Jubiläums des Heiligen Jahres auf. Diese große Feierlichkeit, welche die im Augenblick so lebendigen apokalyptischen Richtungen in den Schoß der Orthodoxie zurückführt, bezeichnet den Triumph der päpstlichen Monarchie, der bewahrten christlichen Einheit und einer zugleich traditionellen und erneuerten Frömmigkeit, die in Rom ihr Ziel findet.

11. Ein Jahrhundert lichtvoller Geistigkeit

Das 13. Jahrhundert, dieses Zeitalter der Organisation, ist auch auf geistigem und künstlerischem Gebiet ein Jahrhundert der Ordnung.

LICHT DES GLAUBENS UND DER VERNUNFT:
UNIVERSITÄT UND SCHOLASTIK

Das beherrschende Ereignis der Geistesgeschichte dieser Zeit ist der Aufstieg der Universitäten und die nahezu ausschließliche Rolle, die sie für wissenschaftliche Untersuchungen und den Unterricht beanspruchen. Man braucht nur daran zu denken, daß sie Korporationen sind (dies nämlich meint das Wort *universitas*) und daß sie, wie alle anderen Berufszweige, faktisch und rechtlich eine Monopolstellung erhalten. Die Universitätsmitglieder haben ihre genossenschaftlichen Privilegien: eigene Gerichtsbarkeit (die Verurteilung von Akademikern, die eines Vergehens oder Verbrechens überführt sind, untersteht dem *rector* als Haupt der Universität), das Recht auf Einspruch und auf Abwanderung (Lehrer und Studenten von Paris ziehen sich zum Beispiel 1229 nach Orléans zurück), das Monopol, Universitätsgrade zu verleihen. Bald besitzt jede Universität als Symbol ihrer »Freiheit« ein Siegel. Studenten und Professoren haben Statuten, die ihre Organisation bestimmen. Die wichtigste Aufgliederung ist die in Fakultäten, die im Höchstfall fünf sein können: Artistenfakultät (das heißt die freien Künste, als Grundunterricht), Theologie, Medizin, kanonisches und bürgerliches Recht. Die Satzungen legen auch das Unterrichtsprogramm, die Einteilung des Universitätsjahres und die Prüfungen fest. Eine davon ist wesentlich, nämlich die *licencia docendi*, Erlaubnis zu unterrichten, die einen Studenten zum Professor macht. Die Studien sind lang. Nur wenige Studenten gelangen über die Artistenfakultät hinaus und auch hier bleiben viele nicht bis zum Ende, das heißt bis zur Erwerbung des Doktorgrades. Normalerweise muß man sechs Jahre Artistenfakultät nachweisen und weitere sechs Jahre Rechts- oder Medizinstudien. Für die Theologie fordern die Pariser Statuten von 1215 acht Jahre, die Doktorwürde kann frühestens mit 35 Jahren erlangt werden. Es ist also eine Minderheit, eine geistige und soziale Elite, welche die Universitäten bevölkert. Daher genießt schon der Student die Privilegien der Genossenschaft, und zwar nicht nur, was den Schutz anbetrifft. In Paris leiten die Professoren die Universitätsgemeinschaft; in Bologna dagegen haben sie nicht einmal Anteil daran (sie gruppieren sich in einer eigenen Genossenschaft der *doctores*); dort sind es die Studenten, die die Universität ausmachen und sie führen. Während in den Kloster- oder Kathedralschulen der vorhergehenden Jahrhunderte die Bibel Grundlage des Unterrichts war, der sich praktisch mit der *lectio divina*, der Lesung, dem Kommentar und der Meditation der *sacra pagina*, der Heiligen Schrift, deckte, spielt innerhalb der Universitäten die Bibel nur in der theologischen Fakultät eine entscheidende Rolle, wo man sie vier Jahre lang auslegen muß. Aber im Lauf des Universitätslebens nimmt der Anteil des Geschriebenen zu. Die Bücher werden ein Hauptlehrmittel; Lehrer und Studenten müssen Handbücher des Lehrprogramms besitzen: das *Decretum Gratiani* und seine Ergänzungen an der Kirchenrechtsfakultät, die *Pandekten* und den *Codex* an der Rechtsfakultät, eine Sammlung von Schriften des Hippokrates und Galens an der Medizinischen Fakultät, das *Sentenzenbuch* des Petrus Lombardus und die *Historia scholastica* des Petrus Comestor an der Theologischen Fakultät, um nur die Grundtexte zu nennen. Der Universitätsunterricht stützt sich vor allem auf das Buch, mit allem was dies materiell und geistig bedeutet und mit sich bringt.

Nach Bologna entwickelt sich Paris zur Universität, das seine ersten Privilegien 1174 von Papst Cölestin III. und 1200 von König Philipp August erhält; ihnen folgen 1215 erste Satzungen, und 1231 gewährt Papst Gregor IX. durch seine Bulle *Parens scientiarum* die »Charta«. Die ältesten erhaltenen Privilegien Oxfords stammen aus dem Jahr 1214, während Cambridge 1209 aus einer Abwanderung von Oxforder Universitätsmitgliedern entsteht. Auch Padua geht 1222 aus einer Trennung von Bologna hervor. Neapel ist eine Staatsgründung Friedrichs II. (1224). Toulouse wird 1229 auf Grund eines Artikels im Pariser Vertrag errichtet, um Theologen auszubilden, die den Katharismus bekämpfen können. Coïmbra, das mit Lissabon um die erste portugiesische Universität gestritten hat, trägt erst 1288 offiziell den Sieg davon. Salamanca wird nach einem mißlungenen Versuch in Palencia 1220 von Alfons IX. gegründet, muß aber von Papst Alexander IV. und König Alfons X. 1254 noch einmal bestätigt werden. In Montpellier hat die Medizinische Fakultät den ersten Platz inne. Die Statuten werden 1239 anerkannt. Aber auch die *studia* der päpstlichen Kurie in Rom oder der Dominikaner in Köln können als Universitäten mit besonderer Schülerschaft angesehen werden.

Die Universitäten bringen das im 12. Jahrhundert so verbreitete Umherziehen der Schüler zum Stillstand, obschon immer noch Professoren und Studenten von einer Universität zur andern gehen. Sie stellen schwierige Probleme, unter anderen das ihres Auskommens und Lebensbedarfs. Die Erörterungen des 12. Jahrhunderts haben, durch die Laterankonzile von 1179 und 1215 bestätigt, die Unentgeltlichkeit des Unterrichts verkündet. Wovon soll man aber leben? Die Professoren verschaffen im Lauf des 13. Jahrhunderts der Ansicht Geltung, daß ihnen eine angemessene Vergütung zusteht, und zwar nicht als Verkäufer von Wissenschaft — diese kann, da sie nur Gott gehört, nicht verkauft werden — sondern als Arbeiter. So erwirken Universitätsmitglieder und Kaufleute innerhalb des städtischen Aufschwungs und der sich daran anschließenden neuen Wertordnung im Namen der Arbeit die Rechtfertigung ihres Gewinns. Die Universitätslehrer, die Kleriker sind, erhalten ihren Lebensbedarf entweder aus Geldern der öffentlichen Gewalt oder aus Pfründen und Benefizien der Kirche. So bilden sie im 13. Jahrhundert eine *intelligentsia,* die einen beträchtlichen Teil der hohen kirchlichen und staatlichen Beamten stellt. Diese geistige und mit Ämtern betraute Elite trägt viel zur Sicherung des Gleichgewichts im 13. Jahrhundert bei.

Professoren und Studenten haben aber nicht nur die Bücher als Rüstzeug. Gestützt auf die Autoritäten, die sie oft recht frei vertreten, entwickelt sich eine Methode, die das Hauptinstrument der Universitätsarbeit ist: die Scholastik. Der scholastische Vernunftschluß vollzieht sich in vier Stufen: die erste ist die Lektüre eines Textes *(lectio);* dieser Abschnitt verkümmert rasch, bis er ganz verschwindet. Die zweite ist die Stellung eines Problems *(quaestio),* das ursprünglich durch die Lesung aufgeworfen wurde; die Diskussion dieses Themas *(disputatio)* stellt dann als dritter Abschnitt den Mittelpunkt des Prozesses dar. Schließlich erfolgt als geistige Entscheidung die Auflösung *(determinatio).* So ist der Intellektuelle, der sich der Scholastik bedient, nicht mehr ein einfacher Textinterpret, sondern ein Schöpfer von Problemen, die seine Überlegung herausfordern, sein Denken anregen und ihn zu einer Stellungnahme veranlassen.

Diese Übungen schließen trotz ihrer berufsmäßigen und geistigen Organisation Entdeckungen, Überraschungen und Improvisationen nicht aus. Jeder Magister muß sich zweimal im Jahr der Bearbeitung eines Problems unterziehen, das von irgend jemand über irgend etwas vorgelegt wird *(de quolibet ad voluntatem cuiuslibet).* Gewiß besteht weder bei der Wahl des Gegenstandes noch bei seiner Abhandlung in diesen Disputen unbegrenzte Freiheit. Aber sie bewahren in einem wohlgeordneten Zeitalter und in einer schon gut eingespielten Studien-

Abb. 18: Die Universitäten und die Fortschritte der Scholastik. Szenen aus dem Leben der Pariser Studenten am Südportal von Notre-Dame

mechanik etwas vom Schwung und der Phantasie des vorhergehenden Jahrhunderts.

Aber der Geist der Ordnung trägt den Sieg davon. Als Krone der Überlegungen an den Universitäten werden ausgedehnte Werke geschaffen, die ein ganzes Wissensgebiet umfassen. Bleibt der organisierende Geist eher äußerlich, analytisch und auf Einteilung bedacht, so entstehen Enzyklopädien, wie der *Weltspiegel (Speculum maius)* des Dominikaners Vinzenz von Beauvais (gest. 1264), der einen *Speculum doctrinale, historiale* und *naturale* umfaßt, dem ein Anonymus zu Beginn des 14. Jahrhunderts einen *Speculum morale* hinzufügt. Zur gleichen Art gehören *De proprietatibus rerum* (Über die Eigenschaften der Dinge) von Bartholomäus dem Engländer (um 1250), *De natura rerum* des Thomas von Chantimpré (um 1228—1244) und schließlich einige Abhandlungen des Albertus Magnus *(Über die Tiere — De animalibus, Von den Vegetabilien und Pflanzen — De vegetalibus libri VII)*. Prägt umgekehrt ein starker Geist der Synthese das Werk, entstehen jene großen, gegliederten Lehrgebäude, die *Summen,* die man die Kathedralen der Scholastik genannt hat: die *Summa aurea* des Wilhelm von Auxerre um 1220, die *Summa de bono* des Kanzlers Philipp um 1230, die *Summa de virtutibus et viris* und das *Magisterium divinale* des ersten großen Denkers des 13. Jahrhunderts, Wilhelms von Auvergne (zwischen 1223 und 1240), die *Summa creaturis* des Albertus Magnus (1240—1243), die *Summa universae theologiae* Alexanders von Hales um 1245, die *Summa de anima* des Johannes von La Rochelle (um 1245) und endlich die größten Denkgebäude des Jahrhunderts, die *Summa theologica* des heiligen Thomas von Aquino (1266—1274), das *Opus maius* des Roger Bacon (1265—1268), die unvollendete *Summa theologica* des Albertus Magnus (zwischen 1270 und 1280).

Im Lehrprogramm der Artistenfakultät nehmen im Lauf des 13. Jahrhunderts gewisse Handbücher immer größeren Raum ein. Es sind — trotz teilweiser und zeitlich begrenzter, mehr oder minder befolgter Verbote, wie das von 1210 in Paris — die Werke des Aristoteles, von dem man nun außer den Schriften über die Logik, Metaphysik und Ethik auch die physikalischen Bücher kennt. In der zweiten Hälfte des Jahrhunderts verschafft der flämische Dominikaner Wilhelm von Moerbeke (1260 bis 1285), der vor allem für Thomas von Aquino arbeitet, den westlichen Universitäten endlich einen authentischen Aristotelestext, der sorgfältig übersetzt und von allen Entstellungen durch die Kommentatoren befreit worden ist.

Aristoteles hilft den Intellektuellen des 13. Jahrhunderts, von der Vernunft Gebrauch zu machen; er ist der *Philosoph* schlechthin. Im Schoß der wahrnehmbaren Realität gibt es für Aristoteles (und nach ihm zum Beispiel auch für Thomas von Aquino) ein übersinnliches Element, die *Form* (Entelechie), die zu erfassen der tätigen menschlichen Intelligenz vorbehalten ist. Aber diese Vernunft widerspricht dem Glauben nicht, sie führt vielmehr zu ihm hin und setzt ihn voraus. Sie entspricht dem Grundsatz des heiligen Anselm von Canterbury: *fides quaerens intellectum*, der Glaube auf der Suche nach der Vernunft, der sich in der Einsicht vollenden will. Die theologische Vernunft ist nach dem Ausdruck des heiligen Thomas eine *durch den Glauben erleuchtete Vernunft (ratio fide illustrata)*, denn die Gnade verdrängt die Natur nicht, sondern vollendet sie. Anders folgernd und in einer »mystischeren« Atmosphäre, aber am Ende einer zusammenlaufenden Untersuchung, stellen die franziskanischen Magister die These von der »göttlichen Erleuchtung« auf: Das Licht Gottes erleuchtet den menschlichen Verstand unmittelbar.

Es kann hier nicht die Rede davon sein, alle Vernunfttheologen des 13. Jahrhunderts vorzustellen oder für die größten von ihnen mehr als nur eine allgemeine Linie ihres Denkens nachzuzeichnen. Nicht zu den größten, aber zu jenen, deren Einfluß auf das geistige Rüstzeug der zeitgenössischen Universitäten am bedeutendsten war, muß man Petrus Hispanus rechnen, der als Johannes XXI. zum Papst gewählt wurde und 1277 starb. Seine *Summulae logicales* sind das Logikhandbuch aller Studierenden und aller Universitäten. Er ist der John Stuart Mill des 13. Jahrhunderts.

Der heilige Bonaventura, ein Italiener (1221–1274), tritt, nachdem er zwischen 1236 und 1243 die Artistenfakultät von Paris besucht hat, in den Franziskanerorden ein, wird nach weiteren Studien Doktor der Theologie und lehrt zwischen 1248 und 1255 in Paris. 1257 wird er Generalminister der Franziskaner. Sein Werk ist beträchtlich. Die charakteristischste Schrift ist wohl das *Itenerarium mentis in Deum* (das Pilgerbuch des Geistes zu Gott, d. h. bis in Gott hinein), die er 1259 in den Alverner Bergen, wo der heilige Franz die Wundmale Christi empfangen hatte, schreibt. Von diesem eher durch Plato als durch Aristoteles beeinflußten Werk (wenn sich Bonaventura überhaupt von »Philosophen« anregen läßt, denn er folgt vor allem der früheren mystischen, geistig-spekulativen Tradition) konnte man sagen, es sei »das Werk eines Franziskaners, der sehr frei das *Gastmahl* erneuere«. Die sechs Stufen, die in Gott hineinführen, werden zugleich mit Hilfe von Vernunftschlüssen, dem Gebrauch der Dialektik und durch geistliche Askese bewältigt: »Es ist die vollkommene Einheit von Scholastik und Mystik.«

Das riesige Werk des Albertus Magnus (1206–1280) ist immer noch zu wenig bekannt, als daß man den Kern der Inspiration

261

genau bestimmen könnte. Dieser Enzyklopädist, der sich für alles interessiert und sein Wissen von überall her nimmt (Aristoteles, Plato, Augustinus, Dionysius Areopagita, die Araber) erscheint eher als vielseitiger und offener Geist denn als kraftvoller, systematischer Denker. Aber er hat zahlreiche Wege erforscht, und seine scholastische Bildung gab ihm einen Sinn für Genauigkeit, in der er das Geheimnis einer guten, in präzisen Worten erbauten Philosophie sieht: »Plato hatte eine schlechte Darstellungsmethode. Bei ihm ist alles bildlich ausgedrückt, seine Lehre ist metaphorisch. Er unterlegt den Worten etwas anderes, als was sie wirklich bedeuten, so wenn er zum Beispiel sagt, die Seele sei ein Kreis.« Nach seinem Eintritt in den Dominikanerorden im Jahr 1223 lehrt Albertus Magnus von 1240 bis 1248 an der Universität Paris, wo Thomas von Aquino sein Schüler ist, dann aber vor allem an der Hochschule *(studium)* der Predigerbrüder in Köln. Da er bis 1280 lebt, kennt er die meisten geistigen Strömungen seines Jahrhunderts, und diese Erfahrungen bereichern noch sein vielseitiges Denken.

Thomas von Aquino (1224–1274), aus einer guten Adelsfamilie des Königreichs Neapel stammend, in Monte Cassino und dann an der Artistenfakultät der Stauferuniversität Neapel ausgebildet, wird 1243 oder 1244 Dominikaner, studiert an der Universität Paris, dann in Köln. 1257 kehrt er nach Paris zurück, um Magister der Theologie zu werden, und verbringt den Rest seines Lebens als Lehrer: von 1257 bis 1259 in Paris, von 1259 bis 1269 an der päpstlichen Kurie, von 1269 bis 1272 wieder in Paris und schließlich von 1272 bis 1274 in Neapel. Man hat sein Werk in fünf Gruppen unterteilt: Bibelkommentare, theologische und philosophische Kommentare, Disput- und Quodlibetfragen, kleinere Schriften über verschiedene Gegenstände und zwei *Summen: Summa contra gentiles* (1259–1264) und *Summa theologica* (1266–1274). Noch mehr als bei anderen großen Geistern des Jahrhunderts wäre es bei Thomas von Aquino anmaßend, sein Denken in einigen Zeilen resümieren zu wollen. In ihm nehmen die systematischsten und tiefsten Seiten der mittelalterlichen Scholastik Gestalt an. Dieser Theologe erscheint mehr als die meisten mittelalterlichen Denker als großer Philosoph, wahrscheinlich weil seine Theologie so sehr von Rationalität durchtränkt ist, daß der Glaube in diesem Werk »seine Kraft erweist, vernunftmäßige Selbständigkeit zu erlangen«. Niemand wußte besser als er zu unterscheiden und zu vereinen, was unterschieden und vereint werden sollte. Die scholastische Methode ist bei ihm nicht nur geistig, sondern metaphysisch begründet.

Diese gleiche Kraft der Umsetzung läßt ihn die Verchristlichung der aristotelischen Philosophie fast vollständig erreichen, wäh-

rend seine Zeitgenossen nur einzelne Teile — *membra disiecta* —
umformen können oder in häretische und heidnische Fallen geraten, die Robert Grosseteste aufzeigt, indem er die »Modernen« verdammt, »die sich blind und seltsam vermessen damit
befassen, aus dem häretischen Aristoteles einen Katholiken zu
machen. Sie sollen sich hüten, damit sie sich nicht täuschen und
bei dem Versuch, aus Aristoteles einen Katholiken zu machen,
selbst zu Häretikern werden«. Mit diesen »verirrten« Aristo-
telikern des 13. Jahrhunderts, die man die »lateinischen Averroisten« genannt hat und denen wir noch begegnen werden,
wird der heilige Thomas von seinen Zeitgenossen oft verwechselt.

Was sie erstaunt, ist seine Neuheit. Sein Biograph Wilhelm von
Tocco schreibt: »Bruder Thomas stellte in seinem Unterricht
neue Probleme, entdeckte neue Methoden und benutzte neue Be-
weisketten.« Am meisten verwirrte vielleicht, daß der heilige
Thomas nach den Worten des Père Chenu »die Wirkungs-
kraft der Materie sowohl in der Metaphysik des Weltalls als auch
in der Psychologie und der Entwicklung der Gesellschaft for-
derte«. Die vom Körper getrennte Seele ist keine Person. Die
Persönlichkeit des Menschen »bildet sich keineswegs im ausschließlichen Hervortreten des Geistes«. Der Mensch ist eine
Einheit und Sankt Thomas weist »die Aufspaltung in eine
›höhere‹, der *Weisheit* zugeordnete und eine ›niedere‹, der *Wissenschaft* dienende Vernunft zurück«.

Mit Siger von Brabant (um 1240—1284) gelangt man zu jener
Gruppe weltlicher Doktoren, die man als Averroisten bezeichnet
hat und die versuchen, eine von der Theologie unabhängige
Philosophie herauszuarbeiten. Sie sind den Orthodoxen ver-
dächtig. Wir werden ihnen im folgenden Kapitel begegnen.
Aber Siger, verurteilt, verfolgt und verbannt, hat seinen Zeitgenossen und der Generation des Jahrhundertendes die Erinnerung an einen Geist hinterlassen, der den Größten ebenbürtig
war. Dante stellt ihn unter die drei »Leuchten« des Jahrhunderts
neben Bonaventura und Thomas von Aquino.

> Essa è la luce eterna di Sigieri
> Che, leggendo nel vico degli strami
> Silloggizzió invidiosi veri.*
>
> (Paradiso X, 136—138)

Der Franziskaner Roger Bacon (um 1210—1292), der in Oxford
und Paris lehrt, aber die meisten seiner Pariser Kollegen nicht lei-
den kann und sowohl mit den kirchlichen Autoritäten als auch

---

* Ich meine des Sigerus ewige Leuchte;
  er brachte in der Streugasse als Lehrer
  mit scharfer Logik harte Wahrheit vor.
  (Karl Vossler)

mit seinen Oberen manchen Streit hat, ist eine merkwürdige Figur. Einerseits ist er Traditionalist, der die Wissenschaft ganz der Theologie unterstellt; andererseits ist er kühn und erfinderisch. Er mißt der Naturwissenschaft als einem Fortschritt auf dem Weg zur Wahrheit große Bedeutung zu und entwirft eine künftige Christenheit, in welcher die Erfindungsgabe der Wissenschaftler zahlreiche Maschinen geschaffen haben wird: ständig brennende Lampen, sich selbständig fortbewegende Schiffe und Wagen, Flugmaschinen und Unterwasserfahrzeuge. Vor allem fügt er der dialektischen Beweisführung eine andere Erkenntnismethode hinzu: das Experiment. Er gebraucht zweifellos als erster den Ausdruck *scientia experimentalis*.

Roger Bacon ist letzten Endes doch noch mehr Theologe und Ideologe als Wissenschaftler. Dennoch betreten wir mit ihm jenes Denkgebäude des 13. Jahrhunderts, das wir die Naturwissenschaften nennen. Während Paris die Hochburg der Theologie ist, ist Oxford der Mittelpunkt von naturwissenschaftlichen Studien. Der große Mann dieser Schule ist Robert Grosseteste (1175 bis 1253), Magister, später Kanzler in Oxford und Bischof von Lincoln. Auch Grosseteste zeigt sich als Theologe. Die Naturwissenschaft ist für ihn nur ein Weg zur theologischen Erkenntnis, worin er sich sehr traditionsgebunden zeigt. Aber seine Methode und seine wissenschaftlichen Arbeiten sind von größter Bedeutung. Er betont eine Richtung, die eines der Hauptziele des Jahrhunderts ist — die Mathematik als Grundlage jeder Naturwissenschaft: »Es besteht eine Nützlichkeit für sich darin, Linien, Winkel und Figuren zu betrachten. Ohne dies ist es unmöglich, die Naturphilosophie zu erkennen.« Bacon, sein Schüler, sagt: »Die ganze Naturwissenschaft erfordert Mathematik.« Er wird in einem traditionelleren, neupythagoreischen Sinne von Bonaventura unterstützt: »Die Schönheit ist nur eine numerische Gleichheit.« Der Mathematik fügt Grosseteste das Experiment hinzu und bahnt so den Weg für eine Reihe von Wissenschaftlern wie Bacon und jenen Pariser Magister Peter von Maricourt, den Bacon einen »Meister der Experimente« nennt und der 1269 einen klassisch gewordenen *Traktat über den Magnetismus (Epistola de magnete)* verfaßt. Dieser Neigung zum Experiment muß man den Hang zur Beobachtung hinzufügen, welcher über die naturwissenschaftlichen Traktate hinaus die Kunst beeinflußt. Ein charakteristisches Beispiel stellen die schönen, mit Miniaturen geschmückten Handschriften des Buches über die Falkenjagd *(De arte venandi cum avibus)* dar, das für Friedrich II. zusammengestellt wurde. Die phantastischen Vögel des romanischen Bestiariums haben sich hier in wirkliche, mit großer Sorgfalt gezeichnete Vögel gewandelt.

Mathematik und Experiment treffen bei der Erforschung eines

Gebietes zusammen, das die Gelehrten des Jahrhunderts besonders anzieht: die Optik. Robert Grosseteste stellt bei der Beobachtung des Regenbogens die Lichtbrechung fest. Von seiner Einbildungskraft getrieben, befaßt sich Roger Bacon endlos mit Spiegeln und Linsen. Der Pole Witelo (geb. um 1230) stellt eine Theorie der Vision auf, und der Deutsche Dietrich von Freiberg (gest. 1311) betrachtet seinerseits den Regenbogen, führt einfallsreiche Versuche mit wassergefüllten Glasballons und Kristallkugeln durch und untersucht das Lichtspektrum und seine Farben. Am Ende des 13. Jahrhunderts erscheinen die ersten Brillen.

EINE KUNST DES LICHTES: DIE GOTIK

Auch auf dem Gebiet der Naturwissenschaft war das 13. also ein lichtvolles Jahrhundert. Dasselbe läßt sich von der Kunst sagen.
Erhellen — dies scheint das höchste Ziel der Gotik im 13. Jahrhundert zu sein. Physische und geistige Erleuchtung müssen hierbei zusammengehen, wie es Wilhelm Durandus in seinem *Rationale* von den Glasmalereien gefordert hat: »Die verglasten Fenster sind die göttlichen Schriften, welche die Klarheit der wahren Sonne, Gottes, in die Kirche, das heißt in die Herzen der Gläubigen ausgießen, indem sie sie erleuchten.«
Auch die technischen Gegebenheiten der klassischen gotischen Architektur, die Henri Focillon *(Art d'occident)* am Beispiel der Kathedrale von Chartres bestimmt hat, gipfeln in diesem Auffangen des Lichts: »An die Stelle des sechsteiligen tritt das langrechteckige Gewölbe, das die Einheit bei der Verteilung der Glieder sichert, da jetzt ein Seitenschiffsjoch einem Mittelschiffsjoch entspricht. Die Stützen sind als gegliederte Systeme aufgefaßt, deren Teile sich gemäß ihren Aufgaben vom Boden bis zum Gewölbe staffeln. Der Strebepfeiler ist nicht als Verstärkung, sondern als notwendiger Teil vorgesehen und konstruiert. Die Tribüne entfällt zugunsten der Seitenschiffe. Zwischen den Pfeilern, über dem Triforium und unter den Schildbögen macht die Wand vollständig den Obergadenfenstern Platz, so daß das Licht nicht mehr durch enge und hochliegende Öffnungen einfällt, sondern neben den Seitenschiffsfenstern durch riesige Lanzetten direkt aus dem Himmel eingefangen wird.«
Diese neue Gesinnung setzt sich zuerst in Chartres durch, wo 1194 nach dem Brand der romanischen Kathedrale — mit Ausnahme des Königsportals — mit dem Neubau begonnen wird, der 1220 im Mauerwerk fertig ist und 1260 im Beisein Ludwigs des Heiligen geweiht wird. Neu ist hier der Wegfall der Tri-

bünen und der dreistöckige Wandaufbau mit durchlaufendem Triforium und größer werdenden Obergadenfenstern. Der Gewölbescheitel liegt bei 37 m (gegen 30 m in Notre Dame de Paris). Die Strebepfeilerstützen sind von eindrücklicher Wucht.

Die Kathedrale in Reims wurde von vier Architekten errichtet, deren Namen in das 1779 zerstörte Fußbodenlabyrinth eingelassen waren. Die Hauptkonzeption scheint von dem ersten, Jean d'Orbais, zu stammen, der von 1211 bis 1228 in Reims tätig ist. Die Krönungen Ludwigs VIII. (1223) und Ludwigs IX. (1226) konnten zweifellos schon im Chor stattfinden, der zusammen mit dem Querhaus 1241 fertig wird. Dieser Dom bringt das in Chartres eingeführte System zur Vollendung. Die ausgewogenen Abmessungen (innere Länge 139 m, Breite des Schiffes 14,65 m, der Abseiten 7,75 m, des Querhauses 49,50 m, Höhe des Mittelschiffs 38 m, der Abseiten 16,50 m); die Harmonie aus Wucht und Leichtigkeit (»das Fenster, das den ganzen Freiraum zwischen den Pfeilern einnimmt, besteht nur noch aus der Zeichnung eines völlig durchbrochenen steinernen Netzes« — Hans Reinhardt, *La cathédrale de Reims*); die bald im ganzen Westen nachgeahmte Eleganz der Fenster, die aus zwei schmalen Lanzetten mit einer sechsblättrigen Rose darüber bestehen: alles dies macht Reims zum Höhepunkt der klassischen Gotik.

Auch der romanische Dom von Amiens und das Labyrinth mit dem Namen seines Hauptarchitekten Robert de Luzarches werden 1218 durch einen Brand zerstört. Hier baut man von Westen nach Osten. Fassade und Schiff sind 1236 beendet, Querhaus und Chor 1269. Das kühne Streben nach schwindelnder Höhe geht hier bis ins Titanische. Die Schiffsarkaden sind 18 m hoch. Das aus Arkaden und Dreipässen bestehende Triforium stützt sich nicht auf Mauerwerk, sondern auf einen verglasten Wandstreifen *(claire-voie)*. Die Obergadenfenster messen 12 m, bei 15 m Breite ist das Hauptschiff 42 m hoch! Unvergleichlich auch die Apsis mit ihrer verlängerten, herausragenden Chorkapelle und dem Klöppelwerk abstützender leichter Strebebögen und durchbrochener Wimperge über den Fenstern.

Doch macht die Kathedralfamilie von Chartres nicht allein die Hochgotik des 13. Jahrhunderts aus.

Die Kathedrale von Bourges, begonnen um 1190 (der Chor steht gegen 1220, das Schiff gegen 1270) übernimmt Züge des 12. Jahrhunderts bei der Einwölbung der weitläufigen Krypta, an den Schiffspfeilern, im mehrstöckigen Aufbau, der vor allem an Notre Dame de Paris erinnert. Als große Neuerung führt man in Bourges jedoch fünf in die Höhe gestaffelte, ohne Querhausriegel durchlaufende Schiffe ein. In Bourges kommt die »opti-

266

Abb. 19: Gotische Kunst: das Zeitalter der Kathedralen. Innenraum der Kathedrale von Amiens (Somme, Frankreich)

sche Illusion« der gotischen Architektur, die mehrere Kirchen in einer einzigen zusammenfaßt, voll zur Geltung.

An Bourges scheint sich der Chor der Kathedrale von Le Mans (1217 bis 1273) anzuschließen, der von einem luftigen Wald von Strebepfeilern umstellt ist. Von Bourges beeinflußt ist auch der Chor der Kathedrale von Coutances (1218–1274), deren komplexes und doch harmonisches Gesamtbild in einem gewaltigen Vierungsturm kulminiert und die Vielfalt des gotischen Genies bezeugt.

Von der Ile de France aus verbreitet sich die Gotik in der ganzen Christenheit. In Uppsala leitet Etienne de Bonneuil seit 1287 die Domhütte. In Ungarn ist vielleicht Villard de Honnecourt der unbekannte Architekt der Kathedrale zu Kalocsa, die den Plan der Kirche Saint-Yved in Braine nachahmt. Auf Zypern stammt der Dom zu Nicosia aus Vorbildern der Ile de France und die Kathedrale von Famagusta aus solchen der Champagne.

Einige Kirchen sind nur schwerfällige Kopien, so die Kathedrale von Toledo nach dem Muster von Bourges. Andere erweisen dagegen den Einfallsreichtum ihrer Erbauer. Etwa Jean Deschamp (gest. 1295), der die Kathedralen in Clermont und Limoges und den Chor von Narbonne erbaut, oder jener Meister Gerhard, von dem man nicht weiß, ob er Deutscher oder Franzose ist, und der ab 1248 den Chor des Kölner Doms errichtet.

Andere Bauten zeigen, wie sich der gotische Geist mit regionalen oder nationalen Überlieferungen zu verbinden weiß. In Südfrankreich und Katalonien entstehen — nach antiker Anregung — ein- oder zweischiffige Kirchen, deren hervorragendste Beispiele die Jakobinerkirchen in Toulouse und Angers sind, und Festungskirchen, unter denen der 1282 begonnene Cäciliendom zu Albi das großartige und einzig dastehende Meisterwerk ist.

In Deutschland hält man an romanischen, ja selbst ottonischen und karolingischen Lösungen fest. So der zehneckige Zentralbau von Sankt Gereon in Köln (1209–1277), die Kleeblattform der Elisabethkirche zu Marburg (1235–1277), die Doppelchoranlage des Bamberger Doms, der sich während des gesamten 13. Jahrhunderts von der Romanik zur Gotik hin entwickelt. Im St. Georgsdom zu Limburg an der Lahn (geweiht 1235) gehen romanische Konzeption und frühgotischer Wandaufbau der Kathedrale von Laon zusammen. Die Liebfrauenkirche zu Trier ist eine Synthese des deutschen Zentralbaugedankens mit dem Plan von Saint-Yved zu Braine.

In England zeichnet sich das *Early English* am Ende des 12. und in der ersten Hälfte des 13. Jahrhunderts durch große Eigenwilligkeit aus. Die Chorschlüsse sind flach, das Querhaus ist doppelt. Aus der normannischen Tradition werden Vierungstürme und Hochlaufgänge übernommen. Die Horizontale siegt über die Vertikale. Der Nachdruck liegt auf größerer Länge, nicht auf größerer Höhe. Die Strebepfeiler sind zurückhaltend, üppig dagegen schon früh das Gewölbe mit durchlaufender Scheitelrippe und ausstrahlenden Bögen. Die bedeutendsten Beispiele des *Early English* sind die Kathedralen von Lincoln (1192–1235), Salisbury (seit 1220), Wells (1220–1239) und die Kollegiatskirche zu Beverley (Chor und Querhaus zwischen 1197 und 1260).

Die Gotik ist nicht nur eine Kathedral-, sondern auch eine Klosterkunst. Die Zisterzienser verbreiten sie. Auch die Bettelorden übernehmen sie und behalten die gewaltigen Ausmaße bei, die ihren apostolischen Aufgaben entsprechen, lehnen aber den Schmuckreichtum ab, da er ihrer Forderung nach Einfachheit zuwiderläuft. Überall wo Mönche bauen, bedienen sie sich des neuen Stils. Die *Merveille* des Mont Saint-Michel entsteht von 1203 bis 1228.

Aber die Gotik bringt auch bedeutende Zivilbauten hervor, zum Beispiel jene Keller und Scheunen (so in Vaulerent, den Zisterziensern von Ourscamp gehörend), die man »Wirtschaftskathedralen« genannt hat. Der neue Stil des Lichtes erfaßt auch die Burgen, die sich von ihrer rein militärischen Bestimmung lösen und die Erfordernisse der Verteidigung mit größerer Wohnbequemlichkeit zu verbinden suchen. Es entstehen turmlose Schlösser mit großen, kreuzrippengewölbten Sälen, deren bedeutendstes zweifellos das von Friedrich II. gegen 1240 in Apulien errichtete Castel del Monte ist.

Das Streben nach immer mehr Licht bringt seit der Jahrhundertmitte Bauten hervor, bei denen die Hochfenster die gesamte Wand aufzehren. So in der Sainte-Chapelle des Pariser Königspalastes (1243–1248). Hier haben die zwei Fensterreihen auch das Triforium verdrängt. Völlig durchfenstert ist auch der Chor von Saint-Urbain in Troyes (1263–1266). Große Rosen kreisen in den West- und Querschiffsfassaden der Kirchen.

Beim gotischen Gesamtkunstwerk Architektur und Plastik zu trennen, ist willkürlich. Und doch beginnt jene Statuenwelt, welche die Kirchen bevölkert und so mächtig zu ihrer Gesamtwirkung beiträgt, ihr eigenes Leben zu leben; ihre wachsende Unabhängigkeit von der stützenden Rückensäule kennzeichnet die neue Selbständigkeit der Plastik.

Zwei Ziele scheinen die Bildhauer und ihre kirchlichen Auftraggeber zu leiten: dogmatische Aufklärung und geistliche Erleuchtung. Sie wollen durch Lehre und Stil erleuchten. Hier wird der gotische Humanismus zugleich dialektisch und lächelnd.

Das Lehrhafte erkennt man beispielsweise an den Seitenportalen der Kathedrale zu Chartres, wo im übrigen auch die moralisierenden Tendenzen der Zeit ins Auge fallen. Am Nordportal, das dem Alten Testament und der im Harren Mariä gipfelnden Erwartung des Erlösers gewidmet ist, blättert sich eine Enzyklopädie auf. Die Mitteltür behandelt die Typologie der Patriarchen und Propheten, von Melchisedech bis Petrus. Links erblickt man das *Speculum morale* der Klugen und Törichten Jungfrauen, der Kardinal- und theologischen Tugenden, der vierzehn Glückseligkeiten der Seele, des Gesprächs zwischen tätigem und beschaulichem Leben. Rechts kommen die Arbeit und die Künste, freie wie mechanische, zu Ehren. Die neue Einteilung der Wissensgebiete wird im Bild sichtbar. Neben Medizin, Geometrie, Philosophie und Musik stehen Malerei, Landwirtschaft und Eisenbearbeitung. Am Südportal, das dem Neuen Testament und der Erfüllung des Versprechens vorbehalten ist, thront im Zentrum der richtende Christus (die Tugenden und Laster sind auf Medaillons dargestellt), zu seiner Rechten die Bekenner, zur Linken die Märtyrer.

An dieser Plastik bewundert man den Ernst und das Lächeln, die Harmonie zwischen äußerer Form und innerem Ausdruck. Man hat diesen Stil »schön« genannt und den »Beau Dieu« von Amiens als sein vollendetstes Beispiel hingestellt. Aber da ist auch der Ernst der Statuen von Wells und Straßburg, wo Kirche und Synagoge, Kluge und Törichte Jungfrauen einander gegenüberstehen. Da ist das Lächeln der Engel von Reims, das Abwechseln von männlicher Würde und weiblicher Anmut bei den profanen und heiligen Figuren von Bamberg und Naumburg.

Reims faßt die Entwicklung der gotischen Plastik zum Reizenden, bald schon Manierierten und Süßlichen zusammen. In ihrer Sternstunde aber hat die Plastik von Reims, ob durch direkte Nachahmung oder nicht, zur Kraft und Monumentalität der antiken Plastik zurückgefunden. Und vielleicht war Reims nicht ohne Einfluß auf die antikisierende Ausrichtung italienischer Bildhauer wie Nikolaus von Apulien, genannt Pisano (Kanzeln in Pisa und Siena, 1260 und 1266–1268) und Arnolfo di Cambio (Werke in Orvieto und Florenz), welche die Gotik mit der Frührenaissance verknüpfen.

Über der Vorherrschaft der menschlichen Gestalt in der gotischen Plastik darf man aber nicht den großartigen vegetabilischen Skulpturenschmuck der Kapitäle und Schlußsteine vergessen. Hier werden heimische Pflanzen mit botanischer Treue in den Stein gehauen.

Jene doppelte Illumination der Plastik findet sich in der Glaskunst als höchstem Ausdruck der gotischen Malerei wieder, für welche die Wandauflösung große Flächen läßt. Die Fenster lehren, erzählen und beschreiben. Hier werden die Heiligenleben mit allen anekdotischen Einzelheiten dargestellt, dort, in Chartres, sind die Gewerbe in pittoreskem Realismus zu sehen. Die seit 1230 übliche Aufteilung der riesigen Fenster in schmale, durch dünne Maßwerkstäbe getrennte Streifen begünstigt diesen szenischen Episodenstil. Aber das Fenster erleuchtet und verklärt auch. Die Fortschritte der Optik und Farbenchemie kommen den Glasmalern direkt zugute. Durch die Benutzung von Manganoxyden wird jener ins Violett gehende Blauton erzeugt, der die Farbigkeit gotischer Innenräume durch seinen Ernst und manchmal durch seine Traurigkeit beherrscht. Dagegen verleiht ihnen die Auflichtung durch das verschiedenartig erzeugte strahlende Rot eine warme Helligkeit.

Zwar löst die Glasmalerei das Fresko ab, doch erhalten Bauherrn und Architekten Italiens ihren Gebäuden im 13. Jahrhundert große Flächen, auf denen sich auch die Wandmalerei entfalten kann. Hier ist die Franziskusbasilika in Assisi das große Beispiel. Die zwei übereinanderliegenden Gotteshäuser wurden zwischen 1228 und 1253 errichtet. Fast alle großen Maler der Halbinsel haben während eines Jahrhunderts die Wände und Gewölbe mit Fresken bedeckt. Zwischen 1280 und 1300 vollzieht sich ein entscheidender Fortschritt. Bei Cimabue entwickelt sich die byzantinische Hieratik zu eigenständiger, »westlicher« Dramatik. Giotto führt eine neue, realistische und psychologische Auffassung ein, die aber keineswegs an Monumentalität verliert.

Auch die Miniatur blüht in der Gotik, doch lehnt sie sich bezeichnenderweise an die Glasmalerei an. Sie übernimmt deren Aufteilung, die Einfügung der Bilder in einen architektonischen Rahmen und die Farbigkeit. Bibeln und Psalter füllen sich mit Szenenfolgen, die zugleich Anekdoten und erbauliche Lektionen sind. Man spricht von »moralisierenden« Bibeln. Bianca von Kastilien und ihr Sohn Ludwig der Heilige fördern diese neue Mode durch ihre Bestellungen weitgehend. Im Verlauf des Jahrhunderts verlieren die Klosterschreibstuben ihr Monopol und bald auch den ersten Rang bei der Herstellung von Bilderhandschriften. Städtische, von Laien betriebene Offizinen schieben sich, durch die Aufträge der Höfe und Universitäten begünstigt, an die Spitze. Paris vor allem, aber auch Bologna, sind auf diesem Gebiet führend.

Diese Handschriften sind an das Hervortreten einer neuen weltlichen Kundschaft gebunden, die erbauliche Werke wünscht, welche sich von den liturgischen Büchern unterscheiden, die fast die gesamte Produktion der romanischen Zeit ausmachten. Die ganze gotische Kunst muß in diesem Zusammenhang mit einer neuen Gesellschaft von anspruchsvolleren Gönnern oder »Verbrauchern« gesehen werden, die gegenüber Kunstwerken weniger passiv eingestellt sind. Ein in einer Handschrift von 1284 enthaltenes Fabliau, *Die 22 Bauernarten*, zeigt einen zugleich verdutzten und sich lustig machenden Bauern vor den Statuen der Fassade von Notre Dame de Paris, der, während ein Gauner von hinten die Börse dieses Maulaffen abschneidet, ausruft: »Da schau, Pippin, schau, Karl der Große!«

Dennoch verlangt diese neue Kundschaft auch weiterhin von der Kunst ebensosehr Schockwirkungen wie Unterricht und Erbauung. Der primitive Geschmack für das Glänzende bleibt. Im Straßburger Münster begeistert sich der »Pfaffe Lamprecht« am Edelsteinleuchten der Fenster:

> »Die Glasfenster waren an Farben so reich,
> Nichts kam ihnen an Seltenheit gleich.
> Unschätzbar der Preis dieser leuchtenden Wand.
> Beryll und Kristall mit dem Glas im Verband
> Ließen die Fenster vom ersten Sonnenlicht
> Getroffen noch lang danach glänzen...«

Gotisches Licht strahlt schließlich auch von einer raffinierten Goldschmiedekunst aus, die alle Formen gotischer Architektur benutzt, um daraus funkelnde Umrisse zu schneiden. Vom Dreikönigsschrein zu Köln (zwischen 1198 und 1209 beendet) über die Werke des Goldschmiedemönchs Hugo von Oignies im Schatz von Notre Dame zu Namur (um 1220) und den Taurinusschrein in Evreux (zwischen 1240 und 1255) bis zur sogenannten Heinrichskrone der Residenzschatzkammer in München (um 1280) hält die gotische Goldschmiedekunst in kostbarem und glänzendem Material eine manieriert werdende Architektur fest, der Filarete im 15. Jahrhundert vorwirft, zur Goldschmiedearchitektur geworden zu sein.

GLANZ DER LITERATUR: VON DER MORGENFRÜHE
DES MINNESANGS ZUR STRAHLENDEN ABENDRÖTE
DER DIVINA COMMEDIA

Die Literatur des 13. Jahrhunderts steht zwischen Morgenröte und strahlender Abenddämmerung. Die Morgenröte ist der *Minnesang*, die Dämmerung die *Göttliche Komödie*. Zwar scheint die *Minne* um 1200 den moralischen Mut zum höchsten Ideal zu machen (*leit mit zühten getragen*, wie Reinmar dichtet), sie bleibt aber doch ins Maienlicht und in die Sonne getaucht. So bei Heinrich von Morungen (zwischen 1190 und 1220), bei Reinmar dem Alten (gest. um 1210), bei Wolfram von Eschenbach (um 1170 — um 1220) und Walther von der Vogelweide

(um 1170 — um 1230). Der Winter ist die verhaßte Zeit, welche
Licht und Farbe vertreibt und alles bleich und grau macht:

>»sist worden bleich und übergrā«

Es lebe der Sommer! (Der Frühling der Minnesänger ist in
Wirklichkeit ein Sommer, denn das gotische Empfinden erkennt
die Nuancen der Übergangszeiten kaum und hebt nur den starken Kontrast zwischen Winter und Sommer hervor:)

>»sumer, mache uns aber frō:
dū zierest anger unde lō.
Mit den bluomen spilt ich dō,
mīn herze swebt in sunnen hō . . .«

Das anwachsende Publikum der Schriftsteller begünstigt den
Fortschritt der Landessprachen in der Literatur. Die Leser finden sich in den aristokratischen Kreisen, aber auch im Bürgertum und sogar im Volk.
Die herkömmlichen Gattungen, die im Schoße der »feudalen«
Gesellschaft entstanden sind, erleben eine glänzende Entwicklung. Die Epik bringt mit Wolfram von Eschenbach (*Parzival*
um 1200—1210, *Willehalm* um 1215 und *Titurel* um 1218)
Meisterwerke hervor. Das 13. Jahrhundert ist auch die große Zeit
der skandinavischen *Sagas*. Hier zeichnet sich vor allem Island
aus. Snorri Sturluson (1179—1241) vereinigt in seiner *Heimskringla* eine Sammlung norwegischer Heldenbiographien. Sein
Neffe, Sturla Thórdarson (1214—1284), schreibt die *Islendinga Saga*, und am Ende des Jahrhunderts ist die *Njáls Saga* das
große Meisterwerk dieser Gattung. Die gewaltige *Karlamagnûs
Saga* der ersten Jahrhunderthälfte zeigt, daß die Mode des geschichtlichen Ritterromans über die ganze Christenheit verbreitet ist.
Auch der Roman erreicht eine so außergewöhnliche Fülle mit den
fünf Teilen des *Prosa-Lanzelot* oder *Lancelot-Graal (Geschichte
des heiligen Gral — Merlin — Lanzelot — Gralssuche — Artus'
Tod)*, daß man ihn mit den schönsten gotischen Kathedralen ver-
glichen hat.
In Arras findet sich ein literarischer Sammelpunkt, welcher die
Ausweitung des Leserkreises und des Geschmacks im 13. Jahrhundert bezeugt. Eine literarische Bruderschaft, *le puy*, vereint
die reichen Bürger, das Patriziat, veranstaltet Wettstreite und
Feste und begünstigt Dichtung und Theater. Zwei große Dichter
machen die Literatur von Arras im 13. Jahrhundert berühmt:
Jean Bodel, der dort sein Nikolausspiel, das *Jeu de Saint Nicolas*
(1202) verfaßt, und Adam de la Halle (Adam le Bossu), der sein
Jeu de la Feuillée um 1276 aufführt. Der *Novellino*, eine Sammlung italienischer Erzählungen, zeigt in der Mitte des Jahrhun-

273

derts, wie die Stadtkultur realistische und schlüpfrige Züge mit einer höfischen und ritterlichen Tradition zu verbinden weiß.

Der Realismus ist die neue Strömung. Während die Kathedralplastik zu lächeln beginnt, lacht die Literatur laut auf. Es lachen die *Fabliaux*, die um 1200 entstehen und nur das Jahrhundert über andauern. Es lacht auch der parodistische Roman, dessen Meisterwerk die Tierepopöe *Reineke Fuchs* ist. Sie erreicht schon um 1200 in *Isengrîmes nôt* des Elsässers Heinrich der Glichezaere den Höhepunkt; in der ersten Jahrhunderthälfte schwillt der Stoff zu einem Gedicht von 25 000 Versen an, in dem die Tiergesellschaft den Adel parodiert und die reichen Bauern angreift. Zwischen 1260 und 1270 entartet der Stoff im *Renard le Bétourné* des Rutebeuf, der die Bettelorden lächerlich macht. Schließlich läßt Jacquemart Gellée aus Lille in seinem *Renard le Nouvel* seinen Helden am Scheitel eines stillgelegten Fortunarades triumphieren.

Die realistische Strömung kann man auch in der Entwicklung des Minnesangs verfolgen. Schon bei Walther von der Vogelweide ist er erbaulich, ja sogar politisch geworden. Walther ist der größte Spruchdichter, er führt den *Spruch* ins Lied ein. Er ist antiklerikal und als kaiserlicher und deutscher Patriot gegen den Papst, vor allem in dem berühmten Preislied *Ir sult sprechen willekomen*. Nach ihm wird der Minnesang naturalistisch und parodistisch. Er verbäuerlicht und führt zu den nimmersatten Hymnen der *Freßlieder*. Diese Gattung hat dennoch zwei wirkliche Schriftsteller hervorgebracht: Neidhart von Reuenthal (um 1180 — um 1250), Schöpfer der *höfischen Dorfpoesie,* und Wernher der Gartenaere, Verfasser des *Meier Helmbrecht.* Aber die Dichtung des 13. Jahrhunderts weiß vom Lachen auch zu den Tränen zu wechseln. Der Satiriker Rutebeuf ist zur Zeit Ludwigs des Heiligen auch der Verfasser melancholischer Lieder, die Villon ankündigen.

Ein erstaunliches Werk scheint die ganze Literatur des 13. Jahrhunderts zusammenzufassen: der *Roman de la Rose.* In den 4000 Versen des ersten, um 1230 verfaßten Teils gebraucht Wilhelm von Lorris alle Kunstgriffe einer höfischen Poesie, die in Allegorien erschlafft und sich entkräftet. Im zweiten, von Jean de Meung um 1270 geschriebenen Teil ändert sich der Geist des Romans so sehr, daß er als parodistische Fortsetzung erscheint. Die Erzählung beschwert sich mit wissenschaftlichen Darlegungen, antiklerikalen Angriffen (vor allem, wie bei Rutebeuf, gegen die Bettelorden gerichtet) und wird von einem lyrischen Naturalismus mitgerissen, aus dem christlicher Geist fast ganz verschwunden ist. Der letzte Sproß der höfischen Poesie wird zum Meisterwerk einer poetischen und anti-höfischen Scholastik. Liebe wird durch die Natur unterjocht — eine glühende, heidnische Natur, die von vitalen Regungen beherrscht ist.

Zu einem anderen Ziel leitet Vergil den Dichter, in dem das Jahrhundert gipfelt und mit dem es und das hohe Mittelalter des Westens schließt: Dante. Gewiß beschränkt sich das Werk des Florentiners nicht auf die *Divina Commedia*. Der lyrische Dichter der *Vita Nuova* (um 1293), in der Beatrice gefeiert wird, der Enzyklopädist des *Convivio* (zwischen 1304 und 1308), der Verteidiger der italienischen Sprache in *De vulgari eloquentia* (zwischen 1304—1306 lateinisch geschrieben), der politische Autor der *Monarchia*, dem Schwanengesang ghibellinischer Mystik in dem Augenblick, als Heinrich VII. nach Italien zieht (1310—1313), hat seinen festen Platz in der Geschichte mittelalterlicher Literatur.

Die *Divina Commedia* aber, kurz vor dem Tode Dantes (1321) vollendet, ist das dichterische Vermächtnis des 13. Jahrhunderts. Die ganze Wissenschaft, die politische Spekulation, alle moralischen und geistlichen Erfahrungen der Zeit drücken sich im Lauf des Wegs aus, der Dante und seinen Führer von der Hölle über das Purgatorium und endlich, nachdem Beatrice Vergil abgelöst hat, durch die Paradiesessphären führt, bis hin zu Gott, welcher die letzte Quelle des Lichtes ist. Aber dieser Weg zum Licht, tiefster Ausdruck der gotischen Zeit, in den Dante die gesamte optische und astronomische Wissenschaft des Jahrhunderts mystisch überträgt, verklärt eine Welt, die schon der Vergangenheit angehört. Wenn sich Dante zu diesem Leuchten, in dem alle irdischen Dinge vergessen sind, emportragen läßt, dann weil die Gesellschaft und die Werte, die er liebt, hienieden schon verschwunden sind und das Sommerlicht schon den mit Flammen vermischten Schatten des Herbstes Platz gemacht hat — der Krise der mittelalterlichen Christenheit.

Nachwort
Die Christenheit in der Krise (1270—1330)

12. 1300 oder die schlechte Zeit

Die Krise, die sich in der Christenheit zwischen 1270 und 1330 bemerkbar macht, beginnt mit Erschöpfungserscheinungen. Der Aufstieg, der seit dem 11. Jahrhundert den Westen mit sich reißt, verlangsamt sein Tempo, hält inne und scheint sogar hier und da eine rückläufige Bewegung einzuleiten, während anderswo der Fortschritt anhält. Diese Entwicklung, obschon sie nicht allgemein ist, erfaßt das Ganze.
Hat der Okzident seine Grenzen erreicht?

DIE TECHNISCHEN GRENZEN

Da sind zunächst die technischen Grenzen. In der nach wie vor wesentlichen Landwirtschaft zeigt sich in der Ausbreitung und Ausnutzung ein Stillstand. Rodungen erfolgen nur noch vereinzelt. Sogar ein Zurückgehen kommt vor. Mißerfolge im Ansiedlungswerk mehren sich. So bleiben viele *bastides* — befestigte Neustädte in Südwestfrankreich — als Projekt auf den Karten oder verfallen, wenn sie tatsächlich gegründet werden, rasch. Abgelegene, schlechte und vom Anbau rasch erschöpfte Böden werden aufgegeben. Diese Erscheinung ist am Jahrhundertende besonders in England deutlich. Aber auch in Mitteldeutschland beginnen die Wüstungen — aufgegebene Dörfer und Ländereien.
Dieser Stopp der räumlichen Ausdehnung hängt mit der Unfähigkeit der landwirtschaftlichen Technik zusammen, gewisse Engpässe zu überwinden. Auf vielen mageren Böden ermöglicht die Dreifelderwirtschaft keine ausreichende Erholung der Anbauflächen. Vor allem verhindert der Mangel an Mist immer mehr die Kräftigung der Ländereien. Dafür sind die besonderen Empfehlungen, die Walter von Henley diesbezüglich in seinem *Housebondrie*-Buch gibt, bezeichnend. Ebenso erweist seine Warnung an die Landwirte vor den hohen Preisen für Pferde, daß deren Benutzung beim Ackerbau auf Schwierigkeiten stößt, was eine allgemeine Verbreitung verhindert. Die Vermehrung des Viehbestandes wird durch die Unfähigkeit

der Landgemeinden, die Tiere in zu großer Zahl zu ernähren, begrenzt. Die dem Anbau vorbehaltenen Flächen erweisen sich als nicht weiter einschränkbar und die Ernährung des Viehs mit der wichtigeren des Menschen unvereinbar. Um 1300 mehren sich Klagen vor allem über die Ziegen, denn diese unersättlichen Tiere verschärfen eine weitere Gefahr: nämlich daß die Wälder zurückgehen. Rodungen, starke, durch die Verbesserung der Werkzeuge — vor allem der hydraulischen Säge — ermöglichte Holznutzung, von Viehherden angerichtete Schäden: alle diese Ursachen der Entforstung bringen eine Waldkrise und eine Bedrohung der nicht mehr durch die Bewaldung geschützten Akkerböden mit sich. Das dadurch geförderte Auswaschen der oberen Humusschichten trägt zum Rückgang der Anbauflächen bei. Die Gefahr der Entforstung ist natürlich in Gegenden, wo Oberfläche, Boden und Klima das Übel begünstigen, besonders groß. Das trifft für die Südalpen zu, wo sich von der Dauphiné bis nach Istrien die Klagen seit dem Ende des 12. Jahrhunderts ständig mehren. Eine dieser Forstkrisen um 1300 zeigt, daß neben den technischen Begrenzungen auch wirtschaftliche und soziale Gegebenheiten beachtet werden müssen. Die Dorfgemeinschaften, besonders aber die Armen, beklagen die zunehmende Einschränkung der *Allmenden*, jener vor allem bewaldeten Teile der Gemarkung, die der allgemeinen Nutznießung überlassen sind. Jeder kann dort sein Schwein, seine Ziege weiden oder Wildfrüchte pflücken. Die Fortschritte landwirtschaftlicher Eigenständigkeit, die Neigung reicher Bauern, ihre Besitzungen zu umzäunen und sich mehr oder minder legal Teile der Allmende anzueignen, verkleinern diese immer mehr und vermehren so die Schwierigkeiten der Dorfgemeinschaften. In England eröffnet das Statut von Merton ab 1236 die Zeit der *enclosures*. Dies Vorgehen ergibt sich aus einer Wirtschaftswahl, welche die reichen Landwirte treffen können, indem sie — beispielsweise durch die Nachfrage nach Wolle angeregt — den Ackerbau in Viehzucht umwandeln. Um die Schafe weiden zu können, schränkt der Grundherr oder reiche Bauer das Ackerland ein und schließt die Wälder ab. Diese Wahl wird ihm durch die gesamte Wirtschaftsentwicklung nahegelegt: durch die erreichten Höchstpreise landwirtschaftlicher Produkte, die sogar zu fallen beginnen, durch die Veränderungen in Struktur und Erträgen

England: 1 Newcastle, 2 York, 3 Norwich, 4 Bristol, 5 Plymouth, 6 Southampton, 7 Portsmouth, 8 Canterbury, 9 Dover. ▶
Frankreich: 1 Rouen, 2 Reims, 3 Chalons, 4 Troyes, 5 Chartres, 6 Orleans, 7 Le Mans, 8 Angers, 9 Bourgneuf, 10 Bourges, 11 La Rochelle, 12 Oléron, 13 Bordeaux, 14 Clermont, 15 Lyon (franz. 1307), 16 Vienne, 17 Bayonne, 18 Albi, 19 Toulouse, 20 Carcassonne, 21 Narbonne, 22 Montpellier, 23 Marseille.
Spanien: 1 Santiago di Compostela, 2 Santander, 3 Bilbao, 4 Leon, 5 Burgos, 6 Saragossa, 7 Lerida, 8 Perpignan, 9 Barcelona, 10 Salamanca, 11 Avila, 12 Toledo, 13 Valencia, 14 Alicante, 15 Murcia, 16 Cartagena, 17 Malaga, 18 Granada, 19 Jaen, 20 Cordoba, 21 Sevilla, 22 Cadiz.

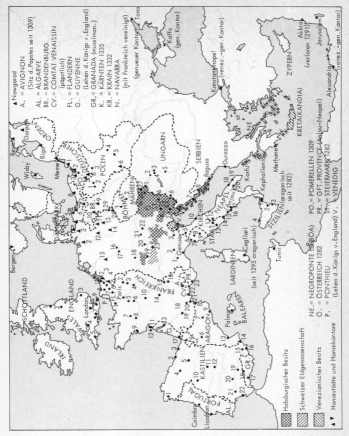

Abb. 20: Das Abendland zu Beginn des 14. Jahrhunderts

Flandern: 1 Brügge, 2 Gent, 3 Courtrai, 4 Lille, 5 Tournai, 6 Arras, 7 Amiens, 8 Ypern.

Italien: 1 Asti, 2 Mailand, 3 Padua, 4 Verona, 5 Bologna, 6 Lucca, 7 Pisa, 8 Florenz, 9 Siena, 10 Ancona, 11 Todi, 12 Assisi, 13 Rom, 14 Gaeta, 15 Neapel, 16 Amalfi, 17 Salerno, 18 Bari, 19 Brindisi, 20 Tarent, 21 Reggio.

Sizilien: 1 Messina, 2 Catania, 3 Syrakus, 4 Palermo.

Böhmen: 1 Prag, 2 Kuttenberg.

Deutschland: 1 Lübeck, 2 Bremen, 3 Hamburg, 4 Wismar, 5 Stralsund, 6 Greifswald, 7 Stettin, 8 Kolberg, 9 Frankfurt, 10 Berlin, 11 Magdeburg, 12 Goslar, 13 Halle, 14 Erfurt, 15 Köln, 16 Frankfurt, 17 Mainz, 18 Straßburg, 19 Habsburg, 20 Ravensburg, 21 Augsburg, 22 München, 23 Moorgarten, 24 Laibach, 25 Klagenfurt, 26 Graz, 27 Dürnkrut, 28 Freiberg, 29 Meißen.

Ungarn: 1 Preßburg, 2 Gran, 3 Pest, 4 Ofen, 5 Kalocsa, 6 Agram, 7 Zara, 8 Spalato.

Polen: 1 Posen, 2 Gnesen, 3 Plozk, 4 Lublin, 5 Sandomir, 6 Krakau.

Deutscher Orden: 1 Königsberg, 2 Elbing, 3 Danzig, 4 Marienburg 1309, 5 Kulm, 6 Thorn.

der landwirtschaftlichen Einkünfte und vor allem durch die Feudalrenten.

Die technischen Grenzen zeigen sich auch in Handwerk und »Industrie«.

Manchmal handelt es sich dabei um das Abbremsen eines technischen Fortschritts, den der Markt nicht mehr bewältigen kann. Die Verbote, mit denen einige Städte und Zünfte das Spinnrad und die Walkmühle belegen, sind nicht einfach Äußerungen eines konservativen wirtschaftlichen und technischen Denkens oder der Wunsch, die gewohnte Qualität aufrechtzuerhalten. Sie wollen vor allem eine Überproduktion verhindern, die auf dem bereits verstopften Markt das Sinken der Textilpreise zur Folge haben würde. Auffallender noch sind die Grenzen, die das wichtige Bauwesen erreicht zu haben scheint. Auf den ersten Blick ist dies vor allem eine technische Krise. Der gotische Titanismus hat das Unmögliche versucht: 1284 stürzt das 48 Meter hohe Schiffsgewölbe der Kathedrale von Beauvais ein. Der Chor bleibt erhalten, aber das Schiff wird nicht mehr aufgebaut. Doch auch dort, wo die Baupläne keine unlösbaren technischen Probleme aufwerfen, mehren sich die aufgegebenen Baustellen. Die erste Hälfte des 14. Jahrhunderts ist die Zeit der unvollendeten Kathedralen: Narbonne, Köln, Siena begnügen sich mit einem Chor oder einem Querhausarm. Die Bauhütten erhalten nicht mehr genügend Schenkungen oder Geldmittel. Nur auf das Drängen Clemens' V. hin, der 1310 an die Gläubigen appelliert, wird der Cäciliendom in Albi fertiggestellt. Ist es ein Erkalten der Begeisterung, das so vielen Kathedralen ihre Türme oder Turmhelme vorenthält? Hunderte von Zeugnissen beweisen, daß die Frömmigkeit der Christen nicht abgenommen hat. Aber die Beutel sind leer, oder man legt das Geld anderswo an. Wenn also kein Nachlassen der Gläubigkeit vorliegt, haben wir es vielleicht mit einer Umwandlung zu tun, die sich nicht mehr mit Ausgaben zufriedengibt, welche als unproduktiv angesehen werden.

RÄUMLICHE GRENZEN: DAS ENDE DES VORDRINGENS

Das von der Christenheit zu Beginn des 14. Jahrhunderts erreichte geographische Limit ist nicht nur landwirtschaftlicher, sondern auch kommerzieller und politischer Natur. Die »Grenzzeit«, wie sich A. R. Lewis ausdrückt, ist für den mittelalterlichen Westen zu Ende.

In Spanien kommt die Reconquista zwei Jahrhunderte lang an den Grenzen des kleinen Königreiches Granada zum Stehen und die Könige von Kastilien und Aragonien finden nur schwer Sied-

ler, um die im Lauf des Jahrhunderts eroberten Gebiete zu bevölkern. Auch hier ist der Bevölkerungsaufschwung zu Ende.
Im Osten bleibt das Vordringen an den russischen und ukrainischen Grenzen stecken. Erst die Evangelisierung Litauens am Ende des 14. Jahrhunderts — zur Zeit des jagiellonischen Großpolen — wird die Ostgrenze der mittelalterlichen Christenheit endgültig festigen.
In Byzanz beendet 1261 die Rückkehr von Michael VIII. Palaiologos das 1204 durch die Kreuzfahrer errichtete ephemere lateinische Kaisertum. Auf dem Konzil von Lyon endet 1274 das eher politische als religiöse Streben nach der Vereinigung der Kirchen, dem sich die Mehrzahl des orthodoxen Klerus nicht anschließen will, mit einem Fehlschlag, der 1281 endgültig wird.
Das vielleicht auffallendste, weil am leidenschaftlichsten aufgenommene Vorzeichen ist das Ende des lateinischen Reiches im Heiligen Land. Der Fall Akkons im Jahr 1291 bedeutet die letzte Episode. Zwar ist der Aufruf zum Kreuzzug damit nicht verstummt. Noch das Konzil von Vienne läßt ihn 1311 erklingen, und der Kreuzzugsgeist ist im Westen nicht erloschen. Aber der Kreuzzug selbst stirbt 1270 mit Ludwig dem Heiligen vor Tunis.
Sogar die friedliche Expansion der Kaufleute erreicht zu Beginn des 14. Jahrhunderts ihre Grenzen. Einige Unternehmungen enden mit Mißerfolgen oder bleiben vereinzelte Abenteuer. Als Marco Polo am Ende des Jahrhunderts in den Gefängnissen von Genua seinen Bericht diktiert, hält ihn alle Welt für einen besonders phantasiebegabten Mann, und seine wunderbaren Reiseerlebnisse werden den erdichteten Heldenromanen an die Seite gestellt. 1290 verlassen die Brüder Vivaldi und Teodisio Doria den Hafen Genuas, umschiffen die Säulen des Herkules und fahren die afrikanische Küste hinab. Wollten sie nach der Umseglung Afrikas den Orient erreichen? Wir werden es nie erfahren, da sie verschollen sind.
R. S. Lopez hat bemerkt, daß es weder mangelnder Unternehmungsgeist noch Unsicherheit ist, der dem europäischen Handel im Mittelalter Grenzen setzt, sondern vielmehr die Schranken der wirtschaftlichen Möglichkeiten selbst. Was hat man im Tausch für Seide und Gewürze anzubieten? Der Okzident bringt keine Luxuswaren hervor, die den in dieser Hinsicht besser versorgten Orient reizen könnten. So versuchen die christlichen Händler zu Beginn des 14. Jahrhunderts, Leinen, Schmuck, Kristalle und Raritäten zu verkaufen. Der französische Künstler Guillaume Boucher verfertigt einen mechanischen Brunnen, den er dem Großkhan in Karakorum anbietet. Ein Genuese bringt 1292 dem marokkanischen Emir einen vergoldeten Baum mit

automatisch singenden Vögeln, und 1338 besteht das »Geschäftskapital« des Venezianers Giovanni Loredano, der mit fünf Gesellschaftern nach Indien reist, vor allem aus einem Brunnenautomaten und einer Uhr. Damit kann man natürlich keinen Großhandel betreiben. Und was das Bezahlen der exotischen Waren in Geld oder Edelmetallen anbelangt, so wendet sich die Entwicklung des Verhältnisses zwischen Geld und Gold am Beginn des 14. Jahrhunderts gegen den Westen. Für mehr als ein Jahrhundert hat der christliche Fernhandel seine Grenzen erreicht.

GEISTIGE GRENZEN: DIE VERDAMMUNGEN VON 1277

Einschließlich der geistigen Forschungen gibt es nichts, das am Ende des 13. Jahrhunderts nicht an seine Grenzen gelangt wäre. Gewiß sind es äußerliche Gründe, die den wissenschaftlichen und intellektuellen Fortschritt aufhalten. Am Ende der beiden großen Wege, welche die Intellektuellen des 13. Jahrhunderts erschlossen haben, Vernunftschluß und experimentelle Beobachtung, stehen von 1270 an scharfe Verurteilungen der kirchlichen Autorität. 1270 und 1277 verdammt der Pariser Erzbischof Etienne Tempier eine Anzahl Behauptungen und Lehrsätze. Dasselbe tut der Dominikaner John Peckham, Erzbischof von Canterbury. Die Verbote beschränken sich nicht auf Paris, Oxford und Cambridge. Sie werden anderen Universitäten mitgeteilt, wo sie Anwendung zu finden scheinen. Im großen und ganzen werden sie von den Franziskanern und Dominikanern als führenden Orden der geistigen Bewegung akzeptiert. Damit treffen sie die wichtigsten Denkmittelpunkte. Sie treffen Männer wie Ideen. Der Franziskaner Roger Bacon und der weltliche Magister Siger von Brabant werden gefangengesetzt. Der *Syllabus* des Etienne Tempier erscheint als Katalog der verschiedenartigsten »Irrtümer«. Einige der verurteilten Behauptungen lassen die Existenz einer naturalistischen, heidnischen, vielleicht offen antichristlichen Strömung erkennen:

152. Daß die Theologie auf Fabeln beruht.
155. Daß man sich nicht um das Begräbnis kümmern soll.
156. Daß Keuschheit an sich noch keine Tugend ist.
169. Daß die völlige Enthaltsamkeit die Tugend und das Menschengeschlecht verdirbt.
174. Daß die christliche Lehre Fabeln und Irrtümer enthält wie die anderen Religionen.
176. Daß das Glück in diesem Leben ist und nicht in einem anderen.

Vor allem aber sind die Verurteilungen von 1270 und 1277 auf die Neigung gemünzt, alles rationalistisch zu erklären:

18. Daß der Philosoph die Auferstehung des Fleisches nicht zugeben kann, weil sie nicht vernunftmäßig untersucht werden kann.
175. Daß die christliche Lehre ein Hindernis für die Wissenschaft ist.

Die Verbote treffen eine zwischen 1250 und 1277 an der Pariser Universität besonders aktive Gruppe, deren Häupter Siger von Brabant und Boëthius von Dacien sind, die sich zur Unterscheidung von den Theologen *Philosophen* nennen und, indem sie die Tugend der Demut als die wissenschaftliche Forschung lähmend ansehen, für die Philosophen das Ideal der antiken *Seelengröße* als Tugend der geistigen Würde postulieren. Deshalb steht unter den verdammten Behauptungen von 1277 auch:

40. Daß es keinen besseren Stand als den des Philosophen gebe.
154. Daß nur die Philosophen die Weisen dieser Welt seien.

Übrigens führt der Wille Etienne Tempiers und aller jener, die ihn unterstützen oder antreiben (zu ihnen gehört wahrscheinlich der portugiesische Papst Johannes XXI., der berühmte »Logiker« Petrus Hispanus), diese »Abweichung« mit den Wurzeln auszurotten, auch zur Verdammung mehrerer Behauptungen des Thomas von Aquino. Und doch hatte dieser bereits Vertreter des »vollständigen Aristotelismus« angegriffen, die gewöhnlich nach dem islamisch-spanischen Philosophen Averroës, einem Kommentator des Aristoteles am Ende des 12. Jahrhunderts, Averroisten genannt werden. Auf dem Gebiet der eigentlichen Theologie werfen ihnen die Orthodoxen vor allem drei häretische Meinungen vor: Die Theorie der doppelten Wahrheit, nach der das, was für den Glauben wahr ist, für die Vernunft falsch sein kann; den Glauben an die Ewigkeit der Welt, welcher die Leugnung der Schöpfung einschließt; schließlich die Bekräftigung der Einheit des Geistes, was die Unsterblichkeit einer persönlichen Seele unmöglich macht.
Aber die Verurteilungen von 1277 haben auch beträchtliche Folgen für die eigentliche Wissenschaft, da diese ja von der Theologie unabhängig noch nicht existiert. Über drei Jahrhunderte später wird es noch Galileo Galilei zu seinem Schaden erfahren. Tatsächlich formulieren Etienne Tempier und die Gruppe rückständiger und begriffsstutziger Theologen in der Absicht, die Allmacht Gottes zu bekräftigen und ihn vor jedem rationalen Determinismus zu bewahren, reinen Unsinn. Aber dieser

wissenschaftliche Unsinn, der durch Autorität und Exkommuni-
kationsdrohungen untermauert wird, legt den Gelehrten große
Vorsicht nahe, vor allem bei der Behandlung des leeren Raums
und der Unendlichkeit. Geschichtsschreiber der Philosophie und
der Naturwissenschaft haben behauptet, daß die Verurteilungen
von 1277 die Wissenschaft vom griechischen Determinismus
und der Teleologie befreit und so der modernen Naturwissenschaft die Tür geöffnet hätten. Aber nicht nur, daß die durch
Etienne Tempiers Syllabus geschaffenen theoretischen Möglichkeiten von den Wissenschaftlern während dreier Jahrhunderte nicht genutzt werden; es ist auch gewiß, daß das Eingreifen des Bischofs von Paris nicht »als eine Befreiung vom festgelegten Rahmen griechischen Denkens aufgefaßt wurde, sondern als ungeschicktes Eindringen eines unverbesserlichen und
unwissenden Rückständigen in ein Gebiet, auf dem er nichts
zu suchen hatte« (E. Gilson, *La Philosophie au Moyen Age*).
Man darf die Bedeutung der Verdammungsurteile von 1277
aber auch im Gegensinn nicht übertreiben. Denn trotz der ihnen
auferlegten Hemmnisse und Verpflichtungen zu Vorsicht und
Umschreibungen zögern die Gelehrten nicht, diese Verbote bei
ihrer Arbeit zu umgehen, so wie die Verdammung des Wuchers
die Kaufleute nicht daran gehindert hat, ihren Geschäften nach-
zugehen. Da wo sie die Forschung zu lähmen scheinen, steht die
Kühnheit der Gelehrten in keinem Verhältnis zu den Möglichkeiten ihrer Wissenschaft. Sie haben ihre Grenzen erreicht, ohne
daß Etienne Tempier sie anzuhalten brauchte. Da wo die Verurteilungen von 1277 neuen Ideen den Weg geöffnet zu haben
scheinen, vor allem, was die Kritik an der aristotelischen Physik
anbetrifft, kann man mit Alexander Koyré *(Le vide et l'espace
infini au XIVe siècle)* denken, daß »auch ohne Etienne Tempier die Diskussionen über den leeren Raum und die Unendlichkeit in der christlichen Scholastik stattgefunden hätten, wegen
der Eigenbedeutung dieser Fragen«. Mehr noch, die Wissenschaftler (Bradwardine, Buridan, Oresmius), die in der ersten
Hälfte des 14. Jahrhunderts die angeblich von Etienne Tempier
gewährte »Freiheit der Einbildungskraft« nutzen und neue
Ideen äußern, stoßen sich an Engpässen, welche die mittelalterliche Wissenschaft daran hindern, wichtige praktische Folgen zu
zeitigen: die unzureichenden mathematischen Symbole und die
Lähmung wissenschaftlichen Denkens durch eine theologische
Geisteshaltung. Denn auch das geistige Rüstzeug des mittelalterlichen Intellektuellen hat sich am Ende des 13. Jahrhunderts erschöpft.
Das Unbehagen der Epoche um 1300 resultiert nicht nur aus einem Anhalten vor unüberwindlichen Hindernissen; es ist auch
eine Krise mit eigenen Wirren.

DIE WIRTSCHAFTSKRISE: HUNGERSNÖTE (1315—17), GELDMANIPULATIONEN, UMWANDLUNG DER WIRTSCHAFTSKARTE

Sie läßt sich an zunehmenden Anzeichen in der Wirtschaft erkennen.

Am gravierendsten ist die Rückkehr der Hungersnöte. Während dreier Jahre aufeinanderfolgende Regenfluten und mehrere schlechte Ernten führen zwischen 1315 und 1318 im ganzen Okzident zu einer fast allgemeinen Hungersnot, zum Ansteigen der landwirtschaftlichen Preise und zu erhöhter Sterblichkeit. Mit diesem Donnerschlag beginnt das tragische 14. Jahrhundert.

Andere Zeichen sind schon vorausgegangen. So im Geldwesen, dem »Barometer des Wirtschaftslebens« nach Marc Bloch. Am Ende des 13. Jahrhunderts genügt die Masse des im Westen zirkulierenden Geldes den Bedürfnissen von Wirtschaft und Regierung nicht mehr. Der Geldmangel ergibt sich aus dem Fehlen von Edelmetallen und daher, daß neben Silber wieder in Gold geprägt wird. Der Geldbedarf der Regierungen, die eine Bürokratie und Armee aufbauen, welche mit herkömmlichen Mitteln — im wesentlichen Feudaleinkünften — nicht mehr unterhalten werden können, verschärft diese Krise ganz besonders. Er wirkt direkt oder indirekt auf das Finanzwesen zurück, weil die Fürsten sich nun im großen Stil Anleihen bei den bedeutenden Kaufherrn verschaffen, die zum Bankrott gedrängt werden. Man erinnert sich an den zwischen 1297 und 1308 erfolgten Zusammenbruch der Rothschilds von Siena, der Buonsignori. Fürsten und besonders Könige haben ein Mittel zur Vertuschung des Geldmangels: das Manipulieren mit dem Wert. Der rechtmäßige Wert ist nämlich auf den Geldstücken nicht vermerkt. Eine eigenwillige Entscheidung des in dieser Hinsicht souveränen Fürsten kann den Grundwert des Geldstücks abändern, entweder durch Beimischung minderer Metalle oder durch Erhöhung des *Kurses*, der nominalen Kaufkraft des Geldstücks bei unverändertem Metallgehalt. Je nach seinen Bedürfnissen, dem Stand seiner Finanzen, seiner Situation als Schuldner oder Gläubiger kann der Fürst das Geld herabsetzen oder anheben, entwerten oder aufwerten, eine Inflation oder eine Deflation herbeiführen. Hier gibt der französische König Philipp der Schöne (1285—1314) das Beispiel. Häufiger Schuldner als Gläubiger, behilft sich Philipp vor allem mit der Entwertung, die seine Schulden vermindert. Solche Geldmanipulationen benachteiligen vor allem jene Gruppen und Klassen, die über feste Einkünfte verfügen: Grundrentner und Lohnempfänger. Aber sie verwirren auch die Handelsbeziehungen und mißfallen vielen Kaufleuten, namentlich den ausländischen, vor allem italienischen Händlern, deren Außenstände in Frankreich sehr

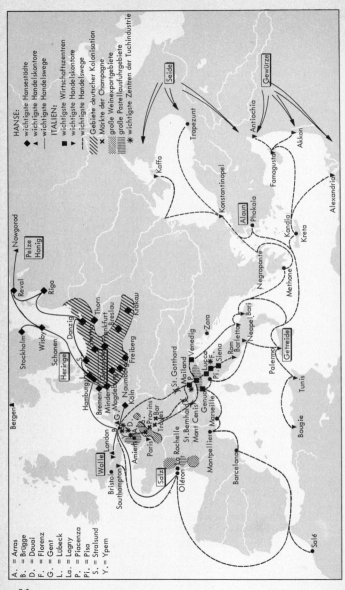

hoch sind. Die Auswirkungen dieser Geldschwankungen verschärfen die Störungen des Wirtschaftslebens. Schließlich können selbst Spezialisten wie die Kaufleute und einige Legisten das ins Schwanken geratene Geldwesen kaum noch verstehen oder vorausberechnen, und so mehrt die Bestürzung der Geister die wirtschaftliche Unordnung.

Gilles le Muisit, der Abt von Sankt Martin in Tournai (der 1348 an der Pest stirbt) stellt enttäuscht fest:

>>Die Finanzen sind dunkel und niemandem klar
Sie steigen und sinken, man weiß nicht was tun.
Glaubt man zu gewinnen, ist das Gegenteil wahr.<<

Dante und Bonifaz VIII. klagen, dies eine Mal übereinstimmend, Philipp den Schönen ganz einfach als >>Falschmünzer<< an.

Die Krise erfaßt auch das Produktionsgebiet der Textilien, dessen Bedeutung im Mittelalter man zweifellos übertrieben hat, das aber doch als beispielhaft angesehen werden kann. Die Ursachen dieser Krise sind nicht leicht zu entwirren, weil viele Faktoren mitspielen. Es hat den Anschein, als seien zwei von ihnen wesentlich. Einerseits besteht eine Versorgungskrise mit Grundmaterial. Die englische Wolle wird vom König mit immer höheren Belastungen belegt und dadurch im Preis gesteigert; außerdem hält die entstehende englische Textilindustrie immer bedeutendere Quantitäten zurück.

Um 1300 erscheint, vor allem in Italien, als Ersatz die Wolle der spanischen Merinoschafe auf dem Markt. Andererseits besteht auch eine Absatzkrise, sei es durch eine gewisse Überproduktion, sei es, daß die reiche Kundschaft, die den Hauptteil dieser Luxusgüter bisher abnahm, von der Wirtschaftskrise betroffen ist. Allerdings entstehen neue Textilzentren in Brabant, Westfrankreich und der Lombardei, aber sie verschärfen die Krise eher, als daß sie sie lindern. Sie produzieren mindere Qualitäten für eine weniger reiche und also auch weniger anspruchsvolle Kundschaft: gröbere Tuche, Leinen und Barchent, die immer mehr mit Baumwolle vermischt werden. Die >>neue Tuchmacherei<< und die übrigen Textilindustrien beginnen, an die Stelle der >>alten Tuchmacherei<< zu treten. Aber im Augenblick überstürzt ihre Entwicklung den Niedergang der alten Zentren, dieser Antriebskräfte des Wirtschaftslebens, deren Schwierigkeiten ausgedehnte Nachwirkungen haben.

Diese Umwandlung der westlichen Wirtschaftskarte läßt sich auch für den Handel beobachten. Das Straßennetz verändert sich.

◀ Abb. 21: Die Wirtschaft des Abendlandes am Ende des 13. Jahrhunderts

Die Wege, welche Italien mit Nordeuropa verbinden und bisher vorwiegend dem Lauf von Rhône und Saône folgten, verlagern sich nach Osten und erreichen durch Deutschland hindurch die flämischen und hanseatischen Handelsplätze. Vor allem gibt es seit dem Ende des 13. Jahrhunderts eine regelmäßige Seeverbindung. 1277 erreicht eine Genueser Galee Flandern, 1278 eine andere England; ab 1298 wird zwischen Genua, Flandern und England eine regelmäßige Schiffahrtslinie eingerichtet. Venedig ahmt im zweiten Jahrzehnt des 14. Jahrhunderts die Rivalin nach. So entfernen sich im Osten wie im Westen die Fernhandelswege von der Champagne, deren Messen im 13. Jahrhundert das Herz des westlichen Handels waren. Ihr Niedergang beginnt mit dem 14. Jahrhundert und unterstreicht noch, daß die Wirtschaft der Christenheit aus dem Gleichgewicht geraten ist.

KRISE DER GESELLSCHAFT UND FEUDALITÄT: UNRUHEN
IN STADT UND LAND, GEGENMASSNAHMEN DER HERREN,
SÜNDENBÖCKE

Schon auf den andern Gebieten ahnte man voraus, daß die Wirtschaftskrise mit einer Sozialkrise verbunden ist.

Hunger, Geldentwertung und Textilkrise betreffen nicht alle sozialen Stände gleichmäßig. Die Armen sterben an Hunger, während die Reichen in ihren Speichern und Börsen genug zu ihrer Sättigung haben. Die Geldmanipulationen treffen vor allem die Nutznießer fester und folglich entwerteter Einkünfte. Mehr als einige Tuchmacher und Kaufleute sucht die Stockung des Textilhandels die Arbeiter heim, die arbeitslos werden oder geringeren Lohn erhalten. Im großen und ganzen kann man sagen, daß diese Krise den Abstand, ja den Gegensatz zwischen arm und reich vertieft hat.

Das trifft in Städten und verstädterten Gegenden zu, besonders da, wo das Textilgewerbe führend ist. Nach 1260, vor allem ab 1280 bricht eine Woge von Streiks, Meutereien und Revolten der Handwerker und Arbeiter los. Heftige Unruhen brechen besonders in Brügge, Douai, Tournai, Provins, Rouen, Caen, Orléans und Béziers aus. In Douai gehört der Tuchhändler Jehan Boinebroke zu jenen *échevins,* die den Weberstreik erbarmungslos unterdrücken. 1288 erheben sich die Handwerker von Toulouse. 1302 erfolgt in Flandern, Hennegau und Brabant ein allgemeiner Aufstand der aus den kleinen Leuten bestehenden »Volkspartei«. 1306 meutern Pariser Handwerker anläßlich einer Geldentwertung, worauf Philipp der Schöne eine Zeitlang alle Korporationen auflöst. Überall erschallt bei diesen Anlässen der Ruf: »Nieder mit den Reichen«, den man im Laufe des 14. Jahrhunderts noch so oft hören wird.

Aber die Städte sind nicht der einzige Ort, an dem die Klassen aufeinanderprallen.

Während Ludwig IX. im Heiligen Land weilt, revoltieren 1251 Bauerntrupps in Frankreich. Die regierende Königsmutter Bianca von Kastilien scheint einen Augenblick lang die Aufständischen zu begünstigen, welche die von der Monarchie gefürchteten Barone in Atem halten. Doch schon bald stellt sich die Regentin hinter die Herren, welche die Erhebung der Hirten *(Pastoureaux)* im Blut ersticken. Um die gleiche Zeit berichtet eine Verserzählung über den vergeblichen Aufstand der normannischen Bauern von Verson gegen ihre Herren, die Mönche der Abtei Mont Saint-Michel.

Oft nimmt die bäuerliche oder städtische Sozialgärung eine religiöse, häretische oder beinahe häretische Färbung an. Der Pariser Magister Wilhelm von Saint-Amour, Feind der Bettelorden und des Armutsideals, das nach seiner Auffassung der Verpflichtung zur Arbeit widerspricht, beschreibt 1256 feindselig das plötzliche Auftauchen jugendlicher Banden beiderlei Geschlechts in ganz Frankreich, die bettelnd umherziehen und die Reihen der Begarden und Beginen mehren werden. Doch kann man sich des Gedankens nicht erwehren, daß eine Arbeitslosigkeit zur Bildung dieser Gruppen mystischer Vagabunden geführt oder sie doch wenigstens gespeist hat.

Am schwerwiegendsten ist zweifellos, daß diese Wirtschafts- und Sozialkrise besonders die Militär- und Landaristokratie, den Adel also, erfaßt. Die nicht mehr steigenden Preise in der Landwirtschaft, der abnehmende Wert der festen Geldeinkünfte, die Schwierigkeit, seinen Rang zu wahren, ohne immer mehr auszugeben: alles macht diesen Stand zwar nicht zum ersten Opfer der Krise, die mehr die armen Leute bedrückt, aber zum mächtigsten und am ehesten zu Gegenmaßnahmen fähigen. Angesichts dieser die Feudaleinkünfte schmälernden Entwicklung erweisen sich die üblichen Anpassungsversuche des Adels als ungenügend oder nicht sofort wirksam. Die Aufstellung einer beweglichen Zinsskala läßt sich nur schwer bewerkstelligen; die Umstellung auf Viehzucht oder rentablere Erzeugnisse, als der Getreideanbau es ist, erfordert Geduld. Die Krise verschärft sich im 14. Jahrhundert, da es eine Krise der Feudalität überhaupt ist und da die Herren genügend Macht besitzen, um durch ihre heftigen Reaktionen auf den erlittenen Schaden die ganze westliche Gesellschaft schwer zu erschüttern.

Unterdessen suchen die Opfer der Krise nach Sündenböcken, so daß sich die Minderheiten der blinden Wut unglücklicher Menschen ausgeliefert sehen.

Da sind die ausländischen Kaufleute, die man immer verdächtigt hat, sich schändlicher Praktiken wie des Wuchers und der Erpressung der Einheimischen zu bedienen. In Frankreich beschlagnahmt Philipp der Schöne in Zeiten großer Finanzschwierigkeiten ganz einfach das Vermögen der *Lombarden*, der italienischen Kaufleute. Gleichfalls unpopuläre Bankiers sind die Templer, die, auf den Okzident zurückgeworfen, in ihren Festungen anvertraute Vermögen bewahren, die sie gut anzulegen wissen. Sie werden aller Verbrechen angeklagt, beginnend mit der Sodomie. Man nimmt sie in Frankreich, dann in anderen Königreichen gefangen, zieht ihre Besitzungen ein und verbrennt die Oberen. Der gehorsame Clemens V. heißt 1311 auf dem Konzil von Vienne das Verschwinden des Ordens gut.

Da sind endlich die Juden und Aussätzigen. Nach der großen Hungersnot von 1315 bis 1318 und den darauf folgenden Epidemien macht man sie für die Katastrophen verantwortlich. König Philipp V. leitet persönlich die Jagd nach den Aussätzigen in ganz Frankreich. Viele werden nach durch die Folter entrissenen Geständnissen verbrannt.

Könige und Barone versuchen mit politischen Mitteln, die verzweifelte Lage zu ändern, so daß sich die Krise auch auf das politische Gebiet erstreckt.

Der Gegenschlag der Herren ist in England und Frankreich deutlich zu erkennen. Er wirkt sich in England auf den schwachen Eduard II. (1307–1327) aus, er zeigt sich unter Philipp dem Schönen, dem der auvergnatische Adel die Charta von 1306 entreißt, ehe beim Tod des Königs die große Feudalrevolte von 1314/15 ausbricht. Philipp der Schöne bindet sich bei ständiger Mehrung seiner Königsmacht stärker als seine Vorgänger an den Adel. Dies erweist seine Politik in Flandern, wo er die Aristokraten als Parteigänger der *fleurs de lys* oder *Leliaerts* gegen die Handwerker und Städter unterstützt. 1328 steigt mit Philipp VI. die große Feudalfamilie der Valois auf den Thron.

DIE EINHEIT DER CHRISTENHEIT IN GEFAHR

In dieser Krise scheinen die beiden großen einigenden Mächte der mittelalterlichen Christenheit unterzugehen oder jedenfalls ihre zeitliche Oberhoheit einzubüßen.

In Deutschland lebt das Kaisertum zwar nach dem Interregnum wieder auf, aber dieses restaurierte Imperium reicht nicht mehr über die deutschen Grenzen hinaus. Der ergebnislose Italienzug Heinrichs VII. (1310–1313) ist der letzte Versuch eines deutschen Kaisers, eine effektive Herrschaft in Italien zu errichten.

Noch erstaunlicher ist der Niedergang des Papsttums. In Anagni gedemütigt, scheint Bonifaz VIII. den Traum von der zeitlichen Herrschaft des Heiligen Stuhls über die Christenheit in den Händen Philipps des Schönen gelassen zu haben. Später nehmen Ludwig der Bayer und Johannes XXII. (1316–1334) den Streit zwischen Sacerdotium und Imperium wieder auf. Aber der Papst ist nur noch ein avignonesischer Bischof unter dem Einfluß des französischen Königs, und die Intellektuellen, die die kaiserliche Sache vertreten, wie Wilhelm von Ockham und Marsilius von Padua im *Defensor Pacis* (1324), verteidigen eine Theorie unabhängiger Staaten, die sich ebenso gegen das Imperium wie gegen das Sacerdotium richtet. Marsilius stellt dem Papsttum und der Utopie einer universalen menschlichen Gesellschaft die Notwendigkeit vieler unabhängiger Staaten gegenüber.

VERWIRRUNG IM DENKEN UND FÜHLEN: DAS IN FRAGE
GESTELLTE GLEICHGEWICHT DES 13. JAHRHUNDERTS

Die letzten Auswirkungen der Krise müssen auf geistigem, künstlerischem und religiösem Gebiet gesucht werden. Um 1300 gerät das hier im abgelaufenen Jahrhundert erzielte Gleichgewicht ins Schwanken.

Auf geistigem Gebiet ist der Aristotelismus angeklagt, genauer gesagt der Thomismus als die beste Umsetzung der aristotelischen Lehre in das christliche Denken. Thomas von Aquino hatte Glauben und Vernunft sorgfältig unterschieden, jedoch mit dem Ziel ihrer notwendigen Verbindung, wobei eins das andere voraussetzte. Seine 1323 von den Dominikanern erreichte Heiligsprechung verhinderte nicht, daß seine Lehre von Theologen widerlegt wird, die Glauben und Vernunft trennen und ersteren immer stärker begünstigen.

Gordon Leff hat im Denken des anhebenden 14. Jahrhunderts drei Hauptzüge erkannt: die Ablösung vom Glauben, die Verbreiterung des Grabens zwischen beweisbaren Tatsachen und Glaubensdingen, endlich das Auftauchen neuer Hauptthemen philosophischer und theologischer Meditation: Gnade, freier Wille, Unendlichkeit und wachsender Glaube an die Nicht-Determiniertheit. Die Zeit der Synthesen ist vorbei. Es beginnt die Zeit der Kritik, der Skepsis, des Eklektizismus. Auch hier führt die Krise zum Pluralismus, zum Voluntarismus, zur Willkür.

Bei Duns Scotus wird, nach schwierigen Überlegungen, die ihm den Beinamen *Doctor subtilis* einbringen, die psychologische Intuition zur Erkenntnisgrundlage. Dieser schottische Franziskaner, der in Oxford, Cambridge und Paris zu Hause ist — in Paris lebt er von 1292 bis 1297 und 1302/03 und lehrt dort von

1304 bis 1307, ehe er 1308 in Köln stirbt — ist ein Metaphysiker der Unendlichkeit, aber auch ein Theologe der Liebe. Er stellt den Primat des Willens über die Vernunft auf. Mittels der Philosophie kann man sich nicht über die Kausalität erheben. Nur durch den Glauben, die Liebe, kann man zu Gott aufsteigen, dem alles möglich ist, bis auf das allerdings, »was einen Widerspruch in sich schließt«, denn Duns Scotus bleibt der vernunftgemäßen Theologie verbunden.

Wilhelm von Ockham (um 1290 — 1348), ein englischer Franziskaner, lehrt in Oxford, hat Schwierigkeiten mit seinem Orden und dem Papst und lebt seit 1328 in der Umgebung Kaiser Ludwigs des Bayern in Pisa, dann in München. Vollständiger als Duns Scotus, an dem er herbe Kritik übt, trennt er die Gebiete der Natur und des Göttlichen. Auf dem ersteren ist er ein Empirist, der nur das akzeptiert, was durch Erfahrung bewiesen ist. Auf dem zweiten bleibt er ein reiner Gläubiger, der Gott die »absolute Gewalt« zugesteht. Hieraus ist eine politische Umdeutung im Sinne der Renaissancetyrannen erfolgt. Ockham stellt die Theologie als für die Vernunft unerreichbar hin. »Es sieht so aus, als ob die Vernunft nach den großen Lehrgebäuden der vorhergehenden Zeit bei Ockham von einer gewissen Müdigkeit befallen wird.« (A. Koyré, Le vide et l'espace infini au XIVe siècle.)

Bei Thomas Bradwardine (um 1290—1349), »proctor« der Universität Oxford und Erzbischof von Canterbury, führt ein mathematischer Weg zur Theologie. Für ihn geht es darum, von der kosmologischen Struktur des Alls zu Gott zu gelangen. Nun enthält aber die menschliche Erfahrung eine Grundeinsicht: der Mensch ist von sich aus unfähig, einen Akt positiver Freiheit auszuführen. Er ist das Wirkungsfeld der unbegrenzten Güte und Macht Gottes, der unendlich frei, da unendlich vollkommen ist. Gott begegnet man im ganzen Weltall, sogar im Nichts. Alexander Koyré (Le vide et l'espace infini au XIVe siècle) hat das Schwindelgefühl, das am Ende des Bradwardineschen Denkens steht, großartig ausgedrückt: »Nachdem der gleiche Geist den theologischen Begriff der göttlichen Unendlichkeit und den geometrischen Begriff der räumlichen Unendlichkeit miteinander konfrontiert hatte, wurde der paradoxe Gedanke von der Realität des imaginären Raums formuliert. In diesen Leerraum, diese wahrhafte Verwirklichung des Nichts, werden drei Jahrhunderte später jene himmlischen Sphären stürzen und verschwinden, die den schönen Kosmos des Aristoteles und des Mittelalters zusammenhielten. Drei Jahrhunderte lang kam die Welt, die kein Kosmos mehr war, dem Menschen wie ins Nichts gestürzt vor, umgeben vom Nichts und sogar hier und da durchdrungen vom Nichts.«

Dies Schwindelgefühl, dieser Wille, ein allzu ausgetüfteltes Gleichgewicht zu erschüttern und in der Gewundenheit zur unendlichen Freiheit zurückzufinden, macht sich auch in der Kunst an der Wende zum 14. Jahrhundert bemerkbar.

Die Entwicklung der Architektur zu jenem gotischen Barock hin, den man *flamboyant* nennt, läßt sich am deutlichsten in England beobachten, wo zwischen 1260 und 1340 der *decorated style* herrscht. Er tritt am Engelschor der Kathedrale von Lincoln (1256—1320) auf. Die achteckige Holzkonstruktion des Vierungsturms von Ely (1322—1342) ist von verwirrender Vielfalt. Die hochphantastische Verstrebung in der Vierung von Wells (1338) zeigt zwei Bögen Rücken an Rücken übereinander. Die Gewölbe werden immer komplizierter: Kathedralen von York (Schiff 1291—1324) und von Exeter (1285—1367). Flammenbögen erscheinen in der Lady Chapel zu Ely, am Lettner von Lincoln, flamboyanter Dekor an den Chorschranken zu Beverley (1334).

Die »Krise« der gotischen Plastik drückt sich in einem Naturalismus aus, der besonders auffällig an deutschen Werken wie dem *Dévot Christ* von Perpignan (1307) oder der Liegefigur des Bischofs Wolfhart Rot (1307) im Dom zu Augsburg ist. Im Hüftschwung der Marienstatuen macht sich eine manieristische Tendenz bemerkbar; die wiederaufblühende Elfenbeinplastik zeichnet sich durch Detailfreude aus.

Auch die Glasmalerei öffnet sich der Freiheit, der Phantasie und dem Lichtspiel dank der Erfindung jenes Kunstgelb (Silberlot), das der strengen, tiefen Farbigkeit der Blau- und Rottöne des 13. Jahrhunderts ein Ende setzt. Die Köstlichkeit der neuen Fenster tritt in den normannischen Meisterwerken der ersten Hälfte des 14. Jahrhunderts klar zutage: Marienkapelle der Kathedrale von Rouen (1310—1320), Chor von Saint-Ouen in Rouen (1325—1340) und Chor der Kathedrale zu Evreux (1325 bis 1340).

Selbst die Musik spiegelt »Unruhe und Unbeständigkeit« wider. Die modale Einheitlichkeit des 13. Jahrhunderts wird durch den Wechsel zweier Tonarten und schließlich, nach der Erfindung des Teilungspunktes, durch eine Mischung aller Tonarten, also praktisch durch ihre Auflösung verdrängt. Auch hier zügellose Freiheit.

Die Harmonie leidet unter der übertriebenen Verwendung melodischer Veränderungen (Alterationen); Tonerhöhungen und -erniedrigungen nehmen derart zu, daß die Zeitgenossen von *musica falsa* = falscher, oder *musica ficta* = künstlicher Musik gesprochen haben.

Auch die Instrumentalmusik verändert sich, und die Instrumente gewinnen gegenüber den Stimmen an Selbständigkeit.

Neben den Trouvères, die sich singend auf einem Instrument begleiten, gibt es seit dem Ende des 13. Jahrhunderts Instrumentalisten oder *ménestrels* (zu den niedrigen Beamten, *ministeriali*, gehörend). In Frankreich lassen sie sich 1288 in den Rechnungsbüchern Philipps des Schönen nachweisen und schließen sich 1321 in Paris zu einer Zunft zusammen.

Die Krise des Denkens und Empfindens gipfelt in einer geistigen und religiösen Krise. Die um 1300 auftretende neue Gläubigkeit nimmt verschiedene Formen an, von der Frömmigkeit der Beginen bis zur Revolte der *Spiritualen*. Sie findet ihren tiefsten Ausdruck bei einem sehr bedeutenden Geist: Meister Eckehart. Er ist der große Theologe der neuen Frömmigkeit. Um 1260 in Thüringen geboren, jung in das Dominikanernoviziat in Erfurt eingetreten, erwirbt Eckehart die akademischen Grade in Paris, wo er auch 1302/03 und von 1311 bis 1313 lehrt. Seit 1314 hält er vor allem Predigten, in Straßburg, später in Köln. Er stirbt, kurz bevor Johannes XXII. im Jahre 1329 einen Teil seiner Lehre als Ketzerei verdammt. Er ist der Theologe der augenblicklichen *unio mystica.* Das Entgegenkommen Gottes, das sogleich auf das spontane Streben der Seele antwortet, drängt die persönliche Askese, die Mittlerrolle der Kirche und sogar die Sakramente auf den zweiten Platz zurück. »Gott ist das ewige Jetzt.«

Am Ende der Krise steht die religiöse Anarchie.

ZUSAMMENFASSUNG: DEUTUNG DER KRISENJAHRE 1270—1330

Die Worte, mit denen die Zeitgenossen die Vorgänge und Figuren der Krisenjahre um 1300 bezeichnen, sind aufschlußreich. Die Ockhamisten heißen *moderni*, die Musik des beginnenden 14. Jahrhunderts ist die *Ars nova*, die Mystik eines Eckehart präludiert der *devotio moderna*. Da wo wir in erster Linie Krise, Niedergang und Verfall sehen, erblickten die Zeitgenossen Erneuerung und Modernität. Es handelt sich also vor allem um eine Wachstumskrise, eine schöpferische Revolte, eine Neugeburt.

Wenn sich auch das Klima verändert, so sind die Strukturen doch nicht grundsätzlich anders. Rhythmus, Stil und Farben sind neu, der Grund bleibt. Diese Erschütterung ist noch keine Revolution. Die vorläufigen Lösungen allerdings sind zusammengebrochen: weltliche Einheit der Christenheit, Harmonie des persönlichen und Gesellschaftslebens, Einklang von Glauben und Vernunft. Der Mensch des beginnenden 14. Jahrhunderts hat seine größere Freiheit mit Aufspaltung, Erschütterung und innerer Unruhe erkauft.

Die Geburt der modernen Welt erfolgt unter Schmerzen. Das 14. Jahrhundert ist das Zeitalter der Katastrophen. Wie könnte es anders sein? Im Grunde haben wir es mit einer Krise der Feudalität zu tun. Die Herren haben die kleinen Mittel — Anhebung der Feudaleinkünfte, Unterstützung durch die Fürsten, wirtschaftliche Umstellung — ausgeschöpft. Es bleibt ihnen nur noch der Krieg als *ultima ratio* der bedrohten Führungsschichten. Da wo dem Adel in Mittel- und Osteuropa eine friedliche »Refeudalisierung« gelingt, verewigen sich die Schwächen der Feudalgesellschaft. Im Westen aber, wo er blutige Konflikte auslöst, entsteht aus den Kriegsmiseren eine wahrhaft neue, moderne Welt. Die Reaktion der Feudalwelt auf die Krise der Jahre von 1270—1330 führt zur Liquidation des Mittelalters.

Zeittafel

1031	Ende des Kalifats Cordoba
1054	Endgültige Trennung der Christenheit in die römische und orthodoxe Kirche
1056—1106	Heinrich IV.
1059	Papstwahldekret Nikolaus' II.
1063	burgundischer »Kreuzzug« in Spanien
zwischen 1064 und 1069	die *usatges* von Katalonien, das erste bekannte Feudalgesetzbuch
zwischen 1065 und 1100	Rolandslied
1066	Schlacht von Hastings: Beginn der normannischen Herrschaft in England; Charta von Huy
1066—1087	Wilhelm der Eroberer
1071	Eroberung Baris durch die Normannen: Ende der byzantinischen Herrschaft im westlichen Mittelmeer; Schlacht von Mantzikert: Sieg der Seldschuken über Byzanz
1072	erster colleganza-Vertrag in Venedig
1073—1074	Revolten der Bürgerschaft in Worms und Köln
1073—1085	Gregor VII.
1075	Dictatus Papae Gregors VII.
1076	Wormser Synode: Exkommunikation und Absetzung Gregors VII. auf Betreiben Heinrichs IV.
1077	Canossa: Heinrich IV. durch Gregor VII. vom Kirchenbann gelöst
1078	Eroberung Jerusalems durch die Türken
um 1080	Gilde von Saint-Omer
1086	Anlage des Domesday Books
1088—1130	Bau der großen romanischen Kirche in Cluny
1096—1099	erster Kreuzzug
1112	Eintritt des heiligen Bernhard in das Kloster Cîteaux
1122	Wormser Konkordat
1127	Gründung des Königreiches Beider Sizilien durch Roger II. (1130 vom Papst als König anerkannt)
1132—1144	Wiederaufbau der Basilika von Saint-Denis unter Abt Suger: Beginn der Gotik
1140	Konzil von Sens; Verurteilung des Abaëlard
1147	Wendenkreuzzug
1147—1149	zweiter Kreuzzug
1151—1190	Friedrich I. Barbarossa
1154	Gewährung von Privilegien an die Professoren und Studenten der Universität Bologna durch Friedrich I. Barbarossa

1155	Hinrichtung Arnolds von Brescia in Rom
1156	Gründung des Herzogtums Österreich
1157–1182	Waldemar der Große
1158	Reichstag von Roncaglia
1170	Ermordung Thomas Beckets
1176	Schlacht von Legnano: Sieg des Lombardischen Städtebundes über Friedrich I. Barbarossa
1179	drittes Laterankonzil
1180	Heinrich der Löwe geächtet und seiner Länder verlustig erklärt
um 1180	erste Windmühlen in der Normandie und in England
1181	Philipp II. August nimmt den Titel »König von Frankreich« anstatt des bisherigen »König der Franzosen« an
1183	Frieden von Konstanz zwischen Friedrich I. Barbarossa und den Lombarden
1189–1192	dritter Kreuzzug
1198–1216	Innozenz III.
um 1200	Wolfram von Eschenbach: »Parzival«
1202–1204	vierter Kreuzzug
1204	Eroberung Konstantinopels durch westliche Kreuzfahrer: Errichtung eines lateinischen Kaisertums
1207	Mission des heiligen Dominikus im Gebiet von Albi
1209	erste franziskanische Gemeinschaft
1212	entscheidender Sieg der Könige von Kastilien, Aragonien und Navarra über die Mohammedaner bei Las Navas de Tolosa
1213	Albigenserkreuzzug; Schlacht von Muret: Sieg Simons von Montfort über Peter II. von Aragonien
1214	Schlacht von Bouvines
1215	viertes Laterankonzil; Magna Charta Libertatum
1215–1250	Friedrich II.
1220	Confoederatio cum principibus ecclesiasticis
1225	»Sachsenspiegel« des Eike von Repkow
1226–1270	Ludwig der Heilige
1228	Grundsteinlegung zur Basilika von Assisi
1230	Gründung von Berlin
1231	Statutum in favorem principum
1241	Sieg der Mongolen bei Liegnitz
1242	erste Darstellung eines Steuerruders (Stadtsiegel von Elbing)
1245	erstes Konzil von Lyon
1252	erstes Auftreten von Goldmünzen in Genua und Florenz
1258	Provisionen von Oxford
1266–1274	Entstehung der »Summa theologica« des Thomas von Aquino
1274	zweites Konzil von Lyon

1277	Syllabus des Erzbischofs von Paris, Etienne Tempier
1278	Schlacht auf dem Marchfeld: Sieg Rudolfs von Habsburg (1273–1291) über Ottokar II. von Böhmen
1282	Sizilianische Vesper
1284	Einsturz des Gewölbes der Kathedrale von Beauvais
1285–1314	Philipp der Schöne
1291	Schwyz, Uri und Unterwalden gründen die Schweizer Eidgenossenschaft; Fall von Akkon
1294–1304	Bonifaz VIII.
1304–1306	Ausmalung der Capella degli Scrovegni in Padua durch Giotto
1309	Beginn der päpstlichen Residenz in Avignon
1313	Tod Heinrichs VII. in Pisa
1315	Schlacht bei Morgarten: Sieg der Eidgenossen über Leopold von Habsburg; Meister Eckehart lehrt an der Dominikanerschule in Köln
1315–1317	große Hungersnot im Abendland
1321	Tod Dantes
1324	»Defensor Pacis« des Marsilius von Padua

Anmerkungen und Literaturverzeichnis

Einleitung:

Über das Schisma von 1054 wird man weniger das veraltete Werk von L. BRÉHIER, *Le schisme oriental du XIe siècle*. Paris 1899 zu Rate ziehen als A. MICHEL, *Humbert und Kerullarios*, 2 Bde. Paderborn 1925–1930, zu berichtigen und ergänzen durch V. LAURENT in *Echos d'Orient* 35 (1935), S. 97 ff. und V. GRUMEL, *Les préliminaires du schisma de Michel Cérulaire ou la question romaine avant 1054*, in Revue des Études Byzantines 10 (1952), S. 5 ff. Über die Beziehungen zwischen dem Westen und Byzanz: J. EBERSOLT, *Orient et Occident. Recherches sur les influences byzantines et orientales en France pendant les Croisades*. Paris 1954, P. LEMMERLE, *Byzance et la croisade*. Xe Congresso Internazionale di Scienze Storiche. Rom 1955, Relazione, Bd. III, S. 595 ff., P. LAMMA, *Comneni et Staufer, Ricerche sui rapporti fra Bizanzio e l'occidente nel secolo XII*. 2 Bde. Rom 1955, W. OHNESORGE, *Abendland und Byzanz*. Darmstadt 1958. Über den byzantinischen Einfluß im normannischen Königreich Sizilien neue Erkenntnisse bei H. WIERUSZOWSKI, *Roger II of Sicily, Rex Tyrannus*, in *Twelfth Century Political Thought*, Speculum XXXVIII (1936), S. 46 ff. und bei A. MARONGIU, *Uno stato modello nel medioevo: Regno Normanno-Suevo de Sicilia*, in: Critica Storica II (1963), S. 379 ff. Diese Einflüsse wurden verneint von L. R. MÉNAGER, *Notes sur les codifications byzantines et l'occident*, in: Varia III (1957), S. 239 ff., und *L'institution monarchique dans les états normands d'Italie*, in: Cahiers de Civilisation Médiévale IV (1959), S. 311 ff. Über die Mischkultur im normannischen Sizilien: A. DE STEFANO, *La cultura in Sicilia nel periodo normanno*. Bologna 1954. Eine der wichtigsten Seiten des griechischen Einflusses im Westen wurde von A. GUILLOU dargelegt: *Grecs d'Italie du Sud et de Sicile au Moyen Age*, in: Les Moines, Mélanges d'Archéologie et d'Histoire publiés par l'École Française de Rome, 1963, S. 79 ff. Über den byzantinischen Einfluß beim religiösen und geistigen Wiederaufblühen des Abendlandes im 11. und 12. Jahrhundert: E. WERNER, *Die gesellschaftlichen Grundlagen der Klosterreform im 11. Jahrhundert*. Berlin 1953, MILTON V. ANASTOS, *Some Aspects of Byzantine Influence on Latin Thought. Twelfth-Century Europe and the Foundations of Modern Society*. Hg. von M. Clagett, G. Post und R. Reynolds. Madison 1961. Über Anselm von Havelberg und die byzantinische Kirche: G. SCHREIBER, *Anselm von Havelberg und die Ostkirche*, in: Zeitschrift für Kirchengeschichte LX (1941), S. 354 ff. *Orientale lumen* heißt das 13. Kapitel bei M. D. CHENU, *La*

Théologie au Douzième Siècle. Paris 1957. Das Aufeinandertreffen von russisch-byzantinischem Osten und fränkisch-römischem Westen in Tihany wurde kürzlich von M. KOMJÁTHY dargestellt: *Quelques problemes concernant la charte de fondation de l'abbaye de Tihany,* in: Études Historiques publiées par la commission Nationale des Historiens Hongrois. Bd. I. Budapest 1960, S. 221 ff. Die zitierten Stellen von M. BLOCH stehen in *La Société Féodale.* Bd. I: *La formation des liens de dépendance.* Paris 1939, S. 97 und 111, die Zitate von W. ABEL in *Geschichte der deutschen Landwirtschaft vom frühen Mittelalter bis zum 19. Jahrhundert.* Stuttgart 1962, S. 26—27 und von P. FRANCASTEL in *L'Humanisme roman. Critique des théories sur l'art du XIe siècle en France.* Rodez 1942, S. 91, 103 und 231. Die Stadt-Charta von Huy (1066) läßt sich aus ihrem lokalen Zusammenhang verstehen dank A. JORIS, *La ville de Huy au Moyen Age.* Paris 1959. Der Fall Mailand wurde untersucht von C. VIOLANTE, *La società milanese nell' età precomunale,* Bari 1953 und *La pataria milanese e la Reforma ecclesiastica.* Bd. I: *Le premesse (1045—1057).* 1955 und von G. MICCOLI, *Per la storia della Pataria milanese,* in: Bullettino dell' Istituto Storico Italiano 70 (1958), S. 43 ff. Auf die Renaissance des 12. Jahrhunderts wird später eingegangen. Die Frage nach einer Renaissance im 10. Jahrhundert ist von R. S. LOPEZ aufgeworfen worden: *Still another Renaissance?,* in: American Historical Review LVII (1951—52), S. 1 ff., und die amerikanischen Mediävisten haben sie bejahend beantwortet: *Symposium on the Tenth Century, Medievalia et Humanistica* VIII (1955). Die »Revolution in der Landwirtschaft«, die sie seit dem 10. Jahrhundert ermöglicht haben soll, wird beschrieben von LYNN WHITE in *Medieval Technology and Social Change.* Oxford 1962, namentlich auf S. 78. W. ABEL hat in seinem genannten Werk auf das 7. Jahrhundert hingewiesen: »Der Motor des Landausbaus war die Bevölkerungszunahme. Es ist ungewiß, wann diese Zunahme einsetzte, vielleicht erst im 7. Jahrhundert.« Er zitiert die Behauptung von J. WERNER *(Das alemannische Gräberfeld von Bülach.* 1953): »Die zweite Hälfte des 7. Jahrhunderts ist in Süddeutschland ganz allgemein die Zeit des beginnenden Landausbaus.« K. BOSL *(Die Große Illustrierte Weltgeschichte,* Bd. I. C. Bertelsmann Verlag. 1964, Spalte 1520—21) spricht sogar ganz allgemein vom 7. Jahrhundert »als Geburtsstunde einer neuen Zivilisation«. Die Vor-Renaissancen, die angeblich im 8. Jahrhundert die karolingische Renaissance ankündigten, wurden kürzlich von P. RICHÉ herausgearbeitet: *Education et culture dans l'occident barbare. VI—VIIIe siècle.* Paris 1962, S. 410 ff. Die Ansicht von G. DUBY findet sich in *L'économie rurale et la vie des campagnes dans l'occident médiéval.* Bd. I. Paris 1962, S. 145. Das Werk von B. SLICHER VAN BATH heißt *De agrarische Geschiedenis van West-Europa (500—1850),* Utrecht-Antwerpen 1960. Engl. Übersetzung: *The agrarian History of Western Europe (A. D. 500—1850).* London 1963. Der berühmte Satz von Raoul

Glaber steht in *Historiae* III,4. H. FOCILLON hat »Les grandes expériences. Le XIe siècle« im ersten Kapitel von *Art d'Occident*. Paris 1938 dargestellt. Der *tonlieu von Arras* ist untersucht worden von R. DOEHAERD im *Bulletin de l'Académie d'Arras*, 1943/44 u. 1945/46. Sonderdruck mit dem Titel *Note sur l'histoire d'un ancien impôt. Le tonlieu d'Arras*. Arras o. J. Die Entstehung einer weltlichen Stadtkultur in Frankreich in der zweiten Hälfte des 11. Jahrhunderts hat N. SIDOROWA vertreten in dem anfechtbaren Buch *Versuche über die Geschichte der Stadtkultur in Frankreich im 11. und 12. Jahrhundert*. Russische Ausgabe. Moskau 1953.

Kapitel 1

Über den Handelswert und die symbolische Bedeutung des Besant im Mittelalter siehe R. S. LOPEZ, *The dollar of the Middle Ages*, in: Journal of Economic History XI (1951). Die Zitate aus der *Geste de Guillaume d'Orange* erfolgten nach der modernen französischen Fassung von P. TUFFRAU, *La Légende de Guillaume d'Orange*. 1920. Über die Verwendung der verschiedenen Baustoffe und die Verdrängung des Holzes durch den Stein finden sich auf Frankreich bezügliche Stellen in der wertvollen Sammlung *Recueil de Textes relatifs à l'histoire de l'architecture et à la condition des architectes en France au Moyen Age* von V. MORTET. Bd. I, 11.–12. Jh. 1911. Über die norwegischen Stabkirchen siehe ANDERS BUGGE, *The Norvegian Stave Churches*. 1953. Zur Backsteinarchitektur der Hanse siehe K. PAGEL, *Die Hanse*. 2. Aufl. 1952 und A. RENGER-PATZSCH, *Norddeutsche Backsteindome*. 1930. Der Text von Suger ist enthalten in E. PANOFSKY (Hg.), *Abbot Suger on the Abbey Church of Saint-Denis and Its Art Treasures*. 1946. Französische Übersetzung in J. GIMPEL, *Les bâtisseurs de cathédrales*. 1958, S. 166. Über den Architekten als Maurer und Zimmermann siehe P. DU COLOMBIER *Les chantiers des cathédrales*, 1953, und vor allem das bemerkenswerte Buch von D. KNOOP und G. P. JONES, *The Mediaeval Mason*, 1953, das vor allem das Spätmittelalter behandelt. Die Literatur über den mittelalterlichen Wald, seinen wirtschaftlichen Wert und seine Bewohner ist sehr reichhaltig. Den klassischen Seiten von MARC BLOCH in *Les caractères originaux de l'histoire rurale française*. Neuausg. 1952, Bd. I, S. 6 ff. u. Bd. II, S. 10 u. 14–23 lassen sich die wertvollen und gleichfalls allgemeingültigen Feststellungen von G. DUBY, *L'économie rurale et la vie des campagnes dans l'occident médiéval*, 1962 (Stichwort *bois*, namentlich S. 240 ff.) und von W. ABEL, *Geschichte der deutschen Landwirtschaft*, 1962 (Stichwort *Wald*, namentlich S. 32–34) anfügen. Von besonderem Interesse sind die Forschungen von A. TIMM, *Zur Waldgeschichte des Südostharzes*, in: Harz-Zeitschrift f. d. Harz-Verein 7 (1955) und *Die Waldnutzung in Nordwestdeutschland im Spiegel der Weistümer*, 1960, vor allem für das Spätmittelalter gültig. Als historisch-geographische Monographie sei genannt L. BOUTRY, *La fôret d'Ardenne*, in: Annales de Géographie, 1920, die einen Wald behandelt, der in den Legenden und der Literatur des Mittelalters eine besonders wichtige Stellung einnimmt. In der Einleitung (S. 49) zu seiner Ausgabe von *Berte aus grans piés. Les oeuvres d'Adenet le Roi.* Bd. IV (Université libre de Bruxelles, Travaux de la Faculté de Philosophie et Lettres XXIII), 1963 stellt A. HENRY die Hypothese auf, die berühmte Szene im Wald könne sich auf die persönliche Kenntnis stützen, die der Dichter vom Wald von Le Mans besaß, in dem im 14. Jahrhundert der Wahnsinn des französischen Königs Karl VI. ausbrechen sollte. In England waren die königlichen Forsten besonders groß, und bekanntlich wurde der *Magna Charta* von 1215 eine *Wald-Charta* hinzugefügt. Siehe J. C. Cox, *Royal forests of England* und die interessanten Hinweise von H. S. BENNETT in *Life of the English Manor.* 3. Aufl. 1948 (namentlich die fachliche und juristische Definition des Waldes, S. 52: »the technical medieval term ›forest‹ was not confined to a densely wooded domain, but included much open waste country suitable for agriculture.« Siehe auch B. T. H. SLICHER VAN BATH, *The agrarian History of Western Europe, A. D. 500–1850.* Engl. Übers. 1963, S. 72–73. Der Text von Gallus Anonymus steht in den *Monumenta Poloniae Historica*, nova series, Bd. II. Hg. von K. MALECZYNSKI. 1952, S. 8. Die berühmte Miniatur *der schöne walt* befindet sich in der Handschrift der *Carmina Burana* (13. Jahrhundert) aus dem Kloster Benediktbeuren (heute Staatsbibliothek München, Cod. lat. 4660, F. 64 v.). Sie ist abgebildet bei A. BOECKLER, *Deutsche Buchmalerei vorgotischer Zeit.* 1959, S. 61 und bei J. LE GOFF, *La Civilisation de l'Occident médiéval.* 1964, S. 184. Zum Wortschatz der Arbeit siehe G. KEEL, *Laborare und Operari. Verwendungs- und Bedeutungsgeschichte zweier Verben für ›arbeiten‹ im Lateinischen und Galloromanischen.* 1932. Über die Geschichte des Pfluges hat sich seit dem klassischen Werk von AUGUST MEITZEN, *Siedelungs- und Agrarwesen der Westgermanen und Ostgermanen, der Kelten, Römer, Finnen und Slawen.* 1895. Bd. I, S. 272–284 (und schon vorher) ein beträchtliches Schrifttum angesammelt. Meitzens Erklärung der unterschiedlichen Ackerbau-Methoden und -Kulturen durch den Rassenbegriff ist im übrigen heute vollständig aufgegeben. Gleichfalls klassisch sind die Ausführungen von MARC BLOCH in *Les caractères originaux de l'histoire rurale française.* S. 51 ff. Bei LYNN WHITE JR., *Medieval Technology and Social Change.* 1962, Kapitel II, 1 beachten: *The plough and the Manorial System.* S. 41–57. England behandelt F. G. PAYNE, *The Plough in ancient Britain,* in: Archaeological Journal CIV (1947). Für die slawischen Länder siehe B. BRATANIĆ, *On the antiquity of the oneside plough in Europe, especially among the slavic peoples,* in: Laos II (1952), Z. PODWIŃSKA, *Origines et propagation de la charrue sur les territoires polonais,* in: Ergon 9 (1960) und das Buch *Technika*

uprawy roli w Polsce średniowieczney (Die Technik der Landbear-
beitung im mittelalterlichen Polen). 1962, mit englischer Zusammenfassung, und F. SACH, *Radlo und pluh in der Tschechoslowakei*. Bd.
I: *Die ältesten Werkzeuge*. 1961 in Tschechisch. Für den großen Überblick eignet sich das von zwei Spezialisten der Anthropo-Geographie
und der Technikgeschichte, A. G. HAUDRICOURT und M. J. B. DELA-
MARRE, verfaßte Werk *L'homme et la charrue*. 1955. Über die Aspekte
und Aufgaben der Techniken im Mittelalter konsultiere man die allgemeinen Handbücher der Technik, von denen keines angesichts der
diffizilen Problematik und der schwierigen Beschaffung von Unter-
lagen völlig zufriedenstellend ist: F. M. FELDHAUS, *Technik der Antike
und des Mittelalters*, C. SINGER, E. S. HOLMYARD, A. R. HALL und
T. I. WILLIAMS, *A History of technology*. Bd. II: *The Mediterranean
civilizations and the Middle Ages (c. 77 B. C. to A. D. 1500)*. 1956
und B. GILLE, *Les origines de la civilisation technique*. 1962, S. 431-
598, ein Werk, das, vom gleichen Autor, den Artikel *Les développe-
ments technologiques en Europe de 1100 à 1400*, in: Cahiers d'Histoire
Mondiale III (1956) nicht überflüssig macht. Man wird sich die allgemeinen und anregenden Einsichten von LEWIS MUMFORD, *Technics
and Civilization*. 1934 und den vorgenannten glänzenden Essay von
LYNN WHITE JR. merken. In *La Civilisation de l'Occident Médiéval*.
1964, Kap. VII: *La vie matérielle* versucht J. LE GOFF, die mittelalterliche Technik in die wirtschaftlichen und sozialen Strukturen der Zeit
einzubetten. Die anregendsten Gesichtspunkte finden sich weiterhin
bei L. THORNDIKE, *Technology and Inventions in the Middle Ages*,
in: Speculum XI (1940) und vor allem bei MARC BLOCH, *Les inventions médiévales*, in: Annales d'Histoire Economique et Sociale VII
(1935) mit weiteren Essays über die Geschichte der Technik, nachgedruckt in *Mélanges Historiques*. Bd. II. 1963. Marc Blochs Schriften
über die Technik sind auch auf italienisch veröffentlicht worden.
Über die Erträge siehe B. H. SLICHER VAN BATH, *Yield Ratios, 810 bis
1820*, in: A. A. G. Bijdragen 10 (1963). Über die unzureichenden
und teuren Transportmöglichkeiten des Mittelalters als wirtschaftlicher Engpaß siehe C. M. CIPOLLA, *In tema di trasporti medievali*, in:
Bollettino Storico Pavese V (1944) und R. S. LOPEZ, *L'evoluzione dei
trasporti terrestri nel medio evo*, in: Bollettino Civico dell' Instituto
Colombiano I, (1953) und *The evolution of land transport in the
middle ages*, in: Past and Present 9 (1956).
Über das Aussehen und die technische Beschaffenheit der mittelalterlichen Straßen siehe die Anmerkungen von MARC BLOCH, *Notes à l'ar-
ticle de F. Imberdis: Les routes médiévales: mythes et réalités historiques*, in: Annales d'Histoire Sociale, 1939. Über die Hungersnöte
liegt bisher nur die wichtige, aber ältere Studie von F. CURSCHMANN
vor: *Hungersnöte im Mittelalter. Ein Beitrag zur deutschen Wirtschaftsgeschichte des 8. bis 13. Jahrhunderts* = Leipziger Studien aus
dem Gebiet der Geschichte VI, 1, (1900). Sie enthält Auszüge von

Chronisten und eine erste chronologische Zusammenstellung. Das Thema ›Naturalwirtschaft und Geldwirtschaft‹ hat sich im historischen Schrifttum (vor allem über das Mittelalter) eingebürgert seit dem Artikel von BRUNO HILDEBRAND, *Naturalwirtschaft, Geldwirtschaft und Kreditwirtschaft*, in: Jahrbücher für Nationalökonomie II (1864) und dem Buch von ALFONS DOPSCH, *Naturalwirtschaft und Geldwirtschaft*. 1930. Diese etwas künstliche Gegenüberstellung wird korrigiert durch die Besprechung des Buchs von DOPSCH durch H. VAN WERVEKE in *Annales d'Histoire Economique et Sociale* III (1931) und den Artikel von MARC BLOCH, *Economie-nature ou économie-argent: un pseudo-dilemme*, a. a. o. V (1933). Ein ausgezeichnetes konkretes Beispiel findet sich in dem Artikel von G. DUBY, *Economie domaniale et economie monétaire: le budget de l'abbaye de Cluny entre 1080 et 1155*, in: Annales. E. S. C. VII (1952). Zur Drei-Stände-Gesellschaft: die französische Übersetzung des Textes von Adalbéron von Laon steht bei E. POGNON, *L'An Mille*, 1947, wo man auch die früher zitierten Stellen von Raoul Glaber findet. Zu den Pionieruntersuchungen über dies Thema gehören G. DUMÉZIL, *Métiers et classes fonctionnelles chez divers peuples indoeuropéens*, in: Annales E. S. C. XIII (1958); J. BROUGH, *The tripartite ideology of the Indo-Europeans, an experiment in method*, in: Bulletin of the School of Oriental and African Studies XXII (1959); J. BATANY, *Des ›Trois Fonctions‹ aux ›Trois Etats‹?*, in: Annales E. S. C. XVIII (1963) und V. I. ABAEV, *Le cheval de Troie*, a. a. O. Im Gegensatz zu G. DUMÉZIL, der in der gesellschaftlichen Dreiteilung einen eigentümlichen Zug der indogermanischen Völker sieht, ist sie für ABAEV »eine notwendige Entwicklungsstufe jeder menschlichen Gemeinschaftsform«. Die Entwicklung von der karolingischen Dreiteilung (Klerus, Laien, Mönchstum) zu einer Zweiteilung (Klerus, Laien) ist kürzlich von G. CONSTABLE herausgehoben worden in: *Monastic Tithes from their origines to the XIIth century*. 1964, S. 147. Zur Frage, wie sich die Entwicklung des Feudalsystems im Wortschatz spiegelt, siehe F. L. GANSHOF, *Qu-est-ce que la féodalité?* 7. Aufl. 1957, namentlich S. 94, und K. J. HOLLYMAN, *Le développement du vocabulaire féodal en France pendant le Haut Moyen Age*. 1957. Über die Vereinheitlichung der Lebensbedingungen vorher unterschiedlicher bäuerlicher Klassen im 11. Jahrhundert siehe G. DUBY, *La société aux XIe et XIIe siècles dans la région mâconnaise*. 1953; über die *laboratores* M. DAVID, *Les ›laboratores‹ jusqu'au renouveau économique des XIe–XIIe siécles*, in: Etudes d'Histoire du Droit Privé offertes à P. Petot, 1959, zu ergänzen durch *Les ›laboratores‹ du renouveau du XIIe siècle à la fin du XIVe siècle*, in: Revue historique de Droit Français et Etranger, 1959. Über den *tonlieu* von Arras siehe die in den Anmerkungen zur Einleitung genannte Untersuchung von R. DOEHAERD. Die »wirtschaftlichen Kosten der Gewalttätigkeit« wurden dargelegt von F. C. LANE in *The Journal of Economic History* XVIII (1958). Über die wirtschaftliche Belastung durch

den Zehnten vergl. die genannte Untersuchung von G. Constable. Texte über Äbte (und Bischöfe) als Kirchenbauer des 11. Jh. in der erwähnten Sammlung von V. Mortet, *Receuil de Textes.* Über Abt Desiderio und Monte-Cassino, das »Wunder des Okzidents«, siehe T. Leccisotti, *Montecassino, sein Leben und seine Ausbreitung.* 1949. Kostbare Miniaturen illustrieren den Alptraum Heinrichs I. von England (Oxford, Ms Corpus Christi College, 157, f. 382–383, abgebildet bei J. Le Goff, a. a. O., S. 344). Über Krankheiten, körperliches Befinden und Hygiene der westlichen Christenheit siehe J. C. Russell, *Late Ancient and Medieval Population.* 1958; über die Bildzeugnisse: J. Schumacher, *Die Krankheitsdarstellungen der Volksepidemien in der deutschen Kunst vom frühen Mittelalter bis einschließlich 16. Jahrhundert.* 1937. Über das Antoniusfeuer und seine psychologischen Auswirkungen kluge Bemerkungen bei P. Alphandéry und A. Dupront, *La Chrétienté et l'idée de croisade.* Bd. I, 1954, S. 46 ff. Doch hat Wolff in *Die Bauernkreuzzüge des Jahres 1096,* S. 108–119 festgestellt, daß die am stärksten von dem großen Ausbruch des Mutterkornbrands (1085–1096) heimgesuchten Gegenden — Deutschland, Rheingebiete, Ostfrankreich — auch am Ursprung des Volkskreuzzuges von 1095/96 standen. Der Orden der Antoniter, der auf Grund einer Reliquienüberführung aus St. Antonius in Konstantinopel in der Dauphiné gegründet wurde, dürfte mit dem Mutterkornbrand in Verbindung stehen (H. Chaumartin, *Le mal des ardents et le feu Saint-Antoine.* 1946). Über die apokalyptische Gesinnung und Kunst zu Beginn des 11. Jahrhunderts siehe H. Focillon, *L'An Mil.* 1952. Von einer berühmten Handschrift des 11. Jahrhunderts mit apokalyptischen Buchmalereien, dem Apokalypsen-Kommentar des Beatus de Liebana, entstanden zwischen 1028 und 1072 in der Abtei von Saint-Sever (Bibliothèque Nationale Ms. lat. 8878) handelt E. Van Moé, *L'Apocalypse de Saint-Sever.* 1943. Über Gerhard von Czanad siehe G. Morin, *Un théologien ignoré du XIe siècle: l'évêque-martyr Gérard de Czanad,* in: Revue Bénédictine XXVII (1910).
Über Abt Otloh von St. Emmeran in Regensburg, den Autor einer merkwürdigen Autobiographie, *Liber de tentationibus suis et scriptis,* siehe G. Misch, *Geschichte der Autobiographie.* 3. Aufl. 1948–50. Die Vorstellungen des Hl. Petrus Damiani über die Wissenschaft sind von A. Endres untersucht worden: *Petrus Damiani und die weltliche Wissenschaft.* 1910. Ein ausgeglicheneres, jedenfalls vorteilhafteres Porträt dieser bedeutenden Figur des 11. Jahrhunderts wurde kürzlich von J. Leclercq entworfen: *Saint Pierre Damien, ermite et homme d'église.* 1960. Unter einem anderen Aspekt: R. Bultot, *La doctrine du mépris du monde en Occident, de S. Ambroise à Innocent III. IV–1: Pierre Damien.* 1963. Als Reaktion auf eine etwas schmeichelhafte Überlieferung ist dagegen die Mittelmäßigkeit der Schule von Chartres zu Zeiten Fulberts und unmittelbar nach ihm bewiesen worden von L. Mac Kinney, *Bishop Fulbert and the school of Chartres.* 1957. Das ange-

führte Urteil über Anselm von Besate steht bei E. GILSON, *La Philosophie au Moyen Age*. 3. Aufl. 1947, S. 233–234. Die Rhetorimachia wurde ediert von E. Dümmler, *Anselm der Peripatetiker*. 1872. In dem postumen Sammelband *Forschungen zur politischen Ideenwelt des Frühmittelalters*. 1951 findet sich eine Studie von C. ERDMANN über diese Figur: *Anselm der Peripatetiker: Kaplan Heinrichs III.* Über Huy siehe das Buch von A. JORIS, der auch eine bemerkenswerte Neuuntersuchung: *Der Handel der Maasstädte im Mittelalter*, in: Hansische Geschichtsblätter LXXIX (1961) als unentbehrliche Ergänzung zu dem klassischen Werk von P. ROUSSEAU, *La Meuse et le pays mosan en Belgique*. 1930 veröffentlicht hat. Über die Maaskunst siehe den Katalog der Ausstellung *L'art mosan et arts anciens du pays de Liège* (Lüttich 1951), das 1953 von P. FRANCASTEL herausgegebene Sammelwerk *L'art mosan* und den herrlichen Bildband *L'art mosan aux XIe et XIIe siècles* (Verlag Cultura – L'art en Belgique VIII [1964]) mit einer Einführung von J. STIENNON.

Über Mailand im 11. Jahrhundert das klassische und wesentliche Werk von CINZIO VIOLANTE, *La società milanese nell' età precomunale*. 1953.

Kapitel 2

Der Text von Philipp I. steht in *Receuil des actes de Philippe Ier roi de France (1059–1108)*. Hg. von M. PROU. 1908, S. 26, Nr. 8. Die Stelle über den Vogt von Mantua befindet sich in dem Buch von P. TORELLI, *Un Comune cittadino in territorio ad economia agricola*. Bd. I: *Distribuzione della proprietà. Sviluppo agricolo. Contratti agrari*. Mantova 1930, das die Beziehungen zwischen Stadt und Land untersucht. Die Stelle aus *Parzival*, 398,7–403,9, wurde nach WILHELM STAPEL, *Parzival*. München 1950, S. 234 zitiert. Über Polder und »dyke villages« in Flandern und den Niederlanden: S. J. FOCKEMA ANDREAE, *Embanking and drainage authorities in the Netherlands during the middle ages*, in: Speculum 27 (1952). F. Niermeyer, *De vroegste berichten omtrent bedijking in Nederland*, in: Tijdschrift voor ec. en sociale geografie, 49 (1958). Regionale Beispiele bei M. K. E. GOTTSCHALK, *Historische geografie van westelijk Zeeuw-Vlanderen*. 2 Bde. 1955–58 und A. VERHULST, *Historische geografie van de Vlaamse Kustulakt tot omstreeks 1200*, in Bijdragen voor de geschiedenis der Nederlanden 14 (1959). Für England: H. G. DARBY, *The Draining of the Fens*. 1940 und H. E. HALLAM, *The New Lands of Elloe. A study of early Reclamation in Lincolnshire*. 1959. Der Text der berühmten Rodungsurkunde des Bischofs Friedrich von Hamburg findet sich bei G. FRANZ, *Deutsches Bauerntum*. Bd. I: *Mittelalter*, in: Germanen-Rechte, N. F. Weimar 1940, S. 87–90. Über die Polder der Abtei Bourbourg hat M. MOLLAT gearbeitet: *Les hôtes de l'abbaye de Bourbourg*, in: Mélanges Louis Halphen, 1951, S. 513–522, sowie E. PERROY, *La terre et les paysans en France aux XIIe et XIIIe siècles*. Centre de Documentation Universitaire. Paris 1958. Den Grafen Bonifazio von

Canossa behandelt G. Luzzatto in *Storia economica d'Italia*. Bd. I. 1949, S. 269. Die Bevölkerungszahlen sind entnommen aus B. H. Slicher van Bath, *The Agrarian History*, S. 78 und aus M. K. Bennett, *The world's food*, 1954, 9. Über die Bevölkerungszunahme siehe den Bericht von C. Cipolla, J. Dhondt, M. M. Postan und Ph. Wolff beim IX*e* Congrès International des Sciences Historiques (Paris 1950), Bd. I, S. 55 ff.; L. Génicot, *La Population en Occident du XI*e* au XIII*e* siècle*, in: Cahiers d'Histoire Mondiale I,2 (1953) und der anregende Essay von C. M. Cipolla, *An economic history of the world population*, 1962. Zusammenfassender Hinweis auf die »Agrarrevolution« bei G. Duby, *La révolution agricole médiévale*. *Revue de Géographie de Lyon*. 1954 und bei D. Herlihy, *Agrarian Revolution in France and Italy 801–1150*, in: Speculum XXII (1958). Über die Spannsysteme hat Lefebvre des Noëttes das bahnbrechende und klassische Werk geschrieben, *L'attelage, le cheval de selle à travers les âges*. 1931, zu ergänzen durch die Ergebnisse von A. G. Haudricourt, *De l'origine de l'attelage moderne*, in: Annales d'Histoire Economique et Sociale VIII, (1936) und *Lumières sur l'attelage moderne*, in: Annales d'Histoire Sociale, 1945. Über den Gebrauch des Pferdes siehe auch Lynn White jr., *Medieval Technology and Social Change*. 1962, S. 57–69: *The Discovery of Horse-Power*. Über Abbau und Verwendung des Eisens: *Mining and Metallurgy in Medieval Civilization* von J. U. Nef in *The Cambridge Economic History of Europe*, Bd. II, 1952, S. 430–493, der Bericht von Jean Schneider, *Fer et sidérurgie dans l'économie européenne du XI*e* au XVII*e* siècle*, in: Actes du colloque international: ›Le fer à travers les âges‹. Nancy 1956, G. Gille, *L'industrie métallurgique en Champagne au Moyen Age*, in: Revue d'histoire de la sidérurgie I (1960) und R. H. Bautier, *Notes sur le commerce du fer en Europe occidentale du XIII*e* au XVI*e* siècle*, ebd. 1960. Über die Dreifelderwirtschaft, bis zur Veröffentlichung des Kolloquiums in der 6. Sektion der Ecole Pratique des Hautes Etudes (Paris), siehe Lynn White jr., a. a. O., S. 69–76: *The Threefield rotation and Improved Nutrition*. Über Ungarn siehe M. Belényesy, *Angaben über die Verbreitung der Zwei- und Dreifelderwirtschaft im mittelalterlichen Ungarn*, in: Acta Ethnographica Academiae Scientiarium Hungaricae V (1956) und *La culture permanente et l'évolution du système biennal et triennal en Hongrie médiévale*, in: Ergon II (1960). Zu den Weinbergrodungen siehe R. Grand, *Le contrat de complant depuis les origines jusqu'à nos jours*, in: Nouvelle Revue historique de droit français et étranger XL (1916). Über den Gegensatz zwischen Feldwaldwirtschaft und Feldgraswirtschaft siehe Th. von der Goltz, *Geschichte der deutschen Landwirtschaft*. Bd. I. 1902, S. 51. Über die »Einfeldwirtschaft« oder »Dauerwirtschaft« siehe A. Hömberg, *Grundfragen der deutschen Siedlungsforschung*. 1938, S. 93–99. Über die Landwirtschaft in Böhmen siehe F. Graus, *Dějiny venkovského lidu v Čechách v době predhusitské* (Geschichte des

Landvolks in Böhmen in vorhussitischer Zeit). Bd. I. 1953, namentlich S. 116–118. Über die Anreicherung der mittelalterlichen Ernährung durch Proteine siehe LYNN WHITE JR., *The vitality of the XIIth century*, in: Medievalia et Humanistica IX (1955). Der Text über die Gewährung des Marktrechts àn das Dorf Prissé durch Ludwig VIII. steht bei G. DUBY, *L'économie rurale.* Bd. I, S. 346/47. Das Schrifttum über den mittelalterlichen Handel ist immens. Neben den bewährten, aber etwas zu optimistischen Überblicken von HENRI PIRENNE, *Histoire Economique et Sociale du Moyen Age.* 1933 (durch H. VAN WERVEKE 1963 auf den heutigen Stand gebracht) und F. RÖRIG, *Mittelalterliche Weltwirtschaft.* 1933 (vor allem das Spätmittelalter behandelnd) lese man die nuancierteren Darstellungen von M. M. POSTAN, *The Trade of Medieval Europe: The North* und von R. S. LOPEZ, *The Trade of Medieval Europe: The South*, in: The Cambridge Economic History of Europe. Bd. II. 1952. Über die Straßen und den Fernhandel in der Mitte des 11. Jahrhunderts glänzende Übersicht und ausgezeichnete Karte bei M. LOMBARD, *La route de la Meuse et les relations lointaines des pays mosans entre le VIIIe et le XIe siècle*, in: L'art mosan. 1953. Gute Erläuterung eines regionalen Verkehrsnetzes und der Beziehungen zwischen Straßennetz und Umgebung bei T. WASOWICZ, *Uwagi w sprawie osadnictwa wczesnośredniowecznego na Lubelszczyźnie* (Anmerkungen über die Landbauweise des hohen Mittelalters [7. bis 13. Jh.] im Raum von Lublin), in: Archeologia Polski VI,2 (1961) und *Le réseau routier de la Pologne du IXe au XIIIe siècle*, in: Le Moyen Age, 1962. Über die Entwicklung der italienischen Städte siehe Y. RENOUARD, *Les villes d'Italie de la fin du Xe au début du XIVe siècle.* Centre de Documentation Universitaire. Paris 1960/61. Über das Aufblühen Brügges: A. E. VERHULST, *Les origines et l'histoire ancienne de Bruges (IXe-XIIe siècle)*, in: Le Moyen Age LXVI (1960) und A. C. F. KOCH, *Brugge's topografische ontwikkeling tot in de 12. eeuw*, in: Handel van het Genotschap, Société d'Emulation d'Brugge XCIX (1962). Über die Entstehung der Hanse siehe K. PAGEL, *Die Hanse.* 1941, R. RÖRIG, *Die Entstehung der Hanse und der Ostseeraum*, in: Wirtschaftskräfte im Mittelalter, 1959 und PH. DOLLINGER, *La Hanse (XIIe—XVIIe siècles).* 1964.

Zum großen Tuchexport Nordwesteuropas das bewährte Werk von H. LAURENT, *Un grand commerce d'exportation au moyen-âge. La draperie des Pays-Bas en France et dans les pays méditérranéens (XIIe-XVe siècle).* 1935, zu ergänzen durch H. AMMANN, *Deutschland und die Tuchindustrie Nordwesteuropas im Mittelalter*, in: Hansische Geschichtsblätter 72 (1954) und *Die Anfänge des Aktivhandels und der Tucheinfuhr aus Nordwesteuropa nach dem Mittelmeergebiet*, in: Studi in onore di Armando Sapori. Bd. I. 1957. Über die englische Wollausfuhr E. POWER, *The Wool Trade in English Mediaeval History.* 1941. Über Holzausfuhren des Westens im Hochmittelalter:

M. Lombard, *Un problème cartographié: Le bois dans la méditerranée musulmane (VIIe–XIe siècle)*, in: Annales E. S. C., 1959. Über den Sklavenhandel: Ch. Verlinden, *L'esclavage dans l'Europe médiévale. Péninsule ibérique. France.* 1955. Über den Färberwaid: J. B. Hurry, *The Wood Plant and its Dye.* 1930, F. Borlandi, *Note per la storia della produzione e del commercio di una materia prima. Il guado nel medio evo*, in: Studi in onore di Gino Luzzatto. 1949 und A. Ioris, *La guéde en Hesbaye au Moyen Age*, in: Le Moyen Age, 1963. Zum Weinexport der klassische Artikel von H. Pirenne, *Un grand commerce d'exportation au Moyen Age: les vins de France*, in: Annales d'Histoire Ec. et Soc., 1933, zu ergänzen und zu berichtigen durch Y. Renouard, *Le grand commerce du vin au Moyen Age*, in: Revue Historique de Bordeaux, 1952. J. Craeybeckx, *Un grand commerce d'importation: Les vins de France aux anciens Pays-Bas. (XIIIe–XVIe siècle).* Paris 1958 und R. Dion. *Histoire de la vigne et du vin en France, des origines au XIXe siècle.* 1959. Über die Entstehung des Seehandelsrechts Th. Kiesselbach, *Der Ursprung der rôles d'Oléron und des Seerechts von Damme*, in: Hansische Geschichtsblätter, 1906. Die Bibliographie über das Messewesen ist reich, aber meist veraltet. Als Wegweiser empfiehlt sich: *Recueils de la Société Jean Bodin. Bd. V: La foire.* 1953. Über die Rolle des Geldes in der mittelalterlichen Wirtschaft unterrichtet am besten Marc Bloch, *Esquisse d'une Histoire Monétaire de l'Europe.* 1954. Über Klosterkredite bleibt die Studie von R. Génestal, *Le rôle des monastères comme établissements de crédit étudié en Normandie du XIe siècle à la fin du XIIIe siècle.* 1901 grundlegend, desgleichen über das Pfandwesen *(mort-gage)*, das erst unter Papst Alexander III. (1159 bis 1181) verboten wird, der Aufsatz von H. van Werveke, *Le mortgage et son rôle économique en Flandre et en Lotharingie*, in: Revue Belge de philologie et d'histoire VIII (1929). Das Treffen von zwei deutschen Mönchen während einer Hungersnot im Jahre 1197 berichtet Caesarius von Heisterbach, *Dialogus miraculorum.* Dist. IV, Kap. 67. Die Anfänge des mittelalterlichen Handelswesens lassen sich verfolgen mit Hilfe der in Englisch von R. S. Lopez und I. W. Raymond edierten Texte in *Medieval Trade in the Mediterranean World.* 1955 und mit Hilfe der gedrängten Darstellungen von Y. Renouard, *Les hommes d'affaires italiens du Moyen Age.* 1949 und von J. Le Goff, *Marchands et Banquiers du Moyen Age.* 1956. In einem Artikel in Speculum XXXVII (1962) hat A. L. Udovitch kürzlich vorgeschlagen, die *commenda* als Nachahmung des muselmanischen *girâd* anzusehen. Das Schrifttum über die mittelalterlichen Städte ist sehr umfangreich. Die Arbeiten von Henri Pirenne sind als Einführung bemerkenswert, sonst aber überholt; sie sind gesammelt in *Les villes et les institutions urbaines.* 2 Bände 1939. Über die Anfänge der Stadt siehe die vorzüglichen Untersuchungen von E. Ehnen, *Frühgeschichte der europäischen Stadt.* 1953, sowie der Mitarbeiter des

Sammelbandes *Studien zu den Anfängen des europäischen Städte-.
wesens.* Vorträge und Forschungen IV (1958). Über das Aufblühen der Städte gute Zusammenfassung bei H. VAN WERVEKE, *The Rise of the Towns,* in: The Cambridge Economic History of Europe. Bd. III. 1963. Die Werke von H. PLANITZ, *Die deutsche Stadt im Mittelalter* (mit vielen Plänen) 1954 und, trotz des Titels, von F. RÖRIG, *Die europäische Stadt im Mittelalter,* 1955 behandeln die deutsche Entwicklung, die sich nicht ohne weiteres auf ganz Europa übertragen läßt. Zur Entwicklung der Stadt in anderen Ländern Europas benutze man für Polen: *Les origines des villes polonaises.* Congrès et Colloques de la VIᵉ section de.l'Ecole Pratique des Hautes Etudes II (1960) und W. HENSEL, *Méthodes et perspectives de recherches sur les centres ruraux et urbains chez les slaves (VIIᵉ—XIIᵉ siècles),* für Ungarn: G. SZÉKELY, *Le sort des agglomérations pannoniennes au début du Moyen Age et les origines de l'urbanisme en Hongrie,* in: Annales Univ. Scient. Budapestinensis, Sectio hist. III (1961). Die Stadt, vor allem die mittelalterliche, wird behandelt in zwei Bänden *Recueils de la Société Jean Bodin.* Bd. VI: *Institutions administratives et judiciaires.* 1954; Bd. VII: *Institutions économiques et sociales.* 1955. Interessanter Überblick (Dokumente in Englisch) von J. H. MUNDY und P. RIESENBERG. *The Medieval Town.* 1958. L. MUMFORD, *The City in History.* 1961, enthält anregende Erkenntnisse, wimmelt aber für das Mittelalter von Fehlern und falschen Auffassungen. Über Wasser- und Windmühlen und ihre Anwendung ist unerläßlich der Aufsatz von MARC BLOCH, *Avènement et conquête du moulin à eau,* in: Annales d'Histoire Ec. et Soc. VII (1935), aufgenommen in Mélanges Historiques II (1963). Seither wurden interessante Einzelheiten beigebracht von B. GILLE, *Le moulin à eau, une révolution technique médiévale,* in: Techniques et civilisations III (1954) und von A. M. BAUTIER, *Les plus anciennes mentions de moulins hydrauliques industriels et de moulins à vent,* in: Bulletin Philologique et Historique II (1960). In seinem Artikel: *An industrial revolution of the XIIIᵗʰ century,* in: The Economic History Review XI (1941), mit Zusätzen nachgedruckt in *Essays in Economic History.* 1954, sieht E. M. CARUS WILSON in der Nutzbarmachung der Wasserkraft für die englische Tuchindustrie und in der Verwendung von Färberwaid beim Einfärben eine »industrielle Revolution«. Über das Auftauchen von Wassermühlen im Polen des 12. Jahrhunderts siehe S. TRAWKOWSKI, *Mlyny wodne w Polsce w XII wieku,* in: Kwartalnik Historii Kultury Materialnej 7 (1959). Zur Friedensbewegung: R. BONNAUD-DELAMARE, *Fondement des institutions de paix au XIᵉ siècle,* in: Mélanges Louis Halphen. 1951, B. TÖPFER, *Volk und Kirche zur Zeit der Gottesfriedensbewegung in Frankreich.* 1951. Recueils de la société Jean Bodin. Bd. XIV: *La Paix.* 1962.

Kapitel 3

Über die französische Auswanderung nach Spanien siehe M. DEFOUR-
NEAUX, *Les Français en Espagne aux 11e et 12e siècle.* 1949; nach
Ungarn und Mitteleuropa: H. AMMANN, *Die französische Südostwan-
derung im Rahmen der mittelalterlichen französischen Wanderungen,*
in: Festgabe Harald Steinacker. 1955 und G. SZÉKELY, *Wallons et
Italiens en Europe centrale au XIe–XVIe siècle,* in: Annales Universitatis Scientiarum Budapestiensis. Sectio Historica VI (1964). Über
die Bildwerke von Modena und die französische Kolonie siehe
J. STIENNON und R. LEJEUNE, *La légende arthurienne dans la sculpture
de la cathédrale de Modène,* in: Cahiers de Civilisation Médiévale,
1963. Die Texte von Guillaume le Maréchal und die Bedeutung der
Ritterfahrten werden behandelt von G. DUBY, *Au XIIe siècle: les
›jeunes‹ dans la société aristocratique,* in: Annales E. S. C., 1964.
Über die Wanderpredigerbewegung: J. v. WALTER, *Die ersten Wan-
derprediger Frankreichs.* 2 Bde. 1903–1906 und E. WERNER, *Pauperes
Christi – Studien zu sozialreligiösen Bewegungen im Zeitalter des
Reformpapsttums.* 1956. Über Goliarden und Carmina Burana: H.
WADDEL, *The Wandering Scholars.* 1927. Texte bei A. HILKA und
O. SCHUMANN, *Carmina Burana.* Gute Auswahl mit Text und franzö-
sischer Übersetzung bei O. DOBIACHE-ROJDESVENSKY, *Les poésies des
Goliards.* 1931. Über die ›piepowders‹ siehe Ch. GROSS, *The Court of
Piepowder,* in: The Quarterly Journal of Economics, 1906. *Le Guide
du Pélerin de Saint Jacques de Compostelle* wurde mit französischer
Übersetzung ediert von J. VIELLIARD (1950, Neuauflage 1963). Das
fundamentale Werk über diese Pilgerfahrt ist L. VÁZQUEZ DE PARGA,
J. M. LACARRA und J. URIA RIU, *Las peregrinaciones a Santiago de
Compostela.* 3 Bde. 1948/49. Über die *libertas Ecclesiae* das grundlegende Buch von G. TELLENBACH, *Libertas, Kirche und Weltordnung
im Zeitalter des Investiturstreites.* 1936. Die Frage der rechtlichen
und sozialen Freiheit im Mittelalter ist zuletzt dargestellt worden
von K. BOSL, *Freiheit und Unfreiheit – Zur Entwicklung der Unter-
schichten in Deutschland und Frankreich während des Mittelalters,*
in: Vierteljahrschrift für Sozial- und Wirtschaftsgeschichte, 1957,
nachgedruckt in *Frühformen der Gesellschaft im mittelalterlichen
Europa.* Über die mittelalterliche Auffassung der Freiheit: H. GRUND-
MANN, *Freiheit als religiöses, politisches und persönliches Postulat,*
in: Historische Zeitschrift, 1957. Über die Immunitätsurkunden: CH.
ED. PERRIN, *Les chartes de franchises de la France-Etat des recherches:
le Dauphiné et la Savoie,* in: Revue Historique, 1964. Die *seigneurie
banale* wurde vor allem behandelt von G. DUBY, *La société aux XIe
et XIIe siècles dans la région mâconnaise.* 1953 und in *L'économie
rurale et la vie des campagnes dans l'Occident médiéval.* 1962, Bd. II,
S. 452 ff. M. BLOCH hatte seinerzeit eine Untersuchung über den mittelalterlichen Adel in den *Annales d'histoire économique et sociale,*

311

1936 veröffentlicht, deren Ergebnisse heftig angegriffen wurden von L. Verriest, *Noblesse. Chevalerie. Lignages.* 1959. Die Untersuchung des mittelalterlichen Adels wurde kürzlich wiederaufgenommen, namentlich durch G. Duby, *Une enquête à poursuivre: la noblesse dans la France Médiévale*, in: Revue Historique, 1961, von K. Bosl in mehreren Artikeln in *Frühformen der Gesellschaft*, L. Génicot, *La noblesse au moyen âge dans l'ancienne Francie*, in: Annales E. S. C., 1961 und *La Noblesse au Moyen Age dans l'ancienne ›Francie‹: continuité, rupture ou évolution?*, in: Comparative Studies in Society and History, 1962, P. Bonnenfant und G. Despy, *La noblesse en Brabant au XIIe et XIIIe siècle*, in: Le Moyen Age, 1958, G. Despy, *Sur la noblesse dans les principautés belges au Moyen Age*, in: Revue Belge de Philologie et d'Histoire, 1963, O. Forst de Battaglia, *La noblesse européenne au Moyen Age*, in: Comparative Studies in Society and History, 1962, E. Perroy, *La noblesse des Pays-Bas*, in: Revue du Nord, 1961. F. Vercauteren, *Une parentèle dans la France du Nord aux XIe et XIIe siècles*, in: Le Moyen Age, 1963. Über das Rittertum enthält L. Gautier, *La chevalerie*. 1884 trotz der frühen Entstehung eine wertvolle Dokumentation. Eine kluge Arbeit ist das Buch von S. Painter, *French Chivalry*. 1940. Über Steigbügel und Feudalherrschaft siehe Lynn White jr., *Medieval Technology and Social Change*. 1962, Kap. 1. Zur Organisation der Feudalheere siehe J. F. Verbruggen, *La tactique militaire des armées des chevaliers*, in: Revue du Nord, 1947. Über die *ministeriales* die klassischen und diskutierten Aufsätze von F. L. Ganshof, *Etudes sur les ministériales en Flandre et en Lotharingie*. 1926 und von M. Bloch, *Un problème d'histoire comparée. La ministérialité en France et en Allemagne*, in: Revue historique de droit français et étranger, 1928 und vor allem die drei Artikel von K. Bosl, *Vorstufen der deutschen Königsdienstmannschaft, Das ius ministerialium. Dienstrecht und Lehnsrecht im deutschen Mittelalter* und *Die Reichsministerialität als Element der mittelalterlichen deutschen Staatsverfassung im Zeitalter der Salier und Staufer*, neugedruckt in *Frühformen der Gesellschaft*. Aus dem sehr umfangreichen Schrifttum über das Feudalwesen seien erwähnt, für die juristische Definition: F. L. Ganshof, *Qu'est-ce que la féodalité?* 3. Aufl. 1957, für den vergleichenden Standpunkt: R. Coulborn (Hg.), *Feudalism in History*. 1956, die großen Zusammenfassungen von H. Mitteis, *Lehnrecht und Staatsgewalt*. 1933 und M. Bloch, *La Société Féodale*. 2 Bde. 1939/40, sowie drei regionale, meisterhaft in den allgemeinen Zusammenhang eingebaute Beispiele: G. Duby, *La société aux XIe et XIIe siècles dans la région mâconnaise*. 1953, L. Verriest, *Institutions médiévales. Introduction au corpus des records de coutumes et des lois de chefslieux de l'ancien comté de Hainaut*. Bd. I. 1946 und L. Génicot, *L'économie rurale namuroise au bas Moyen Age (1199–1429)*. 2 Bde. 1943–1960, auch für das 12. Jahrhundert wichtig. Über die Bauern siehe G. Duby, *L'économie rurale et la vie des campagnes dans l'occident médiéval.* 2 Bde. 1962. Ausgezeichnete Texterläuterungen von E. PERROY, *La terre et les paysans en France aux XIIe et XIIIe siècles.* Centre de Documentation Universitaire. Paris 1958. G. G. COULTON, *The Medieval Village.* 1925 (Neuauflage 1960 unter dem Titel *Medieval Village, Manor and Monastery*). Regionale Untersuchungen: H. S. BENNETT, *Life on the English manor — A study of peasant conditions 1150—1400.* 1937. PH. DOLLINGER, *L'évolution des classes rurales en Bavière depuis la fin de l'époque carolingienne jusqu'au milieu du XIIIe siècle.* 1949. R. CAGGESE, *Classi e communi rurali nel medio evo italiano.* 1903. F. GRAUS, *Dějiny venkovského lidu v Čechách v době předhusitské* (Geschichte des Bauerntums in Böhmen in vorhussitischer Zeit). Bd. I: 10. Jahrhundert bis erste Hälfte des 13. Jahrhunderts. 1953. Über die Leibeigenschaft siehe CH. ED. PERRIN, *Le servage en France et en Allemagne au Moyen Age.* X. Congresso Internationale di Scienze Storiche. Rom 1955, Bd. III. Über die Rodung und Freiheit: K. A. KROESCHELL, *Rodungssiedlung und Stadtgründung. Ländliches und städtisches Hagenrecht,* in: Blätter für deutsche Landesgeschichte, 1954. BRYCE LYON, *Medieval Real Estate Development and Freedom,* in: The American Historical Review, 1957. Das Beispiel der Freiheiten von Lorris: M. PROU, *Les coutumes de Lorris et leur propagation aux XIIe—XIIIe siècles.* 1884. Über die Besonderheiten des spanischen Feudalsystems: C. SANCHEZ ALBORNOZ, *Las behetrias. La encomendacion en Asturias, León y Castilla,* in: Anuario de Historia del Derecho Español, 1924. C. PESCADOR, *La caballeria popular en León y Castilla,* in: Cuadernos de Historia de España, 1961. Über die Bauernbewegungen siehe S. EPPERLEIN, *Bauernbedrückung und Bauernwiderstand im hohen Mittelalter. Zur Erforschung der Ursachen bäuerlicher Abwanderung nach Osten im 12. und 13. Jahrhundert vorwiegend nach Urkunden geistlicher Grundherrschaften.* 1960. Über die soziale und politische Seite der Stadtbewegung siehe neben dem schon klassischen Werk von H. PIRENNE, *Les villes et les institutions urbaines.* 2 Bde. 1939 die Arbeiten von J. MUNDY und P. RIESENBERG, *The Medieval Town.* 1958. H. PLANITZ, *Die deutsche Stadt im Mittelalter.* 1954. CH. PETIT-DUTAILLIS, *Les communes françaises.* 1947. E. SESTAN, *La cittá comunale italiana dei secoli XI-XIII nelle sue note caratteristiche rispetto al movimento comunale europeo.* XI. Congrès International des Sciences Historiques. Stockholm 1960, Bd. III. H. MITTEIS, *Über den Rechtsgrund des Satzes »Stadtluft macht frei«,* in: Das Problem der Freiheit. *Recueils de la Société Jean Bodin.* Bd. VI/VII: *La Ville.* 1954/55. Über den Geist des Bürgertums: J. L. ROMERO, *Ensayos sobre la burguesia medieval.* 1961. Spanische Beispiele in R. GIBERT, *Los Fueros de Sepúlveda.* Kritische Ausgabe von E. SAEZ. 1953. J. M. LACARRA, *Les villes-frontieres dans l'Espagne des XIe et XIIe siècles,* in: Le Moyen Age (Volume jubilaire), 1963. Helmolds Text über die Gründung Lübecks steht in *Helmoldi presbyteri Bozoviensis Chronica*

Slavorum, hg. von B. SCHMEIDLER (*Monumenta Germaniae Historica,* Schulausgabe 32, 1937), S. 111, 145 u. 168. Zur militärischen Organisation der Gemeinden: P. PIERI, *Alcuni quistioni sopra la fanteria in Italia nel periodo comunale,* in: Rivista storica italiana, 1933. Über das Patriziat siehe das populär geschriebene Werk von J. LESTOCQUOY, *Aux origines de la bourgeoisie. Les villes de Flandre et d'Italie sous le gouvernement des patriciens. XIe—XVe siècle.* 1952 (und die Kritiken von L. FEBVRE in *Annales E. S. C.,* 1953 und von A. SAPORI in der *Revue du Moyen Age Latin,* 1952), sowie die kürzliche Richtigstellung von T. ROSŁANOWSKI, *Recherches sur la vie urbaine et en particulier sur le patriciat dans les villes de la Moyenne Rhénanie septentrionale.* 1964. Über die Zünfte siehe G. MICKWITZ, *Die Kartellfunktion der Zünfte und ihre Bedeutung bei Entstehung des Zunftwesens.* 1936. E. COORNAERT, *Les corporations de France avant 1789.* 1941. Über die Beziehungen zwischen Zünften und Bruderschaften siehe G. ESPINAS, *Les origines du droit d'association dans les villes de l'Artois et de la Flandre française jusqu'au début du XVIe siècle.* 2 Bde. 1943. Über Gilden und Hansen siehe E. COORNAERT, *Les guildes médiévales (Ve—XIVe siècle),* in: Revue Historique, 1948 und H. VAN WERVEKE, *Das Wesen der flandrischen Hansen,* in: Hansische Geschichtsblätter, 1958. Zur Entstehung der Hanse: F. RÖRIG, *Vom Werden und Wesen der Hanse.* 1940. Über bäuerliche *ministeriales:* K. MODZELEWSKI, *L'organisation ›ministériale‹ en Pologne médiévale,* in: Annales E. S. C., 1964 und B. KRZEMIENSKA — D. TŘESTIK, *Organisation des services en Bohême durant le Haut Moyen Age,* in: Československy časopis historicky. Über die Lehenshuldigung: P. PETOT, *L'hommage servile,* in: Revue historique du droit français et étranger, 1927. H. RICHARDOT, *Le fief roturier à Toulouse aux XIIe et XIIIe siècles,* in: Revue historique du droit français et étranger, 1935. P. CURLIAC, *L'hommage servile dans la région toulousaine,* in: Mélanges Louis Halphen, 1951.

Kapitel 4

Die politische Geschichte der hier behandelten Länder findet sich in den bekannten Welt- und Nationalgeschichten. Für England siehe D. C. DOUGLAS, *William the Conqueror. The Norman Impact upon England.* 1964. Ich habe ferner benutzt: CH. EDMOND PERRIN, *La Société Féodale allemande et ses institutions du Xe au XIIIe siècle. Teil I: Les grands traits de l'histoire politique de l'Allemagne de 911 à 1250.* Centre de Documentation Universitaire. Paris 1956. Y. RENOUARD, *Les villes d'Italie de la fin du Xe siècle au début du XIVe siècle.* Centre de Documentation Universitaire. Paris 1960. M. PACAUT, *Louis VII et son royaume.* 1964. CH. PETIT DUTAILLIS, *La monarchie féodale en France et en Angleterre.* 1933. L. MUSSET, *Les peuples scandinaves au Moyen Age.* 1951. Über den Investiturstreit die bewährte Studie von A. FLICHE, *La querelle des investitures.* 1946. Kürzlich interessante Untersuchung von R. Sprandel, *Ivo von Chartres und seine Stellung in der Kirchengeschichte. 1962.* Über Kaisertum und Papsttum: R. Folz, *L'idée d'empire en Occident du Ve au XVe siècle. 1953.* M. Pacaut, *La Théocratie. L'Eglise et le pouvoir laïque au Moyen Age. 1957.* Über das Königtum, im besonderen die religiösen und symbolischen Aspekte der Königsmacht: M. Bloch, *Les rois thaumaturges.* 1923, Neuausgabe 1961. P. E. Schramm, *Herrschaftszeichen und Staatssymbolik.* 3 Bde. 1954. G. E. Kantorowicz, *The King's two bodies.* 1957. F. Schneider, *Rom und Romgedanke im Mittelalter.* 1926. P. E. Schramm, *Kaiser, Rom und Renovatio.* 1929. Dupré Theseider, *L'idea imperiale di Roma.* 1942. P. Brezzi, *Roma e l'impero medievale.* 1947. Th. Mayer (Hg.), *Vorträge und Forschungen.* Bd. III: *Das Königtum. Seine geistigen und rechtlichen Grundlagen.* 1956. Über Arnold von Brescia: A. Frugoni, *Arnaldo da Brescia nelle fonti del secolo XII.* 1954.

Kapitel 5

Über die Eroberung Englands durch die Normannen und die normannische Ausbreitung im Mittelmeer gute allgemeinverständliche Werke von M. de Boüard, *Guillaume le Conquérant.* 1958. P. Zumthor, *Guillaume le Conquérant et la civilisation de son temps,* 1964. J. Béraud-Villars, *Les Normands en Méditerranée.* 1951. Die deutsche Ostkolonisation hat ein umfangreiches Schrifttum gezeitigt, das auf deutscher wie auf slawischer Seite nicht immer von wissenschaftlicher Objektivität geprägt ist. Wesentliche Bücher: H. Aubin, *Wirtschaftsgeschichtliche Bemerkungen zur ostdeutschen Kolonisation,* in: Gedächtnisschrift für G. v. Below, 1928. R. Koebner, *Deutsches Recht und deutsche Kolonisation in den Piastenländern,* in: Vierteljahrschrift für Sozial- und Wirtschaftsgeschichte XXV (1933) und *Dans les terres de colonisation: marchés slaves et villes allemandes,* in: Annales d'histoire économique et sociale, 1937. R. Kötzschke und W. Ebert, *Geschichte der ostdeutschen Kolonisation.* 1937. H. Ludat, *Vorstufen und Entstehung des Städtewesens in Osteuropa. Zur Frage der vorkolonialen Wirtschaftszentren im slawisch-baltischen Raum.* 1955. *Siedlung und Verfassung der Slaven zwischen Elbe, Saale und Oder.* Hg. von H. Ludat. 1960. W. Schlesinger. *Mitteldeutsche Beiträge zur deutschen Verfassungsgeschichte des Mittelalters.* 1961. W. Vogel, *Der Verbleib der wendischen Bevölkerung in der Mark Brandenburg.* 1960. S. Epperlein, *Bauernbedrückung und Bauernwiderstand im hohen Mittelalter. Zur Erforschung der Ursachen bäuerlicher Abwanderung nach Osten im 12. und 13. Jahrhundert.* 1960. S. Trawkowski, *Zur Erforschung der deutschen Kolonisation auf polnischem Boden im 13. Jahrhundert,* in: Acta Poloniae Historica, 1962. E. Klebel, *Siedlungsgeschichte des deutschen Südostens.* 1940. Die Geschichte der spanischen Reconquista behandelt das klassische Werk von R. Menendez-Pidal, *La España del Cid*, 2 Bde. 1929. Aus der riesigen Literatur über die Kreuzzüge sei hingewiesen auf die kürzlich erschienenen Essays von A. S. Atiya, *The Crusade. Historiography and Bibliography*, 1962 und *Crusade, Commerce and Culture*. 1962. Sehr »ereignisreiche« Gesamtdarstellungen von R. Grousset, *Histoire des croisades et du royaume franc de Jérusalem*, 3 Bde. 1934—36. S. Runciman, *A History of the Crusades*, 3 Bde. 1951 bis 1954. *Pennsylvania History of the Crusades*. Hg. von J. L. La Monte und K. M. Setton, 2 Bde. 1955 und 1961. Über die Kreuzzugsideologie: C. Erdmann, *Die Entstehung der Kreuzzugsgedanken*. 1935. P. Alphandéry und A. Dupront, *La Chrétienté et l'idée de croisade*, 2 Bde. 1954. P. Rousset, M. Villey, P. Lemerle, A. Cahen und S. Runciman, *L'idée de croisade*. X. Congresso internazionale di Scienze Storiche. Rom 1955. Bd. III. *Idee und Wirklichkeit der Kreuzzüge*. Texte, hg. von H. E. Mayer. 1965. Über die lateinischen Reiche im Heiligen Land: C. Cahen, *La Syrie du Nord à l'époque des croisades*. 1940. J. L. La Monte, *Feudal Monarchy in the Latin Kingdom of Jerusalem*. 1932. J. Richard, *Le royaume latin de Jérusalem*. 1953. Die Übersetzung des Werkes von J. Prawer aus dem Hebräischen steht noch aus. Die Fehlinterpretation der wirtschaftlichen Bedeutung der Kreuzzüge stammt aus dem Standardwerk von W. Heyd, *Histoire du commerce du Levant au Moyen Age*. 2 Bde. 1885, das leider noch nicht ersetzt worden ist. Über die christliche Militärarchitektur: P. Deschamps, *Les châteaux des croisés en Terre Sainte*, 2 Bde. 1934—39. Ausgezeichnete Richtigstellung bei E. Perroy, *Les croisades et l'Orient Latin (1095—1204)*. Centre de Documentation Universitaire. Paris 1963. Die These vom Gral als Ersatz und Trost für den Verlust des Heiligen Grabes wurde aufgestellt von H. Adolf, *Visio Pacis: Holy City and Grail*. 1960. Über die wirtschaftliche Blüte: The Cambridge Economic History of Europe. Bd. II: Vgl. Kap. IV. *The Trade of Medieval Europe: The North* von M. M. Postan und Kap. V. *The Trade of Medieval Europe: The South* von R. S. Lopez. Über die italienischen Kaufleute: A. Sapori, *Le marchand italien au Moyen Age*. 1952. R. S. Lopez, *European Merchants in the Medieval Indies: the Evidence of Commercial Documents*, in: Journal of Economic History, 1943. Zur Schaffung von Kolonialreichen durch Genua und Venedig: R. S. Lopez, *Storia delle colonie genovesi nel Mediterraneo*. 1938. F. Thiriet, *La Romanie vénitienne au moyen âge: le développement et l'exploitation du domaine colonial vénitien (XIIe—XVe siècle)*. 1959

Kapitel 6

Aus dem sehr umfangreichen Schrifttum über die religiöse, geistige und künstlerische Renaissance des 12. Jahrhunderts führe ich nur jene Werke und Untersuchungen an, die ich besonders benutzt habe. Über die Armut: M. v. Dmitrewski, *Die christliche freiwillige Armut*

vom Ursprung der Kirche bis zum 12. Jahrhundert. 1913 und E. WER-
NER, *Pauperes Christi.* 1956. Über die Einsiedlerbewegung: *L'eremi-
tismo in Occidente nei secoli XI—XII.* La Mendola 1962. Über das
Gemeinschaftsleben eine Studie von CH. DEREINE über die Chorher-
ren, vor allem sein Artikel *Chanoines,* in: Dictionnaire d'histoire et de
géographie ecclésiastique XII (1953), ferner *La vita commune del
clero nei secoli XI e XII.* La Mendola 1959 und P. TOUBERT, *La vie
commune des clercs aux XI—XII siècles: un questionnaire,* in: Revue
Historique CCXXI (1964). Zur geistlichen Situation die erhellende
Artikel von M. D. CHENU, *Moines, clercs et laics au carrefour de la
vie évangélique,* in: Revue d'histoire ecclésiastique XLIX (1954),
aufgenommen in *La théologie au XIIe siècle.* 1957, und G. MICCOLI,
Ecclesiae primitivae forma, in: Studi Medievali, 1960. Über die Laien:
I laici nella ›societas christiana‹ dei secoli XI et XII. La Mendola
1965. Über Grandmont Aufsätze von J. BEQUET, namentlich *La règle
de Grandmont,* in: Bulletin de la société archéologique et historique
du Limousin, 1958 und *La première crise de l'ordre de Grandmont,*
ebd. 1960. Über die Kartäuser: B. BLIGNY, *L'Eglise et les ordres religieux dans le royaume de Bourgogne aux XIe et XIIe siècles.* 1960.
Über Prémontré: F. PETIT, *La spiritualité des Prémontrés aux XIIe et
XIIIe siècles* und S. TRAWKOWSKI, *Między Herezją Ortodoksją-Rola
społeczna premonstratensóww XII wieku.* 1964. Über Robert D'Arbrissel: J. WALTER, *Die ersten Wanderprediger Frankreichs.* Bd. I.
1903. Über Cîteaux: J. B. MAHN, *L'ordre cistercien et son gouvernement des origines au milieu du XIIIe siècle.* 1946. L. J. LE KAI, *Les
moines blancs.* 1957. L. BOUYER, *La spiritualité de Cîteaux.* 1955, sowie die 1953 erschienenen Gemeinschaftswerke über St. Bernhard:
Bernard de Clairvaux. Paris. *Mélanges Saint Bernard.* Dijon. *Saint
Bernard théologien.* Rom. *Petrus Venerabilis.* Rom 1956. Über Gerhoh
von Reichersberg: P. CLASSEN, *Gerhoh von Reichersberg.* 1960. Über
die Spiritualität: J. LECLERCQ, F. VANDERBROUCKE und L. BOUYER, *La
Spiritualité du Moyen Age.* 1961. Zur Theologie das genannte Werk
von M. D. CHENU. Über Hildegard von Bingen: H. SCHIPPERGES, *Hildegard von Bingens Heilkunde.* 1957. M. BÖCKLER, *Hildegard von
Bingen: Wisse die Wege.* Deutsche Übersetzung von *Scivias* mit Illu-
strationen und Einleitung. Über Aelred de Rievaulx: F. M. POWICKE,
The Life of Ailred of Rievaulx by Walter Daniel. 1950. Über den
heiligen Anselm von Canterbury: R. W. SOUTHERN. *Saint Anselm and
his biographer.* 1964. Über die Renaissance des 12. Jahrhunderts:
CH. H. HASKINS, *The Renaissance of the XIIth century.* 1927, und
Studies in the History of Medieval Science. 2. Aufl. 1927. G. PARÉ,
A. BRUNET und P. TREMBLAY, *La Renaissance du XIIe siècle — Les
Ecoles et L'Enseignement.* 1933. J. LE GOFF, *Les Intellectuels du
Moyen Age.* 1957. M. CLAGETT, G. POST und R. REYNOLDS (Hg.),
Twelfth Century Europe and the Foundations of Modern Society.
1961. Zur Vermittlung der arabischen Wissenschaft die bedeutsame

Richtigstellung von R. Lemay, *Dans l'Espagne du XIIe siècle: les traductions de l'arabe au latin*, in: Annales E. S. C., 1963. Über die Viktoriner: R. Baron, *Science et Sagesse chez Hugues de Saint Victor*. 1957, und *Hugues et Richard de Saint Victor*. 1961. G. Dumeige, *Richard de Saint-Victor et l'idée chrétienne de l'amour*. B. Smalley, *The study of the Bible in the Middle Ages*. 1952. Über die mittelalterliche Philosophie große Übersichten bei M. de Wulf und E. Gilson (franz.), ausgezeichnete Anmerkungen von P. Vignaux, Ph. Delhaye und E. Jeauneau (franz.) und G. Leff (engl.). Über Abaëlard: J. G. Sikes, *Peter Abailard*. 1932. E. Gilson, *Héloise et Abélard*. 1938. A. Borst, *Abälard und Bernhard*, in: Historische Zeitschrift 186 (1958) und J. Jolivet, *Sur quelques critiques de la théologie d'Abélard*, in: Archives d'Histoire doctrinale et littéraire du Moyen Age, 1964. Über Adelard von Bath: F. Bliemetzrieder, *Adelard von Bath*. 1935. Über das Unterrichtssystem: Ph. Delhaye, *L'organisation scolaire au XIIe siècle*, in: Traditio, 1947 und ›*Grammatica*‹ et ›*Ethica*‹ *au XIIe siècle*, in: Recherches de Théologie ancienne et médiévale, 1958. Über das Decretum Gratiani: *Studia Gratiana*, seit 1953. Über die Domschule von Chartres: E. Jeauneau, *Note sur l'école de Chartres*, in: Studi Medievali, 1964. Über die lateinische Literatur des 12. Jahrhunderts: E. R. Curtius, *Europäische Literatur und lateinisches Mittelalter*. 1948. J. de Ghellinck, *L'essor de la littérature latine au XIIe siècle*. 2 Bde. 1946. F. Raby, *A history of christian latin poetry in the Middle Ages*. 2. Aufl. 1953 und *A history of secular latin poetry in the Middle Ages*. 2 Bde. 1934. W. von den Steinen, *Humanismus um 1100*, in: Archiv für Kulturgeschichte, 1964. Über die Geschichtsschreibung: P. Rousset, *La conception de l'histoire à l'époque féodale*, in: Mélanges Louis Halphen, 1951. H. Wolter, *Ordericus Vitalis. Ein Beitrag zur Kluniazensischen Geschichtsschreibung*. 1955 und G. Misch, *Geschichte der Autobiographie*. 4 Bde. 1949—54. Über Petrus Lombardus: Ph. Delhaye, *Petrus Lombardus. Sa vie, ses oeuvres, sa morale*. 1961 und *Miscellanea Lombardiana*. 1957. Über Johannes von Salisbury: H. Liebeschütz, *Medieval humanism in the life and writings of John of Salisbury*. 1950 und J. Huizinga, *John of Salisbury: A Pre-Gothic Mind*, neu herausgegeben in: Men and Ideas, 1959. Über Alanus ab Insulis: G. Raynaud, *Alain de Lille*. 1951. Über die romanische Kunst: H. Focillon, *Art d'Occident. Le Moyen Age roman et gothique*. 1938 und *L'art des sculpteurs romans*. 1931. Über die ›gotische‹ Schrift: R. Marichal, *L'écriture latine et la civilisation occidentale du Ier au XVIe siècle*, in: L'Ecriture et la Psychologie des Peuples. 1964. Über Wallfahrten und Kunst: A. Kingsley Porter, *The romanesque sculpture of the pilgrimage roads*. 1923. Über die romanische Plastik in Spanien: G. Gaillard, *Les débuts de la sculpture romane espagnole. Leon. Jaca. Compostelle*. 1938. Über die romanische Malerei: A. Grabar, *La peinture romane du XIe au XIIe siècle*. 1958. Zur Ikonographie des 12. Jahrhunderts:

E. Mâle, *L'art religieux du XIIe siècle en France*. 1. Aufl. 1922., 6. Aufl. 1953. Über die romanische Kleinkunst: H. Swarzenski, *Monuments of romanesque art*. 1956. Über romanische Bronzeportale: H. Leisinger, *Romanische Bronzen — Kirchentüren im mittelalterlichen Europa*. 1956. Über den ›Übergang‹ von der Romanik zur Gotik: *Romanesque and Gothic Art. Acts of the XXth International Congress of the History of Art*. Bd. I. 1963. Über Gotik und Scholastik brillanter Essay von E. Panofsky, *Gothic architecture and scholasticism*, 2. Aufl. 1957. Die höfische Literatur wird dargestellt nach dem bedeutsamen Werk von R. Bezzola, *Les origines et la formation de la littérature courtoise en Occident (500—1200)*. 5 Bde. 1944—63. Über die Heldenlieder: I. Siciliano, *Le origini delle canzoni di gesta*. 1940. J. Rychner, *La chanson de geste, essai sur l'art épique des jongleurs*. 1955. R. Louis, *Girart de Roussillon, de l'histoire à la légende*. 2 Bde. 1947. R. Lejeune, *Recherches sur le thème: Les chansons de geste et l'histoire*. 1948. J. Frappier, *Les chansons de geste du cycle de Guillaume d'Orange*. 1955. P. Le Gentil, *La Chanson de Roland*. 1955. R. Menendez Pidal, *La chanson de Roland et la tradition épique des Francs*. 1960. E. Kohler, *Ideal und Wirklichkeit in der höfischen Epik*. 1956. *Chansons de geste und höfischer Roman*. Heidelberger Kolloquium 1961. Über die Troubadoure: H. Davenson, *Les Troubadours*. 1960. E. Kohler, *Troubadourlyrik und höfische Dichtung*. 1962 und *Observations historiques et sociologiques sur la poésie des troubadours*, in: Cahiers de Civilisation Médiévale, 1964. Über die höfische Liebe: Denis de Rougemont, *L'amour et l'Occident*. 1939. R. Nelli, *L'érotique des troubadours*. 1963. H. Kolb, *Der Begriff der Minne und das Entstehen der höfischen Lyrik*. 1958. Über die Stellung der Frau: D. Herlihy, *Land, Family and Women in Continental Europa*, in: Traditio, 1962. Über das romanische Gefühlsleben: P. Rousset, *La sensibilité à l'époque romane*, in: Cahiers de Civilisation Médiévale, 1960 und J. Györy, *Le cosmos, un songe*, in: Annales Universitatis Budapestinensis, sectio philologica, 1963. Zum Alexanderroman: G. Cary, *The medieval Alexander*. 1956. Zur ›matière de Bretagne‹: R. S. Loomis (Hg.), *Arthurian Literature in the Middle Ages*. 1959. J. Marx, *La légende arthurienne et le Graal*. 1952. *Les romans du Graal dans la littérature des XIIe et XIIIe siècles*. Colloques du CNRS. Paris 1956. In der gleichen Kolloquiensammlung: *L'humanisme médiéval dans les littératures romanes du XIIe au XIVe siècle*. 1964. Über Tristan und Isolde: B. Panvini, *La leggenda di Tristano e Isotta*. 1952 und J. Frappier, *Structure et sens du Tristan: version commune, version courtoise*, in: Cahiers de Civilisation Médiévale, 1963. Über Chrétien von Troyes: J. Frappier, *Chrétien de Troyes*. 1957. Über die Goliarden: H. Waddell, *The wandering scholars*. 1927 und O. Dobiache-Rojdesvensky, *Les Poésies des Goliards*. 1931. Aus der immensen Literatur über die Juden im Mittelalter: J. Trachtenberg, *The Devil and the Jews. The medieval conception of the Jew and its relations to modern antisemitism.* 1943. Über Spitäler und Leproserien: *Atti del Primo Congresso Europeo di Storia Ospitaliera.* Reggio Emilia. 1960. Über Häresien: H. GRUND-MANN, *Religiöse Bewegungen im Mittelalter.* 1935 (Neuaufl. 1961) und *Ketzergeschichte des Mittelalters.* 1963. E. DUPRÉ THESEIDER, *Introduzione alle eresie medievali.* 1953. R. MORGHEN, *Medio Evo cristiano.* 1951, Neuausgabe 1961. R. MANSELLI, *Studi sulle eresie del secolo XII.* 1953 und *L'eresia del male.* 1963. *Movimenti religiosi popolari ed eresie del Medio Evo,* in: X Congresso Internazionale di Scienza Storiche. Rom 1955, Bd. III. A. BORST, *Die Katharer.* 1953. R. NELLI, *Spiritualité de l'hérésie: le catharisme.* 1953 und *Le phé-nomène chathare.* 1964. N. COHN, *The Pursuit of the Millenium.* 1957. *Hérésies et Sociétés. Actes du colloque de Royaumont,* 1962. Hg. von J. LE GOFF (im Druck). T. MANTEUFFEL, *Die Geburt der Ketzerei.* 1965. (Übers. aus dem Poln.)

Kapitel 7

Zur Landwirtschaft die genannten Werke von G. DUBY, B. SLICHER VAN BATH, W. ABEL. Über die Ökonomie *Vaulerent:* CH. HIGOUNET, *L'assolement triennal dans la plaine de France au XIIIe siècle,* in: Comptes rendus des séances de l'Académie des Inscriptions et Belles Lettres, 1956. Über die landwirtschaftlichen Traktate: D. OSCHINSKY, *Medieval Treatises on estate management,* in: Economic History Review, 1956. W. HARVEY, *Walter of Henley and the old Farming,* in: Agriculture LIX (1952/53). L. OLSEN, *Pietro de Crescenzi: The foun-der of modern agronomy,* in: Agricultural History Review, 1944. Der Clairvaux betreffende Text bei J. LE GOFF, *La Civilisation de l'Occident Médiéval.* 1964, S. 276/77. *Le Vieil Rentier d'Audenarde* wurde ediert von L. VERRIEST. Die wirtschaftliche Lage im 13. Jahr-hundert wurde kürzlich am englischen Beispiel untersucht von E. MILLER, *The English economy in the XIIIth century,* in: Past and Present, 1964. Über das Eisen: R. H. BAUTIER, *Notes sur le commerce du Fer en Europe occidentale du XIIIe au XVIe siècle.* I., in: Revue d'Histoire de la Sidérurgie, 1960. Die Texte von Bonvesin de la Ripa wurden herausgegeben von F. NOVATI in *Bullettino dell' Istituto Sto-rico Italiano,* 1898, freie italienische Übersetzung mit Kommentar von E. VERGA, *Fra Bonvesino della Ripa. Le meraviglie di Milano.* Die hier zitierten Stellen wurden ins Englische übersetzt von R. S. LOPEZ und I. W RAYMOND, *Medieval Trade in the Mediterranean World.* 1955, S. 61—69. Die Stelle von Joinville steht im Kap. VI der bearbeiteten Ausgabe von A. MARY, 1928. Über die Textilien: G. ESPINAS, *Essai sur la technique de l'industrie textile à Douai aux XIIIe et XIVe siècles.* 1909 und *La draperie dans la Flandre française au Moyen Age.* 1923. H. LAURENT, *Un grand commerce d'exportation au Moyen Age. La draperie des Pays-Bas en France et dans les pays* *méditerranéens.* 1935. E. E. POWER, *The Wool Trade in English Medieval History.* 1941. G. DE POERK, *La draperie médiévale en Flandre et en Artois.* 1951 (unentbehrlich für Technik und Ausdrücke). H. AMMANN, *Deutschland und die Tuchindustrie Nordwesteuropas im Mittelalter,* in: Hansische Geschichtsblätter, 1954. P. VÀCZY, *La transformation de la technique et de l'organisation de l'industrie textile en Flandre aux XIe—XIIIe siècles,* in: Etudes historiques, veröffentlicht vom Nationalkomitee ungarischer Historiker. Bd. I. 1960. Über Villard de Honnecourt und sein Skizzenbuch HANS R. HAHNLOSER, *Villard de Honnecourt Kritische Gesamtausgabe des Bauhüttenbuches.* 1935 und S. SCHULTZ, *Villard de Honnecourt et son ›carnet‹,* in: L'Oeil, März 1965. Zur Seidenindustrie: F. EDLER DE ROOVER, *Lucchese Silks,* in: Ciba-Review, 1950. Über Handel und Industrie im allgemeinen: *The Cambridge Economic History of Europe,* Hg. von M. M. POSTAN und H. J. HABAKKUK. Bd. II (1952) und III (1963). Über die Messen H. LAURENT, a.a.O. R. H. BAUTIER, *Les foires de Champagne,* in: Recueils da la Société Jean Bodin. Bd. V. La Foire 1953. Über die Hanseschiffe: P. HEINSIUS, *Das Schiff der hansischen Frühzeit.* 1956 und *Dimensions et caractéristiques des ›koggen‹ hanséatiques dans le commerce baltique,* in: Le navire et l'économie maritime du Nord de l'Europe, hg. von M. MOLLAT. Über die Mittelmeerschiffe und das Seerecht: E. H. BYRNE, *Genoese Shipping in the XIIth and XIIIth century.* 1930. F. C. LANE, *Venetian Ships and Shipbuilding of the Renaissance.* 1934. *Venetian Maritime Law and Administration (1250 bis 1350),* in: Studi in onore di Amintore Fanfani III (1962). R. ZENO, *Storia del diritto marittimo italiano nel Mediterraneo.* 1946. Über die Bildung des Kaufmanns: H. PIRENNE, *L'instruction des marchands au moyen âge,* in: Annales d'Histoire Economique et Sociale, 1929. A. SAPORI, *La cultura del mercante medievale italiano, L'usura nel Dugento a Pistoia, Il ›giusto prezzo‹ nella doctrina di San Tommaso e nella pratica del suo tempo,* nachgedruckt in *Studi di Storica Economica sec. XIII—XIV—XV.* 3. Aufl. 1955. J. W. BALDWIN, *The Medieval Theories of the Just Price.* 1959. G. LE BRAS, *Usure,* in: Dictionnaire de théologie catholique XV-2, 1950. J. LE GOFF, *Marchands et banquiers au Moyen Age.* 2. Aufl. 1962. Die Briefe des Alfons von Poitiers wurden ediert von V. MORTET und P. DESCHAMPS, *Recueil de textes relatifs à l'histoire de l'architecture.* Bd. II. 1929, S. 243/44. Zur Entwicklung des Geldes: M. BLOCH, *Esquisse d'une histoire monétaire de l'Europe.* 1954. R. S. LOPEZ, *Settecento anni fa: il ritorno all' oro nell' occidente duecentesco.* 1955. C. CIPOLLA, *Money, prices and civilization in the Mediterranean world.* 1956.

Kapitel 8

Die Zitate aus PHILIPPE DE BEAUMANOIR, *Coutumes du Beauvaisis* erfolgen nach dem Text von A. SALMON. 1900, Bd. II: S. 233—35 über die Stände, S. 23—24 über die königliche Gewalt und S. 270 über die Regierung der Reichen in den Städten. Das Zitat von M. BLOCH steht in *La Société Féodale*. 2. Aufl. 1949, Bd. II, S. 81. Die Stellen von JOINVILLE, *Le Livre des Saintes Paroles et des Bons Faits de notre saint Roi Louis* stehen in der Ausgabe von A. MURY. 1928, S. 1, 45, 30/31, 83, 90, 205, 10, 41/42, 270, 219. Über den *Libro de caballeria* von RAIMUNDUS LULLUS siehe M. BATTLORI, *Introducción al libro de caballeria*, in: Obras Literarias, 1948. A. OLIVER, *El Libro del Orden de Caballeria de Raimondo Lullo y el ›De laude novae militiae‹ de San Bernardo*, in: Estudios Lulianos II, 1958. Über die Manessehandschrift: F. PFAFF, *Die große Heidelberger Liederhandschrift*. Zur Entwicklung des Adels im Mâconnais: G. DUBY, *La société aux XIe et XIIe siècles dans la région mâconnaise*. 1953, S. 494 ff. Bertrand de Born, angeführt bei M. BLOCH, a.a.O., S. 21/22, Edition Appel, 28,3. Zu den im 3. Kapitel genannten Untersuchungen über den Adel kommt noch hinzu: E. PERROY, *Mobility among the French noblesse at the end of the XIIIth century*, in: Past and Present, 1963. Über das Entstehen der Feudalrente und die Bildung einer Kulakenschicht: E. MILLER, a.a.O., in: Past and Present, 1965. G. DUBY, *L'économie rurale et la vie des campagnes dans l'occident médiéval*. 1962, Bd. II, S. 462—537. E. A. KOSMINSKY, *Studies in the Agrarian History of England in the XIIIth century*. 1956. M. M. POSTAN, *The chronology of Labour services*, in: Transactions of the Royal Historical Society, 1937. Über die Lehensrenten: M. SZCZANIECKI, *Le fief-rente*. 1947. B. LYON, *From fief to indenture*. 1957. Der Text über die adlige Frau in der Provence, angeführt von M. BLOCH, a.a.O., S. 73, findet sich in *Olim*, Bd. I, S. 427, Nr. XVII. Die Stellen über Itteville, Chevilly und l'Hay stehen in *Cartulaire de l'Eglise Notre Dame de Paris*. Ausgabe von B. GUÉRARD und bei J. LE GOFF, *Le Moyen Age*. 1962, S. 122/23, die über Mischwitz in G. FRANZ, *Deutsches Bauerntum*, S. 201—203 und bei G. DUBY, a.a.O., S. 751/52, über Broughton ebd., S. 704—707, über Lagheim ebd., S. 731/32 und in G. FRANZ, a.a.O., S. 210/11. Über den *bail à cheptel* siehe L. VERRIEST, *Etude d'un contrat privé de droit médiéval: le bail à cheptel vif à Tournai (1297—1334)*, in: Revue du Nord, 1946. Über die Pacht: I. IMBERCIADORI, *Mezzadria classica toscana*. 1951. Über die *casane* der Lombarden: A. M. MATRONE, *Le casane astigiane in Savoia*. 1959. Die Stelle aus dem Roman de Renard findet sich bei J. LE GOFF, *La Civilisation de l'Occident Médiéval*. 1964, S. 314. Der Satz über die *cottiers* findet sich bei E. A. KOSMINSKY, a.a.O., S. 296. Über die Bevölkerung und die Preise: J. Z. TITOW, *Some evidence of XIIIth century population increase*, in: Economic History Review, 1961. C. CIPOLLA, *Economic History of*

World Population. B. SLICHER VAN BATH, *The Agrarian History of Western Europe. 500–1850.* 1963. Über die Bürgerschaft von Metz: J. SCHNEIDER, *La ville de Metz aux XIIIᵉ et XIVᵉ siècles.* 1950. Über Städte und Bauern: R. CAGGESE, *La Repubblica di Siena e il suo contado nel secolo XIII,* in: Bolletino Senese di Storia Patria, 1906. P. VACCARI, *Le affrancazioni collective dei servi della gleba.* 1940. L. SIMEONI, *La liberazione dei Servi a Bologna nel 1256–57,* in: Archivio Storico Italiano CIX (1951). J. PLESNER, *L'émigration de la campagne à la ville libre de Florence au XIIIᵉ siècle.* 1934. G. LUZZATTO, *L'inurbamento delle popolazioni rurali in Italia nei secoli XII et XIII,* in: Studi in onore di E. Besta, 1938. Der *Livre des Métiers* von ETIENNE BOILEAU wurde herausgegeben von R. LESPINASSE und F. BONNARDOT. 1879. Aus dem umfangreichen Schrifttum über das Patriziat wurden speziell herangezogen: H. PLANITZ, *Die deutsche Stadt im Mittelalter.* 1954. F. RÖRIG, *Die europäische Stadt und die Kultur des Bürgertums im Mittelalter.* 1955. *Städtewesen und Bürgertum als geschichtliche Kräfte.* Gedächtnisschrift für F. RÖRIG. 1953. J. LESTOCQUOY, *Les Villes de Flandre et d'Italie sous le gouvernement des patriciens.* 1952, dazu die wichtige Besprechung von A. SAPORI in *Revue du Moyen Age Latin.* 1952. G. DE VALDEAVELLANO, *Sobre los burgos y los burgueses de la España medieval.* 1960. Über einzelne Städte: M. BLOCKMANS, *Het Gentsche stadspatriciaat tot omstreeks 1302.* 1938 und H. VAN WERVECKE, *Gand, esquisse d'histoire sociale.* 1946, ferner die Artikel von A. SAYOUS, R. LOPEZ und G. LUZZATTO über Genua und Venedig in Annales d'histoire économique et sociale, 1937. F. VON KLOCKE, *Patriziat und Stadtadel im alten Soest.* 1927. Über die politischen und sozialen Ereignisse in Florenz am Ende des 13. Jahrhunderts das bewährte Werk von G. SALVEMINI, *Magnati e popolani a Firenze dal 1280–1295.* 1899, zu ergänzen durch neuere Studien. Siehe M. BECKER, *The Republican City State in Florence: An Inquiry into its Origin and Survival,* in: Speculum, 1960. Über die Kaufleute vor allem: A. SAPORI, *Mercatores.* 1941 und *Le marchand italien au Moyen Age.* 1952. Y. RENOUARD, *Les hommes d'affaires italiens du Moyen Age.* 2. Aufl. 1962. Über zwei Persönlichkeiten: R. LOPEZ, *Genova marinare nel Duecento: Benedetto Zaccaria, ammiraglio e mercante.* 1933 und G. ESPINAS, *Les origines du capitalisme.* Bd. I: *Sire Jehan Boinebroke patricien et drapier dovaisien.* 1933. M. CHIAUDANO nannte und untersuchte *I Rothschild del Duecento: la Gran Tavola di Orlando Bonsignori,* in: Bolletino Senese di Storia Patria. 1935. Über die Zünfte Aufschlüsse vor allem in: *The Cambridge Economic History.* Bd. III. 1963 und bei G. MICKWITZ, *Die Kartellfunktionen der Zünfte.* 1936. Über die städtischen Finanzen finden sich die neuesten Untersuchungen in dem Sammelband *Finances et comptabilité urbaines du XIIIᵉ au XVIᵉ siècle.* Collection Histoire. Historische Uitgaven 7 (1964) und bei M. M. FRYDE, *Studies in the History of Public Credit of German Principalities and Towns in the*

Middle Ages, in: *Studies in Medieval and Renaissance History.* Hg. von W. M. BOWSKY. Bd. I. 1964. Über Meier Helmbrecht: Es gibt viele Ausgaben (die beste von F. PANZER, *Altdeutsche Textbibliothek 11,* zwischen 1903 und 1930 fünf Auflagen), Übersetzungen ins Neuhochdeutsche und Untersuchungen. A. MORET besorgte eine französische Übersetzung: *Helmbrecht le Fermier.* 1938.

Kapitel 9

Über die Entwicklung des Königtums im 13. Jahrhundert und das Hervortreten der öffentlichen Gewalt: E. H. KANTOROWICZ, *The King's Two Bodies.* 1957. M. DAVID, *La souveraineté et les limites du pouvoir monarchique.* 1954. G. POST, *Ratio publicae utilitatis, ratio status und ›Staatsräson‹ (1100—1300)* in: Die Welt als Geschichte, 1961 und *Status Regis,* in: Studies in Medieval and Renaissance History. Bd. I. Hg. von W. M. BOWSKY. 1964. B. TIERNEY, *Bracton on Government,* in: Speculum, 1963 und »*The Prince is not bound by the laws*«. *Accursius and the origins of the Modern State,* in: Comparative Studies in Society and History, 1963. E. LEWIS, *King above Law?* »*Quod principi placuit*« *in Bracton,* in: Speculum, 1964. F. CALASSO, *Origine italiane della formula* »*Rex in regno suo est imperator*«, in: Rivista di storia del diritto italiano, 1930, und *I glossatori e la teoria della sovranità.* 3. Aufl. 1957. S. MOCHI-ONORY, *Fonti canonistiche dell' idea moderna dello stato.* 1951. M. BOULET-SAUTEL, *Le Princeps de Guillaume Durand,* in: Etudes d'Histoire du Droit canonique dédiées à Gabriel Le Bras. Bd. II. 1965. R. FEENSTRA, *Jean de Blamot et la formule* »*Rex Franciae in regno suo princeps est*«, ebd. Über die Fürstenspiegel siehe W. BERGES, *Die Fürstenspiegel des hohen und späten Mittelalters.* 1938. Der norwegische »Königsspiegel« (Konungskuggsjâ) wurde 1920/21 von F. JONNSON ediert, 1917 von L. M. LARSON ins Englische und 1944 von R. MEISSNER ins Deutsche übersetzt. Über die Unveräußerlichkeit siehe P. N. RIESENBERG, *Inalienability of Sovereignty in Medieval Political Thought.* 1956. E. KANTOROWICZ, *Inalienabilty: A Note on Canonical Practice and the English Coronation Oath in the XIIIth century,* in: Speculum, 1954. Über den Begriff der Krone: *Corona Regni, Studien über die Krone als Symbol des Staates im späten Mittelalter.* Hg. von M. Hellmann 1961, mit besonderem Nachdruck auf Böhmen (J. Prochno), Ungarn (J. Karpat) und Polen (J. Dabrowski). Über Königtum und Heer: J. R. STRAYER, *Defense of the Realm and Royal Power in France,* in: Studi in onore di Gino Luzzatto, 1949 und B. KEENEY, *Military Service and the Development of Nationalism in England, 1272—1327,* in: Speculum, 1947. Zum Thema Königtum und Fiskalität siehe R. S. HOYT, *Royal Taxation and the Growth of the Realm in Medieval England,* in: Speculum, 1950. Über König und Tyrann:

Über die Herkunft siehe H. WIERNSZOWSKI, *Roger II of Siciliy, Rex Tyrannus, in XIIth Century Political Thought,* in: Speculum, 1963; als konkretes Beispiel wurde Ezzelino da Romano, Tyrann von Verona in der Mitte des 13. Jahrhunderts, behandelt von G. FASOLI, R. MANSELLI, C. G. MOR, G. ARNALDI, W. HAGEMANN, M. BONI, E. RAIMONDI und P. TOSCHI in *Studi Ezzeliani,* 1963 und von G. ARNALDI, *Studi sui cronisti della marca trevigiana nell' età di Ezzelino da Romano.* 1963. Über die Entstehung der Signorien: E. SESTAN, *Le origini delle signorie cittadine: un problema storico esaurito?* in: Bulletino dell' Istituto Storico Italiano per il Medio Evo, 1961. Über die Grenzen monarchischer und fürstlicher Gewalt: *Crown, Community and Parliament in the later Middle Ages.* Hg. von H. M. Cam und G. Barraclough. 1951. G. I. LANGMUIR, *Counsel and Capetian Assemblies,* in: Studies Presented to the International Commission for the History of Representative and Parliamentary Institutions, 1958. G. POST, *»Plena Potestas« and Consent in Medieval Assemblies,* in: Traditio, 1943 und A. ROMANO, *Canonical Maxim »Quod omnes tangit« in Bracton.* ebd. 1946. Y. CONGAR, *»Quod omnes tangit ab omnibus tractari et approbari debet«,* in: Revue historique de droit français et étranger, 1958. J. A. MARAVALL, *La formula »Quod omnes tangit« y la corriente democratica medieval en España,* in: Anciens Pays et Assemblées d'Etats XXXII (1964). Über Venedig und sein Reich: F. THIRIET, *La Romanie vénitienne au moyen âge: le développement et l'exploitation du domaine colonial vénitien (XII–XVe siècle).* 1959 und S. BORSARI, *Il dominio veneziano a Creta nel XIII secolo.* 1963. Ein gutes Beispiel einer Untersuchung der sozialen Grundlagen für die politische Entwicklung einer italienischen Stadt im 13. Jahrhundert E. CRISTIANI, *Nobilità e Popolo nel Commune de Pisa — Dalle origine del Podestariato alla Signoria dei Donoratico.* 1962. Das grundlegende Werk über Friedrich II. schrieb E. H. KANTOROWICZ, *Kaiser Friedrich II.* 2 Bde. 3. Aufl. 1963. Über Rudolf von Habsburg siehe A. GERLICH, *Studien zur Landfriedenspolitik König Rudolfs von Habsburg.* 1963. H. ROESSLER, *Ein König für Deutschland. Die Krönung Rudolfs von Habsburg 1273.* Über den Deutschritterorden: K. GÓRSKI, *L'Ordre Teutonique: un nouveau point de vue,* in: Revue Historique, 1963. Über die Hanse: PH. DOLLINGER, *La Hanse.* 1964 und H. SPROEMBERG, *Die Hanse in europäischer Sicht,* in: XXXVIe Congrès de la Fédération archéologique et historique de Belgique. Brüssel 1958 und *Danewerc-Opstellen aangeboden aan Prof. Dr. Th. Enklaar.* 1959. Zur Lage auf der Iberischen Halbinsel: P. E. SCHRAMM, *Das Kastilische Königtum und Kaisertum während der Reconquista,* in: Festschrift für G. RITTER. 1950 und R. MENENDEZ-PIDAL, *El Imperio hispanico y los cinco reinos,* in: Rivista di estudios politicos, 1950. E. PRESTAGE, *Royal Power and the Cortes in Portugal.* 1927. H. DA GAMA BARIOS, *História da administraçâo pública em Portugal nos sécula XII a XIV.* Neuausgabe 1945 ff.

Über England: F. M. Powicke, *The Thirteenth century*, in: The Oxford History of England, 1953. J. C. Holt, *Magna Charta*. 1965. Über Frankreich: P. E. Schramm, *Der König von Frankreich*, 2 Bde. 1939. F. Lot und R. Fawtier, *Histoire des Institutions françaises au Moyen Age*. Bd. II: *Les Institutions royales*. 1958. B. Guenée, *L'histoire de l'état en France à la fin du Moyen Age vue par les historiens français depuis cent ans*, in: Revue Historique, 1964. Über Philipp den Schönen und den Konflikt mit dem Papsttum: R. Scholz, *Publizistik zur Zeit Philipps des Schönen und Bonifaz' VIII.* 1908. J. Rivière, *Le problème de l'Église et de l'État au temps de Philippe le Bel.* 1920. H. Kaempf, *Pierre Dubois und die geistigen Grundlagen des französischen Nationalbewußtseins um 1300.* 1935.

Kapitel 10

Über die Entwicklung der päpstlichen Monarchie: J. Haller, *Das Papsttum — Idee und Wirklichkeit.* 2. Aufl. 1950–53 (Der Autor ist ein liberaler Protestant). W. Ullmann, *Medieval papalism.* 1949. M. Pacaut, *L'autorité pontificale selon Innocent IV*, in: Le Moyen Age, 1960. Über Innozenz III.: M. Maccarone, *Chiesa e stato nella dottrina di papa Innocenzio III.* 1940. F. Kempf, *Papsttum und Kaisertum bei Innozenz III.* 1954. H. Tillmann, *Papst Innozenz III.* 1954. R. Schneider, *Innozenz III.* 1959. Über Papst, Kaiser, König oder Fürst als allmächtige Herrscher über das Gesetz siehe F. Gillmann, *Romanus pontifex iura omnia in scrinio pectoris sui censetur habere*, in: Archiv für Katholisches Kirchenrecht XCII (1912) und CVI (1926) und A. Hof, *Plenitudo potestatis und imitatio Imperii*, in: Zeitschrift für Katholische Theologie, 1954–55. Der Text des Vagantengedichts *Sequentia falsi evangelii secundum marcam argenti*, der vor allem in der Handschr. Clm 4660 der Staatsbibl. München enthalten ist, wurde u. a. von P. Lehmann, *Parodistische Texte.* 1923 veröffentlicht. Französische Übersetzung bei O. Dobiache-Rojdesvensky, *Les poésies des Goliards.* 1931, S. 79 und J. Le Goff, *Les Intellectuels au Moyen Age.* Über Leben und Einrichtungen der Kirche: G. le Bras, *Institutions ecclésiastiques de la Chrétienté médiévale.* 2 Bde. 1959 und 1964; E. Perroy, *La vie religieuse au XIIIe siècle.* Centre de Documentation Universitaire. Paris 1959. W. E. Lunt, *Papal revenues in the Middle Ages.* 2 Bde. 1934 und, auf nationaler Ebene, J. R. H. Moorman, *Church Life in England in the 13th century.* 1946. Über die Verbreitung des kanonischen Rechts zwei ausgezeichnete Beispiele: A. Vetulani, *La pénétration du droit des decrétales dans l'église de Pologne au XIIIe siècle.* 1936 und S. Stelling-Michaud, *L'université de Bologne et la pénétration des droits romain et canonique en Suisse au XIIIe et au XIVe siècle.* 1953. Die Erklärung Robert Grossetestes auf dem Konzil zu Lyon findet sich bei F. S. Stevenson, *Robert*

Grosseteste. 1899, S. 285 ff. Über die Grenzen der päpstlichen Gewalt der in Kapitel 9 erwähnte Artikel von Y. CONGAR. J. LECLERCQ, *Jean de Paris et l'ecclésiologie du XIIIe siècle.* 1942 und B. TIERNEY, *Foundations of the conciliar Theory.* 1955. Über die Handbücher für Beichtväter: P. MICHAUD-QUANTIN, *Sommes de casuistique et manuels de confession au Moyen Age (XIIe—XVIe siècle).* 1962. Über die Häresien, die Katharer und die Inquisition außer den schon Kapitel 6 zitierten Arbeiten: J. GUIRAUD, *Histoire de l'Inquisition au Moyen Age.* 2 Bde. 1935—38. H. MAISONNEUVE, *Etudes sur les origines de l'inquisition,* 1960 und, als Beispiele und Monographien, MARIANO DA ALATRI, *L'inquisizione francescana nell'Italia centrale nel secolo XIII.* 1954. L. FÖRY, *Die Ketzerverfolgung in Deutschland unter Gregor IX.* 1932. R. W. EMERY, *Heresy and Inquisition in Narbonne.* 1941. G. W. DAVIS, *Inquisition at Albi.* 1948. Y. DOSSAT, *Les crises de l'Inquisition toulousaine au XIIIe siècle.* 1959. R. MANSELLI, *Per la storia dell' eresia catara nella Firenze del tempo di Dante,* in: Bulletino dell' Istituto Storico Italiano, 1950. E. DUPRÉ-THESEIDER, *L'eresia a Bologna nei tempi di Dante,* in: Studi in onore di G. Volpe 2 (1958). W. H. MAY, *The confession of Prous Boneta, heretic and heresiarch* (1935), in: Essays in Medieval life and thought in honor of A. P. Evans. 1955. Aus den zahlreichen Texten nennen wir: a) über den Albigenserkreuzzug: *La chanson de la croisade albigeoise.* Hg. von E. Martin-Chabot. 3 Bde. 1931—61; b) ein katharischer Text *Un traité cathare du debut du XIIIe siècle,* in: Cahiers d'études cathares, 2. Serie, Nr. 13, 1962; c) antikatharische Texte: CH. THOUZELLIER, *Une somme anticathare — Le liber contra Manicheos de Durand de Huesca.* 1964. J. N. GARVIN und J. A. CORBETT, *The Summa contra Haereticos ascribed to Praepositus of Cremona.* 1958 (dazu die Besprechung von A. BORST in der *Zeitschrift für Kirchengeschichte,* 1959). Das Handbuch des dominikanischen Inquisitors Bernhard Gui wurde 1926 von G. MOLLAT herausgegeben. Über die Belagerung von Montségur: Z. OLDENBOURG, *Le bûcher de Montségur.* 1959. Über die Bettelorden existiert ein weitläufiges Schrifttum. Über den heiligen Franz von Assisi und die Franziskaner: J. JÖRGENSEN, *Den Hellige Frans of Assisi.* 1907 (Dänische Ausgabe, aber in viele Sprachen übersetzt). A. MASSERON, *La légende franciscaine — Textes choisis, traduits et annotés.* 1954. I. GOBRY, *Mystiques franciscains.* 1959. A. LEVASTI, *Mistici del Duecento e del Trecento.* 1935. P. GRATIEN, *Histoire de la Fondation et de l'Evolution de l'ordre des Frères Mineurs au XIIIe siècle.* 1928. M. D. LAMBERT, *Franciscan Poverty (1210—1323).* 1961. R. B. BROOKS *Early Franciscan Government. Elias to Bonaventure.* 1959. K. ESSEN, *Ordo Fratrum Minorum — Über seine Anfänge und ursprünglichen Zielsetzungen,* in: Franziskanische Studien, 1960 und 1961. Ders., *Die religiösen Bewegungen des Hochmittelalters und Franziskus von Assisi,* in: Festgabe für J. Lortż. 1957. L. SALVATORELLI, *Movimento francescano e gioachimismo,* in:

Relazioni del X. Congresso Internazionale di Scienze Storiche. Roma 1955, Bd. III (darin ein ausgezeichneter Bericht über die zeitgenössische franziskanische Geschichtsschreibung). E. DELARUELLE, *L'influence de Saint François d'Assise sur la piété populaire*, wie oben. H. THODE, *Franz von Assisi und die Anfänge der Kunst der Renaissance in Italien*. 1885. S. CLASSEN, *Die Armut als Beruf: Franziskus von Assisi*, in: Miscellanea Mediaevalia 3 (1964). Über den heiligen Dominikus und die Dominikaner: H. M. VICAIRE, *Histoire de Saint Dominique*. 2 Bde. 1957. M. TH. LAUREILHE, *Saint Dominique et ses fils*. 1956. Über die Anfeindung der Bettelorden: E. FARAL, *Pour le commentaire de Rutebeuf — le dit des ›Règles‹*, in: Studi Medievali XVI (1943—1950). Über Joachim von Fiore: H. GRUNDMANN, *Studien über Joachim von Floris*. 1927. Ders., *Neue Forschungen über Joachim von Fiore*. 1950 und ein Aufsatz in: Deutsches Archiv, 1960. W. M. BLOOMFIELD, *Joachim of Flora, a critical survey*, in: Traditio 13. A. CROCCO, *Gioacchino da Fiore*. 1960. Über die Spiritualen: E. BENZ, *Ecclesia Spiritualis, Kirchenidee und Geschichtstheologie der franziskanischen Reformation*. 1934. R. MANSELLI, *La ›lectura super Apocalipsim‹ di Pietro di Giovanni Olivi — Ricerche sull' escatologismo mediaevale*. 1955. Derselbe, *Spirituali e Beghini in Provenza*. 1959. Über Cölestin V.: A. FRUGONI, *Celestiana*. 1954. Über Beginen und Begarden: A. MENS, *Oorsproug en betekenis van de Nederlandse begijnen- en begardenbeweging*. 1947. E. W. DCMONNELL, *The Beguines and Beghards in Medieval Culture*. 1954 (vgl. auch A. MENS in: Le Moyen Age, 1954). H. GRUNDMANN, *La mistica tedesca nei suoi riflessi popolari: il beghinismo*, in: Relazioni del X Congresso Internazionale delle Scienze Storiche. Roma 1955, Bd. III und ders., *Die geschichtlichen Grundlagen der deutschen Mystik*, in: Deutsche Vierteljahrsschrift für Literaturwissenschaft und Geistesgeschichte, 1934. Über den Zustand der Kirche zu Beginn des 14. Jahrhunderts: E. MÜLLER, *Das Konzil von Vienne 1311—1312. Seine Quellen und seine Geschichte*. 1934 und R. FOREVILLE, *L'idée de jubilé chez les théologiens et les canonistes avant l'institution du jubilé romain (1300)*, in: Berichte des XI. Internationalen Kongresses der Geschichtswissenschaft. Stockholm 1960.

Kapitel 11

Das grundlegende Werk über die Universitäten stammt von H. RASHDALL, *The Universities of Europe in the Middle Ages*. Neuauflage von F. M. Powicke und A. B. Emden. 3 Bde. 1936. Die beste Zusammenfassung des Problems und das neuere Schrifttum bei S. STELLING-MICHAUD, *Les universités au Moyen Age et à la Renaissance*, in: Berichte des XI. Internationalen Kongresses der Geschichtswissenschaft. Stockholm 1960, Bd. I. Die beste Untersuchung der Anfänge: H. Grundmann, *Vom Ursprung der Universität im Mittel-alter*, in: Berichte über die Verhandlungen der Sächsischen Akademie der Wissenschaften zu Leipzig 103/2 (1957). Über die korporative und berufliche Seite der Universitäten: G. Post, *Parisian Masters as a corporation 1200—1246*, in: Speculum, 1934. P. Michaud-Quantin, *Le droit universitaire dans le conflit parisien 1252—1257*, in: Studia Gratiana VIII (1963) und *La conscience d'être membre d'une universitas*, in: Miscellanea Mediaevalia 3 (1964). J. Le Goff, *Quelle conscience l'université médiévale a-t-elle eu d'elle même?* Ders., *Les Intellectuels du Moyen Age*. 1957. Über die Scholastik: M. D. Chenu, *Introduction à l'étude de Saint Thomas d'Aquin*. 1950. P. Glorieux, *La littérature quodlibètique*. 1935 und *Où en est la question du Quodlibet?*, in: Revue du Moyen Age Latin, 1946. Über den lateinischen Aristotelismus am Ende des 12. Jahrhunderts: R. Palacz, *Bezpośrednia Recepcja Arystotelizmu w Metalogiconie Jana z Salisbury*, in: Studia Mediewistyczne 5 (1963), F. van Steenberghen *Aristote en occident — Les origines de l'aristotélisme parisien*. 1946. D. A. Callus, *Introduction of Aristotelian Learning to Oxford*. 1944. F. Pelster, *Neuere Forschungen über die Aristotelesübersetzungen des 12. und 13. Jahrhunderts*, in: Gregorianum, 1949. J. Legowicz, *Metodologiczne zalozenia recepcji arystotelizmu u Bonawentury*, in: Studia Filozoliczne, schließlich die *Note sull' Aristotele latino medievale* von L. Minio-Paluello in der Rivista di Filosofia Neoscolastica (seit 1950). Über Bonaventura: E. Gilson, *La philosophie de Saint Bonaventure*. 1943. J. G. Bougerol, *Introduction à l'étude de Saint Bonaventure*. 1961 und *Saint Bonaventure et la sagesse chrétienne*. 1963. Über Albertus Magnus: A. Garreau, *Saint Albert le Grand*. 1957. P. Aiken, *The animal history of Albertus Magnus and Thomas of Cantimpré*, in: Speculum, 1947 und H. Balss, *Albertus Magnus als Zoologe*. 1947. Über Thomas von Aquino: E. Gilson, *Le thomisme*. 1948. M. D. Chenu, *Saint Thomas d'Aquin et la théologie*. 1959. Die Zitate von Pater Chenu sind entnommen aus *La Parole de Dieu*. Bd. II: *L'Evangile dans le temps*. 1964. J. Piper, *Einführung zu Thomas von Aquin*. 1958. W. P. Eckert, *Das Selbstverständnis des Thomas von Aquino als Mendikant und als Magister S. Theologiae*, in: Miscellanea Mediaevalia 3 (1964). Über Siger von Brabant: F. van Steenberghen, *Siger de Brabant dans l'histoire de l'Aristotélisme*. 1942. P. Mandonnet, *Siger de Brabant et l'averroïsme latin au XIIIᵉ siècle*. 2. Auflage 1908—11. A. A. Maurer, *The state of historical Research in Siger de Brabant*, in: Speculum, 1956. Als Beispiel eines ›averroistischen‹ Textes: Gèza Sajó, *Un traité récemment découvert de Boèce de Dacie: De mundi aeternitate*. 1954. Über Roger Bacon: R. Carton, *La Synthèse doctrinale de Roger Bacon*. 1924. S. C. Easton, *Roger Bacon and his search for a universal science*. 1952. Über Robert Grosseteste: A. C. Crombie, *Robert Grosseteste and the origins of experimental science*. 1953. D. A. Callus, *Robert Grosseteste*, *scholar and bishop.* 1955. Über die Enzyklopädien: M. DE BOÜARD, *Encyclopédies médiévales,* in: Revue des Questions Historiques CXII (1930). Friedrichs II. Buch über die Falkenjagd wurde 1942 von C. A. WILLEMSEN herausgegeben. Über Witelo: C. BÄUMKER, *Witelo, ein Philosoph und Naturforscher des XIII. Jahrhunderts,* in: Beiträge zur Geschichte der Philosophie des Mittelalters III/2 (1908) und A. BIRKENMAYER, *Etudes sur Witelo.* I–V, in: Bulletin international de l'Académie polonaise des Sciences et des lettres de Cracovie, Classe d'histoire et de philosophie, 1918, 1920, 1922. Die Zitate über die Glasfenster stammen aus L. GRODECKI, *Vitraux de France.* 1953. Über die gotische Kunst H. FOCILLON, *Art d'occident.* 1947. F. SALET, *L'art grothique.* 1963. P. FRANKL, *The gothic, literary sources and interpretations through eight centuries.* J. HARVEY, *The gothic world 1100–1600.* 1950. O. VON SIMPSON, *The gothic Cathedral; origins of gothic architecture and the medieval concept of order.* 1956 sowie der bereits genannte Essay von E. PANOFSKI, *Gothic architecture and scholasticism.* 2. Aufl. 1957. Über die französischen Vorbilder: H. JANTZEN, *Kunst der Gotik.* 1957. Engl. Übersetzung: *High Gothic: Cathedrals of Chartres, Reims, Amiens.* 1962. H. REINHARDT, *La cathédrale de Reims.* 1964. R. BRAUNER, *La cathédrale de Bourges et sa place dans l'architecture.* 1962. Über ›Gotische Provinzen‹: R. BRAUNER, *Burgundian gothic architecture.* 1960. A. MUSSAT, *Le style gothique de l'ouest de la France.* 1963. Über die Gotik außerhalb Frankreichs: E. LAMBERT, *L'art gothique en Espagne aux XIIe et XIIIe siècles.* 1931. Über die Plastik: W. VÖGE, *Bildhauer des Mittelalters.* 1950. Über die Ikonographie: E. MÂLE, *L'art religieux du XIIIe siècle en France.* 8. Aufl. 1947 bleibt grundlegend. A. KATZENELLENBOGEN, *The sculptural programs of Chartres cathedral.* 1959. Über die Schlösser Friedrichs II. der für ein breites Publikum bestimmte, gut illustrierte Band *Hohenstaufenschlösser* in der Reihe Die Blauen Bücher. 1964. Zu den Fenstern der Sainte Chapelle in Paris: M. AUBERT, L. GRODECKI, J. LAFOND, J. VERRIN, *Corpus vitrearum medii aevi.* Bd. I: *Les vitraux de Notre-Dame et de la Sainte-Chapelle de Paris.* 1959. Über die Entstehung des ›style rayonnant‹: R. BRAUNER in *The Art Bulletin,* 1962 und S. SALET in *Congrès archéologique de France.* Saint-Urbain de Troyes 1955. Über die italienische Plastik: J. POPE-HENNESSY, *Italian Gothic Sculpture.* 1955 und CH. SEYMOUR jr., *Invention and Revival in Nicola Pisano's ›Heroic Style‹,* in: Romanesque and Gothic Art (Acts of the XXth International Congress of the History of Art, Bd. I. Princeton 1963). Über Cimabue: R. SAVINI, *Cimabue.* 1946. Über Giotto: E. CECCHI, *Giotto.* 1938. Über die Basilika von Assisi: L. COLETTI, *Gli affreschi della basilica di Assisi.* 1950. R. SCIAMANNINI, *La Basilica di San Francesco di Assisi e gli altri santuari.* 1952. Gotische Buchmalerei des 13. Jahrhunderts — illustrierte Psalter: G. HASELOFF, *Die Psalterillustration im 13. Jahrhundert.* 1938. Beispiel einer Erzählbild-Bibel: A. DE LABORDE, *La Bible moralisée conservée à Oxford, Paris et Londres. 5 Bde. 1911–27.* Über die Pariser Schreibstuben: G. Graf Vitzthum, *Die Pariser Miniaturmalerei von der Zeit des hl. Ludwig bis zu Philipp von Valois und ihr Verhältnis zur Malerei in Nordwesteuropa. 1907.* Über die gotische Goldschmiedekunst: F. Courtoy, *Le trésor du prieuré d'Oignies et l'oeuvre de frère Hugo. 1953.* Über französische Elfenbeinarbeiten: R. Koechlin, *Les ivoires gothiques français. 1924.* L. Grodecki, *Ivoires français. 1947.* Aus dem umfangreichen Schrifttum über den Minnesang sei das neuere Werk von H. Fromm genannt: *Der deutsche Minnesang. Aufsätze zu seiner Erforschung. 1961.* F. Tschirch, *Das Selbstverständnis des mittelalterlichen deutschen Dichters,* in: Miscellanea Mediaevalia 3 (1964). Über Wolfram von Eschenbach die neuere Untersuchung von H. J. Koppitz, *Wolframs Religiosität. 1959.* Über den Prosa-Lanzelot: J. Frappier, *Etude sur la Mort de Roi Arthur.* 2. Aufl. 1961 und *Les Romans du Graal dans la littérature des XIIe et XIIIe siècles.* CNRS Paris 1956. Über die realistische Strömung und die Fabliaux: A. Fourrier, *Le courant réaliste dans le roman courtois en France au Moyen Age. 1960.* Per Nykrog, *Les Fabliaux. 1957.* J. Rychner, *Contribution à l'étude des fabliaux. 2 Bde. 1960.* J. Flinn, *Le Roman de Renart dans la littérature française et dans les littératures étrangères du Moyen Age. 1964.* H. Roussel, *Étude sur Renart le Nouvel du poète lillois Jacquemart Gielée. 1956.* Über die Sagas: H. Kott, *Sagalitteraturen. 1938.* Über ein literarisches Zentrum M. Ungureanu, *Société et littérature bourgeoises d'Arras aux XIIe et XIIIe siècles. 1955.* Ch. Foulon, *L'oeuvre de Jehan Bodel. 1958.* Über den Rosenroman G. Paré, *Les Idées et les lettres au XIIIe siècle: le Roman de la Rose. 1947.* Auch die Literatur zu Dante ist sehr umfangreich: M. Barbi, *Dante, vita, opere et fortuna. 1933.* U. Cosmo, *Guida a Dante. 1947.* L. Tondelli, *Da Gioacchino a Dante. 1944.* E. Gilson, *Dante et la Philosophie. 1939.* M. Asin Palacios, *La escatologia musulmana en la Divina Commedia. 1943.* A. Valensin, *Le christianisme de Dante. 1954.* A. Renaudet, *Dante humaniste. 1952.* E. Buonaiuti, *La prima rinascità. Il profeta: Gioacchino da Fiore. Il missionario: Francesco di Assisi. Il cantore: Dante. 1952.* H. Rheinfelder, *Das Selbstverständnis Dantes als politischer Dichter,* in: Miscellanea Mediaevalia 3 (1964).

Kapitel 12

Über Stillstand und Rückgang der landwirtschaftlichen Nutzung seit dem Ende des 13. Jahrhunderts siehe G. Duby, *L'économie rurale...,* Bd. II. 1962 S. 541 ff. W. Abel, *Die Wüstungen des ausgehenden Mittelalters.* 2. Aufl. 1955. M. W. Beresford, *The lost villages of England.* 2. Aufl. 1963. *Villages désertés et histoire économique.* VI. Section de l'École Pratique des Hautes Etudes. Paris 1965. M. Postan und J. Titow, *Heriots and prices on Winchester Manors*, in: Economic History Review XI (1959). Über die Entforstung z. B. Th. Sclafert, *Cultures en Haute-Provence. Déboisements et paturages au Moyen Age*. 1959. Über die Bevölkerung: E. Baratier, *La démographie provençale du XIIIe au XVIe siècle*. 1961. J. C. Russell, *Recent advances in mediaeval Demography*, in: Speculum, 1965. Über den Begriff der Grenze: A. R. Lewis, *The Closing of the Mediaeval Frontier 1250–1350*, in: Speculum, 1958. C. J. Bishko, *The Frontier in Medieval History*. Paper delivered at the Annual Meeting of the American Historical Association, 1955. R. Ignatius, *The Parish as a Frontier Institution in XIIIth century Valencia*, in: Speculum 1963. Über die Grenzen des Handels: R. S. Lopez, *L'extrême frontière du commerce de l'Europe médiévale*, in: Le Moyen Age, 1963. Liste der 1277 verdammten Irrtümer bei Denifle-Chatelain, *Chartularium Universitatis Parisiensis*. Bd. I, S. 543–555; P. Mandonnet, *Siger de Brabant et l'Averroïsme latin au XIIIe siècle*. 2. Aufl. 1911, S. 175 bis 181. Die von P. Duhem in *Etudes sur Léonard de Vinci*. 1906–1913, Bd. II, S. 411 ff. geäußerte optimistische Ansicht über die angeblich fruchtbaren wissenschaftlichen Folgen der Verdammungen von 1277 wurden begründet richtiggestellt von E. Gilson, *La Philosophie au Moyen Age*. 3. Aufl. 1947 (unter dem Stichwort Etienne Tempier) und von A. Koyré in seinem bewundernswürdigen Artikel *Le vide et l'espace infini au XIVe siècle*, in: Archives d'Histoire doctrinale et littéraire du Moyen Age, 1949 (nachgedruckt in: Études d'histoire de la pensée philosophique, 1961), dem unsere Zitate entnommen sind. Über die ›Philosophen‹ des 13. Jahrhunderts R. A. Gauthier, *Magnanimité — l'idéal de la grandeur dans la philosophie païenne et dans la théologie chrétienne*. 1951. D. A. Callus, *The function of the philosopher in XIIIth century Oxford*, in: Miscellanea Mediaevalia 3 (1964). P. Wilpert, *Boethius von Dacien — die Autonomie des Philosophen*, ebd. und J. Le Goff, *Quelle conscience l' université médiévale a-t-elle d'elle-même?*, ebd., S. 24–26. Über Geldmanipulationen und Währungskrise: M. Bloch, *Esquisse d'une histoire monétaire de l'Europe*, S. 40 ff. R. Guilhermoz, *Avis sur les questions monétaires donnés aux rois Philippe le Bel, Philippe le Long, Charles IV le Bel*, in: Revue numismatique, 1922–26. A. Grundzweig, *Les incidences internationales des mutations monétaires de Philippe le Bel*, in: Le Moyen Age, 1953. R. H. Bautier, *L'or et l'argent en Occident aux XIIIe–XIVe siècles*, in: Compte-rendus de l'Académie des Inscriptions et Belles-Lettres, 1951. Über die Hungersnot von 1315–1317: H. S. Lucas, *The great european famine of 1315, 1316 and 1317*, in: Speculum, 1930 und H. van Werveke, *La famine de l'an 1316 en Flandre et dans les régions voisines*, in: Revue du Nord, 1959. Über die Seewege zwischen Mittelmeer und Flandern am Ende des 13. Jahrhunderts: R. Doehaerd, *Les galères génoites dans la Manche et la mer du Nord à la fin du XIIIe et au début du XIVe siècle*, in: Bulletin de l'Institut Historique Belge de Rome, 1938 und R. S. Lopez, *Majorcans and Genoese on the North Sea Route in the XIIIth century*, in: Revue Belge de Philologie et d'Histoire, 1951. Die durch die Krise ausgelöste Entwicklung der Fron- und Arbeitsdienstleistungen ist für England und Flandern abweichend beurteilt worden von M. Postan, *The chronology of Labour Services*, in: Transactions of the Royal Historical Society, 1937 und von B. Lyon, *Encore le problème de la chronologie des corvées*, in: Le Moyen Age, 1963. Über die Aufstände in Stadt und Land im späten 13. und beginnenden 14. Jahrhundert: R. H. Hilton, *Peasant Movements in England before 1381*, in: English Historical Review, 1949. L. Verriest, *Le registre de la loi de Tournai de 1302*, in: Bulletin de la Commission royale d'histoire, 1911. H. Pirenne, *Le soulèvement de la Flandre maritime de 1323–1328*. 1900. Frühes Beispiel einer Bankkrise: R. S. Lopez, *La prima crisi della banca di Genova (1250–1259)*. 1956. Über die Templer als Bankiers: J. Piquet, *Des banquiers au Moyen Age: les Templiers. Etude de leurs opérations financières*. 1939. Über den Templerprozeß ist eine beträchtliche, oft wenig wissenschaftliche Literatur erschienen. Empfohlen sei das knappe, allgemeinverständliche Werk von R. Oursel, *Le Procès des Templiers*. 1955. Über eine brutale Reaktion auf die Krise: P. Elman, *The economic causes of the expulsion of the Jews in 1290*, in: Englisch Historical Review, 1937. Über eine wichtige Seite der Umwandlungen innerhalb der Textilindustrie: F. Borlandi, *Futainiers et futaines dans l'Italie du Moyen Age*, in: L'éventail de l'histoire vivante. Hommage à Lucien Febvre II (1953). Über die Einstellung der Dombauten siehe R. S. Lopez, *Economie et architecture médiévale. Cela aurait-il tué ceci?* Annales E. S. C., 1952 und ders., *Hard Times and investment in culture*, in: The Renaissance. A Symposium. New York 1953. Über den Beginn der enclosure: R. H. Hilton, *A Study in the Prehistory of English Enclosure*, in: Studi in onore di Armando Sapori. 1957. Über die Adelskrise: R. Boutruche, *Aux origines d'une crise nobiliaire: donations pieuses et pratiques successorales en Bordelais du XIIIe au XIVe siècle*, in: Annales d'histoire sociale, 1939. Die politischen Gegenmaßnahmen der adligen französischen Grundherren wurden dargestellt in dem veralteten Werk von A. Artonne, *Le mouvement de 1314 et les chartes provinciales de 1315*. 1912. Über die Art des Denkens im 14. Jahrhundert: Gordon Leff, *Medieval Thought from Saint Augustine to Ockham*. 1958, S. 255 ff. und *The XIVth century and the decline of Scholasticism*, in: Past and Present, 1956. Über den westlichen Laizismus auf dem Gebiet der Lehre im 13. und 14. Jahrhundert: G. de Lagarde, *La naissance de l'esprit laique au déclin du Moyen Age*. 3. Aufl. 6 Bde. 1956 und, konkreter, J. R. Strayer, *The Laicization of French and English Society in the XIIIth century*, in: Speculum, 1940. Über Ockham: L. Baudry, *Guillaume d'Occam, sa vie, ses oeuvres, ses idées*. 1949 und W. Kölmel, *Wilhelm Ockham — der*

Mensch zwischen Ordnung und Freiheit, in: Miscellanea Medievalia 3 (1964). Über Marsilius von Padua: J. QUILLET, *L'organisation de la société humaine selon le Defensor Pacis de Marsile de Padoue*, ebd. E. LEWIS, *The ›Positivism‹ of Marsiglio of Padua*, in: Speculum, 1963. A. GEWIRTH, *Marsilius of Padua. The Defender of Peace.* Bd. I: *Marsilius of Padua and Medieval Political Philosophy.* 1951. Über Bradwardine siehe GORDON LEFF, *Bradwardine and the Pelagians.* 1957. Über die musikalische Krise, die zur Ars Nova führt, siehe J. CHAILLEY, *Histoire musicale du Moyen Age.* 1950, S. 216 ff. Über Meister Eckhart: F. W. WENTZLAFF-EGGEBERT, *Deutsche Mystik zwischen Mittelalter und Neuzeit.* 1947. K. HEUSSI, *Eckhart-Studien.* 1953. J. ANCELET-HUSTACHE, *Maître Eckhart et la mystique rhénane.* 1956.

Zusammenfassung

Die »Krise des 14. Jahrhunderts« wurde verschieden beurteilt, namentlich von M. M. POSTAN in *The Cambridge Economic History of Europe.* Bd. II, S. 19 ff. und von E. A. KOSMINSKY, *Peut-on considérer le XIVᵉ et le XVᵉ siècle comme l'époque de la décadence de l'économie européenne?, in:* Studi in onore di Armando Sapori. Bd. I. 1957. Zum gleichen Thema standen R. S. LOPEZ und H. A. MISKIMIN den Auffassungen von C. M. CIPOLLA gegenüber (in: The Economic History Review, 1962 und 1964). Ausgleichende Ansichten bei E. PERROY, *A l'origine d'une économie contractée: les crises du XIVᵉ siècle*, in Annales ESC, 1949, F. LÜTGE, *Das 14. und 15. Jahrhundert in der Sozial- und Wirtschaftsgeschichte*, in: Jahrbuch für Nationalökonomie und Statistik, 1953, M. MOLLAT, P. JOHANSEN, M. POSTAN, A. SAPORI, CH. VERLINDEN, *L'économie européenne aux deux derniers siècles du Moyen Age*, in: Relazioni del X Congresso Internazionale di Scienze Storiche VI. Roma 1955. Deutung als Krise der Feudalität: R. H. HILTON, *Y eut-il une crise générale de la féodalité?*, in: Annales ESC, 1951. E. A. KOSMINSKY, *The evolution of feudalrent in England from the XIᵗʰ to the XVᵗʰ century*, in: Past and Present, 1955. F. GRAUS, *Die erste Krise des Feudalismus*, 1955; R. ROMANO und A. TENENTI in: *Die Fischer Weltgeschichte.* Bd. 12. Über das Fortbestehen und die Verschärfung der düsteren, gewalttätigen Seite des Mittelalters im 14. und 15. Jahrhundert das klassische, einsichtsvolle, jedoch »literarische« Werk von J. HUIZINGA, *Herbst des Mittelalters. (Herfsteij der Middeleeuwen.* 1919) Über das Weiterbestehen mittelalterlichen Denkens und Fühlens im 16. Jahrhundert das bedeutende Buch von L. FEBVRE, *Le problème de l'incroyance au XVIᵉ siècle — la religion de Rabelais.* 1942. Im gleichen Sinne R. MANDROU, *Introduction à la France moderne. Essai de psychologie historique 1500–1640.* 1961.

Verzeichnis und Nachweis der Abbildungen

1 *Das Abendland in der Mitte des 11. Jahrhunderts:* nach einer Vorlage des Autors

2 *Fortschritte im Ackerbau: Räderpflug und Egge:* Foto Bibliothèque Nationale, Paris

3 *Fortschritte in der Kriegstechnik: Ritter im Kampf. Wandteppich der Königin Mathilde in Bayeux (Calvados, Frankreich):* Foto Giraudon, Paris

4 *Der Kampf der Stände im Zeitalter des Feudalismus: Ritter und Bauern. Bauer im Kampf gegen einen Ritter. Ausschnitt vom Nordportal des Domes von Modena:* Foto Cav. Uff. Umberto Orlandini, Modena

5 *Sacerdotium und Imperium. Kaiser Otto II. verleiht dem heiligen Adalbert die Investitur. Ausschnitt der Bronzetüren der Kathedrale von Gnesen (Polen):* Foto Ullstein-Grimm, Berlin

6 *Die kaiserliche Gewalt. Friedrich I. Barbarossa und seine Söhne. Aus der Weingartner Welfenchronik.* Foto Hessische Landesbibliothek, Fulda

7 *Die Ausbreitung des Abendlandes vom 11. bis zum 14. Jahrhundert:* nach Jacques Le Goff, La Civilisation de l'Occident Médiéval. Paris 1964 (Arthaud, Paris)

8 *Die Fahrenden: Kreuzritter und Pilger. Kreuzritter und Pilger bei der Ankunft an der Pforte des Paradieses. Ausschnitt aus dem Tympanon der Kathedrale von Autun (Saône-et-Loire, Frankreich):* Foto Trianon Press, Paris

9 *Kreuzzüge und Kreuzfahrerfestungen: Der Krak des Chevaliers (Höhenburg). Rekonstruktion im Palais Chaillot, Paris:* Foto Archives Photographiques, Paris

10 *Das romanische Abendland:* nach F. van der Meer, Kleine Atlas van de Westerse Beschaving. Amsterdam 1964 (N. V. Uitgeversmaatschappij Elsevier, Amsterdam)

11 *Romanische Architektur: Cluny. Rekonstruktion des Chores der Abteikirche Saint-Hugues durch Conant:* Foto Archives Photographiques, Paris

12 *Das gotische Abendland:* nach F. van der Meer, Kleine Atlas van de Westerse Beschaving. Amsterdam 1964 (N. V. Uitgeversmaatschappij Elsevier, Amsterdam)

13 *Eine zeitgenössische Vorstellung vom Teufel. Der Teufel als Menschenfresser. Ausschnitt eines Kapitells in Saint-Pierre zu Vienne (Frankreich):* Foto P. Jahan. Ed. du Rocher

14 *Fortschritte der Geldwirtschaft und der Genossenschaften. Die*

Wechsler von Allones. Ausschnitt aus dem Glasfenster der Kathedrale von Le Mans (Sarthe, Frankreich) mit der Darstellung der Marienwunder: Foto Archives Photographiques, Paris

15 *Der Ritter als allegorische Kalenderfigur. Der Monat Mai als Ritter. Ausschnitt aus dem Wandteppich der Kirche von Baldishol (Norwegen):* Foto Kunstindustrimuseet, Oslo

16 *Kulturelle Kontakte während der spanischen Reconquista. Innenraum von Santa Maria la Blanca in Toledo, eines Bauwerkes im Mudéjar-Stil, das zunächst Juden, später Christen als Gotteshaus diente:* Foto Garzon, Granada

17 *Entwicklung der Geistigkeit und der religiösen Gefühlswelt. Der heilige Franz von Assisi gibt seinen Mantel einem Armen. Gemälde von Giotto in der Oberkirche von San Francesco (Assisi):* Foto Frati Minori Conventuali. Sacro Convento di San Francesco, Assisi

18 *Die Universitäten und die Fortschritte der Scholastik. Szenen aus dem Leben der Pariser Studenten am Südportal von Notre-Dame:* Foto Jean Roubier, Paris

19 *Gotische Kunst: das Zeitalter der Kathedralen. Innenraum der Kathedrale von Amiens (Somme, Frankreich):* Foto Jean Roubier, Paris

20 *Das Abendland zu Beginn des 14. Jahrhunderts:* nach einer Vorlage des Autors

21 *Die Wirtschaft des Abendlandes am Ende des 13. Jahrhunderts:* nach E. Perroy, Le Moyen Age. Paris 1955 (Presses Universitaires de France, Paris)

Register

Die Bearbeitung des Registers erfolgte durch die Redaktion der Fischer Weltgeschichte.

Aachen 95, 216, 220
Abaëlard 12, 93, 106, 156, 158 ff.
Abbaye-aux-Dames in Caen 166
Abbaye-aux-Hommes in Caen 166
Abbeville 192
Abel, Wilhelm 14
Absalon, Erzbischof von Lund 121, 223
Ad abolendam (Bulle Lucius' III.) 247
Adalberon, Bischof von Laon 27
Adalbert v. Bremen 97 f., 120
Adalbert v. Mainz 99
Adam v. Bremen (Verfasser der ›Hamburgisch-Bremischen Kirchengeschichte‹) 31, 47, 120, 122, 162
Adam Scotus 152
Adelard v. Bath 157 ff.
Adele v. Blois 164
Ad extirpanda (Bulle Innozenz' IV.) 248
Adhémar v. Chabannes 33
Adolf II., Graf v. Holstein 77 f.
Adriatisches Meer/Adria 104, 120, 128, 227
Adversus simoniacos (Traktat des Humbert v. Moyenmoutier) 11
Aegelnoth aus Canterbury (Verfasser der ›Historia Sancti Canuti Regis‹) 120
Aelred v. Rievaulx (Verfasser des ›Spiegels der Barmherzigkeit‹) 154
Aérofle 20
Afrika 55, 281
Ägäisches Meer 105, 228
Ägidius v. Rom 222
Ägypten/Ägypter 12, 32, 137 f., 140, 202, 231, 238
Aijubiden 202
Aimar von Monteil 135
Akkon 47, 103, 107, 140, 281
Alanus ab Insulis (Verfasser des ›Anticlaudianus‹, des ›Planctus na-

turae‹ und des ›Liber poenitentialis‹) 14, 163
Alarcos im Gudiana-Tal 132
Alberti del Giudice 215
Albertus Magnus (Verfasser von: ›De animalibus‹, ›De vegetalibus libri VII‹, ›Summa creaturis‹, ›Summa theologica‹) 13, 249, 260 ff.
Albi 183, 268, 280
Albigenser 238, 246
Albigenserkreuzzug 246 f.
Albrecht der Bär 98 f., 102, 129 f.
Albrecht I., dtsch. König und röm. Kaiser 231
Alcira 233
Aleppo 138, 140
Alessandria 96
Alexander II., Papst 11, 131
Alexander III., Papst (Roland Bandinelli) 95 f., 105, 109, 121 f., 131, 242 f.
Alexander IV., Papst 244, 257
Alexander v. Bernai 179
Alexander v. Clairvaux 186
Alexander v. Hales (Verfasser der ›Summa universae theologiae‹) 13, 249, 260
Alexander Newski v. Wladimir 232
Alexanderroman 179
Alexandrette 136
Alexandrien 46, 144 f., 228
Alexios Komnenos 20, 46, 104, 135 f.,
Alfons I. v. Aragonien 110, 131
Alfons II. v. Aragonien 132
Alfons VI. v. Kastilien-León 77, 110, 131
Alfons VII. v. Kastilien-León 110 f., 132
Alfons VIII. v. Kastilien 132
Alfons IX. v. Kastilien-León 257

Alfons X. v. Kastilien 235, 257
Alfons v. Poitiers 200, 238, 247
Alfons II. v. Portugal 111, 235
Alfons III. v. Portugal 235
Alfonso Henriquez v. Portugal 111, 131
algarade 132
Algarve 131, 233
Algeciras 131
Alicante 233
al Idrisi 52
Allod/Allodien 28, 60, 70
Almagest, Schrift des Ptolemäus 12
Al-Mansur 130, 132, 233
Almeria 47
Almohaden 202, 233
Almoraviden 110, 131 f.
Alpen 46, 228, 278
Altes Testament 185
Alvastra 122
Amalfi 35, 46, 104
Amalrich I v. Jerusalem 138
Amberg 31
Ambrosius, Heiliger 91
Amiens 188, 266
Anachoreten 13
Anagni 239
Anaklet II., Gegenpapst 11, 104
Anastasius Bibliothecarius 13
Anatolien 135 f., 138
Anchin 165
Ancona 106, 227
Andalusien 233
Andernach 165
Andreas v. Sankt Viktor in Paris 156
Andreas I. v. Ungarn 12
Andreas II. v. Ungarn 226
Andreas III. v. Ungarn 227
Äneas 180
Angers 161, 268
Angoulême, Kathedrale v. 62
Anjou 44, 118, 149, 227 ff., 233, 237
Anonymus v. York 91
Anseau de Garlande 112

337

Anselm der Peripatetiker 33

Anselm v. Canterbury (Verfasser der Schriften: ›Cur Deus Homo‹, ›Monologion‹, ›Proslogion‹) 92, 116, 154 ff., 261

Anselm v. Havelberg (Verfasser der ›Dialogi‹) 13, 130, 151

Anselm v. Laon 158

Antelami 170

Antiochien 128, 137 f., 140, 142

Antonius, Heiliger 57

Antwerpen 183

Apennin 38

Apulien 11, 104, 128, 231, 269

Aquitanien 118, 131

Araber 104, 125, 157 f., 262

Aragon/Aragonien/Aragonesen 40, 110 f., 113, 115, 118, 209, 222, 228, 233, 235, 238, 280

Archipoeta 181

Ardennen 136

Aribert, Erzbischof v. Mailand 76

Aristoteles 12, 157, 213, 260 f., 263, 283, 292

Arles 76, 82

armaend 122

Ärmelkanal 115

Armenier 20

armentariae 188

Arno 108

Arnold v. Brescia 106 f., 159, 183

Arras 21, 29, 182, 188, 191, 193, 217, 273

Arrounaise 150

Artaud v. Vézelay 168

Arte de' Mercanti 108

Artois 150

Artus 57, 64

Artussagen 56

Askanier 121

Assassinen 21

Asser, Bischof v. Lund 120

Assise v. Clarendon 117

Asturien 36, 110

Athen 12

Auberive 41

Audenarde 189

Augsburg 168, 193, 216, 293

Augustiner 249, 252

Augustinus, Heiliger (Verfasser des ›Gottesstaates‹) 12, 93, 150, 156, 262

Augustus, röm. Kaiser 21, 94

Authentica Habita 95, 159

Autun 171, 190

Auvergne 168

Auxerre 188

auxilium 66

Ave Maria 245

Averroes 283

Averroisten 263, 283

Avignon 45, 248

Avranches 118, 177

Ayoul, Heiliger 198

Babenberger 99 f., 129

Babylon 132, 134

Bacon, Roger (Verfasser des ›Opus maius‹) 249, 260, 263 ff., 282

bad landas 38

Bagdad 20, 134

bail à cheptel 213

Balduccio Pegolotti, Francesco di (Verfasser der ›Pratica della Mercatura‹) 199

Balduin v. Boulogne (Balduin I. v. Edessa) 137

Baleáren 131 f., 233, 235

Balkan 183

Bamberg 165, 168, 270

Bamberger Dom 268

bancherius 49

Bancs du Roi 117

Barbastro 131

Barcelona 46, 110 f., 172, 196

Bardowiek 78

Bari 11, 20, 104

barrios de Francos 56

Bar-sur-Aube 48, 198

Bartholomäus Anglicus, der Engländer (Verfasser der Schrift ›De proprietatibus rerum‹) 21, 260

Basel 51, 68, 165

basileus 11 f., 88, 135, 228

Basilianer 13

batailles 64

Baudri v. Bourgueil 161 f., 164

Bayern 99 f., 102, 188

Bayeux 29, 41, 62 f., 164

Beaulande 57

Beaumanoir, Philipp v. (Verfasser d. ›Coutumes du Beauvaisis‹) 203 f., 208, 218

Beauvais 195, 280

Beda Venerabilis 28

beddemunt 61

Begarden 255, 289

Beginen 255, 289

Bégon, Abt v. Sainte-Foy in Conques 172

béguin 206

behetrias 73

Beirut 47

Beja 131

Bela III. v. Ungarn 226

bellatores 84, 175, 203

Benediktbeuren 181

Benedikt v. Nursia 147, 151

Benediktiner 12 f., 69, 153

benefactorias 73

beneficia 95

Benevent 228

Beni Hilal 19

Bennett, M. K. 17

Benoît de Sainte-Maure (Verfasser des ›Roman de Thèbes‹ und der ›Estoire de Troie‹) 180

Benzo, Bischof v. Alba (Verfasser der Schrift ›Buch an Heinrich‹) 91, 94

Bergen 46, 145, 195, 224, 232

Berlin 232

Bernart de Ventadorn 178

Bernhard v. Agen 131

Bernhard v. Anhalt 102

Bernhard v. Chartres 57

Bernhard v. Clairvaux (Verfasser von ›De consideratione‹ u. ›De laude novae militiae‹) 94, 100, 106, 125, 135, 138, 146 f., 149, 151, 153 ff., 158, 160, 163 f., 183, 207

Bernhard v. Lédirac 131

Bernhard Silvestris (Verfasser der ›Cosmographia‹) 161

Berthe aux grands pieds 24

Bertran de Born 83, 178, 209

Besançon 95

Besthaupt 69

Beverley 269, 293

Béziers 246 f., 288

Bianca v. Kastilien 271, 289

Birger Jarl v. Schweden 224 f.

Birkebeiner 224

Biscaya 190

Blanche-Nef 116

Bloch, Marc 14, 18, 53, 203, 285

Blois 114

bloodwite 77

Boccaccio 161

Bochnia 191

Bodel, Jean (Verfasser d. ›Jeu de Saint Nicolas‹) 273

Boëthius v. Dacien 160, 283

Bogomilen 183

Bohemund II. v. Sizilien (v. Antiochien) 128, 136 f., 141

338

Böhmen 44, 51, 56, 81, 123, 162, 187, 222, 225
Boileau, Etienne (Verfasser des ›Livre des Métiers‹) 216
Boinebroke, Jehan 217, 288
Boleslaw II. der Tapfere v. Polen 123
Boleslaw III. Schiefmund v. Polen 123, 226
Boleslaw Krauskopf v. Polen 123
Bologna 95, 105 f., 159, 165, 193 f., 216 f., 221, 242, 257
Bonaventura (Verfasser d. ›Itinerarium mentis in Deum‹) 249, 252, 261, 263 f.
Bône 128
Bonifaz VIII., Papst 239, 241, 244, 255, 287, 291
Bonifazio v. Canossa 38, 43
Bonnano 171
Bonneuil, Etienne de 268
Bonvesin della Ripa (Verfasser der Schrift ›De magnalibus urbis Mediolani‹) 190, 194
boon-works 69
Bordeaux 48
Borel 20
Borghesano, Francesco 193
Borriano 82
Bouchard de Montmorency 112
Boucher, Guillaume 281
Bougie 47, 199
Bouillon 49
Boulancourt 41
Bourbourg (Seeflandern) 38
Bourges 41, 112, 114, 175, 266, 268
bouviers 69
Bouvines 230, 237
bovarii 69
Brabant 192, 198, 287 f.
Bradwardine, Thomas 292
Braga 131
Brandenburg 129, 187, 226, 232
brassiers 214
Braunschweig 216
Bremen 22, 38, 47, 120, 216
Brenner 105
Brescia 106
Breslau 52
Bretagne 53, 55, 57, 183
Broughton 212
Brügge/Brügger 47 f., 57, 190, 195, 232, 288
Brun v. Querfurt 149

Bruno der Heilige 29, 149
Bucu 77
Bulgaren 9
Buonsignori 217, 285
Burchard v. Straßburg 200
Burgund 42, 93, 109, 164, 248
Burgundius v. Pisa 13
Byzanz/Byzantiner 9, 11 ff., 19 f., 46, 88, 104, 124 f., 128, 138, 141, 144 ff., 193, 246, 281

caballeria popular 73
Caen 21, 166, 288
Caesar Augustus 91
Caesarius v. Heisterbach 49
Caesaropapismus 88, 91, 93
Calimala (Import-Export-Kaufherrn) 217
Camaldoli 149
Camara Santa in Oviedo 171
Cambio, Arnolfo di 270
Cambridge 257, 282, 291
Cambridger Lieder 181
Campagna 107
Canossa 91, 96, 99
Cantar de mio Cid 177
Canterbury 92, 118, 120, 154, 163, 166, 190, 235, 240, 282, 292
Capua 104
caput 69
Carcassonne 183, 247
Cardedeu 53
Carmina burana 57, 181
Carrion de los Condes 171
cartas de poblacion 73
Casamari 164
casane 213
Casi 70
Castel del Monte 269
Castelnau, Peter v. 246
censuales 69
Cérisy-la-Forêt 15
Chalis, Schloß im Poitou 119
Châlons-sur-Marne 93, 174
Champagne 41 f., 47 f., 53, 179 f., 182, 194 f., 197 f., 202, 235, 248, 268, 288
Chanson(s) de geste 11, 176 f., 179
Chantimpré, Thomas v. (Verfasser der Schrift ›De natura rerum‹) 260
Charlieu 171
charruage 119
chartae franchisiae 59
chartae libertatis 59
chartes de franchises 59

Chartres 57, 114, 142, 157 ff., 163, 172, 174 f., 190, 245, 265 f., 269
Chauvigny 170
Chelles 53
Chelmno 225
Cheshire 190
Chester 177
Chevilly 212
Chevreuse 22
Chrétien de Troyes (Verfasser der Epen ›Erec‹, ›Cliges‹, ›Lancelot - Le chevalier de la Charrette‹, ›Ivan - Le chevalier au lion‹, ›Perceval - Le conte du Graal‹) 82, 180
Christenheit/Christen 55, 58 f., 64, 79, 84, 86, 88, 91 f., 97, 106, 110 f., 118 f., 122, 124 f., 128, 130, 132, 134 f., 138, 141 ff., 146, 148 f., 155 ff., 165, 168, 180, 183, 186, 198, 208, 222, 231, 244 ff., 248 ff., 255, 264, 268, 275, 277, 280 f., 288, 294
Christoph I. v. Dänemark 223
Cicero 156, 161
Cid, Rodrigo Diaz aus Vivar 131
Cimabue, Giovanni 271
cinco reinos 111
Cintra 131
Cîteaux 149, 153
civitas imperialis 220
civitas imperii 220
Clairvaux 41, 121, 149, 189
Clemens II., Papst 88
Clemens III., Gegenpapst 91 f.
Clemens IV., Papst 242 f.
Clemens V., Papst 241, 280, 290
Clementines 241
Clermont 54, 92, 124, 135, 268
Clermont-de-l'Oise 203
Cluniazenser 92, 110, 147, 151, 166
Cluny 11, 15 f., 25, 131, 147 f., 151, 157, 163, 166, 168
Coïmbra 257
Colchester 72
Cölestin III., Papst 96, 257
Cölestin V. (Petrus von Monte Morrone), Papst 255
colleganza 16, 50, 200
Colonna 244
comitatus 82
commenda 50, 200
communia pro pace 76

339

Como 195
compagnia 50, 200
compagnia communis 76
compere 50
complant-Verträge 43
Conques 171
Conguy 41
consiglio 217
consilium 66
Consules 80
contado 82, 107 ff., 216, 220
convers 69
Corbeil, Vertrag v. 233, 238
Cordoba 20, 46, 130, 132, 233
Corpus Iuris 95
Corpus Iuris Canonici 241
Corpus Iuris Civilis 241
Corsi 106
Cortenuova 231
Corvey 60, 71
Cosmas v. Prag 123, 162
cottiers 214
Coucy 150
Cour des Comptes 238
courts of piepowders 57
Coutances 268
coutume de Lorris 71
coutumes 197
Couvin 49
Craon (Bas-Maine) 57
Crema 108
Cremona 108
Crescenzi, Pietro de' (Herausgeber des ›Ruralium commodorum opus‹) 188
Cruto 77
curia regis 114 f.

Daimbert v. Pisa 136 f.
Dalekarlien 190
Dalmatien 105, 124, 228
Damaskus 138, 140
Damme 48, 190
d'Andolo, Brancaleone 229
danegeld 115
Danehof 224
Dänemark/Dänen 78, 120 f., 187, 223 f.
Danewerk 121
Dante Alighieri (Verfasser von: ›Divina Commedia‹, ›Vita Nuova‹, ›Convivio‹, ›Monarchia‹, ›De vulgari eloquentia‹) 24, 85, 157, 202, 239, 263, 272, 275, 287
Danzig 226
Dargun 121
Dauphiné 278
Dauphinois 213
Decretum Gratiani 159, 241, 257

Demetrios Zwonimir v. Kroatien 123
Deschamp, Jean 268
Desnos, Constant 214
Desiderio, Abt v. Monte Cassino 29, 172
Desramé 20
destrier (dexterius) 62
Deutschland/Deutsche 15, 47, 51, 59, 68 ff., 76, 88 ff., 91, 93, 96 ff., 100, 102 f., 109, 120 ff., 129, 136, 138, 141, 165, 168, 177 f., 209, 215, 217, 220, 224, 227, 230 ff., 247 f., 268, 290
Deutschritterorden/Deutschritter 226, 232
Dictatus Papae 89 f.
Dietrich der Alte 213
Dietrich v. Freiberg 265
Dijon 65
Dinant 35
Diogenes Laertius 12
Dionysios Areopagita 13, 262
Dit du Lendit 192
Doberan 121
Domesday Book 42, 53, 115, 127, 224
Dominikaner 225, 231, 244 f., 247 ff., 252 f., 257, 260, 262, 282, 291, 294
Dominikus v. Caleruega 246, 249 f., 252
Donau 46 f.
Doria, Teodisio 281
Doria, Vivaldi 281
Dorpat 232
Dörper (vilains) 27
Dortmund 216
Doryläum 136
Douai 193, 217, 288
Dover 112
Dreifelderwirtschaft 34, 42 ff., 277
Dritter Orden/Tertiarier 252
Dryburgh 152
Dscherba 128
dschihad 138, 141
Duby, Georges 17, 60
Duero 77, 131
Duns Scotus 249, 291 f.
Durazzo 104
Durham 165
dyke villages 38

ealdormen-Adel 115
Ealsdred, Erzbischof v. York 127
earls 127
East-Anglia 38
Ebersheim 64
échelles 64
échevinage 217

échevins 79, 197
Edessa 137 f.
Eduard der Bekenner 115, 127
Eduard I. v. England 190, 193, 236
Eduard II. v. England 237, 290
Egea 209
Eider 130
Elbe 14, 55, 99, 129 f.
Elbing 195 f., 232
Eleonore v. Aquitanien 118 f., 178
Elisabeth v. Schönau 153
Elisabethkirche in Marburg 268
Elsaß 75, 153, 188
Ely 293
Engelsburg 92
England/Engländer 15 f., 21, 29 f., 42, 47 f., 53, 56 f., 66 f., 70, 77, 80, 84, 93, 102, 106, 110 ff., 115 ff., 127, 140 f., 143, 149, 152, 154, 164 f., 179, 188, 191, 193, 205, 210, 212, 214 f., 222, 224, 235 ff., 241, 244, 268, 277 f., 288, 290, 293
Epirus 104, 128, 228
Epitome Iulii Valerii 179
Eremiten Unserer Lieben Frau vom Berge Karmel /Karmeliter 252
Erfurt 216, 294
Erik V. v. Dänemark 223
Erik Jedvardson (d. Heilige) v. Schweden 122, 225
Erikskrönika 224
Erlandsen, Jacob 223
Ernaut 57
Eskil, Erzbischof v. Lund 121
Estormarants 20
eswardeurs 198
Etampes 175
Etsch 105
Euböa 228
Eudes de l'Étoile 183
Eugen III., Papst 94, 106, 138, 164
Eugen der Admiral 12
Euklid 33
Europa 9, 14, 17, 25, 39, 44, 75, 215, 247
Evesham 236
Evora 131
Evreux 53, 272, 293
Exchequer 115
Exeter 293

Fabriano 194
Falun 190
Famagusta 268
famuli 69

340

Fatimiden 137
Ferdinand II. v. Léon 111
Ferdinand III. v. Kastilien
233, 235
fermage 213
Ferrara 170, 228
Ferrières-en-Gâtinais 71
Fibonacci, Leonardo (Verfasser der Schrift ›Traktat über das Rechenbrett‹) 199
Fils-Néel, Richard (Verfasser des ›Dialogue de l'Exchiquier‹) 117
fin amor 178
Flamen 47, 129
Flandern 35, 38, 46, 48, 58, 66, 73, 77, 80, 111, 114; 136, 180, 183, 192, 194, 198 f., 211, 217, 246, 248, 288
Fleta-Sammlung 188, 222
Florenz 107 f., 192 f., 196, 202, 215, 228, 270
Focillon, Henri 18, 165 f.
Fondaco dei Tedeschi 232
Fonte Avellana 149
Fontenay 164
Fontevrault 57, 61, 149, 152
Formentera 84
fort de Champagne 202
Fossanova 163
Fotevik 120
Foucher v. Chartres 142, 162
Fra Dolcino 255
Francastel, Pierre 15
Franken 140
Frankfurt/Oder 232
Frankreich/Franzosen 15, 43, 51, 53, 55 f., 58, 76 f., 82 f., 84, 89, 93, 103, 106, 110 ff., 118, 122, 129, 131, 136, 138, 140 f., 157, 162, 165, 171, 176 f., 183, 192 f., 202, 215, 218, 221, 235, 237, 247, 252 f., 285, 289 f., 299
Franz v. Assisi 249 f., 250, 254 f., 261
Franziskaner 82, 249 f., 253 ff., 261, 282, 291
Franziskusbasilika in Assisi 271
Fra Salimbene v. Parma 82, 188
Frieden v. Venedig 96, 102
Friedrich I. Barbarossa, dtsch. König und röm. Kaiser 51, 76, 79, 82, 95 ff., 100, 102, 105 ff., 111, 121, 123, 140, 159, 162, 181, 221
Friedrich II., dtsch. König und röm. Kaiser (Friedrich Roger) 96, 103,

194, 202, 208 f., 220 f., 223, 227 f., 230 ff., 241, 247, 257, 264, 269
Friedrich der Einäugige 68, 99 f.
Friedrich, Erzbischof v. Hamburg 38, 129
Friedrich v. Rothenburg 100
Friesland/Friesen 38, 47, 77, 187
Fromista 171
Fronleichnamsfest 245
fuero 73
Fujiwara-Dynastie 19
Fulbert v. Chartres 33, 155
fyrd 115, 117

Gabès 128
gagnages 37
Galen v. Pergamon 257
Galicien 110
Galilei, Galileo 283
Gallici 56
Gallien 18, 32, 132
Gallus Anonymus 24, 162
Garcia Ramirez v. Navarra 110
Garin 57
Garnier, Propst von Saint-Etienne in Dijon 65
gasaille 213
Gascogne 110, 131, 235
Gaston v. Béarn 137
Gâtinais 112 f.
Gautier v. Thérouane (Verfasser der ›Vita Caroli comitis‹) 162
Gebhard v. Salzburg 91
Gelasius II., Papst 107
Gellee, Jacquemart (Verfasser des ›Renard le Nouvel‹) 274
Gelmirez, Diego 79
Gembloux 35
Gent 199, 217
gentilhomme 206
Genua/Genuesen 35, 46 ff., 76, 105, 107 f., 136, 144 f., 194 f., 202, 228, 281, 288
Geoffroy, Graf v. Anjou 116 f.
Georgsdom in Limburg/Lahn 268
Gerard v. Borgo San Donnino (Verfasser der ›Einführung in das Ewige Evangelium‹) 254
Géraud v. Moissac 131
Gerhard v. Cremona 157
Gerhard v. Czanad 33
Gerhoh v. Reichersberg 151

Germanien 32
Gerpen 38
Gervasius 190
Geschichte v. Tristan und Isolde 180
Geza I. v. Ungarn 13, 124
Ghibellinen 208, 217
Ghino Frescobaldi 193
Gilbert de la Porrée 156, 160
Gibelet 47
Gilles le Muisit 287
Giotto di Bondone 271
Girart 57
Girart de Vienne 56
Glaber, Raoul 30, 32, 34, 55, 132
Gloucester 70
Gnesen 52, 123, 171, 225 f.
Goess 194
Gog 96
Goldenes Horn 104
Goliarden 57, 161, 181
Golias (gueulard) 181
Gorze 35
Goslar 190
Gotik 163 ff., 172, 174 f., 265
Gotland/Gotländer 46 f., 80, 145, 225, 232
Gottfried v. Bouillon 136 f.
Gottfried v. Monmouth (Verfasser der ›Historia regum Britanniae‹) 162, 179
Gottfried v. Straßburg 180
Gottfried v. Troyes 74
Gotthardpaß 194
Granada 132, 233, 280
Grande-Chartreuse 30, 149
Gratian (Verfasser der ›Concordantia discordantium canonum‹) 159
Gregor VII., Papst 54, 89, 91 f., 94, 105 f., 123 f., 135, 148, 240
Gregor IX., Papst 241, 248, 257
Gregor X., Papst 243
Gregor v. Farfa (Verfasser der ›Orthodoxa defensio imperialis‹) 91
Gregor v. Nazianz 12
Grenoble 136
Griechen 12, 14, 96, 135, 141
Großbritannien/Briten 120, 180
Großer Belt 121
Groß-Polen 36, 123, 226, 281
Grosseteste, Robert (Verfasser der ›Règles‹) 188, 244, 263 ff.

341

Guadiana-Tal 132
Gualbert v. Brügge
48, 57, 66
Guelfen 208, 217
Guelfismus 109
Guerric v. Igny (Verfasser
von ›Über die Sehn-
sucht der liebenden
Seele‹) 154
Gui, Bernhard 248
Gui de Bazoches 155
Gui de la Roche-Guyon
112
Guibert v. Nogent
79, 113, 162
Guido v. Lusignan
138, 140, 142
Cui-Geoffroi, Herzog v.
Aquitanien und der
Gascogne 131
Guigues, Kartäuserprior
152 f.
Guipúzcoa 190
Gui Trousseau 112
Gurnemanz v. Graharz 65

Haakon Haakonsson
v. Norwegen 224
Hadrian IV., Papst 95,
102, 106, 119, 122
Hagia Sophia 9, 20
Haithabu 47
Halberstadt 102, 120
Halle 216
Halle, Adam de la (Adam
le Bossu - Verfasser des
›Jeu de la Feuillée‹) 273
Hamburg 216
Handbücher für
Beichtväter 200
Handfestae 224
Hanse/Hansen 47, 80
Harald der Strenge v.
Norwegen 121
Harfu 20
Harold, Graf v. Wessex
115, 127
Hastings 16, 21, 115, 121,
127, 177
Hattin 140
Haucebir 21
Haversford 60, 71
Heden, Hinze v. 225
Heidelberg 207
Heiden 132, 137
Heiligenkreuz 129
Heiliges Land 19, 55, 84,
100, 103, 105, 107 f.,
119, 132, 135, 141 ff.,
162, 178, 195, 205, 210,
281, 289
Heiliges Römisches Reich
Deutscher Nation 68, 95
Heinrich I., dtsch. König
128
Heinrich III., dtsch. König
und röm. Kaiser
84, 88 f.

Heinrich IV., dtsch.
König und röm. Kaiser
89, 91 f., 94, 97 ff., 105,
123 f., 135
Heinrich V., dtsch. König
und röm. Kaiser
68, 92 ff., 99, 123
Heinrich VI., dtsch. König
und röm. Kaiser 96,
102 f., 107 f., 128, 227,
230
Heinrich VII., dtsch.
König und röm. Kaiser
229, 275, 290
Heinrich (VII.), Sohn
Friedrichs II.
208, 230, 232
Heinrich I. v. England 30,
75, 77. 84, 92, 112,
116 f.
Heinrich II. v. England
21, 72, 96, 117 ff., 145,
186, 224, 237
Heinrich III. v. England
236
Heinrich II. v. Frankreich
161
Heinrich aus der Provence
183
Heinrich der Glichezaere
(Verfasser des
›Isengrîmes nôt‹) 274
Heinrich der Junge 118
Heinrich v. Lettland 196
Heinrich der Löwe 47, 78,
80, 85, 98, 100, 102,
121 f., 129
Heinrich v. Morungen 272
Heinrich der Stolze 99 f.
Helmold (Verfasser der
›Chronica Slavorum‹)
77, 130
Hennegau 288
Henricus Aristippos 12
heriot 77
hermandad 218
Herrad v. Landsberg
(Verfasserin des ›Hortus
deliciarum‹) 153
hidage 119
Hieronymus, Heiliger 156
Hildebert v. Lavardin 161
Hildebrand, Kardinal
(Gregor VII.) 89
Hildegard v. Bingen
(Verfasserin des
›Scivias‹) 153
Hippokrates 257
hirdh 120
Hirsau 15, 148
Hischam III., Kalif v.
Cordoba 20
Historia Compostellana
79
Historia Sancti Canuti
Regis 120
hodvagir 22
Holland/Holländer
38, 77, 129

Holstein/Holsteiner 223
homines de capite 69
homines de corpore 69
homines de potestate 69
homines proprii 69
Honnecourt, Villard de
189 f., 268
honnête homme 206
Honorius III., Papst 221
Honorius v. Autun
(Verfasser der ›Summa
gloria de Apostolico et
Augusto‹) 94, 161
hôtes 212
Housebondrie 188
hövescheit 178 f.
Huesca 156, 171
Hugo III. v. Burgund 206
Hugo v. Avranches 177
Hugo v. Cluny
29, 131, 168
Hugo v. Fouilloy 13
Hugo v. Oignies 272
Hugo v. Sankt Viktor in
Paris (Verfasser des
›Didascalicon‹)
155 f., 161
Hugues de Fosses 146
Hugues du Puiset 112
Humbert v.
Moyenmoutier 9, 11, 89
Humiliati/Humiliaten
185
Hundred Rolls 214
Hunnen 20
Huntingdonshire 212
Huy 16, 35

Iberische Halbinsel 54, 73,
84, 110 f., 220, 233
Ibiza 47
Ibn Jabair 143
Igny 41
Ile-de-France 136, 172,
176, 188, 194, 212, 246,
268
Ile de la Cité 155, 159
Illyrien 128
immixtio manuum 66
Imre v. Ungarn 246
Indien 145, 179
infield 45
ingenui 60
Ingeburg-Psalter 165
Ingo der Alte v.
Schweden 122
Innozenz II., Papst
11, 94, 104, 150
Innozenz III., Papst
96, 124, 221, 230, 235 f.,
240 ff., 246
Innozenz IV., Papst
231, 241 ff., 248, 250
Innozenz V (Peter v.
Tarentaise), Papst 252
Inquisition 246 ff., 253
Interregnum 220
Investitur 67, 112
Investiturstreit 67, 89, 92,
96, 105, 116, 124, 148

342

Irland 119, 121
Irnerius, Bologneser
  Jurist 159
Isaak de l'Étoile
  (Verfasser v. ›Über die
  Messe‹) 154
Islam 19, 146, 250
Island 177, 273
Israeliten 12
Istrien 228, 278
Italien 12, 16, 18 ff., 32 f.,
  35, 46, 49, 51, 57, 70,
  76 f., 82, 88, 91, 93,
  97 f., 102 ff., 107 ff.,
  136, 148, 163, 178, 213,
  217, 220, 227, 230 ff.,
  247, 261, 271, 287 f.,
  290
Itteville 212
Iulius Valerius 179
Ivo v. Chartres 93
Ivrea 107

Jaca 15, 171
Jaime I. v. Aragonien
  209, 235
Jakob v. Compostela 58
Jakob v. Venedig 13
Jakobiner 268
Jakobus, Apostel 58
Japan 19
Japanisches Meer 19
Jaroslaw v. Kiew 47
Játiva 233
Jean de Meung
  (Verfasser des ›Roman
  de la Rose‹, 2. Teil)
  204, 253, 274
Jean de Paris 244
Jerusalem 58, 94 ff., 103,
  107, 125, 132, 134,
  136 ff., 140 ff., 145, 231
Jesus Christus 185
Joachim v. Fiore 254
Johann v. Carpini 250
Johann Ohneland v.
  Engl. 230, 235 f., 240 f.
Johann v. Worcester
  30, 116
Johannes XXI. (Petrus
  Hispanus), Papst
  261, 283
Johannes XXII., Papst
  254, 291, 294
Johannes der Täufer
  57, 202
Johannes v. Damaskus
  (Verfasser v. ›De fide
  orthodoxa‹) 13
Johannes v. La Rochelle
  (Verfasser der ›Summa
  de anima‹) 260
Johannes v. Salisbury
  (Verfasser des
  ›Metalogicon‹ und des
  ›Policraticus‹)
  57, 163, 222
Johannes v. Sevilla 157
Johannes Eriugena 13
Joinville, Jean 41 passim
Joinville, Simon de 205

Jordebog 224
Jotsaldus 29
Jourcey 61
Juden 49, 132, 136, 141,
  156, 181, 200, 213, 245,
  290
Jumièges 166
Justinian, oström. Kaiser
  104
Jusuf Ibn Taschfin 131

Kalabrien 11, 104, 149
Kalocsa 268
Kampanien 104
Kantilene von Roland 177
Kapetinger 111 f., 172,
  237, 247
Kapitol in Rom 106
Karakorum 281
Karl der Große 95, 111,
  176 f., 179
Karl der Gute, Graf v.
  Flandern 162
Karl IV., dtsch. König
  und röm. Kaiser 227
Karl V. v. Frankreich 188
Karl v. Anjou 228
Karlamagnús Saga 273
Karniola 227, 232
Kärnten 188, 227, 232
Karolinger 93, 110, 128
Karsthänse 27
Kartäuser 152
Kasimir I. der Erneuerer
  v. Polen 122
Kasimir II. v. Polen 123
Kasimir III. der Große
  v. Polen 226
Kaspisches Meer 228
Kastilien/Kastilier 73, 77,
  110 f., 118, 131 f.,
  190, 222, 233, 235, 280
katalanische Pyrenäen 53
Katalonien/Katalanen 16,
  48, 53, 111, 172, 195,
  233, 235, 268
Katharer 183, 185, 240,
  246 ff.
Katharismus 183
Kelten 121
Kiew 46, 145, 250
Kilikien 140
Kilt 121
Klara, Heilige 252
Klarissinnen 252
Kleinasien 20, 136
Kleinpolen 123, 191, 226
Klosterneuburg 129
Knut der Große v.
  Dänemark 120
Knut Eriksson v.
  Schweden 122
Knut Lavard v. Dänemark
  120 f.
Kolberg 121
Köln/Kölner 15 f., 49, 79,
  81, 102, 135, 145, 168,
  183, 195, 213, 216, 232,
  257, 262, 268, 272, 280,
  292, 294

Kolomann I. v. Ungarn-
  Kroatien-Dalmatien 124
Königsberg 232
Konrad III., dtsch. König
  und röm. Kaiser 49, 68,
  94 f., 138
Konrad IV., dtsch. König
  231
Konrad, Sohn
  Heinrichs IV. 92
Konrad, Abt v. Corvey 60
Konrad v. Marburg 248
Konrad, Markgraf v.
  Meißen 129
Konrad v. Masowien 226
Konradin v. Hohenstaufen
  228
Konstantinische
  Schenkung 94, 104
Konstantinopel 9, 11 ff.,
  20, 46 f., 104, 107, 128,
  141, 145, 228
Konstanz 109
Konstanze, Gemahlin
  Heinrichs VI. 103
Konstanze v. Burgund
  110
Konstitution v.
  Clarendon 118
Konstitutionen v. Melfi
  228
Konungskuggsjá 224
Koran 157
Korfu 128
Korinth 12, 128
Korsika 47, 107, 228
Kortrijk 238
Kosmas, Chronist 31
Krakau 46, 52, 226, 232
Krakowien 123
Kreta 228
Kreuzzug, erster
  19, 54, 92, 135 ff.
Kreuzzug, zweiter
  12, 113, 135, 138
Kreuzzug, dritter
  96, 107, 138, 141, 237
Kreuzzug, vierter
  128, 141, 193, 228
Krim 228
Kroatien/Kroaten
  9, 119, 123 f.
Kühren 73
Kujawien 123, 226
Kuttenberg 227
Kyrillos 9

laboratores 175, 203
laboureurs 214
La Crête 121
Ladislaus I. v. Ungarn
  124
Lady Chapel zu Ely 293
La Ferté-Beaudoin 112
La Ferté 149
Lagheim 213
lagmän 122
lagmaend 122
Lagny 48, 198

343

Lambert v. Hersfeld
(Verfasser der
›Annalen‹) 79
Lanfranc v. Canterbury
92, 116, 127
Langeais 21
Langobarden 103 f.
Langton, Stephan 235, 240
Languedoc 55, 57, 136,
183, 195, 246 f., 250
Lanzelot-Roman 206
Laon 41, 79, 174 f., 190,
268
Larissa 128
La Rochelle 48
Las Navas de Tolosa 233
Lateiner 12 ff., 128, 135,
137 f., 140 ff., 157 f.
Lateran 94
Laterankonzil, erstes
11, 244
Laterankonzil, zweites
244
Laterankonzil, drittes
54, 243 ff., 258
Laterankonzil, viertes
242, 244 f., 247, 258
Latini 56
Latium 106
La Trinité in Caen 15
Lausanne 190
Layon-Tal 44
Le Bec 154
Lebus 226
Leczyca 226
Legenda aurea 58
Legnano 79, 96, 109
Lehen 66, 71, 95
Lehensvertrag 66
Lehenszins 28
Leibeigenschaft 204
Leine 15
Leipzig 216
Le livre des profits
champêtres 188
Le Mans
16, 161, 174 f., 268
Leo IX., Papst 88
León 73, 110, 233
León de Meung 112
Leopold v. Habsburg 233
Leopold v. Österreich 103
Le Puy 135
Lessay 15
Leutard 182
Lewes 236
L'Hay 212
Libanon 137
libera civitas 220
Liber Augustalis 231
Liber de diversis
ordinibus 151
Liber plegiorum 194
liberi 60
libertas 59
libres sujets 203
Libro del Consolat del
Mar 196

Liebfrauenkirche in Trier
268
Lille 195, 274
Limburg an der Lahn 165
Limoges 172, 268
Limousin 149
Lincoln 166, 188, 244,
264, 269, 293
Lincolnshire 53
Linköping 122
Lissabon 84, 100, 131, 257
Lippe 15
Litauen/Litauer
122, 226, 281
livellum 70
Livland 226, 232
Lobbes 35
Lodi 109
Loheide 223
Loire 61, 161
Lombardei/Lombarden
33, 76, 183, 190, 231,
287, 290
lombardische Liga 109
London 80, 145, 232
Lopez, Robert S.
20, 145
Loredano, Giovanni 282
Lorris-en-Gâtinais 72, 113
Lothar III. v. Supplin-
burg, dtsch. König und
röm. Kaiser 68, 94,
98 f., 106, 120
Lothringen/Lotharingier/
Lothringer 35, 129, 136
Lübeck/Lübecker 47, 77 f.,
85, 102, 122, 130, 145,
216, 220, 225, 232
Lucca 70, 108, 193
Lucius III., Papst
96, 185, 247
Ludwig der Bayer, dtsch.
König und röm. Kaiser
291 f.
Ludwig VI. v. Frankreich
86, 112 f., 162
Ludwig VII. v. Frankreich
111, 113 f., 118 f., 138,
162, 186, 237
Ludwig VIII. v. Frank-
reich 45, 237, 247, 266
Ludwig IX. (der Heilige)
v. Frankreich 191, 195,
202, 205 f., 210, 216,
228, 233, 236 f., 250,
253, 265 f., 271, 274,
281, 289
Lukian 156
Lukrez 156
Lund 120 f.
Luther, Martin 94
Lüttich 35, 49, 99
Luxemburg 227, 231
Luzarches, Robert de 266
Lyon, erstes Konzil v.
231, 244
Lyon, zweites Konzil v.
222, 243, 281

Maas 47
Mâcon 31, 45, 62, 68, 209
Macrobius 160
Magdeburg 130, 216, 226
Magdeburger Stadtrechte
130
Maghreb 23, 132, 144
Magna Charta libertatum
236 f., 240
magnati 217
Magnus, Vetter Knut
Lavards 120
Magnus Barfod v.
Norwegen 121
Magnus Ladulas v.
Schweden 224
Magnus Lagaboetir v.
Norwegen 224
Magog 96
Mahdia 46, 128
Mähren/Mährer
9, 56, 123, 227
Mailand 33, 35, 76,
108 f., 182 f., 194, 228
Maine 237
Mainz 31, 46, 68, 97, 102,
168, 182
maiores milites 64
Malacra 20
Malcolm, König v.
Schottland 127
Mâle, Emile 58
Mallorca 47, 235, 250
Malta 128
Malteserorden 81
Mamistra 47
Manegold v. Lautenbach
91
manentes (manants) 69
Manfred v. Hohenstaufen
217, 228
Manichäismus 183
manouvriers 214
mansionarii 43
Mantes 114
Mantua 38
Manuel Komnenos
v. Byzanz 12, 128
Marbod v. Rennes (Ver-
fasser des ›Liber des
gemmis‹) 161
Marcabru 178
Marchfeld 227, 232
Marco Polo 281
Maria, die Mutter Gottes
178, 183
Maria Laach 168
Maricourt, Peter v.
(Verfasser der ›Epistola
de magnete‹) 264
Marie de Champagne 180
Marie de France 176
Mark Brandenburg 99, 226
Mark Lausitz 129
Mark Meißen 129
Markusdom in Venedig
105
Marmoutier 37

344

Marokko 131
Marseille 55
Marsilius v. Padua (Verfasser des ›Defensor Pacis‹) 220, 239, 291
Masowien 123
Mathilde, Markgräfin v. Toskana 107
Mathilde, Gemahlin Heinrichs V. 116 f.
Matthäus v. Vendôme (Verfasser der ›Ars versificatoria‹) 161
Mauren, 84, 110, 131
Maursmünster (s. auch Marmoutier) 74
Mauvoisin, Guy de 206
Meaux 190
Mecklenburg 129
Meier Helmbrecht 219
Meinhard v. Tirol 232
Meißen 73, 129, 212
Meister Eckehart 294
Meister Gerhard 268
Melk 129
Meloria 228
mercanzia 196
mercatores 216
merchet 77
Merowinger 110
Messina 103
métayage 213
Methodios 9
Metz 210, 215
Meung 161
mezzadria 213
Michael VII. Dukas v. Byzanz 13
Michael VIII. Palaiologos v. Byzanz 281
Michael Kerullarios 9
Mickwitz, Gunnar 216
Mieszko II. v. Polen 123
Mile 57
militia Christi 64
milites 62, 217
milites castri 67
Miller, Edward 187
Milon zu Montetéry 112
Ministerialen (Dienstmannen) 65, 68, 216, 231 f.
Minnesänger 179
minores milites 64
Minoriten 249, 252
Miramar 250
Mischwitz 212
Misnien 226
Mitteldeutschland 48, 188, 190, 277
Mitteleuropa 81, 187, 220
Mittelfrankreich 62
Mittelitalien 103, 108 f., 183, 192, 194, 228 f.
Mittelmeer 9, 20, 25, 36, 46 f., 50, 111, 118 f., 125, 127 f., 196, 233
Modena 16, 56, 170, 193

Mohammedaner 100, 137
Moissac 170 f.
Monaco 107
Monforté 182
Monglane 57
Mongolen 225 f., 231, 250
Monophysiten 250
Monreale 171
Mons-en-Pévile 212
Montauban 247
Monte Cassino 262
Monte Surdoi 195
Montpellier 222, 235, 240, 257
Montreuil-sur-Mer 53, 192
Mont Saint-Michel 269, 289
Montségur 247
Monza 103
Morgarten 233
Morienval 165
Morimond 149
Mosel 48
Moses v. Bergamo 13
Moslems 11, 73, 110, 128, 131 f., 138, 142 f., 156, 193, 233
Mossul 138
München 216, 272, 292
Murcia 233
Muret 247
Musée Condé in Chatilly 165

Naher Osten 56
Narbonne 20, 23, 46, 268, 280
Naumburg 270
Navarra 110 f., 233, 235
Neapel 228 f., 257, 262
Neckam, Alexander (Verfasser des Traktats ›De nominibus utensilium‹) 192
Neidhart v. Reuenthal 274
Nestorianer 250
Neues Testament 185
Nevellino 273
Newcastle-upon-Tyne 77
Nibelungenlied 177
Nicosia 268
Niederlande 22, 47, 213
Niederrhein 47, 97, 172
Niels v. Dänemark 120
Nikephoros Botaniates v. Byzanz 20
Niketas 13, 183
Nikolaus II., Papst 11, 89, 104, 243
Nikolaus IV. (Hieronymus v. Ascoli), Papst 252
Nil 128
Nikolaus v. Apulien (Pisano) 270
Nikolaus Brekespear (Papst Hadrian IV.) 122
Nilus v. Grotaferrata 149
Nîmes 195

Nimwegen 220
Njáls Saga 273
Norbert v. Xanten 146, 150
Nordafrika 19, 128, 193, 199, 249
Norddeutschland 44, 194, 213
Nordeuropa 232, 288
Nordfrankreich 47, 178, 238, 246 f.
Norditalien 46, 56, 85, 104, 107 ff., 183, 185, 188, 192, 194, 228 f., 248
Nordmark 99
Nordostfrankreich 47
Nordschleswig (Søderjylland) 223
Nordsee 38, 46, 48, 125, 190
Nordspanien 130, 171
Nordwestdeutschland 103, 211
Nordwesteuropa 47, 192, 194
Normandie/Normannen 11 f., 16, 19 ff., 29 f., 37, 42, 47, 53, 75, 84, 92, 104, 106, 108, 114 ff., 118, 125, 127 f., 135 f., 166, 237
Northumbrien 127
Norwegen 22, 78, 121, 225
Norwich 166
Notre-Dame d'Orcival 168
Notre-Dame du Port in Clermont 168
Notre-Dame in Lüttich 171
Notre-Dame i. Namur 272
Notre-Dame in Paris 53, 174 f., 266
Nowgorod 46 f., 145, 225, 232
Noyon 175
Nur-ed-din 138
Nürnberg 216

Oberitalien 246
Obotriten 129
Odense 120
Oder 99, 226
Odilienberg im Elsaß 153
Odilo, Abt v. Cluny 29
Odo v. Tournai 147
Odolric v. Sainte-Foy in Conques 168
Olaszfalu 56
Oldenburg 102, 129
Oléron 48
Olivi, Giovanni 254
Oltrarno 108
Orange 20, 136
oratores 84, 175, 203
d'Orbais, Jean 266
Orden v. Cîteau bei Dijon 149
Orden vom Grandmont 149, 152

345

Ordericus Vitalis (Verfasser der ›Historia ecclesiastica‹) 42, 162, 177
ordinamenti della giustizia 217
Orléans 72, 113 f., 132, 161, 181 f., 256, 288
Orvieto 106, 270
Orzeals 200
Osnabrück 216
Österreich 65, 100, 119, 129, 187, 227, 232
Osteuropa 44, 73, 81, 227, 232
Ostmark 129
Ostsee 48, 120, 187, 190
Otbert, Bischof v. Lüttich 49
Othe 113
Otloh v. Sankt Emmeran 33, 162
Otto v. Freising (Verfasser d. ›Weltchronik‹, der ›Geschichte der beiden Reiche‹ und der ›Gesta Frederici I. Imperatoris‹) 82, 85, 95, 109, 127, 162
Otto v. Wittelsbach 102
Otto III., dtsch. König und röm. Kaiser 84, 88, 91, 149
Otto (IV.) v. Braunschweig, dtsch. König 230
Ottokar II. v. Böhmen 227, 232
Ottonen 88, 93, 97 f.
Ourscamp 269
outfield 45
Ovid 156, 161, 164
Oxford 257, 263 f., 282, 291 f.

Padua 194, 257
Pähkinäsaari 225
Palästina 137, 141 f., 144, 238, 246
palefroi (palefredus) 62
Palermo 12, 104, 193, 230 f.
Pamele, Jehan de 189
Pamplona 58
Pandekten 257
Panofsky, Erwin 163
Paraclet 161
Parens scientiarum (Bulle Gregors IX.) 257
Paris, 13, 22, 49, 51, 114, 155, 159 f., 162, 164, 172, 188, 192, 196, 212, 216, 221, 238, 247, 253, 256 f., 260 ff., 282 ff., 288, 291, 294
Paris, Matthieu 244
Parlement 238
Parloir aux Bourgeois 196

Parma 170, 255
Parzival 57, 64
Paschalis II., Papst 92, 94, 99, 106, 148
Paschalis III., Gegenpapst 106
Pataria 150, 182
Patrimonium Petri 88, 105
Paulus. Heiliger 147
Pavia 33, 103, 105
Peckham, John 282
Pedro Alfonso (Verfasser des ›Briefes an die Peripatetiker jenseits der Berge‹) 156
Peloponnes 128
Périgord 57
Perpignan 293
Persien 250
Perugia 106
Per venerabilem (Bulle Innozenz' III.) 221, 237, 240
Peter II. v. Aragonien 132, 247
Peter v. Blois (Verfasser der ›Ars dictaminis‹) 117, 156, 161
Peter v. Celle 153
Peter v. Kroatien 124
Peter v. Poitiers 156
Peter v. Verona 248
Peterskirche in Rom 168
Petronilla, Tochter Ramiros' II. v. Aragonien 111
Petrus v. Amiens 19, 136
Petrus v. Bruys 183
Petrus Cantor 164
Petrus Comestor (Verfasser der ›Historia scholastica‹) 162, 257
Petrus Crassus (Verfasser der ›Verteidigung König Heinrichs‹) 87
Petrus Damiani 29, 33, 89, 146, 149
Petrus Lombardus (Verf. des ›Liber sententiarum‹) 13, 156, 162, 257
Petrus Venerabilis 131, 151, 157
Petschenegen 135
Philipp I. v. Frankreich 37, 54, 92, 111
Philipp II. August v. Frankreich 51, 72, 114, 140, 198, 206, 230, 236 f., 240, 257
Philipp IV. (der Schöne) v. Frankreich 209 f., 212, 221 f., 235, 238 f., 244, 285, 287 f., 290 f., 294
Philipp V. v. Frankreich 290
Philipp VI. v. Frankreich 290
Philipp vom Elsaß 180
Philipp v. Heinsberg 97, 102

Philipp v. Schwaben, dtsch. König 230
Phokaia 48
Photios 9
phrygium 85
Piacenza 195, 247
Piasten 122, 226
Picardie 188
Piemont 229
Piepowdrous 57
Pilgerfahrt Karls des Großen 20
Pipe Roll 116
Pirenne, Henri 46
Pisa/Pisaner 35, 46 f., 49, 51, 105, 107 f., 136, 144, 171, 199, 202, 228, 270, 292
Pisa, Dom v. 16
Place de Grève in Paris 114
Plantagenets 115, 119
Plato(n) 12, 33, 156, 160, 261 f.
Platoniker 160
Po 96, 105, 228
poblaciones 58
podestates 109
Poitiers 160, 209
Poitou 237
Polen 9, 24, 44 f., 51, 81, 122 f., 149, 162, 187, 191, 225 ff., 232
Polozk 232
Pommern 100, 123, 226 f.
Ponthieu 53
Pontigny 149
popolo grasso 217
Por Santa Maria 217
Porto Venere 107
Portugal 100, 110 f., 131, 233, 235
poulains 142
Prag 46, 48, 123, 227
Prämonstratenser 13, 146, 151 f., 249
Prémontré 150, 152
presura 73
Preußen 122, 226, 232
preux 206
preux homme 206
Prévôt des Marchands 196
Pribislaw, Herzog der Wenden 129
Prissé 45
Prouille 252
Provence 70, 110 f., 136, 183, 193, 211, 213, 254
Provins 48 f., 192, 198, 288
Provisionen v. Oxford 236
prud'homme 206
Przemyslav II. v. Polen 226
Przemysliden 123, 227
Pseudo-Kallisthenes 179
Puerta de las Platerias der Kathedrale v. Santiago de Compostela 171

Pyrenäen 55, 111, 130
Pythagoras 33

Quintilian 161

Ragusa (Dubrovnik) 105
Raimond v. Saint-Gilles
  (v. Tripolis) 137, 140
Raimund v. Peñafort 241,
  248, 250
Raimundus Lullus (Ver-
  fasser von ›El libro de
  caballeria‹) 206 f., 250
Rainald v. Dassel 95, 97,
  181
Rainier, Sohn Bonands 70
Ramiro II. v. Aragonien
  110 f.
Ramsey 61, 212
Ratzeburg 102, 129
Ravenna 91, 149
Raymond d'Aguilers 162
Raymond Berengar III.,
  Graf v. Barcelona 131
Raymond Berengar IV.
  v. Barcelona 111
Raymond v. Burgund 110
Raymond V. v. Toulouse
  136, 185
Raymond VI. v. Toulouse
  240, 246 f.
Reconquista 58, 73, 110,
  127, 130 ff., 134, 144
Reformation 94, 145
regalia 92
Regensburg 46, 102, 168,
  216
Reichsministerialität 209
Reichsritterschaft 209
Reichsstadt 220
Reims 57, 79, 142, 153,
  160, 190, 266, 270
Reineke Fuchs 274
Reinmar der Alte 272
Reinmar v. Zweters 65
Renaissance 17, 146
Renier 57
res publica 85
Reußschlucht 194
Reval 232
rex Romanorum 103
Rhein 46, 48, 93, 99, 129,
  163
Rheinland/Rheinländer
  65, 136, 183, 232
Rhodos 105
Rhone 46, 205, 288
Rialtomarkt in Venedig
  105
Ribe 225
Richard I. Löwenherz v.
  England 83, 103, 119,
  140, 178
Richard v. Aversa 104
Richard v. Sankt Viktor in
  Paris (Verfasser der
  Schrift ›De Trinitate‹)
  156

Riga 22, 232
Ripoll/Katalonien 170
Ringsted 121
Ritter 68
Riviera 228
Robert d'Arbrissel 57,
  149, 162, 178
Robert le Bougre 248
Robert der Fromme
  v. Frankreich 27
Robert Guiscard 20, 104,
  127 f., 136
Robert v. Jerusalem,
  Graf v. Flandern 111 f.
Robert Kurzhose
  92, 116, 136
Robert v. Melun 12 f.
Robert v. Molesmes 149
Robert de Sorbon 191
Roche de Glun,
  Roger de la 205
Roger II. v. Sizilien-
  Apulien-Kalabrien 11 f.,
  84, 104, 127 f.
Roland 177
Rolandslied 11, 20, 56, 177
Rollo, erster Herzog der
  Normandie 180
Rom/Römer 12, 21, 46,
  88 f., 92, 94, 96, 102,
  106 f., 148 f., 161, 179,
  183, 224, 229, 239, 255,
  257
Romagna 227
Roman d'Eneas 180
Roman de Renart 214
Romani 56
Romanik 163, 165 f., 172,
  175
Romuald, Heiliger 149
Roncaglia 98, 109
Roncevaux 177
roncin (roncinus) 62
Rosenkranzgebet 245, 253
Roskilde 120 f.
Rostock 232
Rot, Wolfhart 293
Rouen 190, 288, 293
Rouergue 200
Rousillon 111, 235
Rudel, Jaufré 178
Rudolf v. Habsburg 227,
  231 f.
Rudolf v. Schwaben,
  dtsch. Gegenkönig
  91, 99
Rügen 121
Rupert v. Deutz 151
Rußland/Russen 9, 47, 78,
  122, 145, 225, 232
rustici 69
Rutebeuf (Verfasser des
  ›Renard le Bétourne‹)
  274

Saale 129
Sacconi, Ranieri 247

Sachsen 31, 98 ff., 102,
  129 f.
Sachsenspiegel des Eike
  v. Repkow 66
Sagas 177
Sahagun 131
Saint-Barthélemy in
  Lüttich 171
Saint-Benoît-sur-Loire
  168, 170
Saint-Bertin in Saint-
  Omer 175
Saint-Denis 86, 113, 148,
  165, 174 f., 192
Saint-Etienne in Caen
  15, 166
Saint-Etienne in Dijon 65
Saint-Etienne in Nevers
  15
Saint-Félix-de-Caraman
  183
Saint-Germain-des-Prés,
  Stadtteil v. Paris
  114, 175
Saint-Germende-Fly 174
Saint-Gilles/Provence
  170
Saint-Hilaire in Poitiers
  15
Saint-Hubert 35
Saint-Jacques in Lüttich
  35
Saint-Jouint-de-Marnes/
  Poitou 170
Saint-Julien in Brioude
  168
Saint Laurent in Lüttich
  35
Saint-Lazare, Stadtteil
  v. Paris 114
Saint-Loup-de-Naud 175
Saint-Martial in Limoges
  168, 171
Saint-Martin-des-Champs
  in Paris 165
Saint-Martin in Tour
  168
Saint-Mary of Swineshead
  53
Saint-Nectaire 168, 170
Saint-Omer 16
Saint-Paul in Issoire 168
Saint-Philibert
  in Tournus 15
Saint-Quen in Rouen 293
Saint-Remi in Reims 175
Saint-Sauveur-le-Vicomte
  54
Saint-Savin-sur-Gartempe
  bei Poitiers 16, 172
Saint-Sernin in Toulouse
  15, 168
Saint-Trond 35
Saint-Urbain in Troyes
  269
Saint-Vaast 21, 28
Saint-Vanne in Verdun 35
Saint-Wandrille 53

347

Saint-Yved in Braine 268
Sainte-Chapelle in Paris
 269
Sainte-Foy in Conques
 15, 172
Sainte-Geneviève 12, 150,
 155, 159 f.
Sainte-Marie de Moutier
 134
Saintonge 237
Salah-ed-din (Saladin)
 140, 142
Salamanca 257
Saleph 102
Salerno 92, 106, 159
Salier 88, 98, 209
Salisbury 115, 127, 269
Salland 69
San'Angelo in Formis
 172
San Domingo de Silos
 170
San Galgano 164
San Isidoro in Léon
 15, 171 f.
San Juan de la Peña 131
San Marco in Venedig 16
San Mercuriale in Forli
 170
San Miniato 108
San Vincente in Avila
 171
San Zeno in Verona 171
Sancho I. v. Portugal
 131, 233
Sancho III. v. Kastilien
 111
Sancho der Große v.
 Navarra 110
Sandomir 123, 226
Sankt Albanskirche in
 Odense 120
Sankt Emmeran in
 Regensburg 168
Sankt Gereon in Köln
 213, 268
Sankt Markus 202
Sankt Martin in Tournai
 287
Sankt Michael in
 Hildesheim 171
Sankt Remigius 198
Sankt-Sophien-Kathedrale
 in Nowgorod 171
Sankt Viktor in Paris
 150, 155, 158
Santa Cruz de la Serós
 171
Santa Maria die
 Montepiano 70
Santarem 131
Santiago de Compostela/
 Compostela 15, 46, 79,
 131, 168, 171, 233
Saône 288
Saragossa 131
Sarazenen 137, 140 f., 144,
 205 f.

Sardinien 47, 107, 288
Savoyen 118
scabini 80, 217
Scharwerk 75
Schlesien 56, 123, 226
Schleswig 47, 223
Schneider, Jean 216
Schöffen 79 ff., 197
Scholastik 154 f., 159, 163,
 253, 256, 258, 261, 284
Schöllenen 194
Schonen 121
schorre 38
Schottland/Schotten
 119, 237
Schroda 225
›Schule v. Toledo‹ 157
Schwaben 68, 188
Schwaigen 188
Schwarzes Meer 104, 228
Schwarzwald 68
Schweden 53, 78, 122,
 224 f.
Schweiz 165, 188
Schwerin 102, 130
Schwertleite 211
Schwyz 233
scutagium 67
Segarelli, Gerardo 255
Segeberg 77
Seine 51, 114, 155
Seldschuken 19, 135
Selles-sur-Cher/Berry 170
Seneca 156, 160
Senlis 175
Sens 106, 114, 122, 158,
 174
Sepulveda 77
Serbien/Serben 9, 124
Serrabone 170
Serrata del Gran
 Consiglio 218, 229
service militaire 66
servientes 70
servitium 66
servus 68
Sevilla 233
Sewal, Erzb. v. York 244
Sfax 128
sheriffs 115
shires 115
Sidon 47, 84
Siena 199, 217, 270, 280,
 285
Siete Partidas 235
Sigbert v. Gembloux
 31, 162
Siger v. Brabant
 263, 282 f.
Sigüenza 131
Sigtuna 225
Sigurd Jorsalafarir
 v. Norwegen 84, 121
Silos 171
Silva Candida 9
Silvester II., Papst 84
Simon der Magier 88

Simon v. Montfort
 236, 247
Simonie 11
Sinagon 20
Sizilianische Vesper 228
Sizilien/Sizilianer
 11 f., 84, 96, 103 f., 107,
 118, 125, 127 f., 144,
 193, 228, 230 f., 233,
 241
Skandinavien 36, 44, 47,
 98, 119 f., 220, 223
Skopje 128
Slawen 9, 121 f., 129, 227
Slawonier 20
Slicher van Bath, Bernard
 17
Slowaken 9
Slowenen 9
Smolensk 145
Snorri Sturluson (Ver-
 fasser der
 ›Heimskringla‹) 273
societas maris 50, 200
societas terrae 50, 200
Soest 81, 216
Soissons 158, 175
sommier 62
Soroë 53
Spanien/Spanier 11, 15,
 20, 55, 73, 77, 82, 110,
 127, 130 ff., 134, 144,
 156 ff., 171, 193, 202,
 222, 246 f., 280
Speculum virginum 153
Speyer 15, 99 f., 135, 168,
 192
›Spiel vom Antichrist‹
 (Ludus de Antichristo)
 95
Split 123
Spoleto 227
sposalizio del mare 105
Sprogo 121
Statius 156
Statut v. Merton 278
Statute of York 222, 237
Statutum in favorem
 principum 208, 220
 231
Staufer 98 ff., 123, 209,
 228
Stavelot 35, 171
stavkirken 22
Steiermark 102, 194, 227,
 232
Stendal 130
Stengesdint 77
Stephan v. Blois 116 f.,
 136
Stephan v. Muret 149
Stephan v. Tournai 160
Stephan v. Ungarn 124
Stephanus, Heiliger 65
Stettin 52, 100
Stigand, Erzbischof
 v. Canterbury 127
Stockholm 225, 232

348

Straßburg 216, 270, 294
Sturla Thórdarson (Verfasser der ›Islendinga Saga‹) 273
Süddeutschland 188, 193
Südfrankreich 183, 185, 238, 246 f., 268
Süditalien 16, 92, 103 f., 127, 131, 136, 228
Südosteuropa 56
Südwestfrankreich 277
Sueton 21
Suger, Abt v. Saint-Denis 22 f., 113, 138, 148, 162, 165, 174
sundere 6 1
Sus 128
Sutri 92
Svend Estridson v. Dänemark 120
Sverrir, Kleriker aus Färöer 121 f., 195, 224
Swinka, Jakob 225 f.
Syrien 107, 134, 138, 141, 143 f., 193
sysselmaend 122

Tagliacozzo 228
Taifas 20, 130
taille 212
Taillebourg 205
Tajo 131
Tanchelm 183
Tankred, Fürst v. Antiochien 128, 136 f.
Tapisserie der Königin Mathilde 29
Tarragona 131
Tegernsee 95
Tempesté 20
Tempier, Etienne 282 ff.
Templer 290
tenants in chief 116
Terracina 105
Theben 12, 128
Theodosius I., röm. Kaiser 91
Theophilus, Verfasser der ›schedula diversarum artium‹ 172
Thessalien 128
Thiébaut 20
Thierry v. Hireçon 188
Thierry v. Chartres, Bruder des heiligen Bernhard, Verfasser des ›Heptateuchon‹ 160 f.
Thomas v. Aquino 13, 200, 213, 222, 249 f., 260 ff., 283, 291
Thomas Becket 96, 118, 162 f., 222, 224
Thomas de Marle 112
Thüringen 99, 294
Tiara 85
Tiber 107

Tiepolo, Jacopo 196
Tihany am Plattensee, Kloster 12
Tinchebray 116
Tlemcen 132
Tocco, Wilhelm v. 263
Todi 229
Toledo 110, 131, 157, 268
tonlieu v. Arras 18, 28
Tortosa 47
Toskana 99, 107 f., 202
toskanische Liga 108
Toulouse 118, 135, 183, 247 f., 257, 268, 288
Touraine 237
Tournai 49, 147, 164, 197, 288
tournois 202
Tours 23, 114, 161
Transsylvanien 124
trapezitai 49
Trave 77
Treviso 194
Trier 52, 153, 168, 200, 216
Tripolis (Libanon) 47, 128, 137 f., 140
Tristan und Isolde 24
Tristrant 180
trobar clus 178
tropaires-prosiers 172
Trouvères (Troubadours) 176
Troyes 48, 174, 195, 198, 205
Tschechen 9, 122 f., 227
Tudela 131
Tunesien 128, 238
Tunis 46, 50, 145, 195, 281
Türken 134, 136 ff., 141, 206
Tyrus 46, 107, 140, 142

Ubaldo, päpstl. Legat 107
Ukraine 250
Ulm 193, 216
Unam sanctam (Bulle Bonifaz' VIII.) 239
Ungarn 12 f., 21, 36, 44, 56, 123 ff., 190, 222, 225 ff., 246, 268
Unterfranken 76
Unterwalden 233
Uppsala 122, 225, 268
Urban II., Papst 54, 92, 124 f., 135, 137, 150, 168, 172
Urban III., Papst 96
Uri 233
Urraca, Tochter Alfons VI. v. Kastilien-León 110
usatges 16
Utrecht 77

vaccariae 188
vagantes 181
Val d'Aran 183
Valencia 233, 235
Vale Royal 190
Valois 290
valvassores 76
Varazze, Jacopo da (Jakobus de Voragine, Verfasser der ›Legenda aurea‹) 245
Vasallität 66
Vaulerent 269
Vatikan 106
Venedig/Venezianer 12, 16, 35, 46 ff., 104 f., 109, 136, 144 f., 193 f., 196, 202, 218, 228, 232, 288
Vercelli 92
Verdun 46
Vergil 156, 275
Verona 99, 107, 109
Vexin 86, 112
Vézelay 170 f.
via francigena 108
Vieil Rentier 189
Vienne, Konzil v. 246, 255, 281, 290
Viktor II., Papst 88
Viktor IV., Gegenpapst 95, 121
Viktoriner 156
villa franca 59
villani 69, 215
villici 70
Vinzenz v. Beauvais (Verfasser des ›Speculum maius‹) 260
Viterbo 106, 243

Wace, Verfasser des ›Roman de Brut‹ und des ›Roman de Rou‹ 180
Wagrier 77
Waiblingen 68
Wakenitz 77
Waldemar der Große v. Dänemark 120 f., 223
Waldemar II. v. Dänemark 224
Waldenser 185, 246, 248
Waldus, Petrus 185
Wales 237
Walliser 119
Wallonen 56
Walter ohne Habe 136
Walter v. Châtillon 179
Walter v. Henley (Verfasser des ›Housebondrie-Buches‹) 188, 277
Walter v. Sankt Viktor in Paris (Verfasser der Schrift ›Contra IV labyrinthos Franciae‹) 156

Walther von der
Vogelweide 65, 272, 274
Wappenschilder 211
Wardar 128
Waulsort 35
Wazo, Bischof v. Lüttich
35
weekworks 69, 212
Weendon Beck 214
Welfen 92, 99 f , 103
Wells 269 f., 293
Wenden 100, 102, 121 f.,
129
Wenden-Kreuzzug 129 f.,
Wenzel II. v.
Böhmen-Polen 225
Wenzel III. v.
Böhmen-Polen 225 ff.,
Wernher der Gartenaere
(Verfasser des ›Meier
Helmbrecht‹) 219, 274
Weser 15
Westeuropa 187
Westfalen 77, 97, 102, 232
Westfrankreich
48, 57, 149, 287
Westminster 115, 127
Westminster,
Konkordat v. 116
Westpommern 226
Wettin 129
Wieliczka 191
Wien 51, 103, 216, 220
Wikinger 84, 121, 125
Wilhelm Aetheling 116
Wilhelm IX. v.
Aquitanien 176, 178
Wilhelm v. Auvergne
(Verfasser der ›Summa
de virtutibus et viris‹
und des ›Magisterium
divinale‹) 260
Wilhelm v. Auxerre
(Verfasser der ›Summa
aurea‹) 22, 260
Wilhelm der Bretone 51

Wilhelm v. Champeaux
(Verfasser der ›Logica
ingredientibus‹ und des
›Sic et Non‹) 93, 158
Wilhelm Cliton 58
Wilhelm v. Conches
(Verfasser der
›Philosophia‹ und des
›Dragmaticon‹) 158 ff.
Wilhelm der Eroberer
(der Bastard) 21, 67,
115 f., 120, 127, 164,
177
Wilhelm v. Hirsau 148
Wilhelm v. Lorris
(Verfasser des ›Roman
de la Rose‹, 1. Teil) 274
Wilhelm v. Malmesbury
177
Wilhelm der Marschall
56
Wilhelm v. Moerbeke 260
Wilhelm v. Montferrat
229
Wilhelm v. Montreuil 131
Wilhelm v. der
Normandie 66
Wilhelm v. Ockham
291 f.
Wilhelm v. Orange
23, 177
Wilhelm II. der Rote
v. England 92, 116
Wilhelm v. Saint-Amour
253, 289
Wilhelm v. Saint-Thierry
(Verfasser der ›Epistola
ad fratres de Monte
Dei de vita solitaria‹
und d. ›Aenigma fidei‹)
13, 152, 154, 158
Wilhelm II v. Sizilien
103, 128
Wilhelm v. Tyrus
(Verfasser der
›Geschichte der
Überseeländer‹) 162

Wilhelmsepen 20
Wilhelmslied 20
Wiligelmo 170
Winchester 166, 187
Winchesterbibel 165
Wisby 47, 225, 232
Wismar 232
witanagemot 127
Witelo 265
Witham 152
Wladislaw II. v. Böhmen
123
Wladyslav Lokieteks
v. Polen 226
Wolfram v. Eschenbach
(Verfasser von
›Parzival‹, ›Willehalm‹,
›Titurel‹) 38, 272 f.
Wolga 250
Worcester 166
Worms 16, 76, 94, 99,
168, 216
Wormser Konkordat 93,
96, 99, 109, 116, 230
Wülfling, Hans 225
Würzburg 216

York 46, 244, 293
Ypern 145, 193, 195, 198 f.

Zagreb 123
Zallaca 131
Zara (Zadar) 105
Zenki, Atabeg v. Mossul
138
Zeno, Ranier 196
Zentraleuropa 44
Zisterzienser 13, 69, 83,
146, 149 ff., 153, 163 f.,
178, 201, 246, 269
Zürich 106, 216
Zweifelderwirtschaft
26, 42, 44
Zwettl 129
Zypern 105, 140, 268

Fischer Weltgeschichte

1 Vorgeschichte
2 Die Altorientalischen Reiche I
3 Die Altorientalischen Reiche II
4 Die Altorientalischen Reiche III
5 Griechen und Perser
6 Der Hellenismus und der Aufstieg Roms
7 Der Aufbau des Römischen Reiches
8 Das Römische Reich und seine Nachbarn
9 Die Verwandlung der Mittelmeerwelt
10 Das frühe Mittelalter
11 Das Hochmittelalter
12 Die Grundlegung der modernen Welt
13 Byzanz
14 Der Islam I
15 Der Islam II
16 Zentralasien
17 Indien
18 Südostasien
19 Das Chinesische Kaiserreich
20 Das Japanische Kaiserreich
21 Altamerikanische Kulturen
22 Süd- und Mittelamerika I
23 Süd- und Mittelamerika II
24 Entstehung des frühneuzeitlichen Europa 1550-1648
25 Der Zeitalter der Aufklärung und des Absolutismus 1648-1779
26 Das Zeitalter der europäischen Revolution 1780-1848
27 Das bürgerliche Zeitalter
28 Das Zeitalter des Imperialismus
29 Die Kolonialreiche seit dem 18. Jahrhundert
30 Die Vereinigten Staaten von Amerika
31 Rußland
32 Afrika
33 Das moderne Asien
34 Das Zwanzigste Jahrhundert I
35 Das Zwanzigste Jahrhundert II
36 Das Zwanzigste Jahrhundert III

Fischer Taschenbuch Verlag

Wanda Kampmann

DEUTSCHE UND JUDEN

Die Geschichte der Juden
in Deutschland
vom Mittelalter bis zum
Beginn des
Ersten Weltkrieges

Fischer

Band 3429